BIBLIO 17

Collection fondée en 1981
Directeur Wolfgang Leiner

141   **BIBLIO 17**

Raymond Baustert

La consolation érudite
Huit études sur les sources des lettres de consolation
de 1600 à 1650

Raymond Baustert

La consolation érudite

Huit études sur les sources des lettres
de consolation de 1600 à 1650

Biblio 17 – 141

gn℣ Gunter Narr Verlag Tübingen
2003

Bibliografische Information Der Deutschen Bibliothek

Die Deutsche Bibliothek verzeichnet diese Publikation in der Deutschen Nationalbiblio-
grafie; detaillierte bibliografische Daten sind im Internet über <http://dnb.ddb.de>
abrufbar.

Biblio 17

Suppléments aux *Papers on French Seventeenth Century Literature*
Directeur de la publication: Wolfgang Leiner
Secrétaire de rédaction: Aïcha Tessier
Romanisches Seminar – Wilhelmstraße 50 – D-72074 Tübingen

© 2003 · Gunter Narr Verlag Tübingen
P.O. Box 2567 · D-72070 Tübingen

Internet: http://www.narr.de
E-Mail: info@narr.de

ISSN 1434-6397
ISBN 3-8233-5553-8

A la mémoire de mon père

pour ma mère,
pour Michel , Paul et Pierre

Remerciements

Nous tenons à remercier toutes les personnes qui, à diverses étapes de l'élaboration de ce livre, nous ont prêté leur concours pour résoudre tel ou tel problème, surtout au niveau des bibliographies : Mesdames et Messieurs Robert Aulotte (†), Madeleine Bertaud, le P. Joseph Bouley, Jean Brunel, Philippe Chareyre, Luc Deitz, le P. Henri Delhougne, Claude Grimmer, Jacques Hennequin, Marie-Thérèse Hipp (†), Odile Krakovitch-Dresch, Jean-Pierre Landry, Claude Loutsch, Gilbert Schrenck, Francine Wild, les responsables de nombreuses bibliothèques, qui ont si aimablement répondu à nos interrogations.

Nos remerciements plus spéciaux vont aux personnels du Département du Prêt International de la Bibliothèque Nationale de Luxembourg et de la Bibliothèque du Grand Séminaire de Luxembourg pour tant de services rendus au niveau de l'acheminement et de la mise à disposition de documents rares, ainsi qu'à Mesdames Josiane Schroeder et Aïcha Tessier, responsables de la saisie du texte.

Enfin nous disons toute notre reconnaissance au Professeur Wolfgang Leiner pour l'accueil qu'il a fait à ce travail dans sa belle collection dix-septiémiste.

Ce travail a été réalisé dans le cadre des Projets de Recherche autorisés par le Gouvernement du Grand-Duché de Luxembourg.

Table des matières

Introduction_____9

Première Partie
Les exemples ou la permanence de l'humanisme classique_____14

Chapitre préliminaire
L'honnête homme dans les lettres de consolation_____15

Chapitre 1
L'histoire ancienne dans le miroir des lettres de consolation_____45

Chapitre 2
Mourir avec les anciens. L'histoire ancienne, propédeutique
de la mort dans les lettres de consolation_____73

Chapitre 3
La littérature d'imagination gréco-latine dans les lettres
de consolation_____101

Deuxième Partie
Les arguments ou l'évolution vers la pensée chrétienne_____140

Chapitre préliminaire
Raison et avant-passion dans les lettres de consolation_____142

Chapitre 1
L'argumentation dans les lettres de consolation.
Les arguments généraux_____175

Chapitre 2
L'image de Dieu dans les lettres de consolation_____200

Chapitre 3
L'au-delà dans les lettres de consolation_____222

*Notices bio-bibliographiques*_____242

*Corpus des lettres données dans l'ordre chronologique
de leur édition et suivies de brèves notices sur les
destinataires et les défunts*_____311

Bibliographie
   I. Sources_____337
   II. Ouvrages critiques_____353

*Index des noms propres*_____357

*Index des noms fictifs*_____385

Introduction

L'épistolaire, celui du XVIIe siècle surtout, compte, à l'heure actuelle, parmi les créneaux les plus visités de la critique universitaire. Il dispose d'une Revue scientifique qui lui est réservée[1], les éditions de Correspondances annotées se multiplient[2] comme le font les analyses catégorielles[3]. Dans cette belle panoplie, le genre consolatoire semble

---

[1] La *Revue de l'AIRE* (Association Interdisciplinaire de Recherches sur l'Epistolaire), paraît depuis 1988. D'autres tribunes prestigieuses lui consacrent des numéros entiers, ainsi la *Revue d'Histoire Littéraire de la France*, novembre-décembre 1978, 78e année, n° 6 : 7 articles sur l'épistolaire au XVIIe siècle suivis de Notes et Documents.

[2] On songera, à titre d'exemple, à celle de Madame de Sévigné, procurée de 1972 à 1978 par Roger Duchêne dans trois volumes de la Pléiade, à celle d'André Rivet et de Cl. Sarrau, due aux soins de Hans Bots et Pierre Leroy (voir Notices bio-bibliographiques : Rivet).

[3] Petit choix bibliographique. Pour la *lettre dédicatoire*, voir p. ex., Brévot Dromzée, Claude, « L'Epistre au Roy » dans le « Dictionnaire de l'Académie françoise », in *XVIIe Siècle*, 46, 1994, pp. 171-177 ; Dijk, Willibrord-Christian van, « Remarques sur les *Epitres dédicatoires* des XVIIe et XVIIIe Siècles », in *Revue française d'histoire du livre*, LII, 1983, pp. 191-209 ; Leiner, Wolfgang, *Der Widmungsbrief in der französischen Literatur*, Heidelberg, C. Winter Universitätsverlag, 1965 ; Id., « Lieux communs et discours encomiastique », in *Cahiers de l'Association Internationale des Etudes Françaises*, 49, mai 1997, pp. 75-93 ; Id., « Reflets politiques dans les lettres dédicatoires » ; pour la *lettre liminaire* : Leiner, Wolfgang, « Du *portrait* dans les lettres liminaires », in *Cahiers de l'Association Internationale des Etudes Françaises*, 18, mars 1966, pp. 149-158 ; Id., « Reflets politiques dans les lettres dédicatoires », in *Politique et littérature en France aux XVIe et XVIIe siècles*. Actes du Colloque international, Monopoli, 28 septembre-1er octobre 1995, Paris, Nizet, 1997 ; pour la *lettre d'amour* : Duchêne, Roger, *Scarron et la lettre d'amour*, Paris, Bordas, 1970 ; Blumenthal, P., « Argumentation im französischen Liebesbrief », in *Zeitschrift für französische Literatur*, CIV, 1994, pp. 113-138 ; Bray, Bernard, *L'art de la lettre amoureuse. Des manuels aux romans (1550-1700)*, Paris, La Haye, Mouton, 1967 ; Lebègue, R., « La sensibilité dans les lettres d'amour au 17e siècle », in *Cahiers de l'Association Internationale des Etudes Françaises*, 11, mai 1959, pp. 77-85 ; pour la *lettre spirituelle* : Fuller, M., *Spiritual letters in France 1600-1715, with special reference to the correspondence of St. François de Sales, St. Vincent de Paul, Bossuet and Fénelon*, Thèse Univ. of Kent, 1991 ; Mellinghoff-Bourgerie, Viviane, *François de Sales. Un homme de lettres spirituelles*, Genève, Droz, 1999 ; pour la *lettre héroïque* : Dalla Valle, Daniela, « Dalle *Heroides* di Ovidio alle lettere eroiche in Francia nel XVI ^{e} XVII secolo », in *Studi Francesi*, XL, 1996, pp. 307-316 ; Dörrie, Heinrich, *Der*

cependant moins bien loti. A côté de quelques monographies de dates plus anciennes, et qui n'envisagent pas spécialement le cas des lettres ni celui du XVIIe siècle français[4], de tel chapitre dans un ouvrage plus général[5], les titres de référence demeurent rares[6]. Aussi n'a-t-il pas semblé inutile d'éclairer, ne fût-ce que lacunairement, un domaine resté en friches et pourtant hautement révélateur des mentalités. Lacunairement : le nombre des textes impose un choix chronologique ; ont été retenues les lettres de

---

heroïsche Brief. Bestandsaufnahme, Geschichte, Kritik einer humanistisch-barocken Literaturgestaltung, Berlin, de Gruyter, 1968. D'autres ciblent l'évolution du genre : Shairt, M. T., The evolution of epistolary genre in France in the seventeenth Century, thèse, Université de Newcastle upon Tyne, 1970-71 ; Dumonceaux, P., « Le XVIIe siècle. Aux origines de la lettre intime et du genre épistolaire , in Ecrire, publier, lire. Les Correspondances (Problématique et économie d'un « genre littéraire »). Actes du Colloque international, Nantes, 4-7 octobre 1982, Publications de l'Université de Nantes, novembre 1983, pp. 289-305 ; Bray, Bernard, « L'épistolier et son public en France au XVIIe siècle », in Travaux de Linguistique et de Littérature, XXI, 2, 1973, pp. 7-17 ; les thèmes : Vigouroux, Monique, Le thème de la retraite (...) chez quelques épistoliers (...), Paris, 1972 ; Pearl, J. L., « The role of personal Correspondence in the exchange of scientific information in early modern France », in Renaissance and Reformation, XX, 1984, pp. 106-113 ; des aspects divers : Zuber, Roger, « L'art épistolaire et les protestants (De Henri IV à Pierre Bayle) », in La Pensée religieuse dans la littérature et la civilisation du XVIIe siècle. Actes du Colloque de Bamberg, 1983, PFSCL, XII, 22, 1985, pp. 221-251. Au niveau terminologique, on retiendra la réflexion de Roger Duchêne sur « Lettre et épître », in Littératures classiques, n° 18, printemps 1993, pp. 7-15. A noter qu'aucun des documents du corpus des lettres de Consolation n'est désigné du terme d'épître.

[4] Voir, p. ex Favez, Ch., La consolation latine chrétienne, Paris, Vrin, 1937 ; Cornelissen, J., Over Consolatie – Literatuur , Mededeelingen van het Nederlandsch Historisch Instituut te Rome, 'S-Gravenhage, Martinus Nijhoff, 1926 ; Kassel Rudolf, « Untersuchungen zur griechischen und römischen Konsolationsliteratur », in Zetemata. Monographien zur klassischen Altertumswissenschaft, 18, München, 1963. Boyer, E., Les consolations chez les Grecs et les Romains, Montauban, J. Granivé, 1887.

[5] Cagnat C., La Mort classique, Paris, Champion, 1995, pp. 17-34.

[6] On notera aussi que des ouvrages du XVIIe siècle même, telle la Bibliothèque françoise de Charles Sorel, réduisent la lettre de consolation à la portion congrue. Après avoir longuement disserté sur les mots « epistre » et « lettre », après avoir développé la notion de lettre dédicatoire, l'auteur en vient aux « vrayes Missives ou Epistres familieres, telles qu'on les envoye à ses amis » ; pour ajouter ensuite simplement « Les autres sont des Consolations, des Remonstrances & des Avertissements ». (Charles Sorel, La Bibliothèque françoise, Paris, Compagnie des libraires du Palais, 1647 (2ième édition), p. 113).

consolation de la première moitié du XVIIe siècle, sorties, très souvent, de plumes mineures. Le corpus de base regroupe quatre-vingts textes produits de 1600 à 1650[7] et repérées à partir des trois volumes de la *Bibliographie du XVIIe siècle* d'A. Cioranescu[8]. Lacunaire encore l'optique retenue. C'est à l'éclairage des *sources*, antiques et modernes, païennes et chrétiennes qu'on a voulu s'attacher, non aux techniques de l'épistolaire. Parti pris particulier mais non sans gageure : le champ des sources possibles est vaste, à la limite, toute la littérature gréco-latine, l'Ecriture, la patrologie, les textes modernes. Cette enquête a demandé des outils ; les Index, ceux de Migne[9], entre autres, ont balisé des voies. Il reste que bien des opérations se sont révélées déficitaires, routes empruntées qui n'aboutissent pas. On n'imagine pas la recherche sans ces aléas. Et le hasard – la bonne fortune – permettait souvent de faire mouche. Ainsi depuis une dizaine d'années, diverses thématiques ont été envisagées : l'image de l'homme idéal dans les lettres de consolation, les principes de la consolation, les arguments généraux, les arguments chrétiens... Chaque fois que des résultats ont été jugés suffisants, ils ont donné lieu à publications ; diverses Revues scientifiques ont été sollicitées et se sont montrées accueillantes[10]. Aux termes de l'enquête, cependant, l'utilité est apparue

---

[7] Deux lettres seulement sont légèrement postérieures : 1651 et 1653. Voir ci-après *Corpus des lettres données dans l'ordre chronologique.*

[8] Voir liste des ouvrages bio-bibliographiques.

[9] Les *Indices* de la *Patrologia Latina*, t. 218-221, les *Indices* de la *Series Graeca.*

[10] Revues et ouvrages scientifiques qui ont accueilli les divers articles : ordre des chapitres du livre :

« L'honnête homme dans les lettres de consolation de 1600 à 1650 » : *Studi Francesi*, Torino, Rosenberg & Sellier, n° 101, 1990.

« L'Histoire ancienne dans un genre mineur au XVIIe siècle » : *Papers on French Seventeenth Century Literature*, Tübingen-Paris-New York, n° 43, 1995.

« Mourir avec les Anciens. L'histoire ancienne, propédeutique de la mort chez les minores du XVIIe siècle » : *ibid.*, n° 44, 1996.

« L'Antiquité dans un genre mineur au XVIIe siècle. La littérature d'imagination gréco-latine dans les lettres de consolation de 1600 à 1650 » : *Aspects de la spiritualité et du classicisme. Mélanges J. Hennequin*, Paris, Klincksieck, 1996.

« Homère dans les lettres de consolation de 1600 à 1650 » : *Mélanges Madeleine Bertaud*, Paris, Klincksieck, 2001.

d'une présentation d'ensemble intégrant les divers éléments de la recherche dans un plan raisonné et en garantissant un accès commun peu aisé jusque-là. On voudra bien noter toutefois qu'il peut arriver que des créneaux thématiques, envisagés d'abord isolément, selon la dynamique de genèse de ce livre, se recoupent, s'installant légitimement dans plusieurs chapitres : la structure d'ensemble se vaut raisonnée, non rigide. Des deux Parties, la première développe surtout les « exemples » auxquels se mesurent le défunt et ceux qui le pleurent ; la culture classique des épistoliers s'y manifeste. Il a paru logique de la faire précéder du portrait même de l'homme exemplaire tel qu'il paraît à travers la célébration des défunts. La seconde établit l'argumentaire de la consolation ; les anciens n'en sont pas exclus, mais la pensée chrétienne s'y confirme. Un chapitre préliminaire, ici, place la raison à la base de l'effort consolateur.

Par ailleurs, une autre nécessité s'est vite fait sentir. Toutes ces considérations portent sur le contenu des lettres, leur philosophie, somme toute. Mais elles émanent d'hommes, elles sont inspirées par des hommes, elles s'adressent à des hommes. Qui sont ces auteurs, ces défunts, ces destinataires ? On a parlé de plumes « mineures ». Aussi a-t-il fallu consentir tout un travail de recherches biographiques pour arracher à l'ombre des noms qui ne brillent plus d'aucun éclat. Et si, de l'autre côté, les défunts qui font l'objet de la lettre et les destinataires qui l'accueillent, appartiennent souvent aux meilleures familles de France, leur identification n'en est pas plus aisée, beaucoup s'en faut. L'absence fréquente de prénoms, la tradition, aussi, des noms qui passent identiques de père en fils, constituent autant d'écueils que seules permettent d'éviter la patiente vérification et la mise en cause renouvelée des données obtenues. Encore reste-t-il des doutes et des zones d'ombres signalés dans la suite. On en déduira que les pages que l'on s'apprête à lire, peuvent, au hasard d'une découverte, être sujettes à révision. Mais si elles permettent de

---

« Raison et avant-passion dans les lettres de consolation de 1600 à 1650 » : *Studi Francesi*, n° 107, 1992.

« L'argumentation dans les lettres de consolation de 1600 à 1650 » : *Sprachkunst. Beiträge zur Literaturwissenschaft*, Verlag des Österreichischen Akademie der Wissenschaften XXII, 1991/1, Vienne, 1991.

« L'Image de Dieu dans les lettres de consolation de 1600 à 1650 » : *Travaux de Littérature*, ADIREL, Paris, Klincksieck, 1992.

« L'au-delà dans les lettres de consolation de 1600 à 1650 » : *Papers on French Seventeenth Century Literature*, n °43, 1995.

mieux connaître, à partir d'un genre spécifique, les hommes et la pensée de certaines années du XVIIe siècle, leur objectif sera largement atteint.

Première Partie

Les exemples[*] ou la permanence de l'humanisme classique

---

[*] On voudra bien noter que le mot s'entend dans le premier sens que lui donne le Dictionnaire de l'Académie de 1694 : EXEMPLE : Ce qui est digne d'estre proposé pour l'imiter ou pour le fuir.

CHAPITRE PRÉLIMINAIRE

L'honnête homme dans les lettres de consolation

L'honnête homme – l'homme exemplaire – dans les lettres de consolation : le sujet qui s'impose en prélude à ce premier volet de réflexions, implique une double gageure. Celle, d'abord, inhérente à la notion même d'honnêteté, ensuite celle du genre retenu. La première ne s'explique pas par une insuffisance d'éclairage. Depuis la thèse de Magendie[1], l'honnête homme n'a cessé d'inspirer la critique, et le nombre des travaux qui lui sont consacrés annonce celui des points de vue. La notion comme telle intéresse[2], mais suscite aussi des approches plus spécifiques : « l'honnête homme et la dévotion »[3], « l'honnête homme et la nature »[4], « l'honnête homme et le libertinage »[5], « l'honnête homme et

---

[1] Magendie, *La politesse mondaine et les théories de l'honnêteté en France*, Paris P.U.F., 1925.

[2] Voir, p. ex., Claude Papin, « Le sens de l'idéal de l'honnête homme au 17e siècle », *La Pensée*, juillet-août, 1962, pp. 52-83 ; Italo Siciliano, « L'honnête homme », in *Saggi di letteratura francœse. Il teatro, il classicismo, dal romantismo al surrealismo*, Biblioteca dall'Archivum Romanicum, I, 138, Firenze, 1977, pp. 185-93 ; André Levêque, *L'honnête homme et l'homme de bien au 17e siècle, Publications of the Modern Language Association of America*, Baltimore, 1957, vol. 72, pp. 620-632 ; Edith Kern, *L'« Honnête Homme » : Postscript to a battle of the Scholars, Romanic Review*, 1963, vol. 54, pp. 113-20. Voir aussi la petite histoire de l'honnête homme qui se trouve dans Corrado Rosso, *Les tambours de Santerre*, Pisa-Paris, Goliardica-Nizet, 1986.

[3] J.-J. Demorest, « L'honnête homme et le croyant selon Pascal », *Modern Philology*, vol. 53, pp. 217-20. Voir aussi divers articles consacrés à saint François de Sales et l'honnêteté : Charles Baby, « François de Sales, maître d'honnêteté », *Dix-Septième Siècle*, 1968, vol. 78, pp. 3-19 ; Marcel Galliot, « Portrait d'un honnête homme », *Nouvelles littéraires*, décembre 1967, p. 7.

[4] Jacques G. Benay, « L'honnête homme devant la nature ou la philosophie du Chevalier de Méré », *Publications of the Modern Language Association of America*, 1964, vol. 79, pp. 22-32.

[5] Enzo Caramaschi, « Un honnête homme libertin, Saint-Evremond », in *Voltaire, Balzac, Mme de Staël*, Paris, Diff. Nizet, 1977, pp. 1-13.

le dandy »[6], « l'honnête homme et l'autre »[7], à moins que l'on ne se
préoccupe de sa fin, précédée de son lent déclin au XVIIIe siècle[8]. La difficulté vient de ce que le concept évolue : l'honnête homme de la fin du
siècle n'est plus le même que celui du début, Méré le conçoit autrement
que Du Souhait ou Pasquier. Aussi convient-il de ne pas céder à la
tentation de la mise à plat, écueil que la limitation chronologique du sujet
permet d'éviter ; c'est que jusqu'à la régence d'Anne d'Autriche, l'idée
conserve une homogénéité – relative – qu'elle ne gardera pas dans la suite.
Ces réserves faites, on tâchera donc d'étudier l'honnêteté à partir des
lettres de consolation des cinq premières décennies, non certes pour
découvrir un aspect méconnu, mais pour retrouver une notion connue dans
un genre littéraire où elle n'a guère encore été relevée. Or, ce domaine de
recherche est source d'une deuxième difficulté : la lettre de consolation au
XVIIe siècle représente, on vient de le dire, un domaine mal défriché ; la
rareté des travaux laisse le chercheur sans repères, ou presque.

Aussi faudrait-il d'abord savoir si l'aspect encomiastique fait partie du
genre. C'est le cas pour l'oraison funèbre dont une des fonctions, J.
Hennequin l'a bien montré, est l'éloge du défunt[9]. La lettre de consolation
obéit-elle à la même loi ? Il faut le croire, puisque, dans une page de sa
Clélie, Mademoiselle de Scudéry reproche précisément aux épistoliers de
trop donner dans l'éloge :

... Je ne puis souffrir ces grandes Lettres de consolation qui n'ont
iamais nul effet (...) Le mieux qu'on puisse faire en ces occasions, est
de faire des Lettres de consolation fort courtes : car pour en escrire de
raisonnables, il ne faut simplement que tesmoigner à la Personne à

---

[6]   *L'honnête homme et le dandy.* Edité par Alain Montandon, coll. « Etudes littéraires
       françaises », Gunter Narr Verlag, Tübingen, 1993.

[7]   Hodgson, Richard G., « Le commerce des honnêtes gens » : le Moi, l'Autre et les
       autres chez La Rochefoucauld », in *L'autre au XVIIe siècle,* Actes du 4ième Colloque
       du Centre International de Rencontres sur le XVIIe siècle, University of Miami, 23-25
       avril 1998. Edités par Ralph Heyndels et Barbara Woshinsky, Biblio 17, n° 117,
       Tübingen, Gunter Narr Verlag, 1999, pp. 185-192 ; Guellouz, Suzanne, « Souci de
       l'autre et culte à soi : l'honnêteté selon le chevalier de Méré, *ibid.*, pp. 193-203.

[8]   Remy G. Saisselin, *L'évolution du concept de l'honnêteté de 1660 à 1789,* thèse
       University of Wisconsin, 1957, pp. 262.

[9]   Voir J. Hennequin, *Les Oraisons funèbres d'Henri IV : Les thèmes et la rhétorique,*
       Université de Lille III, 1978, t. I, pp. 25 et s.

qui l'on escrit, la part qu'on prend à sa douleur, sans aller faire de longues pleintes, ou de grands Eloges[10].

Est-ce dire que, généralement, on s'imposait peu de discrétion en la matière ? Pour les lettres de la première moitié du siècle, la réponse restera ambiguë. En effet, si la célébration de l'honnêteté du défunt y est assez fréquente, trop souvent elle ne dépasse guère la simple allusion. Le dépouillement de quelque quatre-vingts textes n'a permis d'en retenir qu'une quinzaine qui développent le sujet. Maigre bilan et qui va en s'amenuisant au fil du siècle. Toujours est-il que ce qui reste permet de voir apparaître à travers tant de pages désormais oubliées ce miracle d'harmonie et de bonté en qui Méré a vu « la quintessence de toutes les vertus », supérieure à tout ce qui est « sous le ciel »[11].

La démarche, dans ce qui va suivre, s'oriente aux grandes questions évoquées dans les traités que le XVIIe siècle a consacrés au sujet ; aussi est-ce par comparaison avec ceux-ci que l'on tâchera d'examiner les lettres sur leur « fond » d'honnêteté.

Et d'abord, la noblesse participe-t-elle, chez l'honnête homme, de l'essentiel ? A lire les lettres de consolation, on ne le dirait guère. Bien que la plupart des défunts aient porté un nom illustre, celui-ci est mentionné avec discrétion. On note toutefois des exceptions : ainsi dans la *Consolation funèbre sur le tres-pas de haut et puissant et vertueux Seigneur, Messire Charles de Clere,* qui date de 1626, Raoul Le Maistre insiste longuement sur l'ancienneté d'une famille, dont les membres, à la noblesse, ont toujours associé la vertu :

Il est vray que la longue *durée* ne suffit pas pour acquerir ce tiltre d'une ancienne noblesse si les *actions vertueuses* des personnes n'y sont ioinctes. Car la vraye noblesse est la vertu d'une maison honoree pour son ancienne splendeur. Et partant ces familles-là sont plus nobles et plus illustres, esquelles de plus longtemps ont fleury de plus grands et celebres personnages[12].

---

[10] Mlle de Scudéry, *Clélie, Suite de la Seconde Partie,* L. III, pp. 1129-30, Slatkine Reprints, Genève, 1973, t. IV. Il est vrai qu'il n'apparaît pas clairement si l'éloge vise le défunt ou le destinataire. Lire aussi C. Cagnat, *La Mort classique, op. cit.*

[11] Méré, *De la vraie Honnêteté, Discours premier,* in *Œuvres complètes.* Texte établi et présenté par Charles-R. Boudhors, Paris, Fernand Roches, 1930, t. III, p. 71.

[12] R. Le Maistre, « *Consolation funèbre sur le trespas de C. de Clere...,* Rouen, s. n., 1626, p. 25. Toute la dernière partie du texte (pp. 19-30) évoque la gloire de la famille du défunt. On notera d'ailleurs qu'il ne s'agit pas d'une lettre au sens strict du mot. Si on a pensé pouvoir la retenir, c'est que sa thématique, pour l'essentiel, se recoupe avec celle des lettres.

Texte repris presque mot à mot lorsque, quelque dix années plus tard, Bardin définit l'honnête homme qui doit sortir de son *Lycée :*

Une race illustre n'est point telle à cause de sa longue durée (...) mais à cause de la suite des *actes vertueux* dont ceux qui l'ont composée se sont signalez. Ce qui a fait naistre la Noblesse est aussi ce qui l'entretient ; et puisque c'est une production de la vertu quiconque y renonce se dégrade soy-mesme de sa qualité. La préférence donc se prendra principalement du mérite et non point de la condition laquele servira de poids pour emporter l'Honneur et la Dignité lors seulement qu'on verra une égalité de merites entre des personnes inégales[13].

Toutefois, pour la plupart des auteurs, l'association des deux termes implique leur interférence, et ils croient à cette « semence occulte » qui explique, chez le noble, la vertu de la lignée[14]. Ainsi, sur ce premier point, la divergence est nette : la question de la race, primordiale pour les théoriciens de l'honnêteté, est pratiquement effacée dans l'encomiastique du genre consolatoire[15]. Sans doute, l'éclat de la naissance est-il jugé

---

[13]   Pierre Bardin, *Le Lycée, Promenade VIII,* Paris, J. Camusat, 1632-34, t. II, pp. 838-39.

[14]   Ainsi, chez Castiglione, le comte Ludovic parle de « cette occulte semence qui donne une certaine force et propriété de son commencement à tout ce qui en descend (*Le Courtisan,* trad. de G. Chappuis, N. Bonfons, 1585, L. I, p. 36). Voir cependant, par opposition, l'avis contraire de Gaspar Palvoisin, *ibid.,* pp. 38-40. L'idée de l'« occulte semence » est reprise par N. Pasquier :

  « Nature a mis et caché ès cœurs des braves et vaillans une occulte semence, qui donne une certaine force et propriété dès son commencement à tout ce qui en descend, pour le faire semblable à elle : et de fait quand il est bien dressé, il est quasi tousiours pareil à celuy dont il est descendu » (*Le Gentilhomme,* Paris, Jean Petit-Pas, 1611, p. 2). Dans la suite (pp. 3-4), l'auteur apporte des nuances à sa pensée.

  Dans son *Honneste Homme ou l'Art de plaire à la Cour,* Nicolas Faret fait sien l'avis du comte Ludovic (éd. Magendie, Paris, PUF, 1925, pp. 9 et s.), alors que François de Grenaille, sans nier la possibilité de la vertu « roturière », vante longuement les avantages de la bonne naissance (*L'Honneste Garçon...,* Paris, Toussainct Quinet, 1642, I, II, p. 64 ; II, IV, p. 65). Voir aussi chap. II, I, pp. 61-62 et II, X, pp. 74-75. En revanche, plus tard dans le siècle, Méré opère une nette séparation entre vertu et naissance. (*Discours de la Justesse,* in *Œuvres complètes,* éd. cit., t. 1, p. 99).

[15]   On relève toutefois d'autres mentions. Voir, p. ex., J. Le Moleur, *Consolation à Pierre Erneste de Mercy,* Bruxelles, J. Momart, 1649, p. 13 : « Il est vray que cette genereuse nourriture des grands hommes eust bien desiré emporter toute seule la gloire de le former de sa main : mais elle estoit obligée de permettre à la nature de le faire venir au monde dans les avantages d'une illustre naissance ».

indécent dans un discours qui fait de l'égalité devant la mort le premier de ses arguments.

Quant au portrait physique de l'homme idéal – sa beauté, en somme –il convient dès le début de faire la part de la spécificité du genre : ces défunts que l'on célèbre ont presque tous atteint un âge où des charmes du corps ne subsistent plus que d'incertaines traces[16]. Aussi, dans la plupart des cas, faut-il passer outre, et les documents consultés n'offrent guère que trois allusions à la prestance du mort, deux d'entre elles ne dépassant pas la simple mention. Ainsi, en 1614, Malherbe, pour consoler Madame de Conty de la mort du chevalier de Guise, son fils, vante « ce jeune Prince qui en la beauté du corps n'estoit surmonté de personne »[17], ainsi, en 1636, Jean Théroude parle de « la beauté et de la grâce » de Charles Duret, victime d'une opération de la pierre, et qui laisse dans l'affliction un fils, le sieur de Chevry[18]. Dans le premier cas, à coup sûr, le trait n'est motivé par aucun respect des conventions : François-Alexandre Paris de Lorraine, mort accidentellement à l'âge de vingt-six ans, possédait des agréments tels que Tallemant des Réaux lui-même a dû les admettre[19]. Dans le second, c'est moins manifeste, le malheureux ayant atteint un âge respectable[20] au moment fatal. C'est vrai encore pour Charles de Clere, déjà rencontré, et dont les cinquante ans n'empêchent pas son panégyriste d'exalter une beauté dès longtemps sur le déclin :

Dans sa *Lettre de Consolation à Mgr. le Duc de Montmorency sur le trespas de Mgr. le Connestable son Père,* Lyon, B. Ancelin, 1614, pp. 8-9, A. de Nervèze évoque le lien naissance-mérite (il parle, toutefois, non du défunt lui-même, mais de son fils). Très brève allusion à la noblesse du défunt dans la *Lettre de Consolation à Mgr. le Duc de Vantadour* (...) *Sur la mort de Mgr. le Duc de Vantadour, son Frere,* Paris, G. Sassier, p. 4 de Suzanne de Nervèze. Voir aussi ci-dessous pp. 130 et s.

[16] Quelques indications sur l'âge des défunts mentionnés dans ce chapitre : chevalier de Guise : 26 ans ; Chaponay, 27 ans ; duchesse de Nevers : 33 ans ; Charles Ier : 49 ans ; Charles de Clere : la cinquantaine ; cardinal de Retz (frère du grand-père du mémorialiste) : 50 ans ; Henri IV : 57 ans ; duc de Rais (grand-père du mémorialiste) : 74 ans ; Henri Ier de Montmorency : 80 ans ; chancelier de Sillery : 80 ans.

[17] Malherbe, *Lettre de Consolation à Madame la Princesse de Conty...,* Paris, Toussaincts Du Bray, 1614, p. 12.

[18] Jean Théroude, *Lettre de Consolation sur l'heureuse mort de C. Duret...,* s.n.n.l, 1636, p. 10.

[19] Tallemant des Réaux, *Historiettes,* Paris, Gallimard, Bib. de la Pléiade, 1960, t. 1, p. 152 : « Il estoit beau (...), bien fait et de bonne mine ».

[20] J. Théroude, *op. cit.,* p. 12 : « considerez bien combien [Dieu] vous a gratifié de vous le conserver jusqu'à un age si avancé ».

La première vertu a esté une beauté corporelle laquelle l'a fait reluire durant le cours de sa vie. Nature distribue ses dons à ceux qui se doivent rendre capables et dignes de les posséder. Or ceste beauté corporelle est un don précieux. Et le Philosophe Divin dit que c'est un privilege special de Nature que ceste beauté n'est pas digne de louange parce que seulement elle est delectable à nos yeux, et desirable à nos cœurs : mais encore d'autant qu'elle est mère naturelle de toutes les affections de nos ames. On n'aime rien s'il n'est beau : et la vertu mesme n'est pas aymable sinon en tant qu'elle est belle, et si elle se pouvoit voir des yeux du corps[21].

Suivent des citations bibliques pour justifier l'assertion[22]. Enfin l'auteur précise sa pensée : cette beauté, quelque éclatante qu'elle soit, pour ne pas déchoir, doit être accompagnée de grâce :

... sa beauté estoit encore accompagnée d'une grace sans laquelle la beauté (...) ne plaist point. On dit qu'Appelles, excellent paintre, voyant une Image remplie de beaux traicts et aimée de vives

---

[21] Le Maistre, *op. cit.*, pp. 9-10. Dans la suite de la lettre, cette beauté se révèle morale plus que physique : « ... la beauté de l'homme gist principalement en la force de son esprit et en la solidité de son jugement (dist tres bien l'eloquent Ciceron) et en la splendeur de ses plus belles actions. (...) C'est pourquoy les Poètes Homere, Virgile, et autres appellent Eneas beau, Pallas belle, Hector beau (...) non pour les traicts de leurs visages : mais à raison de la generosité de leurs courages et vertus de leurs ames et vivacité de leurs esprits. » (*ibid.*, pp. 10-11*). Le problème des correspondances entre beauté morale et beauté physique est très ancien. On relira avec profit, et entre autres, la lettre 66 à Lucilius (Sénèque, *Lettres à Lucilius,* VII, 66, Paris, Belles Lettres, 1963, t. 2, pp. 114 et s.).

* Pour la localisation de ces passages, voir plus loin, chapitre « La littérature d'imagination gréco-latine (Homère). Le « Philosophe Divin » est Platon qui évoque à plusieurs reprises le lien entre l'amour, l'aimable et la beauté. Voir p. ex., *Le Banquet*, 204, c, in *Œuvres complètes*, Paris, Gallimard, Bibliothèque de la Pléiade, 1950, t. 1, p. 738 ; *ibid.*, 206, d, p. 741 et surtout 211 b-c, pp. 747-748 ; « l'éloquent Ciceron » : on trouve de nombreuses réflexions du genre au début du traité des *Devoirs* (p. ex. I, 4 ; I, 6, etc.)

[22] *Ibid.,* p. 10 : « ... l'escriture Saincte la [= la beauté] recommande et prise en plusieurs personnes de l'un et de l'autre sexe. Il est dit de Josephe Patriarche : *Erat autem Joseph pulchra facie et decorus aspectu.* Joseph estoit beau de face, et plaisant à voir : Et du Prophète et Roy David il est escrit : *Erat pulcher aspectu,* il estoit bel homme : Il est a aussi escrit d'Absalon qu'en tout le Royaume d'Israël il n'y en avoit point de plus beau que luy ». [Références scripturaires : Joseph, *Genèse*, 39, 6 ; David : 1, *Samuel*, 16, 12 ; Absalon : 2, *Samuel*, 14, 25]

couleurs : mais qui n'avoit point de grâce s'écria et dit : ô la belle Image ô la rare beauté si ce je ne sçay quoy qu'on appelle grâce ne luy manquoit point ; sans la grace les choses ne sont point agreables[23].

Mais si l'Antiquité et l'Ecriture sont citées, d'autres références s'imposent également. « On n'aime rien si ce n'est beau », l'affirmation sonne comme un écho de telle réflexion relevée dans cet archétype des traités de l'honnêteté qu'est le *Cortegiano* de Castiglione : « ... Tout ainsi que le plaisir provient de l'affection, aussi *l'affection provient de la beauté...* »[24].

Et l'auteur d'insister, à son tour, sur la nécessité de la grâce : « Il me souvient que vous avez dit cy devant, que cestuy nostre Courtisan devoit estre doüé par nature de belle forme de visage, et bien proportionné de corps avec une grace qui le rendist agreable à un chacun »[25].

Voilà tout le portrait – physique – du consolateur préfiguré dans la grande bible de l'honnêteté que les Français du XVIIe siècle, il est vrai, connaissaient surtout par l'intermédiaire de leurs propres théoriciens[26]. Ceux-ci ont-ils été, en la matière, disciples du Maître ? La question est rhétorique. Louis Guyon, comme l'auteur anonyme du *Courtisan françois,* affichent les mêmes exigences que l'Italien, le dernier surtout suivant point par point l'idéal esthétique de son modèle[27]. En revanche, il paraît bien que d'autres, plus indépendants, se montrent réservés sur ce point. En 1606, dans son *Guide des Courtisans,* Antoine de Nervèze manifeste un trop grand respect des valeurs de l'esprit pour s'arrêter longtemps à celles du corps, discrétion notée en 1611 dans le *Gentilhomme* de Nicolas Pasquier, en 1632 dans le *Lycée* de Bardin, en 1642 dans l'*Honneste Garçon* de Grenaille[28]. Si donc les lettres de consolation, dans leur

---

[23]	*Ibid.,* p. 12.

[24]	Castiglione, trad. cit., p. 142. On reconnaît encore la pensée de Platon (cf. n. 21).

[25]	*Ibid.,* L. I, p. 50.

[26]	Voir à ce sujet Magendie, *op. cit.,* p. 329. Dans le même sens, on consultera la liste des traductions françaises données par R. Klesczewski, in *Die französischen Übersetzungen des Cortegiano,* Heidelberg, Carl Winter, 1966, pp. 177-80. On n'y trouvera qu'une seule édition du 17e siècle, toutes les autres remontant au 16e.

[27]	Pour Guyon, voir le commentaire de Magendie, *op. cit.,* pp. 343-44. Pour Faret, relire les chapitres *De la Disposition du Corps,* in *L'Honneste Homme, op. cit.,* p. 16 et *De la grace naturelle, ibid.*

[28]	Non que le corps ne fasse l'objet d'aucune réflexion. Ainsi Pasquier exige un « visage (...) et un maintien rassis, posé, doux, gratieux, une monstre ouverte et agreable » (*Gentilhomme,* L. I, éd. cit., p. 46), Grenaille veut que « la beauté ne les rende plus effeminez, mais que la laideur aussi ne les rende pas desagreables à la vue » (*Honneste Garçon,* I, II, 14, éd. cit., p. 78). On ajoutera en annexe le cas de Méré. Pour le

immense majorité, se montrent avares en détails physiques, l'âge du mort
– en fait, la « chose vue » – ne doit pas en être la cause unique. L'esprit
qui anime l'idéal français, moins « courtisan » que celui d'outre-Alpes[29],
valorise le fond au détriment de la forme. Dans ces circonstances, on ne
s'attendra pas à de longues considérations sur l'habillement de l'homme
modèle. Il n'est fait qu'une seule allusion aux vêtements du défunt :
encore s'agit-il de Henri IV, notoirement peu attentif à la mode : « En
habits il estoit si modeste, qu'à peine pouvoit-il estre recognu entre ses
courtisans pour Roy »[30]. Au fond, Louis Richeôme, qui parle ainsi à la
Reine-Mère, ne fait que reproduire une revendication des moralistes : « En
ses habillemens qu'il fuye l'appareil curieux, et suive honnesteté et
modestie, c'est chose qui luy maintient la grace : la propreté bien assortie
est plus seante que le faste, esclatant et pompeux habillement »[31]. Ce mot
de Pasquier, au Livre 1 du *Gentilhomme,* rallie les suffrages des Français
et jusqu'à ceux des Italiens[32]. Mais ici encore la préoccupation est secon-

---

chevalier, l'idéal de la beauté (masculine) semble avoir été incarné par César dont il
dessine le délicat portrait à la fin de la *Sixième Conversation (Œuvres,* éd. cit., t. 1,
pp. 90-91). D'une façon générale, cependant, le chevalier accorde aux qualités de l'âme
la priorité sur celles du corps. (Voir *Discours V, Le Commerce du Monde,* éd. cit., t. 3,
p. 140), bien que, par ailleurs, il soit d'avis qu'il y a correspondance des unes aux
autres (*Sixième et dernier Discours, Suite du Commerce du Monde, ibid.,* p. 161).
Quant à la nécessité de la grâce, il y revient à plusieurs reprises pour opposer, chaque
fois, le Joli et l'Agréable au Beau régulier mais froid (Voir *Cinquième Conversation, in
Œuvres,* éd. cit., t. I, p. 72 et *Discours des Agrémens, ibid.,* t. 2, pp. 37-38 : réflexion
sur la beauté des dames). On sait que le thème de la grâce a été une des questions
majeures de l'esthétique du 17ᵉ siècle, lié, d'ailleurs, au célèbre motif du *je-ne-sais-
quoi,* si obsédant chez Méré. Lire aussi, à ce sujet, l'article éclairant consacré par Jean
Lafond à la question chez La Fontaine (J. Lafond, « La Beauté et la Grâce.
L'esthétique 'platonicienne' des « Amours de Psyché »», in *Revue d'Histoire
Littéraire de la France,* 69ᵉ année, N. 3-4, mai-août, 1969, pp. 475-90).

[29] Voir Magendie, *op. cit.,* p. 321.

[30] L. Richeôme, *Consolation envoyée à la Royne Mere du Roy (...) sur la mort Du Roy
tres-Chrestien de France et de Navarre Henry IV,* Lyon, Pierre Rigaud, 1610, p. 26.

[31] N. Pasquier, *op. cit.,* L. I, éd. cit., p. 35.

[32] Voir, p. ex., au L. II du *Cortegiano,* trad. cit., pp. 212-13, les réflexions sur la garde-
robe : « Il me plaist aussi que tousiours ils [= les vêtements] tendent un peu plus sur le
grave et le posé, que sur l'esventé et glorieux ». Des exceptions, toutefois, sont
prévues dans la suite.

daire : à peu près absente des consolations, elle ne fait qu'affleurer dans les traités ; on mesurera la part réduite qui lui est faite en la comparant au nombre des vertus de l'homme idéal.

En voici une, primordiale, d'où découlent, apparemment, toutes les qualités éminentes : la raison.* C'est par elle que nombre de consolateurs recommandent le défunt au souvenir de la postérité. En 1602, Guillaume Bernard dit Nervèze[33] vante l'obéissance que rendait à la raison feu Albert de Gondy, duc de Rais, au point d'en faire le leitmotiv de toute sa lettre : « Tous ses faicts et parolles fondees sur le talud de la raison ne produisoient que le séant, l'utile et l'honneste... »[34]. Ces propos adressés au cardinal de Gondy, fils du duc, se répètent dans une seconde lettre à l'évêque de Paris, frère du cardinal, qui entend son père louer pour avoir mesuré « toutes choses au pied de la raison et de la médiocrité »[35]. D'autres auteurs, sans la nommer, prêtent à leurs défunts cette qualité. L'entendement clair, le jugement mûr, le jugement solide, voilà autant de signes de la raison triomphante. Tel est, en 1610, le cas de Henri IV qui comme il « avoit les yeux du corps aquilins et brillans, il avoit ceux de l'entendement clairs voyans et aigus... »[36], tel celui, en 1616, du jeune Laurent de Chaponay, à « l'esprit garny d'un jugement plus meur que son aage »[37], tel encore celui, en 1622, de Jean-François de Gondy, premier cardinal de Retz, dont le roi, à en croire Pelletier, avait apprécié la « solidité du jugement »[38]. Enfin, ce n'est pas jusqu'à la patience du chrétien souffrant qui ne s'explique par la raison. Raoul Le Maistre sollicite Grégoire de Nazianze pour en apporter la preuve. Il reprend, pour Charles de Clere, telle réflexion du saint en l'oraison funèbre de son pere : ... l'homme qui souffre avec patience des longues maladies, presente à Dieu un holocauste raisonnable : à la différence des holocaustes des

---

* Pour le rôle fondamental de la raison dans le « mécanisme » de la consolation, voir chapitre préliminaire de la 2e Partie.

[33] Pour l'identité du personnage, voir Notices biographiques.

[34] G. Bernard Nervèze, *A Mgr. L'Illustrissime Cardinal de Gondy*, in *Consolations funèbres sur la mort de (...) Messire Albert de Gondy* (...), Paris, Estienne Colin, 1602, p. 18.

[35] *A Mgr. le Reverendissime Evesque de Paris*, in *Consolations...*, *op. cit.*, p. 34.

[36] Richeôme, *op. cit.*, p. 15.

[37] *Tombeau de Laurens de Chaponay, Seigneur de Bresson* (...), Lyon, Amy du Polier, 1616, texte préliminaire, p. 5.

[38] Thomas Pelletier, *Lettre de Consolation sur la mort de feu Mgr. l'Illustrissime Cardinal de Retz à Mgr. le Reverendissime Evesque de Paris, son Frère*, Paris, Antoine Estienne, 1622, p. 7.

Juifs qui offroient à Dieu des animaux irraisonnables, mais par la patience l'homme qui est raisonnable s'immole soy-mesme avec raison à son Dieu...[39].

On imagine sans difficulté l'autre aspect du thème : où domine la raison, la passion n'a que faire. Or, précisément, un des traits les plus constants prêtés aux défunts est l'absence d'émotions, l'égalité d'âme, la tempérance en toutes choses. Albert de Gondy, on l'a vu, imposait à ses affections le « frein de la raison » ; c'est dire, en suivant toujours son panégyriste, qu'il lui appartenait de « brider ses appetits et commander à ses passions »[40], ou encore, en langage chrétien, de dompter « sa chair sous l'Empire et maiesté de l'âme »[41]. Tableau édifiant que celui de ses dernières années, où une sérénité supérieure a calmé le souffle du désir, plaçant tout sous le signe d'une raisonnable mesure :

... ainsi se gouvernoit-il (...) l'âme paisible, sans vent d'ambition, tranquille de corps et d'esprit : et pour mieux eslever sa tempérance, il rabaissoit sa grandeur, diminuoit de ses tiltres, et oublioit ses qualitez. Il gardoit en son vivre un régime compassé, une splendide frugalité, une retenue sagesse en parler...[42].

Somme toute, il voit sa vertu suprême dans cette « médiocrité » que lui attribue, dans sa deuxième lettre, le même auteur[43]. Vertu qui n'est en rien l'apanage de la maturité : lorsque meurt, en 1613, Laurent de Chaponay, il n'a que vingt-sept ans, et l'auteur de son *Tombeau* ne le présente pas moins comme maître souverain de toutes les passions, « luy qu'on ne vit onques esmeu de cholere, ny de ioye excessive, ny de passion quelconque... »[44], trait confirmé dans une missive adressée par Claude d'Expilly, son beau-père, au Jésuite Arnoux en réponse à sa lettre de consolation : il était « tousiours egal, sans jamais avoir senty autre

---

[39] Le Maistre, *op. cit.*, p. 15. Pour Grégoire de Nazianze, voir *Oratio XVIII Funebris in Patrem*, XXXIX, 360, PG t. 35, col. 1038.

[40] G. Bernard Nervèze, *A Mgr. le Reverendissime Evesque de Paris*, in *Consol., op. cit.*, p. 35.

[41] *Id., A Mgr. le Cardinal de Gondy, ibid.*, p. 11.

[42] *Ibid.*, p. 22.

[43] *Id., A Mgr. le Reverendissime Evesque..., ibid.*, p. 34.

[44] *Tombeau de L. de Chaponay, op. cit.*, f. 8, col. 2.

esmotion que celle de la fièvre qui l'a emporté »[45]. Et dans celle que François de Galles adresse au même affligé, il parle encore du défunt comme d'un être « sage, judicieux (...) tousiours semblable à luy-mesme »[46]. N'est-ce pas aussi ce que Thomas Pelletier fait entendre, en 1622, à Jean-François de Gondy, premier archevêque de Paris, pour lui dire la haute estime dans laquelle il tenait feu le cardinal de Retz, son frère, qui a vu « de mesme œil le calme et la tempeste »[47]. Deux années plus tard, il réitère l'éloge et pour le héros d'une nouvelle lettre et pour le destinataire ; le regretté Pierre de Bruslart possédait cette « égalité d'esprit » qui est aussi celle du chancelier de Sillery : « Bref en quelque assiette que la bonne, ou la mauvaise fortune l'ait iamais mis, il a tousiours fait veoir une si grande esgalité d'esprit que la partie en laquelle je recognoy que vous luy ressemblez davantage est en celle-là »[48].

Enfin, consécration suprême de cette véritable ataraxie : l'homme idéal la partage avec les âmes bienheureuses. Pour Nicolas Du Peschier, c'est à tort que le duc de Nevers pleure le départ, vers l'autre monde, d'une épouse « désormais tellement assistée des faveurs du S. Esprit qu'elle est exempte de toute passion »[49]. Royauté souveraine donc que celle de la Raison. Ne prédestine-t-elle pas à une vie de méditation et de réflexion, étrangère à l'anarchie de l'acte ? Incliner en ce sens, serait méconnaître la vraie nature de la raison du Grand Siècle où impassibilité n'est synonyme en rien d'inefficacité. Ainsi, certes, Retz, « en sa grande modération » inclinait « du tout à la paix, mais la seule crainte qu'il avoit qu'une nouvelle faction démembrast ceste florissante Monarchie, le faisoit roidir à ce qu'elle ne fust accordée qu'à l'avantage du Roy et à l'honneur de ses armes »[50]. Ainsi encore, si le chancelier de Sillery prisait la tranquillité, ce n'était pas celle de la solitude de quelque retraite, mais celle, propice au déroulement des affaires : « ...ce divin esprit en sa grande moderation

---

[45] *Response dudict Seigneur d'Expilly A Monsieur, Monsieur le Reverend Pere Arnoux, de la Compagnie de Jesus*, in *Tombeau, op. cit.*, f. 24, col. 1.

[46] *Lettre de Messire François de Galles* (...), in *Tombeau, op. cit.*, f. 34, col. 1.

[47] Th. Pelletier, *Lettre sur la mort de feu Mgr. l'Illustrissime Cardinal de Retz, op. cit.*, p. 15.

[48] Id., *Lettre de Consolation. Sur la mort de feu Mgr. de Sillery* (...), Paris, Adrian Bacot, 1624, p. 7.

[49] Nicolas du Peschier, *Consolations à Mgr. le Duc de Nevers. Sur la mort et trespas de Madame la Duchesse, son Espouse*, Paris, N. Alexandre, 1618, p. 8.

[50] Th. Pelletier, *Lettre de Consolation sur la mort de feu Mgr. l'Illustrissime Cardinal de Retz, op. cit.*, p. 9.

inclinoit tousiours aux moyens qui pouvoient conserver la tranquillité de
l'Estat, sans rien exposer au hasard »[51].

Non que, dans cette esquisse d'un modèle, science et méditation soient
négligées : ces êtres tout de raison et d'intelligence ne cachent guère leur
attirance vers ce qu'ils estiment être la vraie patrie de l'esprit. Pelletier,
parmi toutes les vertus du chancelier de Sillery, relève son « sçavoir
éminent »[52], G. Bernard Nervèze n'épargne au lecteur aucun détail des
multiples activités intellectuelles d'Albert de Gondy[53]. En 1610, Richeôme
ne parle pas autrement de Henri IV : s'il était « courageux et prompt à la
charge », il n'était pas moins « sçavant et profond au cabinet »[54]. Bel
exemple, et pris au sommet de l'Etat, de cette « moyenne » qui, partout,
est le critère de l'idéal.

Partout, en effet[55], et au même titre que les autres qualités relevées ci-
dessus. Raison, modération, égalité d'âme, juste équilibre entre action et
méditation, autant d'échos des traités de l'honnêteté. L'invocation à la
Raison rythme l'œuvre de Castiglione :

L'homme naturellement raisonnable[56] forme en soymesme et garde
inviolablement en toute chose la loy de la raison, non escrite en
papier, ni en cuivre, mais imprimee en son propre cœur, à fin qu'elle
luy soit je ne diray pas seulement familiaire, mais intime, vivant avec
luy, comme partie d'iceluy[57].

---

[51] Id., *Lettre de Consolation. Sur la mort de feu Mgr. de Sillery, op. cit.*, p. 14.

[52] *Ibid.* p. 6.

[53] Voir *A Mgr. L'Illustrissime Cardinal de Gondy*, in *Consolations..., op. cit.*, pp. 17-19.
      Si le Maréchal haïssait les faux philosophes et les poètes « il avoit en extreme desdain
      les vaines opinions et simulées raisons des contentieux Sophistes et hayssoit sur tout
      les fables et fumees poëtiques » (p. 17) – il pratiquait les sciences naturelles, morales
      et divines (théologie), aimait d'Histoire, se passionnait pour les « sciences
      Mathematiques Mechaniques et inventions de subtil esprit » (*ibid.*).

[54] Richeôme, *op. cit.* p. 12.

[55] Le thème de la « mediocrité », de la « tempérance » traverse en fil rouge de nombreuses
      citations. Il est aisé de lui trouver des correspondants dans tous les traités de
      l'honnêteté. Voir, p. ex, Castiglione, *Courtisan*, trad. cit., p. 24 : « La mediocrité plus
      loüable que l'excellence ». La recommandation de la moyenne, de la médiocrité sur les
      plans les plus divers est prodiguée par Pasquier, *Gentilhomme*, II, éd. cit., pp. 76, 82,
      96, par Bardin, *Le Lycée*, éd. cit., t. 2, pp. 192-93, par Grenaille, *Honneste Garçon*, I,
      4, 26, éd. cit., pp. 226-27.

[56] Castiglione, *Courtisan*, L. IV, trad. cit., p. 616.

[57] *Ibid.*, p. 560-61.

Aussi, atteindre à la perfection, ne va-t-il pas sans donner en toutes choses « le sceptre et l'entière domination à la raison »[58]. *La Guide des Courtisans* d'Antoine de Nervèze, « vaste sermon »[59], méconnaît le parfum de galanterie que dégage l'œuvre italienne ; l'unanimité se refait dès qu'il est question de la raison. C'est elle qui justifie la première place que l'homme occupe dans la Création[60], comme dans la société[61] ; c'est elle qui fait le partage entre vice et vertu, « car le vice ne se peut attribuer qu'a l'homme selon sa définition qui me semble estre telle. Un desir et appetit contraire à nostre propre raison »[62]. Et n'est-ce pas abonder dans le même sens que de définir, comme le fait Pasquier, la vertu comme une « chose assaisonnée de raison et accoustumance bonne »[63] ? Faret, fidèle disciple du maître, le suit encore, quoique discrètement, sur ce rôle de la raison[64] à laquelle Bardin, dès 1632, a confié la première place dans son *Lycée*. En effet, si la raison seule peut permettre de juger de l'honnêteté, on imagine la place qui doit lui revenir dans la définition de celle-ci. Ecoutons ce propos de la *Première Promenade* du tome I :

... puisque l'Honnesteté est une beauté spirituelle, nous avons besoin de certaines marques pour la reconnoistre, et pour n'y estre pas trompés. Neantmoins c'est une chose asseurée que la Nature par le moyen de la raison nous peut amener facilement à ceste reconnoissance[65].

Et ailleurs : « ... je veux faire un honneste homme réellement, et je désire que ny la Raison ny l'usage n'y trouve rien à redire... »[66]. Ou bien

---

[58] *Ibid.*, p. 547.

[59] L'expression est de Magendie. Voir *Politesse mondaine...*, *op. cit.*, p. 342.

[60] A. de Nervèze, *La Guide des Courtisans*, Lyon, Barthélémy Ancelin, 1613, *Contre la Vanité, Combat I*, f. 11, col. 2 : « Je sçay bien que toutes choses creees icy bas sont soumises à l'homme, et qu'il a loy de leur commander : mais il se rend indigne de ce commandement lorsqu'il ne sçait obéir à sa raison ».

[61] *Ibid.*, f. 50 (*Règlement pour vivre à la Cour*) « nul n'est capable de commander autruy, qui ne sçait obéir à la raison ».

[62] *Ibid.*, f. 18, col. 1-2 (*Contre la fantaisie, Combat II*).

[63] Pasquier, *Gentilhomme*, II, éd. cit., p. 65.

[64] Relire, p. ex., dans *L'Honneste Homme*, le chapitre de *L'Esgalité de l'Humeur*, éd. cit., pp. 66-67.

[65] Bardin, *Lycée*, Promenade I, éd. cit., t. 1, pp. 38-39.

[66] *Ibid.*, p. 20.

encore : « Platon, qui a le premier de tous definy la Nature de
l'Honnesteté, luy assigne pour parties ce qui est raisonnable, louable, utile,
bien-séant et convenable »[67]. Discours que n'aurait point renié François de
Grenaille pour qui le degré de perfection de l'homme est fonction de sa
raison : «... pour faire un homme achevé, il faut que trois choses y
concourent, la Nature, la Raison et l'Usage »[68]. Toute la suite de son livre
est une apologie de l'éducation au service de la raison, faculté première de
l'« honneste garçon »[69]. Ainsi nulle équivoque : consolateurs et théoriciens
de l'honnêteté s'accordent pour affirmer la priorité de la raison.

On s'étonnerait dès lors de les voir diverger dans l'appréciation de la
passion ; on se souvient du sort que, d'après leurs panégyristes, les défunts,
de leur vivant, avaient fait à celle-ci : dompter l'émotion, telle leur avait
paru la voie de la sagesse, et il est bien vrai que la plupart des formules
entrevues ont semblé aller dans le sens d'une éradication de l'affectivité, à
quelques exceptions près. On se rappelle, pour Albert de Gondy, ce
« frein » de la raison, cette bride qu'elle impose à la passion, cette
« tempérance » et cette « médiocrité » qui sont ses caractères[70] : c'est
laisser entrevoir une coexistence possible fondée sur une hiérarchie
judicieuse de la passion domptée et de la raison dompteuse. Vue à laquelle
adhère Castiglione avec un enthousiasme qui ne trouve point de répondant
ni dans la plus indulgente des lettres – on n'y parle pas, expressément, de
« bonne » passion – ni dans les premiers traités français :

<hr/>

[67] *Ibid.,* pp. 44-45. Pour le rôle de la raison qui « a esté donnée à l'homme, pour luy
enseigner sa fin et l'y conduire », voir aussi *Promenade VIII,* t. 2, 768-71. Il est
difficile de localiser avec précision le passage de Platon.

[68] Grenaille, *L'Honneste Garçon,* I, 3, 3, éd. cit., p. 86.

[69] Voir, p. ex., L. II, C. I, 1, éd. cit., p. 6 ; L. II, C. I, 4, éd. cit., pp. 9-10. On ajoutera le
cas de Méré. Partout dans les *Conversations,* la raison est considérée comme critère du
souhaitable : « Ce qui divertit la pluspart du monde m'ennuye, et les choses de sens et
de raison ne me lassent point ». (*Quatrième Conversation,* in *Œuvres, éd.* cit., t. 1,
p. 53). Dans le *Discours* qui porte son nom, il présente la justesse comme « le vray
rapport que doit avoir une chose avec une autre... ; et celle-cy vient du bon sens et de
la droite raison » (*Discours de la Justesse, Œuvres,* éd. cit., t. 1, p. 96) ; on appréciera
la netteté de cette déclaration extraite du *Second Discours de la vraie Honnêteté :*
« Pour démêler la vraie honnêteté d'avec la fausse, on se doit assurer qu'elle n'a rien
(...) qui ne soit juste et raisonnable en tous les endroits du monde » (*Œuvres,* éd. cit.,
t. 3, p. 93).

[70] Voir cit. 40.

Je n'ay pas dit, respondit le seigneur Octavian, que la tempérance oste totallement et déracine les affections des cœurs humains : ce qui ne seroit pas bon de faire, pource qu'es affections mesmes se trouvent, aucunes bonnes parties : mais elle ameine ce qui est mauvais es affections et ce qui résiste à la vertu, à l'obéissance de la raison[71].

De la passion, Nervèze ne connaît que les dangers[72] ; avec elle il n'imagine de rapport autre que celui de la guerre[73] ; Pasquier se consacre à la condamnation de la colère[74] ; Faret même hésite à emprunter le langage nuancé de son maître[75]. Aussi faut-il attendre Bardin[76], pour renouer ouvertement avec la tradition plus libérale – aristotélicienne – entrevue chez l'Italien. D'une façon générale, toutefois, on peut conclure, tant pour les lettres que pour les traités, à une défiance de principe à l'égard de la passion qui met en péril l'équilibre de l'être.

Aussi est-ce dans l'impassibilité que les consolateurs s'étaient plu à voir l'accomplissement de la vertu : on n'a pas oublié l'égale indifférence avec laquelle leurs défunts avaient accueilli, durant leur vie, la bonne et la mauvaise fortune. Or, il faut le noter, ce trait a moins inspiré les auteurs des traités[77], mais peut-être les circonstances particulières de la consolation amènent-t-elles à exalter cette attitude communément jugée comme excessive. Encore que discrète, la différence est nette ; épuise-t-elle les divergences ? En dernier lieu, on avait posé, pour les lettres, la question de l'homme exemplaire face à l'action. On a vu que, sans se refuser à celle-ci, il laissait une large part à l'étude et à la réflexion. L'interrogation, ici

---

[71] Castiglione, *Courtisan*, L. IV, trad. cit., p. 549.

[72] A. de Nervèze, *Considérations sur le bien de l'âme*, in *Guide, op. cit.*, p. 62.

[73] *Ibid.*, f. 82, col. 2.

[74] Pasquier, *Gentilhomme*, L. II, éd. cit., p. 85.

[75] S'il parle de « modérer [les] passions (*Honneste Homme*, éd. cit., p. 68), il n'établit pas ouvertement leurs aspects positifs. Aussi Magendie conclut-il à l'influence d'Eustache de Refuge (*Traicté de la Cour*) bien plus qu'à celle de Castiglione (*Honneste Homme*, éd. cit., p. 68, n. 1).

[76] Bardin, *Le Lycée, Promenade* I, éd. cit., t. I, p. 62. Quant à Méré, on relira dans le *Discours des Agrémens* (*Œuvres*, éd. cit., t. II, p. 49) son jugement positif sur les passions.

[77] On note, par exemple, les conseils mesurés de Grenaille : « ... ce qui est le principal, ne se point monstrer trop joyeux dans la prosperité ny trop affligé dans l'infortune ny dissolu en voluptez ni furieux en émotion de colère » (*Honneste Garçon*, I, IV, 12).

encore, portera plus sur les accents que sur le fond. De fait une évolution s'esquisse entre l'auteur du *Courtisan* et ses successeurs français. Pour celui-là, la vie active, nécessaire, ne fait que préparer à la vie contemplative, aboutissement de la sagesse : « Mais la fin de la vie active doit estre la contemplative, comme de la guerre la paix, le repos, des peines »[78]. Priorité encore confirmée au début du siècle, et sur un ton de provocation, par Antoine de Nervèze[79]. Mais quel langage énergique, déjà, que celui de Faret : s'il ne ménage pas son approbation à l'homme de pensée, il est enthousiasmé par l'homme d'action :

La seule action distingue la puissance de l'impuissance (...). Le repos des grands hommes est un crime, et l'oisiveté égale la valeur des bons Capitaines, et la sagesse des Philosophes à la lascheté des poltrons, et à la folie des ignorants[80].

Et les continuateurs ne se font pas faute d'emprunter le chemin ainsi frayé. Rien de plus net que cette hiérarchie conçue par Bardin qui lui fait souhaiter que l'honnête « mesurast sa carriere dans la vie contemplative et ne s'y exerçast qu'autant que cela le rendroit propre à l'action »[81]. Grenaille ne pense pas autrement[82] : « Je desire mesme que les sciences leur servent autant pour les mœurs que pour l'esprit. Ainsi qu'ils

---

[78]   Castiglione, *Courtisan*, L. IV, trad. cit., p. 566. On notera toutefois les réserves apportées par les spécialistes de Castiglione. Ainsi E. Loos (*Baldassare Castigliones Libro del Cortegiano. Studien zur Tugendauffassung des Cinquecento, Analecta Romanica*, 2, Francfort/Main, V. Klostermann, 1955, pp. 86-88) montre que la vie contemplative, réservée au seul Prince, ne concerne que peu le courtisan en général.

[79]   A. De Nervèze, *Considérations sur le bien de l'Ame*, in *Guide, op. cit.*, f. 57, col. 1 : « Mais quoy, dira quelqu'un, veux-je faire un Cloistre du Louvre et du seiour des Roys ? Veux-je establir la Contemplation dans le fort et le domicile de la vie active (...) Oüy, je le veux, et c'est icy que je desire luy faire forcer les gardes, et surmonter la confusion pour prendre place en l'esprit des Courtisans ».

[80]   N. Faret, *Des Qualitez de l'Esprit : De l'Action et de l'Oisiveté*, in *L'Honneste Homme*, éd. cit., pp. 38-39.

[81]   P. Bardin, *Le Lycée, Promenade IV*, éd. cit., t. I, p. 285. Lire aussi la première *Promenade* du second tome de l'éd. cit., pp. 10-12 : « La vie active dont il faudra que nous parlions est preferable à celle qui s'entretient dedans la contemplation ».

[82]   En somme, il recommande le juste milieu. Voir *L'Honneste Garçon*, I, IV, 11, éd. cit., p. 195 : « il [Plutarque] conseille aux peres qu'ils n'ayent rien de plus cher que dresser aux bonnes mœurs leurs enfants aussi bien qu'aux bonnes lettres ». La consultation, chez Plutarque, du *Traité de l'Education des Enfants* n'a pas permis de situer la citation.

s'adonnent un peu à tous les arts, mais qu'ils s'abandonnent à la sagesse »[83]. Et c'est bien l'idée que l'on se fait communément de la science de l'« honnête homme ». On a vu tantôt les consolateurs qui s'arrêtaient à celle de leurs morts. Aussi est-il vrai que, depuis Castiglione, le « savoir éminent », prêté, par exemple, à un chancelier de Sillery[84], entrait dans la définition de l'honnêteté, et l'Italien pour qui « rien n'est plus désirable à l'homme ni plus conforme à sa nature »[85], reprochait aux Français d'en faire trop peu de cas[86]. Après Du Souhait[87], c'est Nervèze qui a retenu la leçon, dénonçant « l'erreur dommageable à nostre Noblesse, qui consommera ses plus douces années aux exercices du corps, et ne voudra rien donner à ceux qui sont propres à l'esprit »[88].

Science qui n'est point sa propre fin ; propédeutique à l'action, elle donne à ceux qui la possèdent « l'invention plus ouverte et l'accez plus facile aux louables occupations »[89]. Pasquier, qui regrette les mêmes omissions, prodigue les mêmes recommandations ; dans le *Gentilhomme,* la science paraît toujours la voie royale du bien vivre[90], et Faret réprimande ceux qui ne veulent « estre sçavant et soldat tout ensemble »[91]. Il est vrai qu'avec Bardin le ton change : qui sort de son *Lycée,* peut être « honnête » sans être savant : « Je tiens pour moy qu'il [l'honnête homme] est suffisamment docte, s'il est instruit dans les devoirs de la vie (...) Or en cela, ny les Sciences naturelles, ny celles qui sont purement speculatives,

---

[83] *Ibid.,* I, IV, 12.

[84] Voir cit. 52.

[85] Castiglione, *Il Libro del Cortegiano,* I, XLII, in *Opere di B. Castiglione (...). A cura di Carlo Cordié,* Riccardo Ricciardi, Milano, Napoli, 1960, pp. 72-73 : *perché niuna cosa più da natura e considerabile agli omini nè più propria che il sapere.*

[86] *Ibid.,* pp. 71-72.

[87] Le *Parfaict Gentilhomme* (Paris, Gilles Robinot, 1600) de Du Souhait constitue une veine inépuisable de citations en faveur des études. On n'en retiendra que celle-ci, relevée pp. 8-9 de l'éd. cit. : « La noblesse est comme un pistolet au fourreau, les armes sont le bonnet qui ne deffend que le fust, où les lettres sont le fourreau mesme qui garentit le ressort et rouës... ».

[88] A. de Nervèze, *Reglement pour vivre à la Cour,* in *Guide,* éd. cit., f. 46, col. 2.

[89] *Ibid,* p. 45, col. 2 ; p. 46, col. 1.

[90] N. Pasquier, *Gentilhomme,* L. I, p. 13 : « l'experience luy apprendra, que l'estude des bonnes lettres est le seul souverain remede pour attacher dans son ame à cloux de diamans une forme de bien vivre pour dompter et adoucir la nature ».

[91] Faret, *Honneste Homme,* éd. cit., p. 24.

ne luy seroient de grand usage... »[92]. Avis confirmé formellement par Grenaille : « je veux former icy les mœurs de l'Honneste Garçon, devant que de former son esprit. J'ayme-mieux qu'il soit sainct et idiot, que sçavant et impie »[93]. Ainsi, à mesure que l'on avance dans le siècle, les réserves se multiplient : «...je prens garde, que ce qu'on entend par la profonde science, et la grande erudition produit un grand nombre de sots, et fort peu de gens raisonnables »[94].

Méré, pour en arriver là, tout comme avant lui Grenaille et Bardin, n'est nullement un adversaire déclaré du Savoir[95] ; mais l'enthousiasme que celui-ci avait inspiré à la Renaissance, et qu'ont pu partager encore les auteurs du premier dix-septième siècle, fait place à la peur grandissante du pédantisme de plus en plus opposé à l'idéal de l'honnêteté. Peut-être, alors, n'est-il pas sans signification que les allusions expresses au savoir des défunts, relevées plus haut, se situent sans exception dans la première décennie de l'époque envisagée. Aussi le moment est-il venu de dresser un bilan provisoire.

De nombreuses lettres de consolation se dispensent d'évoquer l'image de l'homme idéal ; quand elles le font, le portrait est fragmentaire. Quelques-unes, rares, mettent en scène les qualités physiques, la plupart font l'éloge de la raison, la critique de la passion ; parfois, aux impératifs de l'action, elles ajoutent la valeur de l'érudition. Tous ces traits se retrouvent dans les ouvrages sur l'honnêteté. On croit distinguer, çà et là, quelque différence : tantôt l'émotion semble moins condamnée, tantôt la science moins recommandée, compte tenu de la différence des genres comme de celle de l'évolution des mentalités. Pour l'essentiel, cependant, les quelques témoignages fournis par les consolateurs répondent à l'idéal de l'honnêteté conçu par les moralistes contemporains. Est-ce bien le cas sur le deuxième point non encore envisagé : celui des rapports de l'homme exemplaire avec la société ? On le connaît à présent tel qu'il est en lui-même. Comment agit-il à l'égard d'autrui ? Voilà qui doit faire l'objet d'une autre enquête.

On empruntera d'abord une voie oblique : connaître les défauts à éviter, c'est prendre conscience des qualités à cultiver.

Nervèze dénonce les péchés capitaux contre l'« honnêteté », qui ont nom offense, mépris, médisance, envie. Dans la lettre à l'évêque de Paris sur la mort de son père, il célèbre la délicatesse d'un disparu dont les

---

[92] Bardin, *Lycée, Promenade*, IV, éd. cit., t. 1, p. 289.

[93] Grenaille, *L'Honneste Garçon,* I, IV, 10, éd. cit., p. 194.

[94] Méré, *Discours de l'Esprit,* in *Œuvres,* éd. cit.. t. 2, p. 92.

[95] On connaît son goût pour le latin et les mathématiques. Voir, p. ex, *Première Conversation,* in *Œuvres,* éd. cit., t. 1, p. 11 et *Seconde Conversation, ibid.,* p. 30.

« deportements et comparaisons ne toucherent onc le point d'honneur d'autruy [qu'il n'] offensoit jamais de faict ny de parole »[96]. Aussi condamne-t-il sans hésiter la médisance, la plus vile des bassesses : « De sa table estoient bannies mesdisance, flatterie... »[97] comme cet ignoble sentiment, l'envie, « le plus plombé venin [des] enfants d'Eryne »[98]. Tant d'élévation trouve sa source dans une vertu primordiale : l'absence d'ambition, marque distinctive des élus : « Une des plus grandes preuves et signes infaillibles que Dieu l'aymoit, est que la fatte ambition n'entra jamais en ses desirs »[99].

Si le Bien se définit par opposition au Mal, le portrait de Nervèze est assez complet ; les aversions qu'il signale sont celles mêmes des traités. Castiglione est sans pitié pour l'envie comme pour la médisance qu'Antoine de Nervèze fustige tout au long de son *Guide*, imité en cela par Pasquier qui ajoute sa réprobation pour tout geste d'offense ; Faret, à son tour, en parle avec sévérité, de même que de l'ambition[100]. En somme, le grief est ancien : Chrétien de Troyes, qui chante au début de son *Perceval* l'éloge de Philippe de Flandres, le vante pour n'écouter « nulle vilaine plaisanterie, nulle sotte parole, éprouvant de la peine s'il entend médire d'autrui quel qu'il soit »[101]. Or, cette approche négative, fondée sur un seul épistolier, n'est guère significative : plus que celle des travers, c'est l'étude des qualités qui se révèle enrichissante.

Ne pas mépriser autrui, c'est donner une première preuve de modestie. Aussi la modestie, l'humilité même, scintillent-elles parmi les vertus signalées de l'homme achevé, et avec d'autant plus d'éclat que celui-ci s'élève plus haut dans la hiérarchie :

---

[96] G. Bernard Nervèze, *A Mgr. le Reverendissime Evesque de Paris*, in *Consol. funèbres, op. cit.*, p. 34.

[97] Id., *A Mgr. l'Illustrissime Cardinal de Gondy, ibid.*, p. 21

[98] Id., *A Mgr. le Reverendissime Evesque de Paris, ibid.*, p. 37.

[99] *Ibid.*, p. 36.

[100] Voir, p. ex, Castiglione, *Cortegiano*, L. II, XLI, éd. cit., pp. 139-40 et L. II, IV, éd. cit., p. 309 (portrait, il est vrai, de la dame honnête) ; A. de Nervèze, *Guide* (*Combat III, Contre la Médisance*), éd. cit., pp. 19-24 ; Pasquier, *Gentilhomme*, L. II, éd. cit., p 72 et pp. 116-17 ; Faret, *Honneste Homme*, éd. cit., pp. 99-100 (surtout médisances auxquelles sont sujettes les femmes vertueuses) et pp. 34-35 ; 37-38 (ambition). Ajoutons le témoignage de Méré, *Première Conversation*, in *Œuvres*, éd. cit., t. 1, pp. 15-16 et *Discours de la Conversation*, in *Œuvres*, t. 2, p. 114.

[101] Chrétien de Troyes, *Perceval ou le Roman du Graal*, Paris, Gallimard, 1974 (« Folio »), p. 33.

Il avoit une vertu (...) C'est l'humilité seminere de toutes belles vertus et compagne des grandes ames et hautes prouësses, laquelle il faisoit paroistre en deux parties essentielles d'icelle, en la cognoissance de soy mesme et de son rien ; et en la modestie de sa conversation. Il se recognoissoit infirme, et disoit en temps et lieu ses infirmitez et les deploroit, et se prisoit en cette recognoissance moins que rien, comme souvent il a tesmoigné non seulement en ses devotions, mais encor en ses discours familiers[102].

Le roi, dont parle ici Richeôme, ne se distingue guère, sur ce point, du tout jeune Laurent de Chaponay, en qui « la preud'homie estoit entiere (...) la modestie, le respect, l'humilité (...) »[103], ni de Charles de Clere qui « parloit aux grands et aux petits avec tant de discretion, d'humilité, de modestie (...) qu'apres avoir presté l'oreille pour l'entendre on estoit contraint de luy donner la langue pour le loüer (...) »[104]. Ces êtres tout de simplicité, on les imagine sans peine au contact des autres, courtois, affables, doux, gracieux, d'accès facile. Pour le consolateur de la Reine-Mère, Henri IV n'a rien du monarque hautain, lui dont il chante les « graces », les « cortoisies », avant de le déclarer habité « de courtoisie, de bonne grace, de gentillesse, d'affabilité »[105]. Ici encore il a pu servir de modèle à Laurent de Chaponay dont l'humeur « estoit affable et civile », que l'on qualifie de « doux » et de « courtois »[106]. Même révérence au chevalier de Guise qui a fait admirer la « douceur et gracieuseté de ses mœurs »[107], alors que le chancelier de Sillery est vanté pour la « facilité de son accez »[108]. Charles de Clere, enfin, héritier de la délicatesse de ses « progeniteurs », « clemens, doux, affables, gratieux »[109], s'inscrit dans cette galerie de portraits où l'humanisme brille de ses plus belles couleurs.

---

[102] Richeôme, *Consolation (...) à la Royne Mere* (...), *op cit.*, 13, pp. 24-25.

[103] *Response dudict Sieur d'Expilly à Monsieur, Monsieur le R. P. Arnoux*, in *Tombeau de Laurens de Chaponay, op. cit., f.* 24, col. 1.

[104] R. Le Maistre, *Consolation (...) sur le trespas de C. de Clere* (...), *op. cit.*, p. 14.

[105] Richeôme, *Consolation...*, *op. cit.*, 4, p. 8 ; p. 18, p. 36.

[106] *Tombeau, op. cit.*, f. 5, col. 2 ; f. 34, col. 1 (*Lettre de Messire François de Galles*).

[107] Th. Pelletier, *Lettre de Consolation à très-illustre princesse Catherine de Clèves, sur la mort de Mgr. le Chevalier de Guyse, son fils*, Paris, François Huby, 1614.p. 11.

[108] Id., *Lettre de consol. sur la mort de feu Mgr. de Sillery* (...), *op. cit.*, p. 6.

[109] Le Maistre, *op. cit.*, p. 18.

Il reste à envisager un dernier point, celui des qualités du discours. Ainsi G. Bernard Nervèze entretient le cardinal de Gondy de la « faconde si diserte »[110] de feu son frère, en même temps qu'il conseille à la duchesse de Rais de chercher réconfort dans les « reparties belles et promptes » qui font la gloire du jeune baron de Seinsene[111]. A son tour, Richeôme rappelle la « conversation si domestique et si douce » de Henri IV, avant de consacrer une longue page à l'éloquence de ce prince dont « le bien dire associé aux belles œuvres »[112] constitue la première vertu. Et d'enchaîner avec un commentaire sur l'art du harangueur, non sans rapport avec les controverses que suscite alors la rhétorique :

... je dis que son eloquence n'estoit pas une tissure de phrases mignardes et fleurs de Rhetorique, mais un discours nerveux d'un langage masle et martial. Laconique et sententieux, prenant sa source d'une profonde prudence et subtilité naturelle, et coulant comme par gradations de certaines tirades[113].

Modestie, courtoisie, affabilité, qualité de l'entretien, ces défunts, à vrai dire, honoraient exactement le contrat de l'honnêteté. La première de ces vertus surtout, depuis Castiglione, est la clef de toutes les autres : « Celuy donc que nous cherchons (...) soit humain, modeste et posé fuyant toute vanterie, et sotte louange de soy-mesme »[114], conseil qui se répercute en écho chez tous les Français. Architecte de l'honnêteté, Nervèze entend appuyer son « bastiment moral » sur « la modestie et la civilité qui [en] sont comme les deux colonnes principales »[115], et Pasquier renchérit, qui déclare que « toutes choses sont vaines si la modestie n'y assiste »[116]. Les courtisans de Faret, on ne les entend jamais « parler de leurs predecesseurs

---

[110] G. Bernard Nervèze, *A Mgr. l'Illustrissime Cardinal de Gondy,* in *Consol.,* p. 18.

[111] Id., *A Madame la Duchesse de Rais,* in *Consol., op. cit.,* p. 61.

[112] Richeôme, *Consolation (...) à la Royne Mere, op. cit.,* 13, p. *25 ;* 16, pp. 27-28.

[113] *Ibid.,* p. 28. Lire à ce sujet Marc Fumaroli, *L'Age de l'Eloquence,* Genève-Paris, Droz, 1980, chap. II, pp. 257 et s.

[114] Castiglione, *Courtisan,* L. I, trad. cit., p. 46.

[115] A. de Nervèze, *Guide, op. cit.,* f. 12, col. 2. On notera qu'il s'agit bien de la modestie au sens moderne du terme, le chapitre s'intitulant *Contre la Vanité* et faisant le procès des orgueilleux.

[116] Pasquier, *Gentilhomme,* L. II, éd. cit., p. 76.

36   La consolation érudite

ny d'eux-mesmes »[117], et Bardin voit jaillir l'« honnêteté » de quatre
sources dont la dernière est « cet ornement de la vie qu'on appelle
Temperance, laquele étant accompagnée de la Pudeur et de la Modestie
sçait ordonner avec tant d'adresse et de bien-seance toutes les actions des
hommes, que c'est d'ordinaire par son moyen que l'on découvre les
honnestes gens »[118].

La modestie, chez les consolateurs, s'était doublée de courtoisie, de cet air
d'exquise politesse et d'affabilité qui opère la symbiose entre l'honnêteté
et la galanterie[119]. Ils puisaient, ici encore, à toute une tradition, que les
plus moralisants des théoriciens n'ont songé à renier. Certes, quand
l'élégant auteur du *Cortegiano* réserve les lettres de noblesse à qui « est
courtois (...), affable, et doux en compagnie, prest à faire plaisir, diligent à
servir »[120], il n'y a là rien d'étonnant. Sous les cieux sereins de la
péninsule, on n'imagine de rapports sociaux qu'empreints de douceur. On
s'attendrait à plus d'austérité chez les Français, et Nervèze, de fait, reste
assez fermé au lyrisme de Castiglione, de même que, dans une certaine
mesure, Pasquier, à l'injonction sévère : « qu'il soit froid à l'abord »[121].
Mais voici que Faret corrige la dureté du propos : « Sans estude ils sont
civils et courtois (...) Leur accez est si facile et agreable, qu'il n'y a
personne qui n'en desire la communication »[122], et Bardin fait jouer
l'étymologie :   « Courtoisie   est   particulièrement   requise   aux
Courtisans »[123]. Grenaille aussi veut « Qu'il ne se rende importun à

---

[117] Faret, *L'Honneste Homme*, éd. cit., p. 79.

[118] Bardin, *Lycée, Promenade I*, éd. cit., t. 1, p. 46. Voir aussi Grenaille, *L'Honneste Garçon*, *op. cit.*, I, IV, 23 : « qu'il s'adonne particulierement à la modestie ; ».

Méré, si la chronologie le permettait, mériterait une réflexion plus approfondie. On retiendra que cet obsédé de la fausse modestie voit dans la vraie, bien comprise, la plus pure des délicatesses. (Voir *De la Conversation*, in *Œuvres*, éd. cit., t. 2, p. 112 (contre la fausse modestie) De même *Sixième et dernier Discours, ibid.*, t. 3, p. 161. Pour la vraie modestie, *ibid.*, p. 160.

[119] Lire à ce sujet R. Lathuillère, *La Préciosité. Etude historique et linguistique*, Genève, Droz, 1969, t. 1, pp. 565 et s.

[120] Castiglione, *Courtisan*, L. II, trad. cit. p. 221.

[121] Pasquier, *Gentilhomme*, L. II, éd. cit., p. 76. Ailleurs, toutefois, (L. I, pp. 45-46), on trouve moins de rigueur : on notera alors les termes de « posé, doux, gratieux... agreable, galant ».

[122] Faret, *L'Honneste Homme*, éd. cit., p. 78.

[123] Bardin, *Lycée, op. cit.*, extrait de la Table des Matières.

personne, mais affable à tout le monde », pour, toutefois, ajouter une réserve : « Qu'il ne soit neantmoins (...) trop complaisant »[124].

Point de grâce, avaient dit les consolateurs, sans celle de la parole. Si leur propos, parfois, ne dépasse pas les généralités – quand ils exigent le « bien dire » – on le trouve ailleurs qui se précise : promptitude de la répartie, douceur de la conversation, habileté de la faconde. Souvenir des traités ? Sans doute : l'art de parler, ici, se range parmi les premiers, et c'est encore Castiglione qui donne le ton. Le discours du courtisan doit respirer la douceur (*dolcezza*)[125], ses caractères doivent être la clarté, l'ordre, la simplicité (*bell'ordine, parole ben distinte..., ogni ambiguità faccia chiara*)[126]. N'est-ce pas cette faconde « diserte », c'est-à-dire claire, que Nervèze a tant admirée chez le frère du cardinal de Gondy, écho lointain du *lucidus ordo* horatien[127] ? Les théoriciens français n'aspirent pas à moins : lorsqu'ils définissent l'éloquence, certes, ils visent souvent plus haut que les agréments de la conversation. Les exigences, toutefois, se recoupent, le but suprême restant de « charmer », non point par de molles afféteries, mais par la virilité d'une langue claire et pure. Ainsi, pour Du Souhait, l'éloquence, « ample acquisition des cœurs »[128], se doit de rechercher des mots « dont la briefveté donne l'intelligence »[129]. Nervèze et Pasquier ne concluent pas autrement[130], et les années qui passent ne modifient en rien cette exigence, puisque, en 1668, Méré rend toujours hommage à la clarté et à la justesse[131].

---

[124] Grenaille, *L'Honneste Garçon, op. cit.*, I, IV, 23. « Au fur et à mesure que les années passent, de Faret à Mlle de Scudéry et à Méré, les qualités que [l'honnête homme] incarne deviennent plus intellectuelles et morales, sans qu'on oublie pourtant l'élégance extérieure ». Ce propos de R. Lathuillère (*op. cit.,* p. 571) est fondé entre autres, sur maint passage du chevalier : « Je voudrois qu'un honnête homme fût plus doux et caressant, qu'âpre et sévère, et qu'il aimât à s'insinuer d'une maniere agreable et commode pour toute sorte de personnes... » (*Suite de la vraie Honnêteté*, in *Œuvres*, éd. cit., t. 3, p. 91). Voir aussi *Discours des Agrémens*, in *Œuvres*, éd cit., t. 2, p. 12, *De la vraie Honnêteté, ibid.*, t. 3, p. 72 etc.

[125] Castiglione, *Cortegiano*, XXXIV, éd. cit., p. 59.

[126] *Ibid.,* XXXIII-XXXIV, pp. 58-59.

[127] Voir Horace, *Art Poétique*, v. 40-41.

[128] Du Souhait, *Le Parfaict Gentilhomme*, éd. cit., f. 41, col. 1.

[129] *Ibid.,* f. 40, col. 2.

[130] Il est vrai que c'est de l'éloquence militaire qu'ils parlent. Nervèze, *Guide*, éd. cit., ff. 48-49 ; Pasquier, *Gentilhomme*, L. III, éd. cit., p. 162 et p. 166. Au L. II (p. 76), il recommande le discours sobre.

[131] Méré, *Quatrième Conversation*, in *Œuvres*, éd. cit., t. 1, p. 50.

Courtoisie, amabilité, clarté, qualités qui confirment la teneur « honnête » des lettres de consolation. Or le registre dont elles relèvent est intellectuel, mondain, bien plus que moral au sens fort du terme. L'homme que nous étudions, ne manifesterait-il pas des qualités plus profondes, ne couronnerait-il pas son amabilité et son intelligence par sa bonté et sa justice, voire sa charité et sa foi ? Sans ce dernier volet, le plus « humain » sans doute, son portrait resterait bien incomplet[132].

Etre « bon », vertu vague qui demande à s'actualiser dans des manifestations concrètes. Aussi quand Nervèze, d'Expilly présentent leurs défunts, l'un « florissant en (...) bonté »[133], l'autre « miroir (...) de bonté »[134], les souhaiterait-on plus précis. Mais voici le même Nervèze qui se reprend dans sa lettre, cette fois à l'évêque de Paris, sur la mort de son père. Cette âme, désormais bienheureuse, était exemplairement charitable :

O combien de bien-faicts et aumosnes sont sortis de sa splendide frugalité et bon mesnage, non en parade mondaine pour en tirer un vain loyer, mais en occultes charitez, dont maints pauvres souffreteux, pauvres vieillards necessiteux, pauvres malades et honteux en sçauront bien quelque jour devant Dieu tesmoigner[135].

De son côté, Charles de Clere n'était pas en reste de générosité. Ecoutons le consolateur :

Feneratur Domino qui miseretur pauperis. Celuy qui a pitié du pauvre preste à Dieu (dit Salomon) et il luy rendra sa retribution*. L'argent du Chrestien mis en la main du pauvre, est plus seurement que dans les coffres et cabinets. Donc, par charité, nostre Charles est monté au Temple d'immortalité : car la charité est la plus excellente voye pour y parvenir, ainsi qu'enseigne S. Paul**[136].

On aura noté la coloration chrétienne : une vertu théologale n'inspire pas d'autre discours. On se doute, cependant, qu'elle ne saurait suffire à l'homme achevé. Il faut que s'y ajoute « cette grande Reine (...) qui sous

---

[132] Et, selon Magendie, peu français. C'est qu'il insiste (op. cit., p. 321) sur l'importance de la vertu et de la religion qui distingue l'honnêteté française de celle d'outre-monts.

[133] A Mgr. l'Illustrissime Cardinal de Gondy, in Consolation, op. cit., p. 12.

[134] Tombeau de L. de Chaponay, op. cit., f. 5, col. 2.

[135] A Mgr. le Reverendissime Evesque de Paris, in Consol., op. cit., p. 44.

[136] Le Maistre, Consol. (...) sur le trespas de (...) C. de Clere, op. cit., p. 18. [* Proverbes, 19, 17 ; ** 1 Co, 13].

un nom féminin a toujours fait une fonction mâle et généreuse... »[137]. C'est de la Justice que parle Du Vair, distinction des rois, certes, comme le montre Richeôme dans sa *Consolation à la Reine-Mère*[138], mais non moins des particuliers. Dans sa *Lettre de Consolation sur la mort de feu Mgr. l'illustrissime Cardinal de Retz*, Pelletier en agrémente le portrait du défunt[139] ; de même, deux années plus tard, quand il doit consoler Bruslart de la mort du chancelier de Sillery, il reconnaît à celui-ci « une grande dextérité (...) en la distribution de la Justice »[140]. Il est vrai que l'omission, en ce cas, eût été messéante : le premier des magistrats ne peut être loué à moins.

Bonté, charité, justice : engagements à l'égard du particulier. Il manque une qualité transcendant toutes les autres par la noblesse de son objet comme par son ampleur. Après avoir obligé ceux qui l'entourent, l'homme modèle vise au sommet : c'est au service de l'ensemble, de la communauté, du Roi, de la France, enfin au service de Dieu que se parachèvent ses plus belles vertus. On a montré tantôt que la méditation tire sa noblesse de l'action qu'elle prépare ; on le verra ici : de ces actions, la plus belle est la patriotique. « Aussi a-t-il toute sa vie fidelement servy (...) son Prince, et sa patrie »[141]. Au « genereux courage » de Rais, G. Bernard Nervèze ne trouve point d'objet plus digne, ni Pelletier qui exalte le malheureux Guise pour « son amour envers sa patrie, sa fidélité au service de son Roy »[142]. En 1622, dans sa *Lettre de Consolation sur la mort de feu l'illustrissime Cardinal de Retz,* il récidive : « ...sa fidelité au service du Roy, et son affection envers sa Patrie sont les qualitez excellentes qui le feront celebrer dans l'histoire »[143].

Mais enfin le vasselage de la terre se sublime en hommage à Dieu et la piété est une constante du portrait idéal. Non seulement Richeôme y insiste

---

[137] Du Vair, *Discours pour l'Ouverture du Parlement en 1616*, in *Œuvres*, Paris, S. Cramoisy, 1625, p. 901.

[138] Richeôme, *op. cit.*, p. 30.

[139] Pelletier, *op. cit.*, p. 5.

[140] Id., *Lettre de Consolation sur la mort de feu Mgr. de Sillery, op. cit.*, p. 6.

[141] G. Bernard Nervèze, *A Mgr. l'Illustrissime Cardinal de Gondy*, in *Consol., op. cit.*, p. 15.

[142] Pelletier, *Lettre de consol. (...) sur la mort de ... Guyse, op. cit.*, p. 11.

[143] *Op. cit.*, p. 5.

pour Henri IV[144] – la politique a ses contraintes et on ne peut être roi très-chrétien à moins – mais la « piété », le « service de Dieu » distinguent tous les morts, clercs et laïcs[145], au point qu'en 1626, Raoul Le Maistre, en une vingtaine de pages, célèbre ainsi Charles de Clere et toute sa famille...[146].

Tâche aisée, cette fois, que de se reporter aux traités ? Pour le dernier point, sans doute, moins pour le premier ; certes, le motif politique, parfois, se fait entendre, avec moins de force, cependant, qu'on ne l'aurait attendu. Castiglione recommande, au passage, la fidelité au seigneur (*sia fedele a chi serve*)[147], sans plus. Nervèze impose au courtisan français une éthique toute d'abnégation ; ce n'est pas pour les honneurs, mais pour lui-même qu'il doit aimer son roi et le servir[148], et l'amour du Prince inspire à Pasquier des propos d'un beau feu :

II doit aymer et affectionner sa patrie avec telle ardeur, que librement il employe sa vie et son bien pour sa deffence et maintien : tout ainsi qu'il est obligé de droict de garder ceux qui ont ourdy la trame de sa vie : ainsi doit-il defendre son pays, lequel est cause et source de son bien et conservation[149].

Ailleurs on note une assez grande discrétion, et il semble qu'elle se confirme au fil des années ; elle n'a rien d'étonnant chez Méré qui présente un honnête homme à la nouvelle mode[150] ; elle se signale déjà chez Faret, bien sobre en la matière.

---

[144] *Consol. à la Royne Mere, op. cit.*, p. 8.

[145] Voir Pelletier, *Lettre sur la mort de feu (...) L'Illustrissime Cardinal de Retz, op. cit.*, p. 5 ; G. Bernard Nervèze, *A Mgr. l'Illustrissime Cardinal de Gondy*, in *Consol., op. cit.*, p. 15.

[146] Voir Le Maistre, *Consolation..., op. cit.*, pp. 18 et s.

[147] Castiglione, *Cortegiano*, XVII, éd. cit., p. 36.

[148] Nervèze, *Reglement pour vivre à la Cour*, in *Guide, op. cit.*, ff. 38 et s.

[149] Pasquier, *Gentilhomme*, L. I, éd. cit., p. 38.

[150] On sait Méré réticent à toutes sortes d'enthousiasmes. Dans cette optique et dans la perspective du problème religieux, objet de notre dernier développement, on appréciera son analyse très détaillée sur les rapports entre honnêteté et dévotion in *Œuvres*, éd. cit., t. 3, p. 101.

Les valeurs religieuses inspirent-elles plus d'enthousiasme ? Certes, les théoriciens français n'atteignent guère aux sublimes accents du chant éthéré de Castiglione. Les pages ultimes du *Cortegiano* baignent dans une atmosphère surnaturelle d'une rare beauté. Leur auteur évoque ce mystique amour en Dieu, but suprême de son homme idéal :

En ce lieu, l'âme estant esprise du sainct feu de vraye amour divine, vole pour s'unir avec la nature angelique : et non seulement abandonne du tout le sens, mais n'a plus affaire du discours de la raison, laquelle transformee en ange, entend toutes les choses intelligibles, et sans voile ou nue aucune, voit l'ample et spacieuse mer de la pure beauté divine, la reçoit en soy, et jouit de ceste supreme felicité, qui est incompréhensible au sens[151].

Poésie d'un autre monde au finale de ce manuel de la mondanité ; plus prosaïquement, Nervèze admet une semblable hiérarchie :

Nous appellons une ame haute et relevee qui aspire à ce qui est de grand et de sublime dans le monde, mais c'est par erreur et injustement : (...) Ce tiltre de haut et de relevé ne se pouvant, ce me semble, proprement attribuer qu'aux ames qui s'eslevent et se haussent sur la contemplation des choses divines[152].

Moins mystique encore, et d'autant plus pratique, Pasquier s'en tient aux effets immanents de la Providence dont il fait le premier objet de l'enseignement « honnête » :

Celuy qui a la charge de l'eslever [c.-à-d. le gentilhomme] aux lettres, doit tout premier luy enseigner qu'il y a un Dieu qui demeurant par soymesme stable et immobile se fait par ses effets connoistre premiere cause, lequel il luy faut embrasser, aymer et adorer, afin qu'il ne doute qu'au milieu des flots de sa vie, il ne soit en tout et par tout gouverné par sa main ; et qu'il doit bastir sur luy

---

[151] Castiglione, *Courtisan,* L. IV, trad. cit., p. 649.

[152] Nervèze, *Considérations pour le Bien de l'Ame,* in *Guide,* éd. cit., f. 61, col. 2 ; f. 62, col. 1.

la conduite de sa vie comme sur un ferme et asseuré fondement et pivot[153].

Quant à Grenaille, la hargne que lui inspirent les propos des libertins est assez éloquente pour souligner son point de vue[154]. Faret, de même, se déclare sans ambiguïté[155], mais de toutes les professions de foi, celle de Bardin doit retenir l'attention. Dans la *Seconde Promenade* du premier tome, il s'élève du Créé au Créateur, preuve cosmologique. Ainsi la merveille du corps de l'insecte lui est garantie de l'existence de Dieu :

Ces deux ou trois abeilles qui sucent dans le calice de ces fleurs l'humeur dont elles feront leur miel et leur cire le monstrent encore ; et prenez la peine de les considérer, je vous en supplie. Voyez que leurs *jambes* sont *delicates :* et neantmoins il faut (...) de necessité qu'elles soient composees de pieces qui fassent leur insertion les unes dans les autres par leurs aboutissements et qui soient attachées avec des ligamens puis qu'il y a des *jointures*[156].

Mais pour lui présenter un autre prodige aussi étonnant, qu'il recherche dans ce qu'il connaît les choses les plus *délicates.* Qu'un ciron lui offre dans la petitesse de son corps des parties incomparablement plus petites, des *jambes* avec des *jointures,* des veines dans ces jambes, du sang dans ces veines...[157].

On aura reconnu le second texte ; il est des plus célèbres de la littérature. Son expression rappelle de près celle du premier. Le *Lycée* a paru de 1632 à 1634, il est donc antérieur à la page de Pascal. Celui-ci s'en serait-il souvenu au moment de la composer ?

Quoi qu'il en soit, dans les traités français de l'honnêteté de la première moitié du XVIIe siècle, la composante religieuse n'est pas sans importance[158]. Peut-être les circonstances particulières dans lesquelles sont rédigées les lettres de consolation, appellent-elles le motif. La conception

---

[153] Pasquier, *Gentilhomme,* L. I, éd. cit., p. 22-23.

[154] Grenaille, *Honneste Garçon,* I, IV, 25, éd. cit., p. 224.

[155] Faret, *Honneste Homme,* éd. cit., pp. 32-33.

[156] Bardin, *Lycée, Promenade II,* éd. cit., t. 1, pp. 85-86.

[157] Pascal, *La Misère de l'Homme,* in *Pensées,* éd. par. F. Kaplan, Paris, Ed. du Cerf, 1982, p. 153.

[158] Voir Magendie, *op. cit.,* p. 322.

de l'honnêteté, jusqu'à une certaine date, en rendrait l'omission impardonnable.

Voilà donc esquissé à partir de deux registres – celui des lettres et celui des traités – un portrait assez complet de l'« honnête » homme : naissance, présentation, esprit, cœur, vertu, mouvement de va-et-vient des premières aux seconds, preuve certaine de l'impact de ceux-ci sur les mentalités du premier dix-septième siècle. Certes, on a constaté une réserve relative au faible pourcentage de lettres épuisant le sujet. C'est que d'autres réflexions motivent le consolateur quand il aborde sa tâche difficile, et toutes méritent de nouvelles analyses. Mais lorsqu'il évoque, une dernière fois, celui qui s'est effacé pour toujours, ce n'est jamais sans l'ensevelir pour l'éternité dans le linceul de l'« honnêteté »...

*

Notion vaste, cependant, et qui se nourrit à de multiples sources. On verra, dans une première partie, à quel point, dans ces textes dont l'objet semble appeler la spiritualité chrétienne, l'antiquité païenne demeure présente. Symbiose réussie de deux cultures qui coopèrent à l'œuvre de consolation. Et d'abord le héros antique, tel qu'il paraît à travers les récits des historiens, préfigure en tant de points cet « honnête » défunt que nous venons de connaître... à moins qu'il n'en mette en évidence les vertus par contraste !

CHAPITRE 1

L'histoire ancienne dans le miroir des lettres de consolation

La présence de l'antiquité, partout au XVIIe siècle, ne peut être contestée. Comment imaginer que le retour en force – la Renaissance – de la Grèce et de Rome au XVIe siècle soit resté sans conséquence pour le XVIIe ? On sera donc à peine surpris que l'éclairage des influences antiques ait suscité l'intérêt de la critique universitaire. Intérêt qui s'est concrétisé dans des ouvrages d'érudition : *Horace en France au XVIIe siècle, Homère en France au XVIIe siècle,* l'impressionnant bilan des recherches de Jean Marmier et de Noémi Hepp montre à quel point le sujet, fécond, appelle l'interrogation.

Encore celle-ci, on le devine sans peine, ne doit-elle point s'arrêter aux coryphées de la littérature : la philosophie, la mythologie, la science même des anciens investissent l'écriture du XVIIe siècle. C'est le cas aussi, et non à un moindre degré, de l'histoire. Telle sera donc l'ambition des présentes pages : mesurer le degré d'imprégnation historique – au sens d'histoire des deux antiquités – de ce genre mineur du XVIIe siècle que sont les lettres de consolation. Encore faut-il dire que la littérature épistolaire est un objet de choix pour l'exercice envisagé. Sortie de plumes diverses de par leurs appartenances sociales et professionnelles, elle échappe aux cloisonnements des spécialistes et se présente en produit de l'homme cultivé du XVIIe siècle, de l'« honnête homme », justement. Définir le profil historique de ces textes, c'est montrer la survie dans les consciences de l'histoire ancienne, c'est indiquer l'exact degré de la survivance de l'antiquité au XVIIe siècle, d'une antiquité « vécue », présente aux divers moments du discours quotidien.

La démarche, simple à première vue, n'est toutefois pas sans écueils. S'il suffit, en effet, dans une phase initiale, de relever toutes les occurrences historiques et de préciser leurs finalités dans le texte moderne, – la plupart du temps pédagogiques, illustration d'une vertu, ou cathartiques, « purgation » d'un vice – il faudra, dans un second temps, s'attacher à établir la filiation de l'exemplum. Or il est rare que le moraliste du XVIIe siècle donne sa source : le solide bagage humaniste de ses lecteurs l'en dispensait. Au critique moderne, soucieux d'analyser les strates de l'érudition « honnête », de la repérer et de la mettre à jour. On mesure la difficulté du propos au volume du corpus : à la limite, l'ensemble des textes grecs et latins. C'est signaler la nécessité d'un choix. Comment l'opérer sans arbitraire ? Il existe à l'époque des florilèges, espèces de condensés présen-

46 La consolation érudite

tant sommairement le minimum de la culture « honnête »[1]. Ces ouvrages, parfois, consentent des renvois. En arrêter la liste, palmarès des auteurs les plus pratiqués, c'est déjà se munir d'un précieux instrument de travail ; ce n'est pas arriver au bout de ses peines. D'une part ces recueils sont loin de répondre à toutes les interrogations suscitées par le texte moderne : il ne reste qu'à compulser d'autres œuvres, non signalées, et à se fier à l'étoile du chercheur. D'autre part, ils se contentent souvent de donner le fait « brut », sans préciser sa provenance ; l'embarras n'est pas moindre. Et même, s'ils la dévoilent, rien ne garantit son identité avec la source de l'auteur du XVIIe siècle. La plupart des épisodes historiques ne sont-ils pas certifiés par de multiples témoignages anciens ? La détermination de la source exacte du texte moderne – à moins qu'il n'y en ait plusieurs – relève de l'aventure. Aussi, en l'occurrence, faut-il renoncer à tout dogmatisme. Délimiter un champ d'influences possibles, reconstituer ainsi, approximativement, l'index des lectures de l'homme cultivé du XVIIe siècle, et donc sa culture classique, on ne peut aller au-delà.

Approximativement : cet index, nécessairement, reste incomplet. Le champ d'investigation est trop vaste pour une couverture sans faille. Toujours est-il que les noms retenus, prestigieux ou plus modestes, proposent une liste éblouissante : Cicéron, Cornelius Népos, Hérodote, Justin, Plutarque, Quinte-Curce, Tacite, Tite-Live, Valère Maxime, et tant d'autres : véritable encyclopédie gréco-latine. La matière est là, abondante à souhait. Encore faut-il assurer sa distribution. Une première méthode semble s'offrir d'instinct : partir de la source antique et regrouper sous chaque nom toutes les occurrences qu'il a fournies aux modernes. La démarche, naturelle, présente cependant des inconvénients. On l'a dit : bien des détails empruntés par les auteurs du XVIIe siècle aux anciens, souffrent de paternités douteuses. Procéder par rubriques d'auteurs serait se condamner à un effet répétitif, les mêmes épisodes se présentant à cadence régulière, coiffés seulement d'une autre « autorité ». Aussi, en définitive, la voie inverse a-t-elle semblé préférable, celle qui consiste à structurer les données des textes modernes en ensembles thématiques et à appuyer chacun d'entre eux sur les références antiques qui l'expliquent. Si la répétition subsiste sur un autre plan – celui des renvois – elle sera moins lourde que pour l'option précédente. On proposera donc un itinéraire orienté vers les grandes questions morales soulevées par les textes dans la mesure où l'histoire ancienne est mise à contribution. Pour l'essentiel, il s'agira des différentes approches de l'idéal d'humanité tel que le conçoit le

---

[1]   Ont été dépouillés pour ce travail les trois ouvrages suivants : *Johannis Ravisii Textoris Officina sive Theatrum Historicum et Poeticum* ; Pierre De Messie, *Diverses Leçons* ; *Ludovici Cœlii Rhodigini Lectionum Antiquarum Libri Triginta*. Les trois ouvrages sont du XVIe siècle ; pour le détail des éditions consultées, voir notes ci-dessous.

moraliste moderne à la lumière de ses souvenirs anciens. Et dans un premier temps, l'éclairage portera sur les qualités « internes », celles qui anoblissent l'individu comme tel et qui engendrent les vertus utiles à la société ; celles-ci feront l'objet d'autres volets de l'enquête.

*

Beaucoup de qualités permettent à l'homme de progresser dans la voie de la perfection ; une seule est indispensable. La maîtrise de soi est ce fond solide sur lequel se construit l'édifice de la vertu. G. B. de Nervèze l'a bien senti, qui place le « dompter soy-mesme » de son héros au-dessus de celui de tous les parangons de l'antiquité :

(...) s'il est vray, comme je croy, que se dompter soy-mesme soit une insigne victoire, ie le peux dire avec vérité plus victorieux que ne furent onc ces tant celebres Heros, Alexandre, Hannibal, Scipion, Cæsar, Pompee, ny pas un autre de l'antique saison[2].

Galerie de vedettes aussi riche qu'imprécise. Cinq exemples anciens pour témoigner de l'équilibre intérieur – ou du déséquilibre –, car l'énoncé comme tel ne permet pas de trancher ! Il faudra localiser les références possibles pour éclairer les connotations attachées à chacun de ces noms. Ce n'est là, on le verra, qu'une première approche du thème. D'autres suivront, plus précises, fondées – encore – sur des noms, les mêmes ou d'autres, et qui manifesteront les effets concrets de la maîtrise de soi.

Alexandre : le nom tient lieu de tout un programme de débauches, détaillées par une armée de biographes. On ne s'étonnera pas d'en trouver le reflet dans les florilèges des XVIe et XVIIe siècles, où les lecteurs auront pu le saisir sans même pousser jusqu'aux sources premières. A ceux qui le pratiquent, Ravisius ne fait grâce d'aucune faiblesse du grand homme : Alexandre était alcoolique, colérique, homicide, chacun de ces vices découlant du précédent comme l'effet de la cause[3]. Point de sources

---

2   G. B. de Nervèze, *A Monseigneur le Reverendissime Evesque de Paris*, in *Consolations funebres sur la mort de tres-hault et tres-puissant seigneur Messire Albert de Gondy, op. cit.*, p. 35.

3   Ravisius Joh. Ravisii, *Textoris Officina sive Theatrum Histor et Poeticum* (...), Basileæ, Sumptibus Joannis Regis, 1663, L.V, 51, p. 642. *Videns Androcides Alexandrum proclivem in pocula, intemperantiam ejus his verbis cohibebat : vinum potaturus rex memento te bibere terræ sanguinem. Nam sicut venenum est homini cicuta, sic & vinum. Quibus præceptis si ille obtemperasset, amicos in temulentia non interimisset,*

précises estimées trop connues, sans doute, pour mériter mention. Tout le monde connaissait alors le procès sans faille que Quinte-Curce avait intenté à son héros. L'excès de vin[4], « l'entraînement de la colère »[5], le meurtre, enfin, de Clitus[6], tout, chez lui, concourt pour déconsidérer le fils de Philippe[7]. Et les autres abondent dans le même sens : Valère Maxime, Justin, Tite-Live[8].

La cause est entendue ; la réputation d'Alexandre, jouet de ses passions, est aussi bien établie que la source de l'épistolier l'est mal : cas typique de la référence défiant les efforts de localisation.

La situation ne diffère en rien pour Hannibal. Ici encore le nombre des témoignages, romains, il est vrai, et donc suspects, empêche de conclure[9].

Scipion, César et Pompée, en revanche, pourraient être ces modèles sur lesquels le défunt a su renchérir. Ravisius, appuyé sur Gell. lib. 6 cap. 8,

---

ut fecit. Idem Alexander rex ea hac vinolentia biduum sæpe obdormivit integrum. Hinc proverbium natum, Alexandrum regem bibendo præcellis. Inter pocula amicos indignatione rapida transverberabat.

Par ailleurs (L.V, 52, p. 646 et L.V, 53, pp. 653-654), Ravisius, s'interrogeant sur la continence sexuelle d'Alexandre, aboutit à des témoignages différents et contradictoires.

4   Quinte-Curce, *Histoires,* VIII, 1, Paris, Belles Lettres, 1965, t. 2, p. 285.

5   *Ibid.,* p. 289.

6   *Ibid.*

7   Les cas où Quinte-Curce met en cause les passions d'Alexandre, ne se comptent pas. Voir à titre d'exemple, IV, 6, éd. cit. t. 1 (1976), pp. 182-183 ; III, 12,1, t. 1, pp. 36-37 etc.

8   Valère Maxime, *Les Neuf Livres des Faits et Dits mémorables,* Coll. des Auteurs Latins, Paris, Dubochet et Cie, 1841. L'auteur condamne avant tout la colère d'Alexandre qui l'empêcha d'être... un dieu ! (*Iracundia Alexandrum cælo diripuit :* voir L. IX, c. III, étr. 1, éd. cit., p. 798). Justin, dans ses *Histoires Philippiques extraites de Trogue-Pompée,* flétrit à son tour la colère d'Alexandre (IX, 8, in Collection des Auteurs Latins, éd. cit. [Dubochet], p. 434) qui le pousse aux pires sévices (XV, 3, éd. cit., 465 : mutilation de Callisthène). Pour Tite-Live, voir *Histoire Romaine,* IX, 18, in *Œuvres,* Coll. des Auteurs Latins, Paris, Dubochet, t. 1, p. 406.

9   Valère Maxime, IX, 5, étr. 3, éd. cit., p. 792. Voir aussi Tite-Live, *Histoire Romaine,* XXI, 4, éd. Belles Lettres, t. 1, p. 497 : portrait nuancé, mais insistant fortement sur le négatif ; Velléius Paterculus, *Histoire Romaine,* II, 18, 1, Paris, Belles Lettres, 1982, t. 2, p. 25, pour qui Hannibal devient nom commun signifiant la haine contre Rome : Mithridate était un Hannibal pour sa haine qu'il portait aux Romains (*odio in Romanos Hannibal*).

ne chante-t-il pas la résistance du premier aux tentations les plus séduisantes[10], confirmé en cela par maintes voix dont celle de Polybe[11]. Quant à César, l'épistolier a pu songer à cette clémence légendaire dont on traitera plus loin et qui a inspiré à ses historiographes les plus belles de leurs pages.

Le cas de Pompée, enfin, est particulièrement délicat. De ce personnage, les anciens dessinent un portrait tout en nuances, où, de la maîtrise de soi exprimée en termes de continence, de douceur, de désintéressement, on passe aux pires excès de l'ambition et de la rigueur[12].

Mais on le sent, il est temps de dépasser l'hypothèse pour aller vers des textes plus concrets, donnant des exemples précis, issus de sources précises. Le même auteur, dans la suite de sa lettre, en fournit un échantillon. La maîtrise de soi est abstinence, tempérance, incorruptibilité. Voici des noms pour l'illustrer :

Fut-il iamais Ephore plus entier ? Phocion plus abstinent, ny Caton plus temperent ? quels presens ont peu corrompre ce Curius ou fléchir ce Fabrice[13] ?

---

[10] Ravisius, *op. cit.*, L.V, 52, p. 648 : *P. Scipio Africanus expugnata Carthagine Hispaniæ civitate, virginem tempestivam forma egregia, & nobilis viri filiam productam a se, patri inviolatam reddidit, autor Gell, lib. 6, cap. 8.* Pour Aulu-Gelle, voir Coll. des Auteurs Latins, Paris, Dubochet, 1842, p. 541.

[11] Polybe, *Histoire*, X, 6, 40, Paris, Gallimard, Bib. de la Pléiade, 1970, p. 656, relève la légendaire modestie de Scipion qui a su maîtriser son ambition.

[12] Pour la clémence de Pompée, relire sa *Vie* par Plutarque, XVII, in *Les Vies des hommes illustres,* Paris, Gallimard, Bib. de la Pléiade, 1951, t. 2, p. 233 ; XLIII, p. 253 ; LI, p. 268 ; pour sa continence (sexuelle) LIV, p. 265 ; LXXVI, p. 283 ; pour son désintéressement. LIV, p. 266.

Pour sa dureté envers les vaincus, IV, 225 ; XVI, pp. 232-233. L'ambition, de même, est signalée à plusieurs reprises par Plutarque (XLVI, p. 257 ; LV, p. 266 ; LVI, p. 267), mais les formules les plus frappantes sont bien celles de Velléius Paterculus : « là même où il devait être le premier, il voulut être le seul » (*in quibus rebus primus esse debebat, solus esse cupiebat) ;* « Il chercha avec passion les charges » (*in appetendis honoribus immodicus).* Voir Velléius Paterculus, *Histoire Romaine*, II, 33, 3, éd. cit., t. 2, p. 41.

[13] G. B. de Nervèze, *A Mgr. le Rev. Evesque de Paris, op. cit.*, p. 42. Avant même de passer aux noms propres, une fonction symbolise vertu et intégrité. L'éphore, magistrat spartiate créé par Lycurgue, tient pour une vertu sans compromis, à l'instar de celle du grand législateur de Lacédémone. La source pourrait bien être encore Plutarque dont la *Vie de Lycurgue* raconte la création des éphores (XI, in *Les Vies*, éd. cit., t. 1, p. 94), de même que l'austérité de leur créateur. Par ailleurs, le même épistolier,

Que Phocion ait été un miroir des plus belles vertus, tous les anciens en conviennent. Si les Athéniens, ingrats notoires, trouvèrent moyen de lui faire boire la ciguë, sa réputation de bonté était telle qu'ils lui accordèrent « la (...) faveur de n'être pas mis à la torture »[14]. Valère Maxime qui rapporte le fait, l'appuie sur une liste de vertus qui vont de la libéralité à la ténacité[15], mais sans trop insister sur cette « abstinence » dont l'épistolier aura trouvé le témoignage longuement développé chez Cornelius Népos. C'est que le biographe des *Grands Capitaines* donne le détail de la pauvreté d'un chef qui sut résister pour soi-même et pour les siens aux séductions de Philippe de Macédoine :

Ce petit champ me suffit pour parvenir au rang que j'occupe (...) ; si mes enfants me ressemblent, il leur suffira de même[16].

A moins qu'on ne se soit documenté chez Plutarque, où le même Phocion, dans une circonstance semblable, éconduit Alexandre[17] comme il l'avait fait pour son père et où il récidive avec le Macédonien Menyllus[18].

La « tempérance » de Caton – l'Ancien – est de la même trempe ; elle se trouve aux mêmes sources. C'est toujours Valère Maxime qui vante son « heureuse habitude de la frugalité » (*grata frugalitatis consuetudo*)[19], c'est toujours Plutarque qui confirme : « Caton (...) aima (...) la tempérance et l'accoutumance à se passer et contenter de peu »[20] ; et il ajoute les preuves à l'appui[21], ainsi que le nom du maître qui enseigne tant

---

mais dans un autre texte (*A Mgr. l'illustrissime Cardinal de Gondy,* in *Consol. funebres, op. cit.,* p. 21), sollicite une seconde fois les mœurs de Sparte pour souligner la sobriété de son défunt « Le plus exquis & premier mets de ses repas, estoit tousiours une saulce Lacedemonienne ». Il s'agit du fameux brouet dont Plutarque (*Vie de Lycurgue,* XXI, éd. cit., p. 101) donne la peu séduisante composition.

[14] Valère Maxime, *op. cit.,* V, 3, étr. 3, pp. 685-686.

[15] *Ibid.,* et III, 8, étr. 3, p. 643.

[16] Cornelius Nepos, *Vies des Grands Capitaines, Phocion,* I, Collection des Auteurs Latins, éd. cit. (Dubochet), p. 58.

[17] Plutarque, *Phocion,* XXVI, 1, in *Les Vies (...),* éd. cit., t. 2 p. 505.

[18] *Ibid., XLII,* pp. 516-517.

[19] Valère Maxime, *op. cit.,* IV, 3, 11, p. 655.

[20] Plutarque, *Caton le Censeur,* V, in *Les Vies (...),* éd. cit., t. 1, p. 754.

[21] *Ibid., X,* pp. 757-758. « Car il écrit lui-même qu'il ne porta onques robe qui eût coûté plus de cent drachmes d'argent, et qu'il avait toujours bu, tant en son consulat que

d'austère vertu. Il n'est autre que ce Curius que les « presens » n'ont « peu corrompre ». Est-ce donc encore le souvenir de Plutarque qui affleure à la mémoire de l'épistolier sensible au noble propos du Romain, estimant « plus honorable commander à ceux qui avaient de l'or, que non pas en avoir »[22]. Certes, à condition qu'on n'exclue pas – encore – Valère : il donne le même épisode, présente le même personnage en « modèle le plus accompli de la frugalité romaine » (*exactissima norma Romanæ frugalitatis*)[23].

Mais voilà précisément : « commander » ! Le mot ne cache-t-il pas un nouveau danger, une incontinence nouvelle, pire que toutes les autres, celle de s'élever au-dessus du commun, de régner, l'ambition, pour tout dire ? Les anciens sentaient bien le piège, et Polybe ne trouve pas de mots trop élogieux pour vanter Scipion de l'avoir évité :
(...) il n'a pas voulu de ce bien qui est le plus précieux qu'un être humain puisse oser demander aux dieux, je veux dire la royauté[24].

Nervèze ne loue pas son homme à moins, mais il opte pour le procédé par contraste. La modestie, l'humilité même d'Albert de Gondy, duc de Rais, il les détache sur l'arrière-fond des grandes ambitions de l'antiquité :

Il me souvient de ce Cesar qui tenoit que pour regner, tout acte estoit licite, & dit-on de luy qu'estant un iour venu aux isles de Gades & veu dans le temple de Hercule la statue d'Alexandre souspira amerement, accusant sa lasche negligence de se voir passer l'aage auquel Alexandre (sic) avoit subiugué presque tout l'univers, &

---

durant le temps où il avait été chef de l'armée, du même vin que buvaient les manœuvres de sa maison, et que pour son souper jamais on n'avait acheté au marché la viande pour plus de trente as de monnaie romaine (...) ».

[22]   *Ibid.*, IV, p. 754.

[23]   Valère Maxime, *op. cit.*, IV, 3, 5, p. 653. Un autre épistolier choisit, pour illustrer la même vertu, Paul Emile dont l'attitude, dans une circonstance semblable, ne diffère guère de celle de Scipion : « Il [le défunt] cherchoit l'honneur & non des biens, & desiroit plustost enrichir ses enfans de l'exemple honorable de sa vie, que des tresors de la fortune. Ainsi Paulus Æmilius aima mieux agrandir par ses conquestes la republique Romaine que sa maison, estimant qu'il faisoit assez pour Fabius & pour Scipion ses enfans, de leur laisser en mourant l'exemple & image de sa vie vertueuse. » (Antoine de Nervèze, *Discours Consolatoire à la France Sur le Trespas (...) [d']* *Alfonse Dornano*. (...), Paris, Toussaincts Du Bray, 1610, p. 9.)

Plutarque traite du désintéressement de Paul Emile (*Vie de Paul Emile*, XLVIII, éd. cit., t. 1, p. 600), mais le parallèle n'est pas contraignant.

[24]   Voir note 11.

n'avoit encores rien fait de digne de ce Capitaine. Le mesme Alexandre oyant discourir un Philosophe de la pluralité des mondes, plora chaudement se plaignant de n'en avoir pas encores conquis un seulement. Et poursuivant ses victoires, s'estant trouvé au sepulchre d'Achille s'escria, ô bien-heureux & vaillant Iouvenceau ! d'avoir eu un si excellent encomiaste & trompette de tes trophées que le divin Homere : & lors l'amour d'un tel buxinateur l'esguilonna si vivement, qu'il desiroit plus renaistre Homere, que de gaigner une grosse bataille. C'estoyent Princes charmez de gloire mondaine & bouffis de vanité, vice autant plus detestable au Chrestien que la gloire d'un Erostrate qui demesurément convoiteux qu'à bis ou à blanc on parlast de sa personne bruslâ le temple d'Ephese le iour mesme qu'Alexandre fut né[25].

Répartition à peine modifiée ! Dans cette comédie humaine à l'antique, César et Alexandre tiennent toujours les premiers rôles, mais, cette fois, dans des scènes précises. Voici d'abord le Romain, machiavélique avant la lettre : « pour regner, tout acte estoit licite ». Le mot a dû frapper ces esprits du XVIIe siècle qui, du roi très-chrétien, se faisaient une idée si différente ! Aussi revient-il sous la plume de Louis Richeôme, entretenant Marie de Médicis des vertus du roi défunt. La conversion de Henri IV ? Pur effet de la grâce, où n'entre aucune pensée d'ambition. Ce prince aurait préféré la perte de son trône à celle de son salut ! Quelle différence, aussi, avec César :

résolution beaucoup plus magnanime, & plus noble que celle que prononçoit l'Empereur, qui disoit, *S'il* faut violer de droict que ce soit pour regner[26].

D'où provient ce propos passablement cynique ? Ni l'un ni l'autre des auteurs ne le révèlent, mais leur source, cette fois, est d'accès aisé. Au XXXe chapitre de la *Vie de César,* Suétone donne le mot en s'autorisant d'un garant prestigieux : c'est Cicéron, au *Traité des Devoirs,* qui montre que César en usait sur la foi d'Euripide :

[...] dans le troisième livre du traité *Des Devoirs,* il dit que César avait continuellement sur les lèvres deux vers d'Euripide, qu'il traduit lui-même de la manière suivante :

---

[25] G. B. de Nervèze, *A Mgr. le Rev. Evesque de Paris, op. cit.,* pp. 36-37.

[26] Louys Richeôme, *Consolation Envoyee à la Royne Mere du Roy (...) sur la mort du feu Roy tres-Chrestien (...) Henry IV, op. cit.,* p. 38.

S'il faut, en effet, violer le droit, que ce soit pour régner ;
Dans les autres cas, respectez la justice[27].

Mauvais maître insoupçonné. Mais aussi ce disciple était-il complaisant. César ne manque aucune occasion pour manifester son désir immodéré de gloire, et le souvenir d'Alexandre est tout fait pour l'y conforter. L'épistolier rapporte les réflexions du Romain devant la statue du roi dans l'île de Gades. Episode fort connu sans doute, et dont Ravisius n'a point voulu priver ses lecteurs, mais sans les renvoyer, comme si souvent, aux origines[28].

Ce sont les mêmes que plus haut. Suétone, au chapitre VII de la *Vie de César*, cette fois, raconte le désarroi du jeune ambitieux dans cette circonstance particulière[29]. Le modèle, d'ailleurs, était bien choisi : pour enseigner l'ambition, Alexandre, parmi les anciens, n'a pas son pareil[30].

---

[27] Suétone, *César*, XXX, in *Vies des Douze Césars,* Paris, Belles Lettres, 1989, t. 1, p. 22. Pour Cicéron, voir *De Officiis*, III, 2, 82, Paris, Belles Lettres, 1970, p. 114. ; pour Euripide, *Les Phéniciennes*, v. 523-24.

[28] Ravisius, *op. cit.*, L.I, 24, p. 58.

  Gadibus quoque (ubi columnas posuit) templum habuit Hercules : in quo quidem templo Iulius Cœsar animadversa Alexandri Magni imagine, ingemuit &. quasi pertesus ignaviam suam, quod nihildum a se memorabile actum esset in etate, quia iam Alexander orbem terrarum subegisset.

[29] Suétone, *César*, VII, in *Vies,* éd. cit. t. 1, p. 5.

[30] Quelques formules relevées au fil des lectures : « La valeur et la fortune d'Alexandre l'élevèrent au sommet de l'orgueil » (*insolentiæ gradibus) :* Valère Maxime, *op. cit.*, IX, 5, étr. 2, p. 791.

  « Un désir immense d'aborder Jupiter aiguillonnait Alexandre » (*ingens cupido animum stimulabat) :* Quinte-Curce, *op. cit.*, IV, 7, t. 1, p. 720. « sa passion de la gloire, son désir insatiable de renommée » (*avaritia gloriæ et insatiabilis cupido famæ*), *ibid.,* IX, 2, p. 354.

  « j'ai pour mesure non l'étendue de ma vie, mais celle de ma gloire » (*ego me metior non ætatis spatio, sed gloriæ) : ibid.,* IX, 6, p. 373.

  « ses pensées dépassaient les grandeurs humaines » (*animo super humanum fastigium elato), ibid.,* IX, 10, p. 391.

  « Un désir de gloire et de louange qui dépassait la mesure » (*gloriæ laudisque ut iusto maior cupido) : ibid.,* X, 5, pp. 412-413.

Aussi l'épistolier peut-il le montrer auditeur attentif d'une leçon de philosophie... dont il tire une conclusion inattendue.

La question de la pluralité des mondes animait déjà le débat philosophique des anciens[31]. A Anarxarque, qui opinait favorablement – « il existe des mondes à l'infini » – Alexandre fit cette observation qui découvre des abîmes : « Hélas, [dit-il] que je suis malheureux de n'en avoir pas encore conquis un seul »[32]. Et Valère Maxime, car c'est lui qui raconte, de conclure par ce mot révélateur de toute une psychologie :

Angusta homini possessio gloriæ fuit, quæ deorum omnium domicilio sufficit – un homme trouvait sa gloire à l'étroit dans l'espace qui suffit à la demeure terrestre de tous les dieux[33].

A cette ambition, on s'en doute, il manquait un chantre. Un seul en eût été digne ; il était, hélas, d'un autre âge. Pour le regret d'Homère qu'il prête à Alexandre sur la tombe d'Achille, l'épistolier se sera fondé sur Plutarque, au chapitre XXV de la *Vie d'Alexandre,* tant il est vrai que l'ambition du fils de Philippe défraye toutes les chroniques de l'antiquité[34]. L'épistolier, d'ailleurs, verrait-il un rapport secret entre la maladive vanité de ce prince et l'acte sacrilège qui marqua le jour de sa naissance ? Toujours est-il qu'il achève son invective par la mention d'Erostrate à qui l'ambition, justement, fit commettre, ce « sixième jour de juin »[35] – de l'année – 356 – le crime le plus honni de l'antiquité. Ce ne serait pas impossible ; Plutarque lui-

---

« L'insolence d'Alexandre n'eut plus de bornes, un excessif orgueil remplaça dans son cœur l'affabilité », Justin, *op. cit.,* XL 11, p. 492.

[31] Voir en particulier Plutarque, *Dialogues Pythiques : Sur la Disparition des Oracles,* in *Œuvres Morales,* Paris, Belles Lettres, 1974, t. 6, p. 128 et s. On relira aussi le *Timée, 55* c-d, in *Œuvres complètes,* éd. cit., 1950, t. 2, p. 476, où Platon tranche négativement.

[32] Valère Maxime, *op. cit.,* VIII, 14, étr. 2, p. 775.

[33] *Ibid.*

[34] Plutarque, *Vie d'Alexandre-le-Grand,* XXV, in *Les Vies* (...), éd. cit., t. 2, p. 339. L'épisode figure chez Valère Maxime, mais dans les *Suppléments* procurés par Freinshemius (1, 4, éd. cit., p. 101 et II, 4, p. 123 ; dans les deux cas, l'éditeur renvoie à Plutarque). Au-delà de l'épisode concerné, l'admiration d'Alexandre pour Homère était bien connue : voir Pierre de Messie, *Diverses Leçons,* Rouen, Jean Berthelin, 1643, Troisiesme Partie, chap. XI, p. 494.

[35] Plutarque, voir note suivante.

même, qui relate l'événement, n'omet point de signaler des réflexions similaires déjà répandues alors[36].

L'histoire ancienne, foire aux vanités, étalage insolent d'ambitions déplacées, la lecture de G. B. de Nervèze ne permet pas de conclure autrement. Au Moi exalté des « Princes charmez de gloire mondaine & bouffis de vanité », il oppose le Moi humilié du vrai chrétien[37], du défunt dont il dit l'éloge. Et Jean de la Fontan refait l'exercice pour le fils de la maréchale de Fervaques, mort jeune au champ d'honneur. L'ambition qui l'empêchait de dormir était de servir Dieu. Les insomnies de Thémistocle s'expliquent autrement !

Courage, certe (sic) autre que celuy de Themistocle, que la victoire de Miltiades empescha de dormir seulement. Et celuy-ci que le desir de servir à la gloire du Tout-puissant faisoit iournellement veiller : Tellement que si le premier, pressé d'une ambitieuse vanité acquist des palmes en terre, le second qui l'a privé (sic) poussé par une saine & veritable ambition, est couronné au Ciel des Diademes eternels[38].

C'est Valère Maxime qui aura pu entretenir l'auteur du XVIIe siècle des « nuits sans sommeil » que les trophées de Miltiades avaient causées à Thémistocle[39], mais aussi Plutarque relevant le même fait[40]. Le premier, de plus, lui aura fait mesurer l'évolution des mentalités : ce qui lui paraît

---

36 Plutarque, *Vie d'Alexandre-le-Grand,* in *Vies* (...), éd. cit., t. 2, p. 325. Il est vrai que Plutarque relate l'événement dans mentionner le nom d'Erostrate.

37 Voir ci-dessus, note 25.

38 Jean de la Fontan, *Pour Madame la Mareschale de Fervagnes, sur la mort de Monsieur le Comté de Laval son fils, tué en Hongrie,* in *Les Iours et les Nuicts,* Paris, Charles Sevestre, 1606, f. 98, col.2-f.99.col. 1.

39 Valère Maxime, *op. cit.,* VIII, 14. étr. 1, p. 775. « Mais Fabius eût mieux fait, s'il avait le goût de l'imitation, de prendre pour modèle l'ardeur de Thémistocle, dont une vertu jalouse agitait (*quem ferunt stimulis virtutum agitatum),* dit-on, les nuits sans sommeil, et qui répondit, quand on lui demanda pourquoi il se trouvait à pareille heure dans les rues : « Les trophées de Miltiade m'empêchent de dormir » (*Quia me tropæa Miltiadis de somno excitant).* »

40 Plutarque, *Thémistocle,* VI, in *Vies* (...), éd. cit., t. 1, p. 249 et *Préceptes Politiques,* 4, in *Œuvres Morales,* éd. cit., 1984, t. XI/2, pp. 79-80. Pour d'autres références encore, voir *ibid.,* p. 162 note 1 ad p. 80.

« ambitieuse vanité » était, pour l'ancien, et malgré la critique des ambitions démesurées, vertu jalouse méritant imitation[41].

La vraie sagesse, cependant, les anciens la réservent aux modestes, à des âmes de la trempe de Scipion, et Valère Maxime sert toujours de référence :

(...) on en a peu dire de luy en France & de son temps, ce que Metellus disoit iadis de Scipion en Afrique qu'il passoit tous les autres en sagesse[42].

Sagesse, on s'en doute, qui s'inscrit dans les multiples situations de la vie. La maîtrise de soi et ses effets entrevus en sont une première illustration, sagesse interne, en quelque sorte. Elle irradie vers l'extérieur, informe le comportement social, salutaire pour l'Autre autant que pour le Moi. Les rapports de l'homme idéal avec ceux qui l'entourent sont marqués au coin d'une exquise humanité. Et l'antiquité est encore là pour fournir preuves et contre-épreuves.

Avant cette dimension sociale, toutefois, une dernière considération doit retenir l'attention. Une certaine mentalité, on le sait, associe étroitement Sagesse et Savoir, Honnêteté et Science. La méchanceté, enseigne Socrate, vient de l'ignorance[43]. Aussi la valorisation de la science, dans l'encomiastique consolatoire, on l'a vu précédemment, est-elle considérable. Et elle s'autorise, bien sûr, d'exemples antiques :

(...) soit qu'il fust en ville ou aux champs, il se retiroit souvent en so-litude, non comme un Timon Mysandrope pour détester le genre hu-

---

[41] Voir Valère Maxime, *loc. cit.* : « (...) Thémistocle, dont une vertu jalouse, agitait, dit-on, les nuits sans sommeil (*quem ferunt stimulis virtutum agitatum*) ».

Plutarque, en revanche, ne porte condamnation qu'indirectement. Après avoir présenté le personnage comme « le plus ambitieux homme du monde » (IX, éd. cit., p. 251), il ajoute que « Ce néanmoins il était agréable au commun peuple (...) » (X, p. 251).

[42] G. B. de Nervèze, *Au Cardinal de Gondy*, in *Consolations funebres*, *op. cit.*, p. 13. Au livre IV, 1,12, éd. cit., pp. 647-648, Valère Maxime rapporte les propos élogieux de Métellus à l'endroit de Scipion Emilien, second Africain, pourtant son rival de toujours. Ravisius (*op. cit.*, L. II, 20, p. 89), appuyé sur Pline, rapporte les qualités que souhaite posséder Métellus ; parmi celles-ci, en bonne place, la sagesse (*sapientia*). Pour Pline, voir *Histoire Naturelle*, L. VII, 45, 140, Paris, Belles Lettres, 1977, p. 90.

[43] Voir, p. ex, Xénophon, *Mémorables*, L. III, 9, 4. Socrate, bien sûr, songeait à la science de la vertu. Mais n'est-elle pas aussi transmise par les bonnes lectures ?

main, mais comme ce grand Afriquain lequel n'estoit iamais moins seul, que lorsqu'il estoit seul. Car en secret Mars caressoit les muses, Minerve estoit au guet quand Bellonne reposoit[44].

Ce maréchal de France dont G. B. de Nervèze chante l'éloge funèbre alliait, comme Scipion, l'action à l'étude, démentant ainsi la fâcheuse réputation d'ignorance d'une certaine noblesse française[45]. L'Africain, sans doute, symbolisait cette heureuse association, des deux vies, active et contemplative, rare réussite copieusement citée tant par Ravisius que par Messie[46], embarrassés seulement par le choix des sources : Cicéron, Tite-Live, Ovide, Valère Maxime, Pline – l'Ancien –, Solin[47], tous s'inclinent devant ce héros lettré. Goût de la science qui ne s'explique que trop chez ces esprits savants et que l'épistolier, qui est de même race, manifestement partage. Quelques lignes plus loin, il insiste, muni de nouveaux témoignages anciens :

Il s'est peu vanté comme Solon de vieillir en apprenant, aussi ne trouva-il iamais hors de saison d'apprendre, travailler & experimenter. On dit que Caton le Censeur fort aagé apprint les lettres Grecques (...) mais il ne passa aage en sa vie, iour en l'année, ny heure au iour, soit en la Cour, soit aux armees que ce seigneur n'enrichist son esprit de quelque chose[48].

La vieillesse studieuse de Solon n'avait aucun secret pour les lecteurs à la fois de Plutarque[49] et de Valère Maxime[50]. Celle du Censeur, « grand

---

[44] G. B. de Nervèze, *Au Cardinal de Gondy, op. cit.*, p. 17.

[45] Voir R. Baustert, « Action et Contemplation dans les traités de l'Honnêteté au XVIIe siècle », in *Études Romanes,* I, Publications du Centre Universitaire de Luxembourg, 1989, pp. 1-31.

[46] Ravisius, *op. cit.*, L. IV, 10, p. 340. Messie, *op. cit.*, Troisiesme Partie, chap. X, p. 500.

[47] Voir Cicéron, *Pro Archia,* VII ; Tite-Live, *Histoire Romaine,* XXXVIII, 56, 4 ; Ovide, *Art D'Aimer, III,* 409-410 ; Valère Maxime, VIII, 14, 1 ; Pline l'Ancien, *Histoire Naturelle,* VII, 30, 114 ; Solin, *Commentaria,* in C. *Julii Solini Polyhistor,* c. VII, Basileæ, Per Henrichum Petri, s.d., p. 48.

[48] G. B. de Nervèze, *Au Cardinal de Gondy, op. cit.*, p. 17.

[49] Plutarque, *Vie de Solon,* III, in *Les Vies* (...), éd. cit., t. 1, pp. 172-173. De même *ibid.,* LXV, p. 211.

débutant » de grec qui « ne trouva iamais la vieillesse fascheuse »[51], est
attestée par de nombreuses voix, Plutarque[52], Valère[53], Cornelius Népos[54],
d'autres encore[55].

Enfin, comment dissocier la science de ces livres qui l'apportent ? Ce
défunt ne voulut d'autres trésors que ceux d'une riche bibliothèque :

On dit que Luculle qui premier des Romains avec trouppes enjamba
le mont Taurus & le Tygre, fut magnifique en tout, mais au raport de
Plutarque, rien ne l'a tant recommandé que le soing de sa fameuse
Bibliotheque. Si l'esprit de ce Biographe Cheroneen revit iamais au
corps de quelque historien, il n'en dira pas moins de feu Monseigneur
le Duc de Raiz vostre frere ; qui vray amoureux de Sagesse avoit
soigneusement recherché les livres du temps de Luculle & ceux qui
depuis ont esté, pour les consacrer aux Muses dans le temple
d'Apollon à Noysi, où estoit sa bibliotheque enrichie d'un gros &
merveilleux nombre de Volumes (...)[56]

Et encore :

Ptolomée Philadelphe ne fut iamais si curieux : car outre les muetz
precepteurs il ne se contentoit pas mandier quelques instructions &
responses des sages, touchant le gouvernement de quelque petite
province telle qu'est l'Egypte au regard de l'univers comme dit
Aristée, mais il n'aborda iamais homme de louable savoir duquel il
ne ravist & enlevast du plus beau & du meilleur de sa doctrine[57].

---

[50] Valère Maxime, *op. cit.*, VIII, 2, étr. 14, p. 765.

[51] G. B. de Nervèze, *A L'Evesque de Paris, op. cit.*, p. 39.

[52] Plutarque, *Vie de Caton le Censeur*, V, in *Les Vies* (...), éd. cit., t. 1, pp. 754-755. Voir
      cependant l'anti-hellénisme de Caton de Censeur, Plutarque, *op. cit.*, XLVII-XLVIII,
      pp. 785-786 et Pline, *Histoire Naturelle*, L.VII, éd. cit., p. 79.

[53] Valère Maxime, *op. cit.*, VIII, 7, 1, p. 761.

[54] Cornelius Nepos, *Marcus Porcius Cato*, III, in *Vies des Grands Capitaines*, éd. cit.,
      (Dubochet, 1841), p. 71.

[55] Ravisius, en particulier s'appuie sur une source FIav. lib. 4 qu'il n'a pas été possible
      d'identifier. (Voir *op. cit.*, L. IV, 10, p. 340.) Messie souligne la science de Caton sans
      signaler ses sources (voir *op. cit.*, Troisiesme Partie, chap. 10, p. 500).

[56] G. B. de Nervèze, *Au Cardinal de Gondy, op. cit.*, p. 19.

[57] *Ibid.*, p. 20.

Emule de Luculle et de Ptolémée Philadelphe, Plutarque – l'inévitable –
témoigne pour le premier[58] ; pour le second, il faut deviner : Ravisius qui
mentionne deux fois la science de l'Egyptien, signale des sources diverses
et rares[59.] On ajoutera Pline, au Livre VII de *l'Histoire Naturelle*[60].

Ainsi, en ce premier XVIIe siècle, Honnêteté se conjugue avec Savoir ; on
ne redoute pas encore, il faut le rappeler, cette cuistrerie qui, plus tard,
rapprochera dangereusement le savant du pédant. On se veut docte, et on
cultive la faculté qui permet de le devenir. La mémoire passe alors pour
une grande qualité : les anciens n'en eurent-ils point le culte[61] ?

Je le tenois [le défunt] du premier rang des hommes dont parle
Hésiode*, doué de si bon sens & heureuse nature qu'elle luy avoit ap-

---

[58] Plutarque, *Vie de Lucullus*, in *Les Vies* (...), éd. cit., t. 1, p. 1170.

[59] Ravisius, *op. cit.*, L.IV, 9, p. 336 et IV, 10, p. 339. Pour les sources, deux noms
abrégés : Flav. et Pont. Dans le second cas, il pourra s'agir de Giovanni Pontano,
humaniste du début du XVIe siècle.

[60] Pline, *Histoire Naturelle*, VII, 17, 3, éd. cit., p. 106.

[61] Messie, qui dit lui-même l'éloge de la mémoire, s'appuie sur de nombreux anciens :
Cicéron, Pline, Plutarque, Quintilien. Voir *op. cit.*, Troisiesme Partie, chap. 7, pp. 479-
480. Il fait aussi appel à l'autorité de saint Thomas (*ibid.*, p. 481) et même à celle du
Christ (*ibid.*, p. 480).

« Cicéron dit que la memoire est l'argument de l'immortalité de l'ame & divinité de
l'homme. Pline l'appelle bien extresmement necessaire à la vie : & Plutarque, Antistrophe de la divinité, veu que du passé elle en fait le present (...)

Nous sommes enseignez en vain (dit Quintilian) si nous oublions ce que nous avons
apprins, parquoy luy mesme commande, que cette puissance soit souvent exercée,
pour ce que l'usage & l'exercice l'augmentent (...). ». Etablissement des sources :
Cicéron, *Traité de la Vieillesse*, XXI, in *Œuvres*, Paris, Dubochet, 1841, t. 4, p. 542 ;
Pline, *Histoire Naturelle*, VII, 24, 88, éd. cit., p. 70 ; Quintilien, *Institution Oratoire*,
XI, 2, 1, Paris, Belles Lettres, 1979, p. 207 ; XI, 2, 40, p. 218 ; 1, I. 36, p. 65.

Pour Plutarque, on relève une erreur de lecture dans le texte de Messie : il faut lire non
pas « antistrophe de la divinité », mais de la « divination ». (Voir *Dialogues
Pythiques/Sur la disparition des oracles*, 432 A, in *Œuvres Morales*, éd. cit., t. 6,
p. 150.) Le passage jouissait d'une notoriété certaine. Il figure aussi, mais traduit
correctement, dans les *Lectiones Antiquæ* de Cælius Rhodiginus (voir *Ludovici Cælii
Rhodigini Lectionum Antiquarum Libri Triginta*, Francoforti et Lipsiæ, Typis Danieli
Fieveti, 1666, XX, 8, col. 1104).

* Pour Hésiode, voir *Les Travaux et les Jours*, v. 109 et s.

pris à ne rien ignorer. Iamais Luculle Romain, Themistocle Athenien, ou Mithridate Roy de Pont n'eurent la memoire plus prompte, plus forte, plus heureuse & solide sans l'art menteur de Symonide[62].

Luculle, Thémistocle, Mithridate, les champions de la mémoire sont de toutes les nations, talents de nature qui se passent des artifices de la mnémotechnie. Celle-ci pourtant, et son inventeur Simonide, impressionnaient les modernes : Ravisius leur consacre une longue notice[63], Messie en traite de façon répétée[64]. Chez l'un et l'autre, une liste de sources connues aussi, sans doute, de l'épistolier : Pline, Quintilien, Valère, Ammien Marcellin, Cicéron[65]. C'est ce dernier, parlant de Thémistocle, qui pourrait expliquer la fin de phrase : « sans l'art menteur de Simonide » :

la memoire de Themistocle fut pareillement bien grande : Ciceron parlant de luy, dit qu'il apprenoit tout ce vouloit, & qu'il desiroit oublier maintes choses de moins bonnes qu'il avoit apprinses, mais il ne pouvoit. Simonides luy demanda un iour, s'il vouloit une recepte pour avoir une bonne memoire, & il respondit qu'il voudroit bien trouver la maniere d'oublier quelque chose : mais pour avoir memoire, il n'en avoit point besoin[66].

---

[62] G. B. de Nervèze, *Au Cardinal de Gondy, op. cit.*, p. 18.

[63] Ravisius, *op. cit.*, L.IV, 2, p. 315. Source indiquée : Ammien Marcellin.

[64] Messie, *op. cit.*, Troisiesme Partie, chap. VIII, pp. 488-489. Sources indiquées : Quintilien, Cicéron, Valère...

[65] Voir Pline, *Histoire Naturelle,* L.VII, 24, 89, éd. cit., p. 70 ; Quintilien, *Institution Oratoire,* XI, 2, 11-13, éd. cit. pp. 209-210 ; Valère Maxime, *op. cit.*, I, 8, étr. 7, p. 588 ; Ammien Marcellin, *Histoire,* XVI, 8, Paris, Belles Lettres, 1968, t. 1, p. 154 ; Cicéron, *De Oratore,* II, 86, in *Œuvres complètes,* Paris, Dubochet, 1840, t. 1, pp. 285-286.

[66] Messie, *op. cit.*, Troisiesme Partie, chap. VII, pp. 483-484. Voir aussi Ravisius, *op. cit.*, L.IV, 6, p. 333, qui se réfère à *Cicero, lib. 2 de finibus.* (Il s'agit de II, 32,104, Paris, Belles Lettres, 1928, p. 118). Même épisode dans *Premières Académiques,* L. II, in *Œuvres complètes,* Paris, Dubochet, 1840, p. 435. La mémoire légendaire de Thémistocle est encore mentionnée par Cicéron, *Cato Major,* VII, 21, Paris, Belles Lettres, 1969, p. 95 et Valère Maxime, *op. cit.*, VIII, 7, étr. 15, p. 765.

C'est lui aussi, mais dans un autre livre[67], qui renseigne les modernes sur la mémoire de Luculle ; celle de Mithridate, dont témoigne l'étonnant polylinguisme de ce prince, est certifiée par Valère, Pline et Aulu-Gelle, sources de Ravisius et de Messie[68] auxquelles on ajoutera Solin et Quintilien[69].

*

Tant de vertus, a-t-on dit, rayonnent vers l'extérieur : vraie félicité de côtoyer qui les possède. N'est-il pas capable d'amitié, si rare ? Le duc de Rais et le roi, c'est Héphestion et Alexandre. Le plus célèbre des couples d'amis n'est pas de trop pour illustrer cette relation privilégiée[70]. Faut-il indiquer une source ? La référence était courante, proverbiale presque. Ravisius et Messie la mentionnent[71], appuyée sur une foule d'historiens : Arrien, Plutarque[72], Quinte-Curce, Diodore Sicilien[73]. Pour l'épistolier,

---

[67]   Cicéron, *Premières Académiques Intitulées Lucullus,* L. II, in *Œuvres complètes,* éd. cit. (Dubochet), t. 3, pp. 435-436.

[68]   Ravisius, *op. cit.,* L.IV, 6, p. 333 ; Messie, *op. cit.,* Troisiesme Partie, chap. VII, pp. 483-484. Pour Pline, voir *Histoire Naturelle,* VII, 24, 88, éd. cit., p. 70 ; pour Aulu-Gelle, *op. cit.,* 17, 17, in *Œuvres complètes,* éd. cit. (Dubochet), 710 ; pour Valère Maxime, *op. cit.,* VIII, 7, étr. 16, p. 765.

[69]   Voir Solin, *op. cit.,* c. VII, pp. 43-44 ; pour Quintilien, *Institution Oratoire,* XI, 2, 50, éd. cit., p. 221.

[70]   G. B. de Nervèze, *A l'Evesque de Paris, op. cit.,* p. 33 : « Et combien qu'il eust esté l'Ephestion d'Alexandre (...) ».

[71]   Ravisius, *op. cit.,* L. V, 14, pp. 571-572 ; Messie, *op. cit.,* Seconde Partie, chap. XXIX, pp. 367-368.

[72]   Ravisius, *loc. cit. ;* pour Plutarque, voir *Vie d'Alexandre-le-Grand,* LXXXII, in *Les Vies (...),* éd. cit., t. 2, p. 380 et CXVI, *ibid.,* pp. 407-408 ; pour Arrien, voir *Histoire d'Alexandre. L'anabase d'Alexandre le Grand,* VII, 14 et s., Paris, Collection « Arguments », Ed. de Minuit, 1984, pp. 235 et s.

[73]   Messie, *loc. cit. ;* pour Quinte-Curce, *voir Histoires,* III, 12, éd. cit., t. 1, p. 36 ; pour Diodore Sicilien, *Bibliothèque Historique,* XVII, 37, 5-6, Paris, Belles Lettres, 1976, p. 55 et *ibid.,* XVII, 114, 2, pp. 157-158. A l'inverse, la fausse amitié, illustrée elle aussi par un exemple ancien : « amis en un mot tels que les descrivoit cet empereur mourant, qui ne regardent qu'à l'Orient de la felicité, & tournent le dos à l'Occident & l'infortune ». (François Abra De Raconis, *Lettre de Consolation addressée à Monsieur d'Herbault (...) sur le trespas de Madame l'Herbault, sa femme,* Paris, s. n., 1628, p. 25).

association quotidienne, peut-être, sans trop de souvenirs conscients. En revanche, tel n'est pas le cas de cet autre exemple, où, à la bonté du cœur, vient se joindre la sagesse de l'esprit. Henri IV et les simples : quel commerce affable !

Sa façon de converser estoit si domestique & si douce, qu'il sembloit que chacun fut son pareil ; & si Iules Cesar fut estimé humble & courtois, parce qu'il appeloit compagnons ses soldats, à meilleur droict luy, qui traictoit ses subiects iusques aux petits artisans, comme compagnons, non en homme simple & niais, comme ne pouvant faire du grand, mais à dessain, par sagesse & en Roy[74] :

Cette bonhomie de César, on la trouve chez Suétone[75] dont l'auteur moderne suit de près le texte. On ne s'étonnera pas qu'à l'égard des coupables, elle devienne clémence. Elle est l'apanage du prince dans la belle lignée de César, toujours, mais encore, parmi les Romains, de Tite, parmi les Grecs, de Philippe et d'Alexandre :

Avec les susdictes vertus se doit mettre la Clemence, perle propre des Roys, comme des grands Capitaines : Entre les Grecs Alexandre grand Roy & grand Capitaine, en fut renommé, entre les Romains Iules Cesar fut plus loué par sa benignite que par ses victoires ; & Tite dernier triomphateur de la Iudee, fut appelle les delices du genre humain à raison de cette vertu[76].
On louë Philippe Roy de Macedoine, comme ayant fait un acte de grande benignité, dequoy oyant un iour de son pavillon quelques soldats voisins qui mesdisoyent de luy, il les advisa de parler plus bas, ou d'aller plus loing, sans leur faire autre mal[77].

L'auteur, pour une fois, prévient de longues recherches ; il signale ses sources en marge : pour Alexandre et César, c'est Plutarque[78], pour Tite,

---

[74]   L. Richeôme, *Consolation à la Royne Mere, op. cit.*, 14, p. 25.

[75]   Suétone, *César.* LXVII, in *Vies* (...), éd. cit., t. I, p. 46.

[76]   L. Richeôme, *op. cit.*, 14, p. 25.

[77]   *Ibid.,* p. 23.

[78]   Voir, p. ex., *Vie d'Alexandre,* XIX, in *Vies (...),* éd. cit., t. 2. p. 335 ; *Vie de César,* XIX, *ibid.,* p. 429 et surtout LXXIV, p. 472. La clémence des deux personnages avait valeur de topos. Ravisius en fait longuement état (*op. cit.,* L.V, 35, p. 613 (César) et *ibid.,* p. 612 (Alexandre). Celle de César est partout confirmée : Pline, Valère Maxime, Suétone, Dion Cassius, et surtout Velléius Paterculus, vrai *cantor clementiœ Cœsaris :*

Suétone[79], pour Philippe, encore Plutarque, mais celui des *Apophtegmes*[80]. Tant de bonté est certes payée de retour. De ceux qui dépendent d'eux, des hommes ainsi faits recueillent respect, confiance et amour : voici que défilent Publicola, comblé d'honneurs posthumes[81], les soldats de Germanicus, plaçant les doigts du maître dans leurs plaies[82], les enfants de Cornélie, moins modèles que ceux du défunt[83], et avec eux les souvenirs de Tite-Live[84], de Tacite[85] et de Cornelius Népos[86]. Mais on l'aura remarqué :

---

voir *Histoire Romaine*, L. V, 2, éd. cit., t. 2, p. 64 ; LV, 2, t. 2, p. 64 ; LVI, 1, p. 65 ; LVI, 3, pp. 65-66 ; LVII, 1, p. 66. Celle d'Alexandre de même, quoique ternie par quelques traits de cruauté : voir, p. ex, Quinte-Curce, *Histoires*, IV, 4, éd. cit., t. 1, p. 62.

[79] Le titre « délices du genre humain » figure au début du chapitre 1 de la *Vie de Titus* par Suétone. Pour sa clémence, voir de préférence le chapitre IX (éd. Belles Lettres, t. 3, p. 75), où l'on voit l'empereur jurant « qu'il aimerait mieux mourir que de faire mourir quelqu'un ». Autre témoignage dans Dion Cassius, *Histoire Romaine*, Livre LXVI.

[80] C'est la source indiquée par Ravisius. Les *Apophtegmes,* il est vrai, présentent plusieurs exemples de la clémence de Philippe à l'égard des calomniateurs (voir Plutarque, *Œuvres Morales,* Belles Lettres, 1988, t. 2, N. 5 et 6), mais non l'épisode en question.

[81] Voir A. de Nervèze, *Discours Consolatoire à la France sur le trespas d'(...) Alfonse Dornano, op. cit.*, pp. 10-11 : « Tes filles [celles de la France] (Particulierement ta ville de Bordeaux, l'une de tes plus illustres), la capitale de son gouvernement [celui du défunt] & celle où il avoit establý son plus doux soing, son amour & sa demeure luy doibt comme à un autre Publicola, pere du peuple, les mesmes honneurs que Rome rendit à ce Capitaine apres sa mort. »

[82] Claude-Barthélémy Morisot, *Discours de consolation à Mgr. le duc de Bellegarde sur la mort de M. de Termes*, Dijon, Claude Guyon, 1621, p. 11 : « Lorsque m'ayant fait l'honneur de me presenter l'une de vos mains ie la portois droit à mes yeux qui versoient le sang de mon ame, pour vous dire sans parler quel estoit sa douleur & quel coup elle avoit receu : comme les soldats de Germanicus, sous pretexte de son retour, de luy baiser la main droite la portoient à leurs blessures pour les luy faire sentir, & qu'il sçeut comme ils s'estoient comportés. »

[83] G. B. de Nervèze, *Au Cardinal de Gondy, op. cit.*, p. 24 : « Ceste bonne & genereuse mere trop mieux cent fois apprise que Cornelie Romaine, a tellement patronné ses enfans à sa propre vertu & benigne nature, qu'il ne leur sera iamais reproché note d'ingratitude envers qui que ce soit, ains auront de vous, Monseigneur, a iamais la memoire en l'esprit, l'amour au cœur, & les louanges à la bouche. »

[84] Voir *Histoire Romaine, II*, 16, éd. Belles Lettres, t. 2, p. 25 : Publicola étant mort au sommet de la gloire (*gloria ingenti*), mais complètement démuni de ressources, l'Etat se chargea de lui organiser des funérailles dignes de sa grandeur.

[85] *Voir Annales,* I, 34, 3, Paris, Belles Lettres, 1963, p. 28.

il n'a été question dans ce qui précède, que de chefs. La clémence, en particulier, est cette qualité princière que l'épistolier admire en Henri IV, que ses modèles anciens signalent chez rois et empereurs. Aussi, désormais, est-ce du particulier accédé au faîte de l'Etat ou des institutions qu'il faut traiter.

*

---

[86] Voir *Cornelii Nepotis Fragmenta,* éd. cit., p. 82 : *Epistola Corneliæ, matris Gracchorum,* reproches de Cornélie à Gaius, son fils survivant, qu'elle accuse d'attentat contre la république et d'ingratitude envers elle-même. On sait que Cornélie, d'habitude, passe pour le prototype de la mère fière de ses enfants (« Voici mes bijoux à moi » : Valère Maxime, *op. cit.,* IV, 4, Préface, préambule, p. 657). Or, pour ce rôle, les épistoliers lui préfèrent une mère laconienne. En 1609, Denis Rouillard, avocat au Parlement de Paris, adresse à la comtesse de Saux les lignes suivantes : « Il n'y h'a que deux ans, estrange resolution ! que qui vous eust prié de lui faire veoir les plus beaux ouvrages de vostre maison, vous ne luy eussiez pas monstré comme cette Dame du païs d'Ionie, un simple chef-d'œuvre de tapisserie, faict au mestier fort sompteux, non : Mais comme une Laconiene, vous eussiez mis en parade, trois Enfans masles, des plus honnestes & mieux morigénez, tout Martiaux, & portans (...) l'honneur du Pere sur le front. »

(Voir Denis Rouillard, *Consolation sur le trespas de feu Monsieur le Comte de Saux. A Madame la Comtesse sa Mere,* Paris, François Iacquin, 1609, p. 3). La source, ici, sera Plutarque, *Apophtegmes laconiens, Anonymes 9,* in *Œuvres morales,* éd. cit., t. 3, p. 249.

Voici un autre témoignage d'affection, mais assez étrange. Le consolateur refuse son office : plutôt que d'argumenter contre la douleur, il ajoute la sienne à celle de son destinataire. C'est, dit-il, agir comme ce soldat romain qui offrit son glaive à son prince, désireux de mettre fin à ses jours ; aussi son arme était-elle plus pointue que celle de son maître :

« Un prince Romain se desesperoit au milieu de ses legions & vouloit mourir sur le champ, on luy tire des mains son espée dont il avoit desia tourné la pointe contre son estomac, quand un légionaire trop courtois luy en offrit en mesme temps une autre & luy dit qu'elle estoit assez pointue pour faire ce devoir. » (Morisot, *Discours de consolation à Mgr. le duc de Bellegarde, op. cit.,* p. 10).

L'auteur n'indique aucune source, mais il se sera souvenu du Livre LVII de *l'Histoire Romaine* de Dion Cassius (Loeb Classical Library, London, Cambridge/Massachusetts, 1970, t. 7, p. 123). L'historien y montre Germanicus, menaçant de se suicider pour impressionner les troupes, séditieuses depuis l'avènement de Tibère. C'est alors qu'un légionaire exécuta le geste décrit par l'épistolier. Mais Germanicus se gardait bien de passer à l'acte. L'auteur moderne n'a eu cure de rapporter cette fin peu pathétique du récit de Dion.

Et tout d'abord, une évidence : l'homme digne de ce nom ne refuse pas les responsabilités. Quand les affaires l'appellent, il s'exécute quel que soit son goût de la retraite. Le lecteur nourri d'antiquité songe à Cincinnatus que voici sollicité en effet pour vanter le sens du devoir... d'une religieuse pressentie pour la direction de sa maison ! Marie de L'Aubespine, abbesse de Bourgueil, inspire un long développement sur le champion du civisme romain, où le souvenir de Tite-Live perce à chaque mot :

Rome, au rapport de son histoire, n'eut pas assez de pouvoir pour donner du repos au pauvre [ajout manuscrit : Curtius (?) Quintius Cincinnatus]. Qui s'estant retiré à la campagne penset que la fortune apres cela seret impuissante, pour le venir troubler en ce lieu escarté où son esprit vivoit autant esloigné de l'ambition, qu'il l'estet du monde. Et ceste pensée eust esté pardonnable à un qui eust eu moins de vertu, non pas à luy qui en avet tout autant qu'il en fallet pour gouverner cét Estat qui s'acheminet insensiblement au gouvernement de tout le monde, qui fit que ce grand Personnage ne demeura pas long-temps dans ce repos qui le rendet content, l'Estat croit qu'il n'aura point de bien ny de bonheur que celuy que luy apportera ce brave homme qu'il va chercher aux champs, pour luy donner le commandement de la ville ; & le trouvant à la charuë, où il conduiset deux bœufs, l'ameinent dans le trosne imperial, pour conduire le peuple le plus belliqueux, qui pour lors habitast tout le monde. Ce traict semble estrange, mais si commun à la fortune, qu'il ne nous doit pas estonner[87]

Le cas, cependant, est particulier. Certes, pour régir sa communauté de femmes, cette bonne abbesse n'aura pas eu de trop de tous les trésors de compréhension, de tous les talents de pacification. Ceux-ci, néanmoins, s'exercent plus spectaculairement chez ceux qui ont charge de peuples[88] ;

---

[87] François Berthet, *Discours funèbre sur le trépas de (...) Marie de L'Aubespine*, Paris, Pierre Chaudiere, 1641, p. 35. Pour Tite-Live, voir *Histoire Romaine*, III, 26, éd. Belles Lettres, t. 3, p. 41 : épisode célèbre de Cincinnatus quittant sa charrue pour assumer la dictature à l'heure du danger sabin. Même épisode au Livre IV de l'*Histoire Romaine* de Dion Cassius, mais le texte de Tite-Live, mieux connu, aura été la source de l'épistolier.

[88] La sacralisation de la fonction royale est bien connue. On relira à ce sujet Richeôme, appliquant à Henri IV une réflexion de Justin sur Alexandre : « Les Roys sont les Soleils & les astres de la terre ; ils doyvent donc estre tout lumière, & en luisant faire couler les influances (sic) & clartez de leur bonne vie aux mortels ; s'ils font autrement

ils y sont d'ailleurs souvent doublés, supplantés même, par les vertus martiales. A l'unique mention de la paix, s'oppose, dans les textes étudiés, tout un catalogue de vertus guerrières, et Henri IV, écrit Richeôme, « vray Roy de paix », est aussi « vray Roy de guerre, un Auguste en l'un, un Alexandre en l'autre »[89].

Les qualités du souverain, Richeôme, certes, consent à les développer, à les éclairer même par une belle image qu'il agrémente d'un mot de Philippe, glané chez Plutarque :

(..])les instruments des Roys en paix estoyent le SCEPTRE & la MAIN de iustice, & en guerre l'espée ; & (...) ce sont ces instruments qu'ils doivent sçavoir manier dignement & Royalement. Que la Musique des Roys, & leur chant Royal estoit l'accord & consonance de belles vertus, Prudence, Iustice, Force & Temperance, & des autres qui resident en leur ame avec la note & mesure des loix ; Musique qu'un seul peut chanter à quatre parties & plus, & que la Musique Mathematique estoit seante aux subiects des Roys, & se souvenoit que le Roy de Macedoine Philippe, voyant un iour son fils Alexandre faire merveille entre les Musiciens, le reprint disant, n'as-tu point de honte de sçavoir si bien chanter[90].

Partout ailleurs, cependant, on ne réclame d'autre patronage que celui des grands guerriers, Fabius[91], Pyrrhus, Hannibal[92]. Certes, toutes ces men-

---

& sont vicieux ce sont astres malins, & degenerent de leur noble & celeste nature. » En marge : Les Roys Soleils, dict d'Alexandre Iustin. (Richeôme, *op. cit.*, 56, pp. 152-153).

Pour Justin, voir éventuellement *Histoires Philippiques extraites de Trogue-Pompée*. L. IX, éd. cit., p. 443 : « Alexandre ne peut admettre à côté de lui Darius, car comme deux soleils ne peuvent à la fois éclairer le monde, deux maîtres ne peuvent impunément le régir (...) ».

[89]   Voir L. Richeôme, *Consolation à la Royne Mère, op. cit.*, 17, pp. 31-32.

[90]   *Ibid.* Ce mot, comme tant d'autres, aura pu parvenir à l'épistolier par l'intermédiaire d'un quelconque florilège. Cælius Rhodiginus en fait état au Livre IX de ses *Lectiones Antiquæ* : *Et Philippus quum accepisset, filium suavius quodam loco cecinisse urbane est objurgatus. Nonne te pudet, inquiens, quod tam bene canere scias ? Satis enim superque est principi viro, canentibus aliis, audiendi superesse otium...* (Cælius Rhodiginus, *Lectionum Antiquarum..., op. cit.*, L.IX, col. 455.)

[91]   Guillaume Le Rebours, *Consolation funèbre à Madame la Marechale de Fervagues sur la mort de Monseigneur de Laval son fils*, Rouen, Raphæl du Petit Val, 1606, p. 8 ; p. 82.

tions, trop générales, ne renseignent que peu sur les lectures de ceux qui les produisent. Auguste, prince de Paix, c'est Horace, bien sûr, au *Chant Séculaire*[93], ou encore Sénèque, au *Traité de la Clémence*[94] et Velléius[95], mais l'allusion au père de la *Pax Romana* a dû être courante chez ces humanistes du XVIIe siècle, instinctive même et sans référence expresse. De même pour les stratèges : Alexandre, Fabius, Pyrrhus, Hannibal, chefs de guerre, ce ne serait pas trop de toute l'historiographie antique pour le confirmer[96]. Pour des renvois ponctuels, il faut des données plus

---

[92] G. B. de Nervèze, *Au Cardinal de Gondy, op. cit.*, p. 12.

[93] Voir *Carmen Sæculare*, v. 57-60, in *Œuvres*, Paris, Belles Lettres, 1970, t. 1, p.191.

[94] Voir *De la Clémence*, III, 7, 4, Paris, Belles Lettres, 1967, p. 25. Sous Auguste, (...) *terra marique pax parata est.*

[95] Voir Velléius Paterculus, *Histoire Romaine*, L. II, 38, 3, éd. cit., t. 2, p. 46 et II, 89, *2-3, ibid.,* pp. 95-96.

[96] Il faut se contenter de signaler que tant Alexandre que Pyrrhus et Hannibal sont présentés par Ravisius et Messie en maîtres de la stratégie. (Voir Ravisius, *op. cit.*, L. III, 28, pp. 263-264 ; Messie, *op. cit.*, Troisiesme Partie, chap. 10, p. 499. Les renvois sont à Plutarque, Quinte-Curce et Tite-Live, ce dernier témoignant aussi, bien sûr, pour Fabius. Voir *Histoire Romaine, XXII,* 12, in *Œuvres complètes,* éd. Dubochet, t. 1, p. 540 : portrait de Fabius Cunctator.) On notera d'ailleurs que la consécration d'Alexandre, de Pyrrhus et d'Hannibal comme maîtres de la stratégie pourrait s'expliquer par un autre souvenir de Tite-Live, XXV, 14, *ibid.,* t. 2, p. 339 : « Scipion lui [Hannibal] ayant demandé quel était celui qu'il regardait comme plus grand général, le Carthaginois répondit que c'était le roi de Macédoine, Alexandre, qui, avec une poignée de braves, avait mis en déroute des armées innombrables et parcouru des contrées où l'homme n'avait jamais eu l'espoir de pénétrer. – Mais, dit Scipion, qui placez-vous au second rang ? – Pyrrhus, reprit Annibal : c'est le premier qui ait enseigné l'art des campements. Nul ne sut choisir ses positions ni disposer ses forces avec plus d'habileté. Il possédait aussi à un si haut degré l'art de gagner les cœurs, que les peuples italiens eussent préféré la domination de cet étranger à celle des Romains qui depuis si longtemps commandaient en maîtres en Italie. – Et le troisième ? demanda encore Scipion. Moi, répondit sans hésiter Annibal. Alors Scipion se prit à rire et ajouta : Que diriez-vous donc si vous m'aviez vaincu ? – En ce cas, je me mettrais au-dessus d'Alexandre, au-dessus de Pyrrhus, au-dessus de tous les autres généraux. »

Dans ce contexte des grands capitaines, on s'attendra aussi à la mention de César. En fait, Louis Richeôme, associant la vaillance et l'éloquence de Henri IV, compare le roi au fondateur de l'Empire : « L'espee d'un vaillant Capitaine tranche les forces des ennemis. Son eloquence encourage les amis & leur donne force. Cesar estoit admirable en l'une & en l'autre, le Roy estoit un Cesar en toutes les deux. » (*Consolation à la Royne Mere, op. cit.,* 16, p. 28.)

frappantes. C'est le cas dans cette lettre, où Jacques Le Moleur prête à feu François de Mercy, général des armées impériales de la Ligue Catholique, les réflexions orgueilleuses d'Alexandre :

lorsque le bien du service luy permettoit d'agir selon ces inclinations, il auroit conclu avec Alexandre qu'il falloit gagner & non desrober la victoire[97].

Au chapitre LVIII de sa *Vie d'Alexandre,* Plutarque met en scène un conseil de guerre. Le surnombre des ennemis risque d'impressionner les Macédoniens : que l'on combatte donc la nuit ! On ne redoute point ce qui est invisible ! Alexandre réplique en roi : « Je ne veux, dit-il, point dérober la victoire »[98]. « Réponse », ajoute Plutarque, « qui depuis a tant été célébrée ».

Il reste que c'est chez lui que l'auteur du XVIIe siècle aura pu la lire et en être édifié[99]. Et il ajoute ce propos réfléchi du Macédonien qui doit souligner la modestie de son propre personnage :

L'honneur des bons evenemens n'appartient pas absolument au General. Le plus grand Capitaine de l'antiquité, qui a fait des leçons de cet art, par l'observation de ses propres exemples, divise la victoire en trois portions esgales : dont l'une est attribuée au hazard, l'autre à la valeur des soldats, & la troisiéme à la conduite du chef[100].

Un autre épistolier insiste sur le courage de César : « Ce ieune Alcide heritier du courage de ses ayeux, voire de tous les Cæsars qui furent iamais. » (G. Le Rebours, *Consolation (...) à (...) la Mareschalle de Farvɐgues, op. cit.,* p. 22.)

Les anciens signalent l'éloquence de César, et parfois la citent d'une même haleine avec l'art militaire (Suétone, *César,* LV, in *Vies (...), éd.* cit., p. 47). Pour l'éloquence du barreau, voir aussi Valère Maxime, *op. cit.,* VIII, X, 3, p. 767. Quant à la vaillance de César face à l'ennemi, elle est souvent attestée : Suétone, *César,* LXII-LXIV, éd. cit., t. 1, p. 44 ; Valère Maxime, *op. cit.,* III, 2, 19, pp. 622-623 (...).

[97] Jacques Le Moleur, *Consolation à Messire Pierre Erneste de Mercy (...) sur la mort de François de Mercy son frère (...), op. cit.,* p. 30.

[98] Plutarque, *Vie d'Alexandre-le-Grand,* in *Vies (...),* éd. cit., t. 2, p. 362.

[99] A moins qu'il ne l'ait fait chez Arrien qui rapporte l'épisode au chapitre III, X, 2, de son *Histoire d'Alexandre* (éd. cit., p. 96).

[100] Le Moleur, *op. cit.,* p. 38. L'idée est reprise presque textuellement par Tite-Live, au Livre IX, 17, de *l'Histoire Romaine* (éd. cit., Dubochet, t. 1, p. 405) : « Ce qui paraît contribuer le plus dans le succès d'un combat, c'est le nombre et la valeur des soldats,

Mais n'est-il pas utile, parfois, de flatter l'orgueil de ceux qu'on chante ? Voici cet autre auteur qui, aux propos modérés, préfère, pour Henri de Bourbon, la superbe devise de César :

Que ses victoires n'ont point d'autres bornes que les lieux où il n'a pas porté son courage, qu'il peut dire avec plus de raison que Cesar, *Veni, vidi, vici,* puis que partout où il a esté, par tout il a triomphé, & répandu du sang des ennemis estrangers, pour accroistre la gloire de la France, & multiplier les palmes des Bourbons[101].

Faut-il en conclure que François Berthet possédait dans sa bibliothèque Plutarque[102] ou Suétone[103] ? Mais le mot, cité par Ravisius[104] était devenu banal, impropre à mener vers des sources définies[105].

---

c'est le talent des généraux, c'est enfin la fortune dont l'influence est si grande dans les affaires humaines et surtout à la guerre. »

[101] François Berthet, *Discours funèbre (...) pour le repos de l'âme de (...) Henri de Bourbon,* Bourges, s. n., 1647, p. 19.

[102] Plutarque, *Vie de Jules César,* LXV, in *Vies (...),* éd. cit. t. 2, p. 466.

[103] Suétone, *César,* XXXVII, *in Les Vies (...),* éd. cit., t. 1, p. 26.

[104] Ravisius, *op. cit.,* L. III, 28, p. 266.

[105] Dans ce contexte militaire, on ajoutera un emprunt de Richeôme à Justin. Le consolateur veut réconforter la veuve royale en lui rappelant qu'elle est la mère du petit roi. Cette qualité ne suffit-elle pas à décourager ses adversaires ? Qu'elle médite cet épisode de l'histoire de Macédoine : « Les Macedoniens iadis porterent leur Roy, petit enfant dans le berceau au front de l'armée, qu'ils avoyent dressée contre les Illiriens insolens de leur (sic) forces, dont les soldats furent si animez, & les ennemys si effrayez, que la victoire demeura aux Macedoniens, en faveur de l'enfance que l'orgueil mesprisoit. » (Richeôme, *op. cit.,* 58, p. 159).

L'auteur signale sa source : Justin, 1,7. Voir, en effet, Justin, *Histoires Philippiques extraites de Trogue-Pompée,* VII, 2, éd. cit., p. 424.

« Argée (...) laissa le royaume à Philippe, son fils, lequel fut enlevé par une mort prématurée. Il institua pour son héritier Erope, enfant encore au berceau. Les Macédoniens eurent souvent à combattre les Thraces et les Illyriens ; (...). Mais les Illyriens, méprisant la faiblesse d'un roi pupille, les attaquent et les mettent en fuite. Les Macédoniens portent le roi dans son berceau, le placent derrière l'armée, et reviennent à la charge, comme s'ils n'eussent été vaincus parce qu'ils n'avaient point combattu sous les auspices de leur roi, et qu'ils fussent assurés de vaincre avec lui. » (*qui prœlio pulsi, rege suo in cunis prolato, et pone aciem posito, acrius certamen repetivere ; ...*).

Il faut faire le bilan. Non certes que la matière soit épuisée : il reste le chapitre important de l'attitude de l'homme du XVIIe siècle face à la mort ; les héros de l'histoire ancienne y jouent encore un rôle considérable. Mais la matière, abondante, exige un développement particulier. Il fera l'objet du chapitre suivant. Cette conclusion ne peut donc être que partielle. Est-elle aussi fragile ? On était parti d'une quasi-évidence, celle de l'omniprésence de l'antiquité dans les textes du premier XVIIe siècle. Cet a-priori a-t-il résisté à l'analyse ? A première vue, sans doute, le nombre des occurrences impressionne. L'histoire ancienne, chez les mineurs étudiés, fait partie de l'inventaire au point de susciter des appels à tous les noms connus de la Grèce et de Rome. On a parlé tantôt d'«encyclopédie gréco-latine» ; le mot est à peine exagéré. Il est vrai qu'au fil de l'enquête un décantage s'est opéré. Si la plupart des grands noms répondent à l'appel, les priorités sont manifestes : Plutarque, imbattable, suivi de près par Valère Maxime ; à quelque distance de là Quinte-Curce, Pline et Suétone, plus loin Quintilien, Justin, Ammien, suivis de tant d'autres courant en solitaires. Encore faut-il rester prudent. Ont été consultés, certes, la plupart des historiens que le bibliophile du XVIIe siècle devait posséder. Mais rien n'assure l'exhaustivité de la liste, et chaque lecture nouvelle peut ouvrir de nouvelles perspectives. Se pose aussi la question du bien-fondé de la séparation des genres. Tant d'épisodes historiques peuvent parvenir, outre des historiens accrédités, des littéraires, des philosophes. Seule une nécessaire limitation a empêché d'aller jusque-là, à quelques exceptions près, comme Cicéron. Demeure aussi le problème, déjà évoqué, des emprunts multiples et des indirects. Où l'auteur du XVIIe siècle a-t-il pris l'épisode fourni par plusieurs sources ? Aux sources mêmes, par le biais des Ravisius, Messie et autres ? Que de zones d'ombre que l'éclairage n'a pu atteindre ! Bien plus, une seconde constatation s'impose. Sur les quelque quatre-vingts textes du corpus s'échelonnant de 1600 à 1650, douze seulement, émanant de dix auteurs, ont produit des références à l'histoire ancienne[106]. Créneau étroit que ne consolide pas une autre statistique : la moitié de ces références se met au compte d'un seul épistolier – Guillaume Bernard de Nervèze[107] – les autres n'étant mentionnés que rarement voire une seule fois. Faut-il en conclure, malgré tout, à un intérêt médiocre pour le sujet ? On voit que le périple n'est pas aisé. L'homme cultivé de la première moitié du XVIIe siècle, familier de l'histoire ancienne, sans doute, maniaque, non point. Sauf pour le cas signalé, le nombre des références indique un dosage prudent qui empêche, au niveau de l'histoire, de parler d'une présence massive des deux antiquités, Rome l'emportant

---

[106] En revanche, dans la plupart des textes, on note de nombreuses références chrétiennes – Ecritures, Pères – ce qui s'explique, bien sûr, par le genre même de la consolation.

[107] 15 mentions, si on ajoute celles concernant Antoine de Nervèze, identique pour certains, à G. B. de Nervèze. Mais l'hypothèse, on le sait, est douteuse (voir Notices).

encore, et de loin, sur la Grèce[108]. Il reste que la recherche a pu esquisser le profil des connaissances historiques de l'« honnête homme » et établir, de façon approximative du moins, les lectures qui ont pu les inspirer. Celles-ci, on les retrouvera au niveau plus restreint de l'évocation de l'heure suprême : l'histoire ancienne accompagne le lecteur de la lettre, quand on l'entretient de l'objet qui en a suscité la rédaction.

---

[108] Sur les vingt-quatre personnages historiques mentionnés, quatorze sont Romains, six Grecs, quatre divers. Encore est-il vrai qu'Alexandre fait figure de vedette, avant César.

CHAPITRE 2

Mourir avec les anciens
L'histoire ancienne, propédeutique de la mort dans les lettres de consolation

L'homme du XVIIe siècle, on vient de le voir, aimait orienter sa vie aux exemples proposés par l'histoire ancienne : la conduite des chefs, rapportée par tant d'auteurs prestigieux, fondait une pédagogie du bien vivre. Il faut ajouter qu'elle apprenait aussi à bien mourir. Certes, des chrétiens, ici, cherchaient d'abord à se conforter autrement, tant de réflexions sur l'heure dernière en témoignent[1]. Il n'empêche que bien des fois les héros des Plutarque et autres, modèles de constance, renforçaient le courage donné par la foi.

La mort, comment en serait-il autrement, est présente partout dans les lettres de consolation. Presque toujours elle donne lieu à l'exercice spirituel[2], souvent elle provoque le recours aux souvenirs humanistes. Le but de ces pages sera donc de montrer comment l'homme du XVIIe siècle rencontre la mort en compagnie des grands de l'antiquité tels que les lui présentent les historiens classiques. C'est dire encore qu'il s'agira de poursuivre l'établissement de son érudition humaniste, entreprise commencée précédemment avec toutes les difficultés relevées alors et qu'il est inutile de rappeler ici.

On se contentera donc de signaler le plan retenu pour la présente réflexion. Dans un premier temps, l'éclairage portera sur l'omniprésence de la mort :

---

[1] On songe aux *Artes Moriendi*, appuyés principalement sur les textes sacrés. Voir, parmi tant d'autres, Erasme, *Des. Erasmi Roterodami Liber cum primis pius, De præparatione ad Mortem*, Parisiis, Christianus Wechelus, MDXXXIII. Au XVIIe siècle, les hommes d'Eglise, réformés ou catholiques, assurent la fortune du genre par de nombreuses publications. Voir, p. ex., Charles Drelincourt, *Les Consolations de l'Ame Fidele contre les Frayeurs de la Mort Avec les Dispositions & Preparations necessaires pour bien mourir*, Paris, Louis Vendosme, 1651 ; R. P. Pierre Lallemant, *Les Saints Desirs de la Mort, ou Recueil de quelques Pensées des Pères de l'Eglise, pour montrer comment les Chrétiens doivent mépriser la vie, & souhaiter la mort*, Lille, Vancostenoble, 1673, Blaise La Broue, *Le Directeur Charitable Qui enseigne la maniere de Consoler les affligés, & de secourir les mourans Selon l'Ecriture Sainte & les Peres de l'Eglise, par le R. P. Blaise la Broue, Religieux Augustin*, Lyon, Jean Certe, 1683, etc.

[2] Voir notre Deuxième Partie.

inscrite dans le tissu de l'existence, elle se présente de mille manières, prématurée, subite, due à toutes les causes, y compris la joie. On passera ensuite du côté de la victime, de l'homme, et de la façon dont il vit l'inévitable ; on y trouvera la douleur, certes, mais aussi le courage et jusqu'à l'exaltation, toutes circonstances, toutes attitudes commentées et illustrées par des épisodes de l'histoire ancienne.

*

Première constatation : tout ce qui est de ce monde se place sous le signe de l'éphémère, et les situations se dégradent comme les vies,

> Car tel, écrit G. B. de Nervèze, est auiourd'huy Crassus, qui se verra demain Irus, auiourd'huy vaillant Belissaire, & puis chetif comme le mesme : Tel fut Consul iusques à sept fois, qu'on vit banny dans les ruines de ses victoires, & fustigé après la mort : tel vit comme un Priam, qui comme luy meurt miserable : tantost constant comme un Crassus, tantost malheureux & captif...[3].

Et encore :

> l'adversité suit le prospere : tellement que si on traine Sejan au gibet, on y trouvera Polycrate[4].

Crassus-Irus, la richesse et l'indigence, le second membre du couple, bien sûr, s'explique pour le souvenir d'Homère[5] ; du premier, de nombreux témoignages, toujours critiques – Plutarque, Velléius, Dion Cassius[6] – ont

---

[3] Guillaume Bernard dit Nervèze, *Consolations Funebres sur la Mort et Tres-Hault et Tres-Puissant Seigneur Messire Albert de Gondy, Duc de Rais, Pair & Mareschal de France, A Mgr. le Reverendissime Evesque de Paris, op. cit.*, pp. 28-29.

[4] *Ibid.*, p. 29.

[5] Voir *Odyssée*, XVIII : Ulysse et le mendiant Iros ; anticipation sur les pages consacrées dans la suite à Homère, justifiée par le souci de ne pas morceler le texte.

[6] Plutarque, *Vie de Marcus Crassus*, I-II, in *Les Vies des Hommes Illustres*, éd. cit., t. 2, pp. 50-51.

Plutarque, faisant état de la fortune de Crassus et des moyens peu recommandables dont il l'acquit, l'explique, de même que les contemporains, par une avarice maladive : « Si disent les Romains qu'il n'y avait que ce seul vice d'avarice en Crassus, lequel offusquait plusieurs belles vertus qui étaient en lui : mais, quant à moi, il me semble que ce vice n'y était pas seul, mais que, y étant le plus fort, il cachait et effaçait les autres. »

fait le symbole de la fortune légendaire, mais malfamée. Au moins le personnage est-il racheté, en fin de texte, par la mention de sa constance – « constant comme un Crassus » –, allusion, sans doute, à la manière dont, selon Plutarque, il accueillit la nouvelle de la mort de son fils. Crassus supportera-t-il le spectacle odieux de la tête de Publius présentée à la pointe d'une lance parthe ? Certes, car le prix de la grandeur est cette « constance dans les adversités » qui permet de ne « jamais succomber ni [de] se rendre aux dangers »[7].

D'autres cas viennent confirmer l'incertitude des choses humaines : antique encore, mais moins classique, celui de Bélisaire et de sa triste destinée[8] ; celui, ensuite, de ce consul sept fois rencondduit avant d'être exilé là où il avait triomphé : il s'agit bien sûr de Marius dont Velléius, Valère Maxime et Plutarque ont relaté l'histoire[9]. Enfin, dernier exemple de la fortune

---

Velléius Paterculus, *Histoire Romaine*, II, 46, 2, éd. cit., Belles Lettres, t. 2, p. 55 : « ... Crassus ne connaissait aucune mesure et n'admettait aucune limite dans sa passion pour l'argent et pour la gloire. » (*neque in pecunia neque in gloria concupiscenda aut modum norat aut capiebat terminum*)

Dion Cassius, au Livre XV, 27, de son *Histoire Romaine*, éd. cit. (Loeb), t. 3, p. 447 rapporte l'épisode atroce des Parthes remplissant la bouche du cadavre de Crassus d'or fondu, en dérision de son immense fortune.

7   Voir Plutarque, *Vie de Marcus Crassus*, L, in *Les Vies*, éd. cit., t. 2, p. 87.

8   Le récit de la fin de Bélisaire demeure largement légendaire. Des renseignements sont fournis par une œuvre d'accès difficile : *Anonymus De Antiquitatibus Constantinopolis*, in Banduri Anselmo, *Imperium Orientale, sive Antiquitates Constantinopolitanæ, in quatuor partes distributæ (...), opera et studio Domni Anselmi Banduri*, Parisiis, J.-B. Coignard, 1711, I, 3.

9   Voir plus haut « Tel fut Consul iusques à sept fois, qu'on vit banny dans les ruines de ses victoires, & fustigé apres la mort » : Marius, chassé de Rome par Sylla, s'exila en Afrique, où il avait remporté ses plus grands triomphes, notamment dans la guerre contre Jugurtha, roi de Numidie. Au moment de cet exil, il avait été *six* fois consul – le texte de Nervèze fait donc erreur sur ce point – le septième consulat se plaçant après son retour à Rome. De nombreux auteurs racontent les faits, plusieurs montrant Marius éploré dans les ruines de Carthage : Velléius Paterculus, *Histoire Romaine*, II, 19, 4, éd. cit. (Belles Lettres), t. 2, p. 26 ; Valère Maxime, qui prend prétexte de l'épisode pour insister, de même que l'épistolier, sur l'inconstance de la fortune (*Des Faits et des Paroles Mémorables*, VI, 4), mais la version de Plutarque paraît la plus proche de celle de l'auteur moderne : dans la *Vie de Caius Marius*, en effet, l'exilé répond ceci au messager de Sextilius, gouverneur d'Afrique : « Tu diras à Sextilius que tu as vu Caïus Marius, banni de son pays, assis entre les ruines de la ville de Carthage. » (*Vie de Caïus Marius*, in *Les Vies*, éd. cit., t. 1, p. 966). Nervèze aura donc lu Plutarque – sauf évidemment pour l'erreur signalée plus haut – et cela d'autant plus probablement que l'auteur des *Vies* mentionne aussi, bien que de façon sommaire, la liesse des Romains après la mort de Marius (voir *ibid.*, LXXXIX, p. 975). On notera

inconstante : c'est la potence qui finit par associer l'élévation criminelle à la félicité impardonnable ; Polycrate doit mourir comme Séjan. La légende du tyran de Samos, l'auteur du XVIIᵉ siècle pouvait la tenir d'Hérodote[10]. Beaucoup d'anciens l'auront entretenu de Séjan[11]. Mais son ton n'est-il pas hargneux : « si l'on traine Sejan au gibet » ? C'est donc de Tacite qu'il se sera souvenu et du procès impitoyable que l'auteur des *Annales* a intenté à l'ancien confident de Tibère[12]. Ailleurs, pour annoncer la même vérité, il préfère à Rome la Perse et la Grèce, mettant en scène tantôt Xerxès averti par Démarate[13], tantôt Crésus instruit par Solon[14] de la caducité de toutes choses, traces, éventuellement de la lecture d'Hérodote[15], plus certainement de celle de Plutarque ou de Valère Maxime[16].

Les fortunes, donc, sont instables. Le constat mène tout droit à la réflexion sur la mort, son omniprésence, les multiples manières dont elle surprend.

La voici d'abord qui se présente subite, inattendue, et les occurrences prodiguées par l'épistolier sonnent comme autant de *Memento mori* à

---

enfin que l'historien le plus connu de Marius, Salluste, ne peut être pris en considération, le *Bellum Iugurthinum* ne traitant pas de l'époque postérieure au triomphe du grand capitaine.

[10] Voir Hérodote, *L'Enquête*, III, 125, in *Œuvres*, Paris, Gallimard, Bib. de la Pléiade, 1982, pp. 271-272. On y trouve le récit du supplice atroce qu'Oriotès infligea à Polycrate. D'autres sources, moins précises, n'auront guère influencé l'épistolier : on songe à Athénée et à la brève allusion qu'il fait au sort de Polycrate (voir Athénée, XII, 540, in *Athenæi Naucratitæ Dipnosophistarum Libri*, XV, Lipsiæ, Teubner, 1890, vol. III, pp. 191-192. Le passage renvoie encore à Cléarque).

[11] Suétone, *Tibère*, in *Vies des Douze Césars*, LXI, 12, éd. cit., t. 2, p. 47 semble excuser Séjan pour souligner la responsabilité personnelle de l'empereur.

[12] On lit au IVᵉ Livre des *Annales* un portrait de Séjan tout fait de crimes et de bassesses : infâmes complaisances, calomnies, adultères, meurtres, rien n'y manque. Voir *Annales*, IV, 1-3, Paris, Belles Lettres, 1966, pp. 174-176.

[13] G. B. Nervèze, *A Mgr. le Rev. Evesque de Paris*, *op. cit.*, pp. 29-30 : « Nostre condition se plaist au change, plaisir n'y a qui se desplaise & comme disoit Demarate à Xerxes de sa monstrueuse armee, rien n'est si grand qui ne puisse perir... »

[14] *Ibid.*, p. 29 : « Qui fait evidemment cognoistre la reponse que Solon fit à l'insolent Roy de Lydie avoir face de vérité, sçavoir que personne ne peut dire au matin ce qu'il sera au soir. »

[15] *L'Enquête* d'Hérodote traite largement de l'entretien de Xerxès avec Démarate au sujet de la supériorité numérique de l'armée perse et de ses perspectives de victoire. Le Spartiate avertit le roi de la vaillance des Grecs et de la difficulté de les vaincre sans que le mot en question ait pu être localisé avec précision (voir Hérodote, *L'Enquête*, VII, 101-105, éd. cit., pp. 495-498).

[16] Voir ci-dessous notes 110 et 111.

l'adresse de ceux qui s'en étonneraient. Mais quelle aubaine aussi pour mettre en valeur une impressionnante érudition humaniste !

> Fabius Senateur estoit sain comme Priscus, un petit poil prins avec du laict luy couppa le fil de la vie ; le pere de Iules Cæsar se levoit tout gaillard, & rendit l'ame en prenant ses chausses, un autre Cæsar ayant heurté du pied au seuil de la porte, fut heurté de la mort, & rendit l'esprit à l'instant, Quintus Æmilius, apres avoir vertueusement harangué au Senat, perdit la parole & la vie, l'Ambassadeur des Rhodiens demandant à son Page qu'elle (sic) estoit l'heure, fut surprins de sa derniere heure[17].

A première vue la recherche, ici, paraît aisée, sans objet même : Louis Richeôme accompagne chacun de ses exemples de la source qui l'a fourni. Si la première victime[18] d'une mort inattendue est peu connue – on ignore tout de ce Fabius, sauf qu'il était sénateur et préteur[19] – la cause insolite de sa mort est bien rapportée par Pline, comme l'indique l'épistolier (Pline. 1.7 c. 7) au septième chapitre du Livre VII de l'*Histoire Naturelle* :

> ut Fabius senator prætor in lactis haustu uno pilo strangulatus[20].

---

[17] Louys Richeôme, *Consolation Envoyee à la Royne Mere du Roy, op. cit.*, 52, p. 139.

[18] En fait, l'auteur débute sur un autre exemple encore qui pose problème. Avant le cas de Fabius Sénateur, il cite celui de « Tarquinius [qui] estoit sain & frais, quand un petit os de poisson l'estrangla. » De quel personnage s'agit-il ? De Tarquin l'Ancien, comme semble le suggérer la suite du texte : « Fabius Senateur estoit sain comme *Priscus* » ? Mais on connaît par Tite-Live (*Histoire Romaine*, I, 34, 1 et s. ; I, 40, 2 et s.) le destin de ce cinquième roi de Rome, usurpateur mort victime d'un complot ourdi par les héritiers légitimes du trône (voir aussi Dion Cassius / Zonaras, *Histoire Romaine*, II, 8-9, éd. cit., t. I, p. 53). L'épistolier, certes, donne une référence *Guid. Bituric.*, mais sans autre précision. S'agirait-il de Geofroy Tory de Bourges (*Bituricus*), auteur d'une traduction du *Summaire de Chroniques, contenans les Vies, Gestes & Cas Fortuitz, de tous les empereurs d'Europe, Depuis Iules Cesar, Iusque a Maximilian dernier decede, Avec maintes belles Histoires & Mensions de plusieurs Roys (...) Faict Premierement en Langue Latine par Venerable & Discrete personne Jehan Baptiste Egnace, Venicien Et translate (...) en Langaige Francoys, par Maistre Geofroy Tory de Bourges*, Paris, s. n. n. d., et de nombreux autres ouvrages ? Le premier, au titre le plus prometteur, a pu être consulté, mais sans résultat. Par ailleurs on notera que, postérieurement à la lettre, Puget de La Serre mentionne l'épisode dans ses *Pensées de l'Eternité*, Lyon, Jean Huguetan, 1633, p. 61 : « Tarquinius Priscus est estranglé d'une areste ».

[19] Voir Pline, *Histoire Naturelle*, VII, éd. cit., Belles Lettres, 1977, p. 144, note 3 du paragraphe 44.

[20] Pline, *op. cit.*, VII, 7, p. 53.

Et tous les autres exemples sont dits provenir du même ouvrage : le père de Jules César expirant au moment de se chausser[21], un « autre Cæsar » succombant alors qu'il heurtait le seuil de sa porte, Quintus Æmilius au sortir du Sénat, l'ambassadeur des Rhodiens qui venait tout juste de demander l'heure à son valet.

En fait, le seul de ces cas à ne pas poser problème est celui du père de César. Comme l'épistolier le précise, Pline, toujours au même chapitre du même Livre de l'*Histoire Naturelle*, mentionne le fait : c'est bien en se chaussant le matin que mourut le père du fondateur de l'Empire. Mais voici de quoi surprendre : ce genre de mort, somme toute assez rare, ce n'est pas seulement au père du dictateur que Pline le prête, mais encore à un deuxième personnage, César de surcroît, préteur en 166 av. C., et ancêtre de Jules :

> Sont morts sans causes apparentes, en se chaussant le matin – dum calciantur matutino – deux Césars, le préteur et l'ancien préteur, père du dictateur César – celui-ci succomba à Pise, celui-là à Rome[22].

L'étrange coïncidence n'a pas manqué d'impressionner ; elle figure parmi les curiosités dignes d'attention consignées dans les florilèges du XVIe siècle[23]. Louis Richeôme, en revanche, en a décidé autrement. S'il veut bien faire mention, dans son exposé, d'un « autre Cæsar », il lui réserve cependant, on l'a vu, un destin différent : ce n'est pas en mettant ses souliers qu'il rend l'âme, mais en butant du pied contre le seuil de sa porte. Incohérence qui s'explique facilement par une lecture superficielle, et partant erronée, de Pline. C'est que ce dernier relate bien l'accident fatal, mais en rapport avec un autre personnage, Quintus Æmilius, que l'épistolier, de son côté, fait mourir à l'issue d'une harangue prononcée au Sénat. Pline :

---

[21] Indications en marge du texte : Cæsar Pli. 1.7, c. 53 dans le premier cas, dans tous les autres, *ibid.*

[22] Pline, *op. cit.*, VII, 53, p. 107.

[23] Voir *Joh. Ravisii Textoris (...) Officina sive Theatrum Histor. & Poeticum (...)*, *op. cit.*, L. II, cap. LXI, p. 171. C'est dire que les sources des épistoliers ne sont pas nécessairement, et dans tous les cas, directes.

Quintus Æmilius Lepidus mourut, alors qu'il était en train de sortir, en heurtant de son orteil le seuil de la chambre – Incusso pollice limini cubiculi[24].

Voilà donc Louis Richeôme, le savant Jésuite, le consolateur de la Reine-Mère, surpris en flagrant délit d'inattention. On l'en excuserait facilement – *quandoque bonus dormitat Homerus !* – ... s'il ne récidivait dès la ligne suivante. L'ambassadeur de Rhodes, raconte-t-il à son illustre destinataire, est mort en demandant l'heure à son page, ne se doutant guère que ce serait sa dernière. La pointe, qui est de l'épistolier, peut paraître subtile ; elle n'en doit pas cacher pour autant une nouvelle inadvertance de son auteur. Pline, sans doute, traite de la mort inattendue d'un ambassadeur de Rhodes, foudroyé sur le seuil de la Curie et au sortir d'une séance où il s'était distingué :

L'ambassadeur, qui avait plaidé au sénat la cause des Rhodiens à l'admiration générale, expira brusquement sur le seuil de la curie, en voulant le franchir – in limine curiæ protinus expiravit progredi volens[25].

Aucun autre détail. On cherche en vain l'épisode du page consulté sur l'heure. Celui-ci pourtant n'est point de l'invention de Richeôme. Il figure toujours dans le même chapitre de Pline, quelques lignes plus loin, et à propos d'un autre personnage, Gn. Bæbius Tamphilus, ancien préteur :

Gn. Bæbius Tamphilus, ancien préteur lui aussi, mourut en demandant l'heure à son esclave – cum a puero quæsisset horas[26].

---

24 Pline, *Histoire Naturelle*, VI, 53, éd. cit., p. 107. Texte repris littéralement dans l'*Officina* de Ravisius (II, 61, éd. cit., p. 172).

25 *Ibid.*, VII, 53, 182, pp. 107-108. Il s'agira, le cas échéant, de Théidatos, ambassadeur de Rhodes à Rome, mentionné par Polybe au Livre XXX de son *Histoire*, mais sans les détails dramatiques donnés par Pline. Voir Polybe, *Histoire*, XXX, 21, éd. cit., p. 1072 : « Théidatos se présenta devant le sénat et prit la parole au sujet de l'alliance. Mais l'assemblée différa sa décision et, entre-temps, Théidatos, qui avait plus de quatre-vingts ans, mourut de vieillesse. » C'est évidemment la version de Pline qui a frappé le plus les imaginations. Aussi est-ce celle retenue et divulguée par les ouvrages de vulgarisation. Voir Ravisius, *Officina*, III, LXI, éd. cit., p. 172 qui reproduit littéralement le texte de Pline.

26 Pline, *Histoire Naturelle*, VII, 53, éd. cit., p. 108.

Bel imbroglio de souvenirs de lecture où actes et acteurs sont répartis de la façon la plus fantaisiste ! Pline, décidément, n'a inspiré l'épistolier qu'à demi !

Il faut ajouter un dernier cas fatal au Père et à sa réputation de savant. C'est toujours d'une mort subite qu'il s'agit, mais violente celle-ci, et toute proche de celle de César. L'assassinat de Jules est comparable à celui... de la Compagnie de Jésus, privée, depuis le geste de Ravaillac, de son royal protecteur. Le Père s'indigne avec une légère entorse à l'histoire :

... quand ils t'assaillirent & frapperent de tous costez, & te ferirent de vingt-quatre coups de calomnie & medisance mortelle, plus que Iules Cæsar ne reçeut de playes en son corps, qui ne furent que vingt-deux[27] :

La scène de l'assassinat de César a souvent été racontée, sans que tous aient consenti les détails arithmétiques du Père. Velléius bâcle son récit[28], Dion Cassius reste vague : le corps du dictateur a été lardé de « nombreuses » plaies[29]. Quelques-uns, cependant, fournissent des chiffres ; or, s'ils concordent entre eux, ils ne confirment pas l'épistolier, ajoutant un coup aux vingt-deux qu'il a bien voulu admettre. Tant Suétone[30], que Valère Maxime[31] et Plutarque[32] font expirer César, percé de vingt-trois blessures, *tribus et viginti plagis, vulneribus*. Le détail peut paraître insignifiant comme l'erreur de compte. Il n'en montre pas moins, chez l'homme du XVIIᵉ siècle, une certaine approche, libre, des textes anciens qu'on n'admettra plus dans la suite.

Mort subite, mort violente, toujours inattendue, toujours regrettable. Mais est-ce bien vrai ? Et si elle intervenait au moment propice, alors que la vertu du personnage resplendit, pure, non ternie encore par les défaillances

---

[27] Louys Richeôme, *Consolation à la Royne Mere, op. cit.*, 59, p. 162.

[28] Voir *Histoire Romaine*, II, 58, éd. cit. (Belles Lettres), t. 2, p. 67.

[29] Voir *Histoire Romaine*, XLVI, 19, 5, éd. cit., t. 4, pp. 337-338.

[30] Suétone, *Divus Iulius*, in *Vies des Douze Césars*, éd. cit., t. 1, p. 58 : « Il fut ainsi percé de vingt-trois blessures » (*tribus et viginti plagis confossus est*).

[31] Valère Maxime, *Des Faits et des Paroles Mémorables*, IV, 5, 6, éd. cit. (Dubochet), p. 661.

[32] Plutarque, *Jules César*, LXXXIV, in *Vies*, éd. cit., t. 2, p. 483 : « Car on dit qu'il eut vingt-trois coups d'épée... ». L'éditeur de Plutarque indique que, sauf Nicolas Damascène, qui allègue trente-cinq coups de poignard, « la presque totalité des historiens anciens évaluent (...) à vingt-trois le nombre de blessures de César. » (*Vies*, éd. cit., n. 29 ad *Vie de Brutus*).

Il s'agira donc, dans le cas de Richeôme, non d'une source peu connue, mais d'une simple erreur de lecture ou de mémoire défaillante.

inévitables d'une vie qui dure ? Il arrive aux épistoliers de consoler leurs destinataires par la brièveté même de l'existence de ceux qu'ils ont perdus. Achille et Alexandre ne sont-ils pas morts jeunes, avant que les années eussent pu les diminuer ? Et quelle chance pour Marcel et Drusus d'être montés parmi les dieux au bout de leur si bref parcours ! L'âge, parfois, est compromettant !

La maréchale de Fervaques pleure son fils fauché sur le champ d'honneur. Mais

Les Achilles & les Alexandres, lui écrit Guillaume Le Rebours, meurent le plus souvent au plus verd de leur aage[33].

Le duc de Bellegarde se désole de la disparition du sien dans des circonstances analogues. Mais, lui dit Claude-Barthélemy Morisot,

Achille & Alexandre le Grand, moururent jeunes. Mettons avec eux celuy qui cause vostre dueil[34] :

Et mieux encore :

Souvenez-vous, Monseigneur, que celuy qui meurt le premier est le plus vieil. Marcel & Druse moururent en leur adolescence, & cependant ils tiennent parmy les Dieux des Payens une place plus honorable que la fille ny la femme d'Auguste, leurs meres[35].

La mention de la mort prématurée d'Alexandre faisait figure de topos associé souvent, d'ailleurs, à la sombre prophétie du philosophe Calanus. Atteint d'une maladie incurable, ce sage des Indes préféra le bûcher à une longue agonie ; au moment d'expirer, il annonça, dit-on, qu'Alexandre, bientôt, le rejoindrait. L'épisode diffusé par les ouvrages de vulgarisation est bien connu des humanistes. Ravisius, qui le rapporte au deuxième Livre de l'*Officina*, l'appuie à la fois sur Cicéron, Valère Maxime et Plutarque[36].

---

[33] Guillaume Le Rebours, *Consolation Funebre à Madame la Mareschalle de Farvagues, sur la mort de Monseigneur de Laval son fils, op. cit.*, p. 27.

[34] Claude-Barthélemy Morisot, *Discours de Consolation à Mgr. le Duc de Bellegarde sur la mort de M. de Termes, op. cit.*, p. 43.

[35] *Ibid.*, p. 46.

[36] Ravisius, *Officina*, II, 98, éd. cit., p. 208 ; Cicero *lib. 2 Tuscul. Testes Etiam Valerius Max. de Miraculis, & Plutarchus in Alexandro.*

Il est vrai que les *Tusculanes*, II, 22, 52, Paris, Belles Lettres, 1970, (t. 1), p. 107, mentionnent Calanus et sa façon de mourir, mais sans référence à Alexandre. Le renvoi à

Mais il ne faut pas aux anciens ce prétexte pour s'étonner d'une mort prématurée qui les a visiblement impressionnés : on relira à ce sujet Quinte-Curce, Diodore de Sicile...[37], témoignages trop nombreux, sans doute, pour conclure à une source précise de l'auteur du XVIIᵉ siècle. Pour Marcel et Drusus, en revanche, l'éventail des lectures possibles se rétrécit. On songera, certes, à Velléius ou à Dion[38] ; mais le nom qui s'impose ici est celui de Tacite.

Et d'abord, ces deux personnages disparus avant l'heure, mais en pleine gloire, qui étaient-ils ? On verra que l'information de la lettre est encore sujette à caution. Marcel, fils de la fille, Druse, fils de la femme d'Auguste, autrement dit, enfants de Julia et de Livie[39] ?

Voici d'abord pour Marcel dont le souvenir est resté particulièrement vivant parmi les modernes : *Tu Marcellus eris*[40], les vers célèbres de Virgile en ont perpétué la mémoire, engendrant des anecdotes telle la suivante que Pierre de Messie rapporte dans la *Troisiesme Partie* de ses *Diverses Leçons* :

> Un iour Virgile en la presence d'Octavius, & de Livie, sa femme, mere de Marcel, prononça quelques vers de ses livres des Eneïdes : mais venant à la fin du sixiéme, où tant élegamment il parle de ce Marcel, qui desia estoit mort, le cœur de la mere s'esmeut si fort que perdant sentiment, elle cheut esvanoüie sans pouvoir ouyr le reste : & depuis qu'elle fut revenue à soy, commanda que pour chacun vers qu'elle avoit perdu à ouyr, on donnast à Virgile dix sesterces : par quoy y ayant de reste 21. vers, ce don monta la valeur de cinq mille ducats du present[41].

Valère Maxime correspond au Livre I, VIII, 10, éd. cit., p. 588 des *Faits et des Paroles Mémorables*, où le philosophe prédit la mort prématurée (*rapida mors*) du roi. Pour Plutarque, voir *Vie d'Alexandre-le-Grand*, CXIII, in *Vies*, éd. cit., t. 2, p. 410.

[37] Quinte-Curce, *Histoires*, X, 5, 10, éd. cit., t. 2, p. 410 : « C'était la jalousie des dieux qui l'avait enlevé à l'humanité, en pleine vie et dans la fleur de sa vie et de son destin. » Diodore de Sicile, éd. cit., p. 160 : « La Destinée abrégea le temps que la Nature lui avait accordé de vivre. »

[38] Velléius Paterculus s'étend sur la mort prématurée de Marcellus et la carrière déjà brillante qui l'avait précédée (*Histoire Romaine*, II, 93, éd. cit. (Belles Lettres), t. 2, p. 100) ; Dion Cassius insiste plus particulièrement sur les honneurs rendus à Drusus après sa mort (*Histoire Romaine*, L. IV, éd. cit., t. 6, p. 383).

[39] Voir ci-dessus : « ils tiennent parmy les dieux des Payens une place plus honorable que la fille ny la femme d'Auguste, leurs meres. »

[40] Virgile, *Enéide*, VI, v. 883.

[41] Pierre de Messie, *Les Diverses Leçons de Pierre Messie, Gentil-homme de Sevile*.

On l'aura noté : Marcel, ici, change de mère. Il n'est plus, comme chez Cl.-B. Morisot, fils de la fille, mais fils de la femme d'Auguste – Livie ! Il faut donc qu'il y ait erreur. Disons tout de suite qu'elle est double. Marcel, en fait, n'est ni fils de Julie, ni de Livie, mais bien d'Octavie, sœur d'Auguste[42], qui l'avait eu d'un premier lit avec Marcus Claudius Marcellus. Faux pas, de l'épistolier, mais d'autres, apparemment, ne faisaient pas mieux. Récidivera-t-il dans la suite ? Marcel, à l'en croire, est mort jeune et comblé d'honneurs qu'aurait pu lui envier sa mère. Inutile d'insister sur la brièveté de cette existence attestée partout, chez Virgile, certes[43], mais aussi chez Tacite, ou Velléius[44]. Et il est vrai de même que cette courte trajectoire fut couronnée d'honneurs exceptionnels[45]. Resterait à prouver que ce fut moins le cas de sa mère. De laquelle, en fait : d'Octavie, la vraie, ou de Julie, supposée par l'épistolier ? Quelle que soit l'option retenue, le fait persiste : aucune des deux femmes n'est montée « parmi les Dieux des payens ». Tacite raconte l'abjection dans laquelle a vécu et est morte Julie[46] ; Dion Cassius rapporte que la mémoire d'Octavie fut sans doute honorée après sa mort, qu'Auguste, cependant, insista pour limiter les hommages[47]. Détail peu répandu et que Cl.-B. Morisot aura pu lire, justement, dans l'*Histoire Romaine*.

Et Drusus, l'autre jeune et glorieux défunt ? Le cas, d'emblée, se présente moins compliqué, Drusus étant bien, comme l'affirme l'épistolier, et sans se tromper cette fois, le fils de la « femme d'Auguste »... à défaut d'être celui de l'empereur lui-même. Livie, dont Auguste était le second époux, l'avait eu, de même que Tibère, futur empereur, d'un premier mariage avec

---

Mises de Castillan en François, par Claude Gruget Parisien (...), *op. cit.*, III, 9, p. 492.

[42] Voir Tacite, *Annales*, I, 3, 1, éd. cit., (Belles Lettres), 1963, t. 1, p. 5 : *Claudium Marcellum sororis filium.*

[43] *Enéide*, VI, v. 869-870, Paris, Belles Lettres, 1970, t. 1, p. 196 : « Ce jeune homme, les destins le montreront seulement à la terre et n'accorderont rien de plus. » (*ostendent terris hunc tantum fata neque ultra esse sinent*)

[44] Pour Tacite, voir *Annales*, I, 3, 1, éd. cit., p. 5 : *mox defuncto Marcello* ; pour Velléius, voir note 38.

[45] Tacite, *loc. cit.*, rappelle qu'« Auguste, pour étayer sa domination, [l']éleva au pontificat et à l'édilité curule. »

[46] *Ibid.*, I, 53, 1, p. 40.

[47] Dion Cassius, *Histoire Romaine*, LIV, éd. cit., t. 6, pp. 373-375 : *Her body was carried in the procession by her sons-in-law ; but not all the honours voted were accepted by Augustus.*

Claudius Néro[48]. Qu'il soit mort jeune, mais déjà crédité de plus d'honneurs que n'en aura jamais sa mère, la seule lecture de Tacite suffit pour légitimer toutes ces données de l'épistolier[49].

Ainsi la mort prématurée n'est pas toujours cause d'abattement, l'histoire ancienne est là pour le prouver. Mais imagine-t-on aussi qu'elle puisse être *effet* d'une joie intensément vécue ? Le passage « fatal » en sortirait singulièrement dédramatisé. Or, les exemples abondent, veine fructueuse que les consolateurs du XVIIe siècle ne se sont pas fait faute d'exploiter.

Il est vrai que, dans un premier cas, l'auteur – Richeôme – tire parti du contraste. Si la joie, déjà, suffit à faire mourir, qu'en sera-t-il de la douleur ?

> car si plusieurs sont iadis morts par le coup d'une grande & inesperée ioye, comme Chilon Lacedemonien ambrassant son fils victorieux, & Diagore Rhodien pour semblable cas ; combien plus facilement peut estre esteincte la vie, par une extreme & soudaine tristesse plus contraire à la vie que la ioye[50] ? (en marge Chilon Pline. 1.7. c. 32.53 Diagoras Gell. 1-3, c. 15)

En revanche, un second épistolier retient l'optique positive. C'est aussi de Diagore qu'Etienne Bachot entretient Madame de Vineuil, mais pour lui dire que la vraie joie, celle des profondeurs, ne supporte pas les contingences terrestres :

> ainsi qu'un chacun sçait de ce qui arriva autresfois à ce bon vieillard Diagore, & à plusieurs autres, qui s'extasoient en la consideration de leur bonne fortune, qu'ils en mouroient sur la place : que ne sera-ce point de cette grande ioye de Dieu, de ces spectacles inoüis, de ces triomphes continuels, de ces sources inespuisables, dont à present iouït ce bien-heureux athlete[51].

---

[48] Tacite, *Annales*, I, 3, 6, éd. cit., p. 6, précise que Drusus était *provignus*, « beau-fils » d'Auguste, c'est-à-dire fils d'un premier mariage de Livie, sa femme.

[49] *Ibid.* après la mort de Marcellus, « Tibérius et Néro Drusus (...) reçurent avec le titre d'imperator, un accroissement d'honneur » (*imperatoriis nominibus auxit*). Par ailleurs, les pompes exceptionnelles des funérailles de Drusus avaient laissé un souvenir durable. Voir Tacite, *Annales*, III, 5, 1-2, éd. cit., p. 122 et Dion Cassius, réf. donnée note 38.

[50] L. Richeôme, *Consolation à la Royne Mere, op. cit.*, 51, p. 134.

[51] Etienne Bachot, *Lettre de Consolation à Tres-Noble et Tres-Vertueuse Dame Madame de Vineuil Sur la Mort de Monsieur le Chevalier de Saincte Geneviefve son Frere*, Paris, Jacques Dugast, 1639, pp. 13-14.

Passage éclairé aux feux mystérieux de la transcendance que ne fait pas briller qui veut. Jacques Du Bosc, qui se réfère encore à Diagore, fait mourir la mère de Mazarin du bonheur que lui causait ... la carrière de son fils !

on peut bien dire qu'elle est morte comme ce Philosophe, qui mourut de ioye aux ieux Olympiques, voyant ses trois Enfans victorieux, qui vinrent luy mettre leurs couronnes sur la teste l'un apres l'autre[52]. (en marge : Aulus Gellius, 1. 3., ch. 15)

Mais ce rare bonheur, ne serait-il pas l'effet de quelque secrète jalousie ? Et si la Fortune, consciente des limites humaines, l'avait provoqué pour en faire un piège mortel ? Que le cardinal médite l'histoire de Polycrite, cette mère trop heureuse de Naxos, dont le sort préfigure étrangement celui de la sienne !

Il ne faudra pas mettre sur son tombeau [celui de la mère de Mazarin], comme sur celuy de ceste genereuse Polycrite, qui s'est renduë si celebre par ses memorables actions, & sur le monument de laquelle on écrivit, le Sepulcre de l'Envie (en marge : Plutarque, des faits vertueux des femmes*) parce qu'il sembla que ce fût quelque fortune envieuse qui luy déroba la gloire & la ioye de son triomphe. Cette femme heroique ayant delivré la ville de Naxe, & donné la Paix à ses Citoyens par son courage & par son adresse ; comme elle approchoit des portes de cette ville, pour ioüir du fruit de sa vertu & que les citoyens venoient au devant d'elle tous chargez de chapeaux de fleurs, qu'on luy mettoit sur la teste, en chantant ses loüanges : son cœur n'eut pas la force de soûtenir une si grande ioye, elle expira sous les fleurs, proche du lieu mesme qui luy preparoit le triomphe, & où elle devoit faire une si glorieuse entrée[53].

Chilon, Diagore, Polycrite, noms qui sonnaient alors dans toutes les oreilles pour symboliser l'ambiguïté du bonheur terrestre, mais aussi celle du passage tant redouté : on l'imagine dans les larmes et dans les gémissements, il se présente radieux, au milieu des applaudissements. Les ouvrages de vulgarisation aimaient avancer le paradoxe, et tant Chilon que

---

[52] Jacques Du Bosc, *Consolation à Monseigneur l'Eminentissime Cardinal Mazarin sur la Mort de Madame sa Mere*, Paris, Antoine de Sommaville et Augustin Courbé, 1644, p. 36.

* Voir ci-dessous n. 58.

[53] *Ibid.*, pp. 29-30.

Diagore figurent en bonne place chez les Ravisius et les Messie[54], sources à l'appui. Mais les consolateurs eux-mêmes renvoient à leurs lectures, et cette fois leur parcours est sans faute. Richeôme dit tenir l'histoire de Chilon du Livre VII de Pline, au chapitre 32 ; donnée exacte[55]. Celle de Diagore, il l'a lue dans Aulu-Gelle, au chapitre 15 du 3e Livre des *Nuits Attiques* ; elle figure en effet à cet endroit[56], où l'a également trouvée Jacques Du Bosc. Faut-il en conclure que c'est aussi le cas d'Etienne Bachot, qui ne découvre pas sa source ? Tout l'indique, encore que l'épisode se repère ailleurs, à peine modifié[57]. Le destin de Polycrite, enfin, est transmis à la postérité par Plutarque, au chapitre des *Faits vertueux des Femmes* qu'Etienne Bachot comptait parmi ses lectures[58]. On précisera, pour information, qu'Aulu-Gelle ne l'ignorait pas[59] et que la piste remonte jusqu'à Aristote[60].

Voilà donc, au fil des textes, un catalogue bien fourni d'« entrées » de la mort : subite, inattendue, avant l'heure, au paroxysme de la joie... toutes situations que l'épistolier puise dans l'histoire ancienne et qui servent son propos pédagogique. Ne s'agit-il pas de familiariser son lecteur avec l'inéluctable présenté comme quotidien, et donc banal ? Les peurs, du moins l'espère-t-on, s'en évanouiront, les douleurs perdront de leur atrocité. Effet salutaire qu'il s'agira de renforcer par l'éclairage des *attitudes* antiques face à la mort. On a vu comment la mort intervient ; on

---

[54] Voir Ravisius, *Officina*, II, 87, éd. cit., p. 190. Source indiquée : Pline cap. 37, lib. 7. Diagore Rhodien, *ibid.*, sources : *autores Cicero libri primi Quæst. Tuscul. & Gell. lib. 3 noct. Attic. quibus in hac re idem est consensus, præterquam quod Cicero duos tantum filios Diagoræ coronato, tres Gellius dicit.* Messie, *Diverses Leçons*, Quatriesme Partie, X, éd. cit., pp. 765-766 et *ibid.*, Première Partie, XVII, p. 94.

[55] Pline, *Histoire Naturelle*, VII, 32, 119, éd. cit., p. 81.

[56] Aulu-Gelle, *Nuits Attiques*, III, 15, 3, éd. cit., t. 1, pp. 174-175.

[57] Voir Cicéron, *Tusculanes*, I, 46, 110-111, éd. cit., t. 1, pp. 67-68. On notera que Cicéron ne parle que de deux enfants de Diagore, contrairement à Aulu-Gelle qui en mentionne trois (voir aussi note 54). Mais Etienne Bachot ne donnant aucun détail en ce sens, il est difficile de préciser sa source.

[58] Plutarque, *Des vertueux faits des femmes*, in *Les Œuvres Morales de Plutarque, translatees de Grec en François (...)*, s. l., Samuel Crespin, 1613, t. 1, pp. 749-750. L'épistolier, évidemment, omet de renseigner son lecteur sur les moyens mis en œuvre par Polycrite : elle était très liée à Diognetus, capitaine de l'armée ennemie... Le fait est confirmé, quoiqu'avec des différences de détail, tant par Plutarque que par Aristote.

[59] Aulu-Gelle, *Nuits Attiques*, III, 15, 1, éd. cit., t. 1, p. 174.

[60] Voir Plutarque, *loc. cit.*, n. 64 qui cite Aristote.

verra comment on meurt. Et s'il faut commencer par un chapitre plus douloureux – l'instinct, parfois, l'emporte sur les plus fermes résolutions – que d'exemples de courage et de réconfort dans la suite !

*

Chapitre douloureux : il arrive aux anciens de céder à la violence du chagrin, de manifester une peine trop atroce pour ne pas être légitime. Raison, pour le consolateur, d'excuser celle de son destinataire. Madame de Guise, pousse de hauts cris à l'annonce de la mort de Madame ? Mais les Romains ont fait de même après l'attentat fatal à César !

> Il est vray, Madame, que notre affliction est si grande & si sen-sible, que nous manquons de force & de paroles pour nous plaindre & pour en faire le pitoyable recit ; si ce n'est en nous escriant à tous moments, pour tesmoigner l'impatience que (= qui ?) porte au desespoir ; & reiterant cet inutile souhait des Romains, apres la mort de Cesar, au suiet de feuë Madame ; pleust à Dieu qu'elle ne fust iamais nee, ou qu'elle ne fust iamais morte [61].

Certes, ce deuil était collectif, et l'Etat lui-même en cause. Serait-ce le civisme romain qui expliquerait la violence de ce chagrin ? Mais tant d'anciens, Grecs et Latins confondus, n'ont pas réagi autrement à l'heure des deuils intimes :

> Solon pleura avec de longues larmes la mort de son fils ; Pericles, Camillus, Paul Emile, & tant d'autres ont porté impatiemment de tels accidents [62].

Solon, « pleura avec de longues larmes la mort de son fils ? » L'épisode tel que Plutarque le rapporte est moins tragique que piquant. C'est que le sage, hôte, à Milet, de Thalès, s'étonne du célibat prolongé de ce dernier. Ne songerait-il pas à se marier, et à faire souche ? Thalès répond à sa façon. Voici qu'un inconnu se présente, apprenant à Solon, par mille biais, la mort de son fils :

---

[61] Jean Guerrier, *Consolation à Madame la Duchesse de Guise sur la Mort de Madame*, Paris, Jean Mestais, s.d., p. 9. Bien des auteurs traitant de la mort de César ont été consultés sans qu'ait pu être identifiée la source de l'« inutile souhait des Romains ».

[62] Claude d'Expilly, *Response dudict Sieur d'Expilly A Monsieur, Monsieur le Reverend Pere Arnoux, de la Compagnie de Jesus*, in *Tombeau de Laurens de Chaponay, op. cit.*, f. 26, col. 2.

Adonc Solon se prit incontinent à frapper sa tête, et à faire et dire tout
ce qu'ont accoutumé ceux qui sont outrés de douleur, et qui portent
impatiemment leur affliction [63].

Objectif atteint ! Thalès, en riant, désabuse son ami : non, le jeune homme
n'est pas mort, mais Solon tient sa réponse. Etre père, c'est s'exposer à
perdre, avec ses enfants, sa philosophie !
De tout cela, l'épistolier, expéditif, n'a retenu que ce qui servait son
propos : la douleur de Solon justifie celle de son destinataire. Et dans la
suite, il se fait plus sobre encore : Périclès, Camille, Paul-Emile, trois noms
pour une même douleur ! Le commentaire, en revanche, se doit plus
explicite. Pour Périclès, sans doute, ce n'est pas la source qui fait problème.
Plutarque raconte la scène tragique du grand homme luttant contre le désespoir... et y succombant. On ne le vit

jamais pleurer, ni mener deuil aux funérailles de ses parents ou amis
jusques à la mort de Paralus, le dernier de ses enfants légitimes ; car la
perte de celui-ci lui attendrit le cœur ; encore tâcha-t-il à se maintenir
en sa constance naturelle, et se conserver en sa gravité accoutumée ;
mais ainsi comme il lui voulait mettre un chapeau de fleurs sur la tête,
la douleur le força quand il le vit au visage, de manière qu'il se prit
soudainement à crier tout haut, et épandit sur l'heure grande quantité de
larmes ; ce qu'il n'avait jamais fait en toute sa vie [64].

C'est donc dans *Les Vies* que Claude d'Expilly aura lu le récit du désespoir
de Périclès, et l'hypothèse paraît bien établie. Non qu'il ne soit question
ailleurs de l'attitude du grand Athénien face à la mort de ses enfants ;
Plutarque même en traite une seconde fois dans la *Consolation à
Apollonios*. Or, assez étrangement, cette nouvelle version se présente singulièrement « épurée » ; la mort de Paralos, cette fois, est l'occasion de
souligner l'héroïsme exceptionnel de Périclès, de le statufier pour les
siècles dans la pose du sage vainqueur de soi-même :

Périclès, surnommé l'Olympien, à cause de l'extraordinaire puissance
de sa raison et de son intelligence, apprit que ses deux fils, Paralos et
Xanthippe, étaient morts. C'est Protagoras qui nous raconte l'histoire,
et voici ce qu'il dit : « Ses fils, de beaux jeunes gens, moururent à huit
jours d'intervalle l'un de l'autre, mais Périclès supporta cet accident
sans se plaindre ; il continua de garder sa sérénité, ce qui de jour en
jour accrut la réputation qu'il avait d'être favorisé de la Fortune et
inaccessible à la douleur, ainsi que sa gloire auprès du peuple. En

---

[63] Plutarque, *Vie de Solon*, in *Les Vies*, éd. cit., t. 1, p. 177.

[64] Id., *Vie de Périclès*, LXIX, *ibid.*, p. 375.

effet, tous ceux qui le voyaient supporter son deuil avec cette force, sentaient que c'était une grande âme et un cœur intrépide, et qu'il leur était supérieur, car ils savaient parfaitement quelle serait, en pareille circonstance, leur faiblesse à eux. Périclès, couronne en tête, suivant l'usage de la patrie, vêtu de blanc n'en continua pas moins de haranguer le peuple, proposant de sages avis, et poussant davantage encore les Athéniens à la mort »[65].

Le texte est repris presque littéralement par Valère Maxime[66], et plus tard, saint Jérôme[67] ; auparavant déjà, Cicéron avait admis l'*exemplum* dans sa *Consolation*[68]. Ainsi bien des voix s'inscrivent en faux contre la présentation de l'épistolier, justifiée cependant par le témoignage des *Vies*. C'est encore son appui dans le cas de Camille. Privé de son fils, le vainqueur des Gaulois réagit en homme et « portait cette perte fort impatiemment »[69]. L'épistolier reproduit Plutarque jusque dans le détail de l'expression. Pourquoi chercher ailleurs[70] ?

Zonaras, en effet, qui rapporte l'épisode, laisse à peine percer la douleur du père éprouvé. Faut-il conclure différemment pour Paul-Emile ? Mais ni Plutarque, qui en parle à deux reprises[71], ni Valère Maxime[72] ne laissent entendre qu'il a « porté impatiemment » la mort de son fils. La version de

---

65 Id., *Consolation à Apollonios*, 33 (118D), in *Œuvres Morales*, (Belles Lettres, 1985), t. 2, p. 81.

66 Valère Maxime, *Des Faits et des Paroles Mémorables*, L. V, c. X, étrangers 1, éd. cit., p. 701.

67 Saint Jérôme, *Epistola*, LX, 5, *Ad Heliodorum. Epitaphium Nepotiani*, in *Opera Omnia*, t. I, PL, t. XXII, col. 592.

68 Cicéron, *Consolatio*, in *Opera ad optimas editiones collata*, 81, vol. IX, Studiis Societatis Bipontinæ, Biponti, ex typographia Societatis, 1780, pp. 357-358.

69 Plutarque, *Vie de Camille Dit le Second Fondateur de Rome*, XX, in *Les Vies*, éd. cit., t. 1, p. 296.

70 On notera, par exemple, que Zonaras (voir Dion Cassius, *Histoire Romaine*, L. VI, éd. cit., t. 1, pp. 203-205) rapporte la mort du fils de Camille sans même l'esquisse d'un commentaire.

71 Dans la *Vie de Paul-Emile*, LVII-LVIII, in *Les Vies*, éd. cit., t. 1, pp. 607-609 et dans les *Apophtegmes de Rois et de Généraux/Romains : Paul-Emile*, 9, in *Œuvres Morales*, éd. cit., (Belles Lettres, 1988), t. 3, p. 100. Il n'y est question que de l'héroïsme du personnage, version manifestement reprise par Ravisius qui souligne l'*æquus animus* dont Paul-Emile fit preuve en la circonstance (*Officina*, V, 21, éd. cit., p. 582).

72 Valère Maxime, *Des Faits et des Paroles Mémorables*, V, X, 2, éd. cit., pp. 700-701.

Tite-Live est plus nuancée, les propos qu'elle prête à Emile héroïques, certes, mais non sans amertume[73] : c'est elle qui se rapproche le plus du discours d'Expilly, encore que l'influence des *Vies* ne soit nullement exclue.

Voilà donc la douleur réhabilitée par le prestige de ceux qui, jadis, y ont cédé : la grandeur des noms se porte garante de l'honnêteté des sentiments. Il arrive plus souvent, cependant, qu'elle illustre l'héroïsme des âmes victorieuses d'elles-mêmes aux heures de la pire infortune.

*

Et d'abord, d'une façon générale, les anciens s'observaient, se guettaient chaque fois que le sort frappait. Quelle honte, aussi, que de céder à une peine indécente ! N'est-ce point agir comme ces barbares dont Madame de Fervaques, conseillée par Guillaume Le Rebours, doit lire, dans Plutarque, la scandaleuse inconduite :

> Autrement vous, que chacun admire, et pour les beautés du corps et pour les beautés de l'esprit (...) vous ressembleriez (chose messéante, comme dit Plutarque, et notamment à une dame de qualité), les Barbares qui la plupart descendaient sous terre en des canaux ténébreux, sans vouloir seulement regarder la douceur de la commune lumière du Soleil, puisque le sujet de leur affliction en est privé[74].

---

[73] Tite-Live, *Histoire Romaine*, XLV, 41, Firmin-Didot, Paris, 1882, t. 2, pp. 767-768 : « je ne formais plus qu'un vœu, c'est que si la fortune devait, selon son habitude, nous faire sentir ses brusques retours, ses coups portassent plutôt sur ma famille que sur la république. J'espère que les malheurs qui viennent de m'accabler, auront servi à garantir l'Etat. Mon triomphe placé entre les deux convois funèbres de mes enfants, aura suffi aux jeux cruels de la fortune. Nous offrons, Persée et moi, un exemple frappant de l'inconstance du sort. Cependant, Persée a vu, dans sa captivité, ses enfants captifs marcher devant lui ; il jouit du moins de leur présence. Et moi, qui ai triomphé de lui, j'ai quitté les funérailles de l'un pour monter au Capitole, et du Capitole je suis allé voir expirer l'autre. D'une si nombreuse postérité il ne reste plus un seul héritier du nom de Paul Emile. Comptant trop sur le nombre de mes enfants, j'en ai fait passer deux par l'adoption dans les familles Cornélia et Fabia. Paul Emile est réduit à l'isolement dans sa maison ; mais le bonheur public et la prospérité de l'Etat me consolent de mes malheurs domestiques. »

On comparera ce texte avec le discours de Paul-Emile chez Plutarque (*Vie*, LVIII, éd. cit., t. 1, pp. 608-609) pour constater que les accents sont placés différemment : ici, manifestation ouverte de la douleur, là, calme raisonnement sur les vicissitudes de la fortune.

[74] Guillaume Le Rebours, *Consolation funebre à la Mareschalle de Farvagues, op. cit.*, pp. 4-5.

Et plus loin il insiste :

> Les Grecs, nation autrefois la mieux apprise, la plus civile, la plus
> vertueuse & la plus fleurissante, aux funebres actions des morts, se
> monstroit presque insensible aux coups de la douleur, contente (pour
> tout signe de chagrin) de se revestir d'une robe blanche, & de
> s'environner le chef de guirlandes & des festons, comme pour
> marcher en la pompe de quelque triomphe, sçachant bien que c'estoit
> affaire aux Egiptziens, aux Assiriens, & aux Perses, peuples rudes &
> grossiers, à se souiller d'ordure, à s'infecter de fange, à s'espandre
> negligemment les cheveux, à se couper la barbe, à se tordre les bras,
> deschirer les habis, battre la poitrine, s'esanglanter le corps bref, à
> ioüer sur le theatre du desespoir le personnage d'un Oreste, d'un (sic)
> Niobe, ou d'un furieux. Imitez, Madame, la sagesse de ces Grecs, &
> laissez aux petits gens, la lie du peuple, au commun de vos vassaux &
> de vos suiets, le brutal usage de cette insolente coustume d'Egypte,
> d'Assirie & de Perse[75].

C'est donc Plutarque qui reproduit ces détails repoussants, misant, de
même que son imitateur moderne, sur l'effet cathartique qu'ils produiront.
Renseignement bien général, vu l'ampleur de l'œuvre du Chéronéen. Il
s'agit, en fait, d'un souvenir de la *Consolation à Apollonios*, écrite pour
réconforter le destinataire de la mort de son fils[76]. Ainsi la douleur
excessive est signe de barbarie ; elle l'est aussi d'immaturité. Après la mort
d'Albert de Gondy, l'évêque de Paris, son fils, doit faire montre de
constance au milieu des cris et lamentations de ses « plus jeunes freres et
nepveux ».

> Puis donc que rien ne vous manque pour une entiere resolution : que
> vostre exemple, Monseigneur, appaise & rasseure vos plus ieunes
> freres & nepveux, moins armez de constance, qui d'effort violent
> rompent leurs voix saisie (sic) de tristesse, & comme d'effroy : ainsi
> que le muet Atys à l'assassin de Cyrus son pere s'escrient : O
> traistresse & desloyalle mort, qui as meurtry nostre bon pere[77].

---

[75] *Ibid.*, pp. 5-6.

[76] On retrouve l'essentiel de l'argumentation de l'épistolier dans la *Consolation à
Apollonios*, 22, 112D-113B, in *Œuvres Morales*, éd. cit., t. 2, pp. 66-67. Pour
l'exemple de Niobé, voir *ibid.*, 116B, p. 75. On ajoutera éventuellement la
réglementation du deuil telle que la présente la *Vie de Solon*, XL, in *Vies*, éd. cit., t. 1,
p. 197.

[77] G. B. Nervèze, *A Mgr. le Reverendissime Evesque de Paris, op. cit.*, p. 41.

L'histoire du fils non de Cyrus, comme le veut la lettre, mais de Crésus, compte parmi les plus populaires de l'époque. Ravisius la mentionne[78], Messie lui consacre un long développement[79], l'un et l'autre donnant les mêmes sources : Hérodote et Aulu-Gelle, qui pourraient être celles d'Antoine de Nervèze, à moins qu'il ne leur ait préféré Valère Maxime[80].

Et c'est bien là le sentiment profond des consolateurs du premier XVIIe siècle. Voici que défilent les veuves romaines pénalisées pour avoir dépassé le temps imparti aux larmes[81], les sénateurs loués pour ne pas l'avoir entamé[82], les « grands personnages de l'antiquité » présentés en « Cœur[s] ferme[s] & resolu[s] » après la perte de « leurs enfans, & de leurs Espouses »[83], tous ceux, enfin, qui ont

---

[78] Ravisius, *Officina*, II, 54, éd. cit., p. 162.

[79] Messie, *Diverses Leçons*, XXXIII, éd. cit. pp. 190-191.

[80] Hérodote, *L'Enquête*, I, 85, éd. cit., p. 86. On notera du reste qu'Atys est le nom, non de l'enfant muet, mais de son frère (Hérodote, *op. cit.*, I, 34, p. 65). Aulu-Gelle, *Nuits Attiques*, V, 9, éd. cit., t. 2, p. 13. Valère Maxime, *Des Faits et des Dits Mémorables*, I, 7, étr. 4, éd. cit., et V, 4, 6, éd. cit., p. 690. L'épisode est aussi mentionné par Pline au Livre XV de l'*Histoire Naturelle*.

[81] Cyrano de Bergerac, *A Madame de Chastillon sur la mort de M. de Chastillon, Lettre de Consolation Envoyee à Madame de Chastillon, Sur la Mort de M. de Chastillon*, Paris, Jean Brunet, 1649, p. 4 : « Quoy que les loix des Romains ordonnassent aux femmes, un dueil de dix mois pour la mort de leurs marys : il ne faut pas s'imaginer qu'elles leur commandassent de les pleurer si long temps ; ce n'estoit que pour les empêcher de les pleurer davantage... ». La loi des dix mois, l'épistolier l'aura trouvée dans la *Vie de Numa Pompilius*, XX, in *Vies*, éd. cit., t. 1, p. 147.

[82] Antoine de Nervèze, *Consolation à Monseigneur le President Jeanin (...) sur la Mort de Monsieur le Baron de Montjeu, son fils*, Paris, Anthoine du Brueil & Toussaincts du Bray, 1612, pp. 9-10.

  « Vous imiterez Chrestiennement ces devots & saincts personnages de l'antiquité, qui glorifoient Dieu au fort de leurs afflictions : vous suivrez moralement l'exemple de ces Senateurs Romains, qui en pareil mal heur que le vostre, portoient dans le Senat un cœur resolu, & un front asseuré qui bravoit la fortune, & luy ostoit en cela la meilleure partie de son triomphe, car sa gloire n'est pas grande de faire perir un ieune cavalier, mesmement que le peril surprend son courage : mais d'esbranler & surmonter la sagesse d'un vieux Senateur & Ministre de la republique, c'est là où elle desploye & employe toutes ses puissances, & c'est en cela seulement ou elle peut signaler sa force & sa victoire. »

[83] Id., *Lettre de Consolation à Mgr. le Duc de Nevers sur le Trespas de Madame la Duchesse de Nevers*, Paris, Pierre Des-Hayes, 1618, pp. 5-6.

veu sans changer de couleur leur pere, mere, freres, femme, & enfans ravis en un moment, ou par le fer, ou par le feu[84].

Tant d'héroïsme laisse perplexe ; il faut l'appuyer sur des noms, et des exemples. Que M. Jeanin, qui vient de perdre son fils, se rappelle le courage de Marcus Caton, en pareille circonstance :

Ainsi Marcus Cato portant constamment en homme sage et grave la perte de son fils (qui mourust estant desia en charge comme le vostre) continua d'une esgalle fermeté de courage à prendre soin des affaires de la Republique[85].

Le texte est trop près de l'original pour qu'il y ait doute : c'est bien Plutarque, au chapitre LI de la *Vie de Caton le Censeur* qui inspire ce passage de Nervèze[86]. Un autre jour, c'est M. de Bellegarde qu'il faut consoler de semblable infortune ; pour changer, on lui proposera l'exemple de Tibère :

Mais si vous prenez garde au peu de profit & de soulagement que reçoit celuy qui s'afflige le plus, vous treuverrez (sic) les plus advisez, ceux qui armez de constance suivent l'exemple de Tybere, lequel ayant perdu son fils unique, ne laissa d'entrer au Senat, preferant les affaires du public à son interest particulier[87].

Version émondée de Tacite ! Rien de plus convenant d'abord, que ce passage du Livre IV des *Annales*, où l'épistolier aura pu trouver – et copier – tout ce qu'il y a de plus édifiant :

(...) Tibère, pendant la maladie de son fils, sans inquiétude ou pour faire parade de sa fermeté d'âme, assista tous les jours aux séances du sénat ; il s'y rendait même après la mort, avant les funérailles. Et comme les consuls, en signe de deuil, avaient pris séance sur des sièges ordinaires, il leur rappela leur dignité et la place où ils devaient

---

84 Cl.-B. Morisot, *Discours de Consolation à Mgr. le Duc de Bellegarde*, op. cit., p. 44.

85 A. de Nervèze, *Consolation à M. le President Jeanin*, op. cit., p. 6.

86 Plutarque, *Vie de Caton le Censeur*, LI, in *Les Vies*, éd. cit., t. 1, p. 788 : « Mais pour retourner à Caton (...) son fils aîné mourut étant en office de préteur, duquel il fait souvent mention en plusieurs passages de ses livres, le louant comme un homme de bien. Et dit-on qu'il porta cette perte fort constamment, et en homme grave et sage, sans que pour cela il fût de rien moins attentif aux affaires de la chose publique, qu'il avait été auparavant. »

87 Cl.-B. Morisot, *Discours de Consolation à Mgr. le Duc de Bellegarde*, op. cit., p. 47.

être. Le sénat fondant en larmes, Tibère triompha de ses gémissements et le releva par un discours suivi : « A la vérité, il n'ignorait pas qu'on pouvait le blâmer d'avoir affronté les regards du sénat quand son chagrin était si récent : on a peine ordinairement à supporter de parler avec ses proches, on a peine à soutenir le jour, quand on est dans le deuil ; il n'avait pas le droit de condamner leur faiblesse ; mais pour sa part il avait cherché dans les bras de la république des secours plus dignes d'une âme forte »[88].

Le tableau est sans ombre, sauf, pour la petite réserve du début – « ou pour faire parade de sa fermeté d'âme », *an ut firmitudinem animi ostentaret*, et dont l'épistolier, évidemment, ne tient aucun compte. Il faut ajouter que ce n'est pas sa seule omission. Tacite, en effet, n'a rien du thuriféraire, et il est rare qu'il résiste à sa vocation d'iconoclaste. Tibère drapé dans la pose du stoïcien ? Mais ses propos étaient-ils seulement sincères ? Il fallait bien de la candeur pour le croire, et la suite même de son discours annule le bel effet de l'exorde. N'y parle-t-il pas de renoncer au gouvernement qu'il céderait aux consuls ou « à quelque autre » ? Propos mille fois tenu, et toujours démenti. Aussi ce mensonge ôta-t-il « toute créance à ce qu'il pouvait y avoir dans ses paroles de sincère et d'honorable »[89]. Encore n'est-ce pas tout ! Les rumeurs les plus inquiétantes circulaient autour de ce décès inopiné. Séjan, disait-on, avait empoisonné un jeune homme encombrant pour ses projets, et l'empereur, prévenu contre son fils, avait été consentant[90]. Tacite, certes, reste réservé, allant même, pour une fois, jusqu'à défendre la mémoire du prince[91]. Mais dans son texte, que de parenthèses, que d'objections laborieusement réfutées ! L'épistolier n'a retenu que ce qui le sert : Tibère, modèle de constance, proposé à l'imitation des modernes. A ceux qui trouveront le procédé cavalier, il faut rappeler que les critères du moraliste ne sont pas ceux de l'historien[92].

---

[88] Tacite, *Annales*, IV, 8, 2-6, éd. cit., (1966), p. 179.

[89] *Ibid.*, IV, 9, 1, p. 180.

[90] *Ibid.*, IV, 10, 1-3, pp. 180-181.

[91] *Ibid.*, IV, 11, 5, pp. 181-182.

[92] On notera que la version de Dion Cassius ne diffère pas notablement de celle de Tacite. De part et d'autre, même allusion à l'empoisonnement et même disculpation de Tibère. Pour Dion, la douleur de l'empereur était réelle, encore qu'il la dissimulât, selon son habitude. L'auteur de l'*Histoire Romaine*, insiste sur le regain de cruauté qui marqua l'action du prince après la mort de son seul fils légitime, mais il y voit encore un effet des insinuations de Séjan (voir *Histoire Romaine*, LVII, 22, éd. cit., t. VII, pp. 174-177). Pour certains, dans la suite, c'était la réaction d'un esprit exaspéré par la douleur. Voir, p. ex., Ravisius, *Officina*, V, XXXIII, éd. cit., p. 606 : *Furiatus dolor*

N'empêche que d'autres consolateurs ont préféré des exemples plus limpides, et demandant moins de toilettage. Livie et Pauline figurent parmi ces belles images de femmes rendues immortelles par leur courage dans l'adversité :

> Si vous ne faisiez profession du Christianisme, & encore du Christianisme purifié, écrit Cyrano de Bergerac à Madame de Rohan après la mort de son fils, ie vous consolerois par des exemples de Meres payennes, qui ont supporté constamment la mort de leurs enfans, qui avoient à peu prés les qualitez, & l'âge du vostre. Il ne faudroit que vous alleguer la force d'esprit de cette capable, & ieudicieuse Imperatrice, touchant la mort de Drusus qui estoit l'amour, & l'esperance des Romains[93].

Et Thomas Pelletier propose à l'imitation de Madame de Clèves le même modèle assorti seulement, pour plus de relief, à son exact contraire : à Livie, la sage, s'oppose Octavie, l'inconsolable, antithèse exemplaire depuis Sénèque :

> Seneque propose pour exemple à une Dame Romaine deux grandes Princes (sic) qui avoient perdu leurs enfans, l'une desquelles s'appelloit Octavia, seur (sic) de l'Empereur Auguste, laquelle ne se voulut iamais rendre capable d'aucune consolation. (...) L'autre Princesse se nommoit Livia, femme du mesme Empereur. Ceste mere n'avoit pas eu le bien de baiser son fils mourant, & d'ouir les dernieres paroles qui luy sortirent de la bouche. Toutesfois aussi tost qu'elle l'eust mis dans le tombeau, elle ensevelit son fils & sa douleur tout ensemble, & ne porta point son dueil plus longuement que l'honnesteté, le rang de Cesar & la raison le requeroit[94].

Il s'agit, en fait, de souvenirs très précis de la *Consolation à Marcia*, II, 3-5 et III, 1-2, à laquelle l'épistolier a emprunté idées et images[95]. Voilà donc

---

quem ex morte filii sui Drusi conceperat, multos nulla causa interfecit. On ne peut être plus loin des beaux propos du consolateur.

[93] Cyrano de Bergerac, *Lettre de Consolation Envoyee à Madame la Duchesse sur la mort de feu Monsieur le Duc de Rohan, son fils, surnommé Tancrède*, Paris, Claude Huot, 1649, p. 7.

[94] Thomas Pelletier, *Lettre de Consolation à très-illustre et très-vertueuse Princesse Catherine de Clèves (...) sur la mort de feu Mgr. le Chevalier de Guyse, son fils, (...)*, *op. cit.*, pp. 5-6.

[95] Le baiser, les paroles ultimes, autant de détails pris chez Sénèque. Voir *Consolation à Marcia*, III, 2, in *Dialogues*, Paris, Belles Lettres, 1967, t. 3, p. 16.

que paraissent pour la seconde fois les mêmes personnages[96], mais ici sans imbroglio, stylisés pour la postérité par le maître de la consolation romaine. Mais cette galerie d'héroïnes serait incomplète, s'il n'y figurait l'épouse modèle, image stoïque du devoir, prête à suivre son mari dans la mort que seule empêche une intervention du dehors. Mais quelle dignité alors, au milieu de la tourmente !

He ! ceste sage Romaine Pauline, resolue de tenir compagnie à son espoux, neantmoins retenue au monde par des obstacles qu'on y interposa, le survequist bien, & oposa à son affliction une constance admirable, pourquoy ne pratiquerez-vous le mesme[97] ?

Jean de La Fontan, qui entretient ainsi Madame de Salésie, a-t-il eu en mémoire Dion Cassius ? Sa version des faits rappelle de près le Livre XII, 25, de l'*Histoire Romaine*[98]. Il n'est pas sûr, en revanche, que l'époux lui-même, Sénèque en l'occurrence, eût apprécié les dires de l'historien...[99]
Il reste que l'histoire des anciens se révèle une admirable école de courage, où chaque nouveau coup du sort suscite une nouvelle leçon de fermeté, proposée à la méditation du lecteur moderne. Mais est-ce suffisant pour rassurer celui-ci ? Jusqu'à présent, c'est la mort des autres, fût-ce des plus proches, qu'on a vu supporter sans défaillance. Mais l'horreur n'est-elle pas pire à sentir soi-même le souffle de l'inconnu, le vertige du néant ? Pourtant la dignité, même alors, reste possible, et le frère de Madame de Vineuil est mort comme Pompée :

---

96 Voir plus haut pp. 82 et s.

97 Jean de La Fontan, *A Madame de Salesie, sur la mort de Monsieur de Salesie, son mary tué en duel*, in *Les Jours et les Nuicts du Sr de La Fontan, op. cit.*, f. 106, col. 1.

98 Voir Dion Cassius, *Histoire Romaine, Epitome LXII*, 25, éd. cit., t. 8, p. 131 : *It would not be a small task to speak of all the others that perished but the fate of Seneca calls for a few words. It was his wish to end the life of his wife Paulina at the same time with his own, for he declared that he had taught her both to despise and to desire to leave the world in company with him. So he opened her veins as well as his own. But as he died hard, his end was hastened by the soldiers ; and she was still alive when he passed away, and thus survived.*

99 Dans une de ses lettres à Lucilius, Sénèque, en effet, se dit conscient du fait que Paulina refusera de lui survivre. Il y voit une faiblesse (« Puisque donc je n'obtiens pas d'elle d'être aimé avec plus de courage », *ut me fortius amet – Lettres à Lucilius*, XVII-XVIII, 104, 2-3, éd. cit. (1967), t. IV, p. 157), et consent désormais à mieux prendre soin de soi-même pour lui éviter ce parti extrême.

sentant approcher l'heure que la Parque ennemie devoit retrancher le fil de ses beaux iours, [il] receut neantmoins cette inhumaine avec un visage tellement doux, & si fort préparé à ce dernier évenement, que sans deshonorer les precieux restes des larmes & lamentations assez ordinaires aux ames basses & viles ; la sienne sembloit sortir volontairement de son corps, comme de son sepulchre ...[100]

En marge, un vers latin et son auteur :

Extremam metuens gemitu corrumpere famam. Lucan.

Il s'agit, en effet, du récit de la mort de Pompée, tel qu'on le lit au VIIIe Livre de la *Pharsale*. L'épistolier a légèrement modifié l'original[101], mais sans en diminuer en rien la beauté. Noble fin d'une vie noble ! Pompée donne un sublime exemple de courage, puis meurt avec la liberté, et dans l'accomplissement du devoir. Une mort glorieuse est préférable, toujours, à une vie honteuse. Denis Rouillard, lecteur de Plutarque, le rappelle encore à la comtesse de Saux qui pleure son fils, tombé au champ d'honneur :

Il me souvient en cet endroit d'une certaine Lacedemoniene (sic), laquelle bien qu'elle n'eust qu'un seul enfant qu'elle aimoit uniquement, neantmoins quand on luy vint rapporter, qu'il avoit esté tué au païs de Candie où il estoit allé à la guerre. J'estime plus (dit-elle) d'ouïr, qu'il soit mort digne de moy, de son païs, & de ses predecesseurs, que s'il eust vescu autant que l'homme sçauroit, estant lasche de cœur[102].

Certes, dira-t-on, mais tous ceux – les plus nombreux, et de loin – qui n'auront pas l'occasion de périr noblement, dans la pose du héros? Point de raison de se désoler pour autant! Le dernier message délivré, tragiquement réconfortant, est celui de la mort souhaitable en *toutes* circonstances. La vie est-elle autre chose qu'une fuite éperdue devant l'inévitable, et où chaque jour il faut laisser de nouvelles dépouilles, petites morts avant la grande? Quel soulagement, alors, quand enfin le destin

---

[100] Etienne Bachot, *Lettre de Consolation A (...) Madame de Vineuil, op. cit.*, pp. 10-11.

[101] Pour le texte de Lucain, voir *Pharsale*, VIII, v. 615-618 :
continuitque animam, nequas effundere voces
vellet et æternam fletu corrumpere famam.

[102] Denis Rouillard, *Consolation sur le Trespas de feu Monseigneur le Comte de Saux. A Madame la Comtesse sa Mere, op. cit.*, pp. 9-10. L'épisode s'inspire de Plutarque, *Apophtegmes Laconiens*, in *Œuvres Morales*, éd. cit., t. 3, p. 242.

s'accomplit. Pour montrer à Madame d'Herbaut que l'heure de la mort
nous affranchit de l'asservissement à la mort, Abra de Raconis a choisi
l'exemple de Mithridate :

en cessant de vivre nous cessons tout de mesme de mourir, & non plus
tost : semblables en cela à cest infortuné Mitridates qui pressé du
glaive de ses ennemis victorieux leur laissoit en fuyant quelque
portion de son bagage, pour les amuser, & cependant gaigner pays,
iusqu'à ce que n'ayant plus dequoy arrester le pillage, il fut contraint
de payer de sa vie, qu'il abandonna à leur fureur. Ainsi la mort nous
tallonnant sans cesse avec l'espée fatale dedans les reins, pour
esloigner les derniers traits de sa cruauté implacable, nous sommes
contraincts de luy laisser par pieces les despouilles de notre vie, ce
iour, puis un autre, apres le second un troisiesme, fuyant tousiours
tandis qu'elle butine, iusqu'à ce que n'ayants plus de iours à luy
donner, nous luy mettons entre les mains les dernieres reliques de
nôtre vie ...[103]

S'est-il souvenu de Plutarque ? La *Vie de Lucullus*, en tout cas, présente un
passage qui pourrait avoir servi de modèle[104].
Mais la vie, dira-t-on, n'est-elle que malheur ? Et les existences réussies ?
Une heure suffit pour les changer en leur contraire, engrenage fatal que
seule peut arrêter la mort :

C'est pourquoy, – écrit Guillaume Le Rebours –, elle estoit en tel predi-
cament en l'opinion de Solon, qu'il ne croioit personne bien-heureux,
avant l'heure de son trespas[105].

Cette sagesse la tient-il de Plutarque[106] ou de Valère Maxime[107] ? Peu
importe. Elle enseigne que tous, non seulement les malheureux, doivent

---

[103] François Abra de Raconis, *Lettre de Consolation adressée à Monsieur d'Herbaut
Secrétaire d'Estat sur le trespas de feuë Madame d'Herbaut, sa femme, op. cit.*,
pp. 13-14.

[104] Plutarque, *Vie de Lucullus*, XXXI, in *Les Vies*, éd. cit., t. 1, p. 1132.

[105] G. Le Rebours, *Consolation funebre à Madame la Mareschalle de Farvagues, op. cit.*,
p. 28.

[106] Plutarque, *Vie de Solon*, LVII, in *Les Vies*, éd. cit., t. 1, p. 206 : « Mais quand les
dieux ont continué le bonheur à une personne jusques à la fin de ses jours, alors la
réputons-nous bien heureuse ; mais de juger heureux celui qui vit encore, attendu qu'il
est toujours en danger autant que sa vie dure, cela nous semble être tout ni plus ni
moins, que qui adjugerait le prix de la victoire avant le temps à celui qui combat
encore, et qui n'est assuré de l'emporter. »

accueillir la mort avec joie. S'étonnera-t-on alors que les dieux la réservent comme récompense aux mérites exceptionnels ? C'est toujours Guillaume Le Rebours qui entretient Madame de Fervaques de la mort de son fils :

> Pensez-vous que le Ciel luy eût envoye (sic) autre chose qu'à Cleobis et Biton, qui s'estoyent attellées (sic) au coche de leur mere pour la trainer iusques au portail du temple. Pensez-vous que le Ciel luy eust envoyé autre chose, que ce dont Apollon fit present à Agamède & Trophone, qu'on trouva paisiblement morts en leurs lits, pour recompense des travaux & des peines qu'ils avoyent euës à bastir le temple de ce Dieu[108].

L'épistolier finit par infléchir l'argument dans le sens de la consolation chrétienne[109], mais son point de départ est bien payen. L'histoire des deux jeunes gens dont les dieux récompensèrent l'amour filial, compte parmi les *topoi* les plus répandus : Hérodote, Cicéron, Valère Maxime[110], Plutarque, tous l'exploitent, le dernier à plusieurs reprises, dans le *De Adulatore*[111], la *Consolation à Apollonios*[112], la *Vie de Solon*[113]. La source de l'épistolier ? Les *Tusculanes*, peut-être, qui de même que la lettre associent l'histoire à celle de Trophonius et d'Agamède.

*

Le consolateur du premier XVIIe siècle « vit »-il la mort en humaniste ? Tant de pages où il en parle, s'expliquent par des souvenirs de lectures classiques, et le nombre de renvois qu'on a pu établir est sans doute

---

[107] Valère Maxime, *Faits et Dits Mémorables*, VII, 2, étr. 2, éd. cit., p. 732 : « Que de sagesse dans cette maxime de Solon, que personne ne doit être appelé heureux pendant sa vie, parce que l'on est, jusqu'au dernier jour en butte aux vicissitudes de la fortune. C'est donc le tombeau qui consacre à jamais la félicité humaine. »

[108] G. Le Rebours, *Consolation funebre, op. cit.*, p. 26.

[109] Il continue en effet : « Rien de mortel n'estoit digne de luy, il le falloit eslever au dessus des astres (...) dans le Ciel. »

[110] Hérodote, *L'Enquête*, I, 31, éd. cit., p. 63. Cicéron, *Tusculanes*, I, 47, 113, éd. cit., t. 1, p. 69. Valère Maxime, *Faits et Dits Mémorables*, V, 4, étr. 4, éd. cit., p. 689.

[111] Id., *De Adulatore*, 16, in *Œuvres Morales*, éd. cit., t. 1, 2e partie, p. 105.

[112] Id., *Consolation à Apollonios*, in *Œuvres Morales*, éd. cit., t. 2, pp. 57-58.

[113] Id., *Vie de Solon*, LVI, in *Les Vies*, éd. cit., t. 1, p. 205. On notera aussi que Ravisius mentionne l'épisode par référence aux *Tusculanes* et à la *Vie de Solon*. Voir *Officina*, II, 61, éd. cit., p. 171.

impressionnant. Encore convient-il de répéter une réserve faite antérieurement[114] : par rapport à l'ensemble corpus, le pourcentage de textes « positifs », permettant des références significatives, n'est pas écrasant[115]. Certes, on se gardera d'en tirer aucune conclusion définitive sur l'« humanisme » des auteurs de lettres. N'a été envisagée que la survivance de l'histoire ancienne dans les consciences des épistoliers. Il faudrait ajouter, on l'a déjà signalé[116], celle de la littérature – on s'y emploiera de suite – de la philosophie[117], faire, en somme, le tour de la question. Pour le reste, on constatera pour le thème de la mort, comme on l'a déjà fait ailleurs[118], la présence manifeste, mais non dominante de l'histoire ancienne. Le consolateur du XVIIe siècle est humaniste, mais en second lieu seulement, et après avoir été chrétien[119].

---

[114] Voir chapitre précédent.

[115] Voir ci-dessous note 118.

[116] Voir chapitre précédent.

[117] Pour la philosophie, on se reportera au chapitre 1 de la Deuxième Partie.

[118] On notera que l'éventail des lettres illustrant les considérations sur la mort par des exemples empruntés à l'histoire ancienne est quantitativement, à peu de chose près, le même que celui des lettres illustrant le thème de la vie par référence à la même histoire. La présente étude peut faire état de treize épistoliers contre dix pour la précédente (« L'Histoire ancienne dans le miroir des minores... »), mais la répartition des citations est mieux équilibrée ; la présence de Nervèze est moins encombrante que précédemment.

[119] Voir les chapitres de la Deuxième Partie.

CHAPITRE 3

La littérature d'imagination gréco-latine
dans les lettres de consolation

La présence des textes anciens dans le corpus consolatoire du premier dix-septième siècle, on vient de le suggérer, ne saurait se limiter à ceux des historiens. Les littéraires y ont leur part, modeste mais certaine. Aussi faut-il s'attacher, dans les pages qui suivent, à l'étude de traces laissées dans les lettres de consolation par les poètes et par des dramaturges de l'antiquité, à une exception près, celle d'Homère dont le cas demande un traitement spécial : justice lui sera faite dans la deuxième partie de de chapitre, appelée à regrouper tout ce qui le concerne. Quant à la démarche retenue, elle sera la même de part et d'autre, celle de l'étude thématique passant de la présentation du défunt – de son « honnêteté » – aux réflexions plus générales sur la vie, puis sur la douleur et sur la mort. On voit donc que cette reflexion finale « agrafe » celles qui précèdent, en figure, au niveau des thèmes développées, la synthèse : vie et mort, comment bien mener l'une, comment ne pas rater l'autre. Les héros littéraires y répondent par différentes biais.

*

Les qualités du défunt : elles sont telles, d'abord, qu'elles se passent de tout effort de la part des survivants. Celui qui vit dans la bouche des autres, n'a que faire d'une tombe fréquentée. C'est bien le cas du duc de Montpensier dont Guillaume Le Rebours chante les vertus dans la lettre adressée, en 1608, à la duchesse, sa veuve.

Et pour confirmation, il cite Ennius qui

ne vouloit point qu'on honorast son tombeau de pleurs, parce qu'il vivoit en la bouche des autres[1].

---

[1] Guillaume Le Rebours, *A Madame la Duchesse de Mompensier, sur le trespas de Monseigneur le Duc de Mompensier, son mary*, Paris, David Le Clerc, 1608, p. 14.

Reproduction de la célèbre épitaphe d'Ennius que Guillaume Le Rebours a pu connaître par l'intermédiaire de Cicéron qui la cite deux fois dans les *Tusculanes*, la première, toutefois, correspondant de plus près au propos de l'épistolier :

C'est sous forme de gloire qu'il [Ennius] réclame son salaire (...) : « Point de larmes à mon sujet. A quoi bon ? Je suis vivant et je vole de bouche en bouche » – *volito vivos per ora virum*[2].

Rien de plus souhaitable, donc, que la renommée. Encore faut-il qu'elle soit méritée, non héritée. Les aïeux, dans cette gloire, ne doivent être pour rien, et le défunt – ou la défunte – renoncer à tout crédit ancestral. Dans son *Discours* sur la mort de Marie de l'Aubespine, François Berthet insiste longuement sur ce point, certain qu'il est de son fait ; la vertu de l'abbesse se suffit à elle-même, et son encomiaste peut répéter sans crainte ce que disoit Iuvenal,

Miserum est alienæ incumbere famæ[3].

Il se dispense, bien sûr, de toute précision ; ses lecteurs sauront[4]. Signalons tout de même qu'il s'agit du vers 76 de la VIIIe Satire [5].

Et cette vertu suscite des qualités inattendues, du moins pour le lecteur moderne. L'éthique, depuis Platon, n'a-t-elle pas une dimension esthétique[6] ? Raoul Le Maistre, qui honore, en 1626, la mémoire de Charles de Clere, chevalier de l'Ordre du Roy, ne veut pas priver son défunt de cette beauté particulière que rayonnent les âmes d'élite. Et il s'appuie, entre autres, sur l'autorité de Virgile :

---

[2] Cicéron, *Tusculanes*, I, 15, 34, éd. cit., t. 1, p. 23. La seconde mention de l'épitaphe (I, 49, 117, éd. cit., 71-72), qui oppose l'attitude d'Ennius à celle de Solon, tient compte uniquement du refus des larmes, mais non de l'orgueil du poète, fier de sa renommée : le passage est donc moins proche du texte du XVIIe siècle.

[3] François Berthet, *Discours Funebre sur le trespas de (...) Marie de L'Aubespine (...) Abbesse de la Royale Abbaye de Chasteau-Neuf*, op. cit., p. 10.

[4] Voir ci-dessous p. 119, n. 69.

[5] Voir Juvénal, *Satires* VIII, v. 76, in *Œuvres*, Paris, Belles Lettres, 1957, p. 105 : (...) *Miserum est aliorum incumbere famæ*. La Satire VIII se présente comme une exhortation adressée à Ponticus, jeune noble par ailleurs inconnu, sur le thème de la noblesse nulle sans mérite personnel.

[6] Voir en particulier, *Alcibiade*, 116 ; *Timée*, 87-88.

Or dans les Escritures tant sainctes que prophanes, la vertu de l'ame, la force du corps & vivacité : ont esté tousiours appellez du nom de vraye & parfaicte beauté. C'est pourquoy les Poëtes Homere, Virgile & autres appellent Eneas beau, Pallas belle, Hector beau, Ulysse beau, Hercule beau, non pour les traiczs de leurs visages : à raison de la generosité de leurs courages & vertus de leurs ames & vivacité de leurs esprits[7].

On l'aura noté : « non pour les traicts de leurs visages » : pour l'épistolier, ces charmes sont ceux de l'âme, non du corps. L'idée, certes, est ancienne, et on la retrouve, semblable, dans une lettre à Lucilius où Sénèque chante la beauté du vieillard Claranus[8]. Mais Virgile ? Observons d'abord que de tous les personnages énumérés ci-dessus, Enée et Hercule, seuls, sont traités de « beaux » par le poète latin[9]. Encore l'épithète n'est-elle pas récurrente, et dans le second cas, celui d'Hercule, bien vague. Au Livre VII de l'*Enéide*, les Troyens, fraîchement débarqués, s'apprêtent à en venir aux mains avec les Latins. Le poète, qui passe en revue les héros de ces derniers, signale parmi eux
... dans un char orné d'une palme, traîné sur l'herbe par des chevaux victorieux, (...) le fils du bel Hercule, le bel Aventinus – *satus Hercule pulchro, pulcher Aventinus*[10].

Point d'autre précision, mais le contexte invite à conclure à la beauté du corps et du visage au moins autant qu'à celle des « vertus de l'ame » et de la « vivacité de l'esprit ».

---

[7]   Raoul Le Maistre, *Consolation funebre sur le trespas de haut, puissant & vertueux Seigneur, Messire Charles de Clere* (...), *op. cit.*, p. 11.

[8]   Voir Sénèque, *Lettres à Lucilius*, VII, 66, 1-4, éd. cit., t. 2, pp. 114-116.

Sénèque insiste sur la beauté de l'âme de Claranus que ne peut ternir en rien la faiblesse de son corps. Il est vrai que la vertu du vieillard l'impressionne au point qu'il finit par le croire « beau et tout aussi droit de corps qu'il l'est d'âme ». (VII, 66, 2, éd. cit., p. 115).

[9]   Pour « Pallas belle », on pourrait, certes, songer aux vers 615-616 du Livre II : *Pallas effulgens*, Pallas splendide, mais l'auteur n'aurait-il pas fait erreur sur le féminin et pensé plutôt à Pallas, *forma egregius*, très beau (X, v. 435) ?

[10]   Virgile, *Enéide*, VIII, v. 656-657, éd. cit., t. 2, 1964, p. 35.

Quant au cas d'Enée, il est clair : c'est bien le charme physique de son héros que Virgile évoque dans quelques beaux vers du Premier Livre :

Debout, Enée resplendit d'une vive lumière avec le visage et les épaules d'un dieu. D'un souffle, sa mère lui avait donné la beauté de la chevelure, l'éclat de pourpre de la jeunesse et la séduction du regard. Ainsi l'artiste ajoute la grâce à l'ivoire et entoure d'or blond l'argent ou le marbre de Paros[11].

Voilà donc « Eneas beau », mais pour les « traicts de son visage », précisément, et contrairement à ce qu'allègue la lettre dont l'affirmation, d'ailleurs, ne saurait s'appuyer sur le deuxième auteur qu'elle cite : Homère ne s'arrête guère au physique d'Enée[12]. Autant dire que l'affirmation de Raoul Le Maistre ne repose pas sur des souvenirs précis ; des observations similaires, faites ailleurs[13], ont appris à ne pas faire trop confiance à l'érudition humaniste de l'honnête homme du XVIIe siècle. Toujours est-il que, pour célébrer la vertu du défunt qu'il chante, il se souvient, ne fût-ce que vaguement, de ses lectures poétiques. Encore aimerait-on savoir en quoi cette vertu consiste. Faut-il imaginer une envolée au-delà du prosaïsme quotidien, ou bien, au contraire, se concrétise-t-elle dans les gestes et les actes de la vie de chaque jour ?

Certes, tel épistolier, G. B. Nervèze, vise haut quand il présente son défunt

---

[11] *Ibid.*, (1970), I, v. 586-593, p. 28.

[12] On notera cependant qu'il chante celui d'Ulysse dans des termes que Virgile a repris pour Enée...

Voir *Odyssée*, VI, 229 : « Et voici qu'Athéna, la fille du grand Zeus, le faisant apparaître et plus grand et plus fort, déroulait de son front des boucles de cheveux aux reflets d'hyacinthe ».

Enéide I, 586-593, éd. cit., t. 2, p. 28 : « Debout Enée resplendit d'une vive lumière avec le visage et les épaules d'un dieu. D'un souffle sa mère lui avait donné la beauté de la chevelure, l'éclat pourpre de la jeunesse et la séduction du regard. Ainsi l'artiste ajoute la grâce à l'ivoire et entoure d'or blond l'argent ou le marbre de Paros. » Ce rapprochement est déjà signalé dans l'édition Belles Lettres, p. 28.

[13] Voir chapitres précédents.

magnanime, se proposant choses grandes & immortelles, usant modestement des humaines[14].

Mais aussi est-ce à un évêque qu'il s'adresse, et on comprend sa pensée ambitieuse qu'il dore encore de l'éclat d'un nom antique. Si le maréchal se distinguait du commun de la manière qu'on vient de lire, c'est qu'il

avoit bien retenu ce traict doré de l'exhortation d'Isocrate à Démonique[15]

à savoir, précisément, qu'il convient de négliger l'éphémère pour le durable. Mais le cas doit-il nous intéresser ? Le *Discours à Démonicos* relève de la philosophie morale bien plus que de la littérature d'imagination ; il dépasse donc le cadre de cette enquête. Et on le quittera avec d'autant moins de regret que la référence au texte ancien n'est nullement précise[16].

D'autres, pour ne l'être guère plus, concernent davantage notre propos. Concrètes, elles s'attachent la plupart du temps à souligner les qualités « pratiques » du défunt, celles qui l'ont aidé à réussir son existence de tous les jours.

Dans cette optique, y a-t-il plus important que la bonne entente entre époux ? Charles de Clere, mari comblé, rappelle à Raoul Le Maistre ses lectures d'Euripide :

Euripide souloit dire ceux-là bienheureux ausquels le mariage succedoit bien. Qui donc a esté plus heureux en mariage que nostre Charles avec Claude son Espouse ? où fut oncques un mariage plus heureux plus calme & plus esloigné des molesties, qui le plus souvent suivent les mariez[17] ?

---

[14]   G. B. Nervèze, *A Monseigneur le Reverendissime Evesque de Paris*, in *Consolations funebres sur la mort de très-hault & très-puissant seigneur Messire Albert de Gondy, Duc de Rais, Pair et Mareschal de France*, op. cit., p. 37.

[15]   *Ibid.*

[16]   Voir Isocrate, *Discours à Démonicos*, 5-8, in *Discours*, Paris, Belles Lettres, 19-28, t. 1, pp. 123-124.

[17]   Raoul Le Maistre, *Consolation funebre*, op. cit., p. 14.

A quelle page du tragique grec songe-t-il au juste ? Euripide, on le sait, se méfiait du mariage[18], et c'est à peine si l'un ou l'autre vers dissipe, l'espace d'un instant, le pessimisme général. On songerait volontiers, ici, au Prologue de *Médée*, où la Nourrice estime que

... le salut est assuré
lorsque la femme et le mari vivent en harmonie[19].

Hélas, bientôt Jason, las de Médée, se lie avec Créuse, déclenchant ainsi la pire des catastrophes...

Réussite donc, pour Charles de Clere, de la vie conjugale. L'autre, consacrée, peut susciter des qualités non moins souhaitables, et même sur un plan très pratique. On imagine sans peine tous les talents qu'exige la direction d'une maison religieuse, autorité, doigté, psychologie... Marie de L'Aubespine, abbesse de Saint-Laurent de Bourges, dont on a fait la connaissance ailleurs, les possédait toutes au point de conduire sa communauté avec autant d'adresse que jadis Simonide, poète, son ballet. Elle gouverne le tout

avec tant de douceur, qu'on peut dire, que si Simonides entre plusieurs emporta le prix dans sa vieillesse, pour avoir mieux ordonné sa dance, & plus adroitement conduit son Balet : (...) elle emportet le prix, pour avoir des mieux de son temps gouverné sa Maison...[20]

---

[18] Voir, p. ex., *Alceste*, Second Episode, v. 238-240, in *Œuvres*, Paris, Gallimard, Bib. de la Pléiade, 1962, p. 77 : Le Coryphée : « Le mariage apporte bien plus de peines que de joies. J'en ai fait bien des preuves. »

De même, Quatrième Episode, p. 109 : Admète « Bienheureux ceux qui n'ont ni femmes ni enfants. »

Ou encore Médée, *Cinquième Stasimon*, Strophe II, in *Œuvres*, éd. cit., p. 191 :
« O lit conjugal, par toi combien souffrent les femmes,
  que de maux déjà tu as apportés aux mortels. »

[19] Voir *Médée*, Prologue, éd. cit., p. 135. *Alceste* présente une autre déclaration d'un optimisme relatif, mais plus éloigné, sans doute, du texte de la lettre. Phérès s'adresse à l'épouse défunte de son fils Admète :
« O toi qui as sauvé mon fils, qui nous a redressés
  alors que nous tombions, salut. Même au séjour d'Hadès,
  que tout soit bien pour toi. Je vous le dis : si c'est pour former un tel couple
  on fait bien de se marier. Autrement ce n'est pas la peine. »

Voir Quatrième Episode, éd. cit., pp. 98-99.

[20] François Berthet, *Discours Funebre*, *op. cit.*, pp. 56-57.

Voilà donc qu'émerge, pour célébrer une supérieure du XVIIe siècle, la mémoire de ce concours de dithyrambe remporté par le poète grec à l'âge de quatre-vingts ans.

Où François Berthet a-t-il été puiser le souvenir de ce lointain succès ? Certainement pas dans l'inscription du *Marmor Parium* dont la partie B, qui mentionne l'événement, n'a été découverte qu'au XIXe siècle[21]. Dans Simonide lui-même, au fragment 147[22] ? Plus probablement dans l'œuvre de quelque intermédiaire difficile à déterminer[23]. Au contraire, tel autre qui souligne la supériorité intellectuelle de son héros, découvre sa source. On a déjà entendu G. B. Nervèze célébrant la mémoire maréchal de Rais. Le voici qui insiste : l'érudition, la mémoire du défunt, étaient telles que

Je le tenois du premier rang des hommes dont parle Hésiode, doué de si bon sens & heureuse nature qu'elle luy avoit apprins à ne rien ignorer.[24]

Il fait allusion, bien sûr, aux vers 109-123 des *Travaux et Jours*, où Hésiode chante la qualité de la « première race d'hommes périssables que créèrent les Immortels, habitants de l'Olympe »[25].

Le même, et pour en rester aux qualités intellectuelles, ne trouve meilleur moyen de vanter l'éloquence, non de son héros, mais d'un de ses chantres, que de la comparer à celle de Roscius, acteur romain et prestigieux professeur d'art dramatique. L'épistolier, par modestie, prétend préférer à son propre texte

les riches & dorez consolations de l'oraison funebre du tres-Eloquent Garnier, lequel comme un fameux Roscius en son art persuasif leur a

---

[21]   Voir *Marmor Parium*, B, ép. 54, 1, in *Das Marmor Parium*, Berlin, Weidmannsche Buchhandlung, 1904, p. 180. Pour la date de la découverte du Fragment B, (1897), voir *ibid.*, pp. VIII-IX.

[22]   Voir, entre autres, Willamowitz-Mœllendorff, *Sappho und Simonides*, Berlin, Weidmannsche Buchhandlung, 1913, pp. 137-138.

[23]   On pourrait songer à Valère Maxime, *Facta et Dicta Memorabilia*, VIII, 7, étr. 13, trad. Peuchot-Allais, Paris, A. Delalain, 1822, t. II, pp. 304-305.

[24]   G. B. Nervèze, *A Monseigneur l'Illustrissime Cardinal de Gondy*, in *Consolations funebres*, *op. cit.*, p. 18.

[25]   Hésiode, *Les Travaux et les Jours*, v. 109 et s., Paris, Belles Lettres, 1928, p. 90.

donné la robe, d'un tissu esmaillé des plus rares couleurs du bien dire[26].

Sa source ? Cicéron lui-même, peut-être ; amené à défendre Roscius, dans un procès retentissant, il ne tarit pas sur les qualités du caractère et ... de l'art du célèbre mime. L'épistolier, en rappelant le souvenir de cette vedette du théâtre romain[27], aura pu penser à tels passages du *Pro Q. Roscio Comoedo*, à moins que l'allusion ne soit générale, sans référence précise.

Quant à Guillaume Le Rebours, consolateur, en 1606, de la maréchale de Fervaques qui venait de perdre son fils au champ d'honneur, il doit entonner, on s'en doute, des accents plus martiaux. C'est donc le courage du jeune homme qu'il vante, et il le fait sur le mode virgilien :

Car comme dit Virgile
Il iallissoit du flanc
De ce brave gendarme
Tant de bouillons de sang
Qu'il en vomit son ame[28].

Cette version, est-elle de l'auteur ou l'a-t-il prise ailleurs ? Pour se prononcer, il faudrait avoir accès aux traductions de Virgile que pouvaient connaître les contemporains. A défaut, on tâchera de localiser l'extrait dans l'original. Tâche plus délicate qu'il n'y paraît. Non parce que la mort violente est présente partout dans l'*Enéide* : c'est d'un poème guerrier qu'il s'agit. Mais même en écartant tous les cas qui n'associent pas les deux composantes du texte moderne – le sang ondoyant et l'âme qui s'enfuient de conserve – trois choix, au moins, subsistent. Voici d'abord, au Livre X, la mort de Pallas, compagnon d'Enée abattu par Turnus

Ille rapit calidum frustra de volnere telum ;
una eademque via sanguis animusque sequontur.

---

[26] G. B. Nervèze, *A Monseigneur le Reverendissime Evesque de Paris, op. cit.*, p. 68.

Garnier : difficile à déterminer en l'absence de toute autre précision. S'agirait-il de Claude Garnier, poète et orateur très productif du début du siècle ?

[27] Voir Cicéron, *Pro Q. Roscio Comœdo*, VI, 17 et X, 30 – XI, 31, in *Discours*, Paris, Belles Lettres, 1921, t. 1, pp. 141-142 et 147-148. Bien d'autres textes pourraient être cités, en particulier des passages du *De Oratore*, surtout I, 28, 129-130.

[28] Guillaume Le Rebours, *Consolation funebre A Madame la Mareschalle de Farvagues, sur la mort de Monseigneur de Laval son fils, op. cit.*, p. 24.

« Le jeune homme arrache en vain de sa blessure le trait brûlant : son sang et sa vie s'échappent en même temps, par la même voie[29] ».

Si l'essentiel y est, le verbe, cependant, paraît pâle. On ne retrouve guère, dans le *sequontur* latin les « bouillons de sang » du texte français. Ceux-ci pourtant, Virgile ne les ignore pas. Dès le Second Livre, il montre Politès, l'un des fils de Priam, rendant l'âme dans un grand flot de sang – et présentant ainsi toutes les données du texte français :

Et tandem ante oculos evasit et ora parentum
concidit ac multo vitam cum sanguine fudit.

« le jeune homme parvient encore à se sauver et va, devant ses parents, devant leurs yeux, tomber et rendre l'âme avec un flot de sang[30] ».

Fundere, verser, répandre, le mot suggère cet écoulement fatal que souligne si puissamment la traduction française. Mais est-ce suffisant pour inspirer la force baroque de l'image ? Ces « bouillons de sang » qui jaillissent, obligeant l'infortuné à « vomir » son âme, pourraient certes être le fait du traducteur : le début du XVIIᵉ siècle aimait ce langage violent[31]. Il reste que l'*Enéide* présente des passages non moins dramatiques. Au Livre X, le Tyrrhénien Mézence s'effondre sous les coups d'Enée. Son sang alors, pareil à une lame, déferle, entraînant l'âme dans la mort :

Haud loquitur iuguloque haud inscius accipit ensem
Undantique animam diffundit in arma cruore

---

[29] Virgile, *Enéide*, X, v. 486-487, éd. cit., p. 133.

[30] *Ibid.*, II, v. 531-532, p. 56.

[31] Parmi tant d'autres exemples, on retiendra celui-ci, particulièrement expressif, du crucifié d'Auvray (première moitié du XVIIᵉ siècle) :
« Sa chair en mille endroits estoit toute meurtrie,
Sa croix de toutes parts pissoit les flots de sang,
Ses pieds, ses mains, son chef, et sa bouche et son flanc,
En jettoient des ruisseaux, ...
(...)
... une espine cruelle
Fichoit ses aiguillons jusques dans sa cervelle,
Dont les sanglots boüillons à mesure sechez
Couloient, ... »
(cit. par Jean Rousset, in *Anthologie de la Poésie Baroque Française*, Paris, A. Colin, 1968, t. 2, pp. 138-139).

« Ayant ainsi parlé, il reçoit dans la gorge l'épée attendue et rend l'âme avec un flot de sang qui baigne ses armes[32] ».

Diffundere renforcé par *undare*, rouler des vagues, bouillonner, c'est la note épique des vers de l'épistolier. Certes, rien n'est établi, et le dépouillement d'une quelconque traduction de l'*Enéide* pourrait infirmer l'hypothèse[33]. Mais le rapprochement demeure tentant, et Virgile, de toute façon, est en cause ; on ne s'étonne pas qu'à côté d'autres, moins éminents, ce prince des poètes continue d'inspirer les lettres du XVIIe siècle.

Voilà donc esquissé le portrait du défunt sur fond de souvenirs littéraires. Pour exalter ses perfections – le genre n'admet rien d'autre – on les rehausse du prestige des grands textes anciens. Et elles sont d'autant plus méritoires qu'elles se détachent sur le fond, sombre, de la vie. Celle-ci n'est-elle pas incertitude, douleur, avec la mort en perspective ? La poésie et le théâtre anciens sont présents à chacune de ses douloureuses étapes.

*

Fragile, la vie l'est en effet, et pour le rappeler à Madame de Fervaques, Guillaume Le Rebours la renvoie à deux vers de « Mimus » :

... rien de plus fragille que la vie, laquelle Mimus appelle
Inconstant mouvement, fortune de la terre,
Qui reluit comme l'or, & se romp comme verre[34].

Et pour confirmer, il ajoute Pindare :

Ce n'est qu'un vent, qu'une legere vapeur, qu'une fumee, que l'ombre d'un songe d'un homme, (comme asseure Pindare)[35].

---

[32]   Virgile, *Enéide*, X, v. 907-908, éd. cit., p. 150.

[33]   D'autres passages pourraient être allégués, mais les rapprochements semblent moins convaincants. Voir, p. ex, IX, v. 414-415, éd. cit., p. 94 : mort de Sulmon ; X, v. 819-820, éd. cit., p. 146 : mort de Lausus ; XI, v. 665-667, éd. cit., p. 180 : mort d'Eunée.

[34]   Guillaume Le Rebours, *Consolation Funebre à Madame la Mareschalle de Farvaques*, *op. cit.*, p. 15.

[35]   *Ibid.*

« Mimus » : il s'agit, en l'occurrence, de Publilius Syrus, le mime célèbre, contemporain de Cicéron, auteur des *Publilii Syri Sententiæ* dont celle sur l'inconstance de la Fortune, et que l'épistolier – s'inspirant peut-être de quelque version contemporaine – a reproduit à sa manière

Fortuna vitrea est ; tum cum splendet frangitur[36].

Pour Pindare, c'est bien sûr la VIIIe *Pythique*, mais le consolateur s'offre encore un de ces lapsus si fréquents au XVIIe siècle[37].

Tel autre, au poète préfère le portraitiste. Pour entretenir le cardinal de Gondy des incertitudes de l'existence, G. B. Nervèze avance que

Theophraste [n'avait pas tort] de regretter la brefveté de l'humain seiour, puisque l'inevitable hazard s'en termine par un echet si funeste & si desastré[38].

Il faut l'avouer cependant : ce n'est pas de l'œuvre de l'auteur des *Caractères* que l'épistolier s'est souvenu, mais d'une de ses sentences, rapportées dans les *Tusculanes*, où l'a lue également La Bruyère[39].

---

[36]   Voir *Publilii Syri Mimi Sententiæ*, F 24, in *Fables de Phèdre, Fables d'Avianus, Sentences de Publilius Syrus, Distiques Moraux de Denys Caton*. Traduction nouvelle de Pierre Constant, Paris, Garnier Frères, s.d., p. 250.

[37]   L'auteur se réfère ici à la huitième *Pythique*, chant de l'inanité de l'homme : « Etres éphémères. Qu'est chacun de nous, que n'est-il pas ? L'homme est le rêve d'une ombre. » (*VIIIe Pythique*, v. 95 et s., in *Œuvres*, Paris, Belles Lettres, 1977, t. 2, p. 124).

On notera le changement important – et affadissant – que l'épistolier a fait subir à l'original : « ombre d'un songe » pour « songe d'une ombre ». Du reste, le texte de Pindare est aussi mentionné dans la *Consolation à Apollonios* du Pseudo-Plutarque, où l'auteur du XVIIe siècle aura pu le lire tout aussi bien que chez Pindare ; mais là encore l'image originale est maintenue : *somnium umbræ*. (Voir *Consolatio ad Apollonium*, in *Plutarchi Chæronensis Moralia, Gulielmo Xilandro Gustano et Adriano Turnebo interpretibus*, apud Gabrielem Buon, Parisiis, 1572, f. 114, col. 1.)

[38]   G. B. Nervèze, *A Monseigneur l'Illustrissime Cardinal de Gondy*, in *Consolations Funebres, op. cit.*, p. 4.

[39]   Voir Cicéron, *Tusculanes*, III, 28, 69, éd. cit., t. 2, p. 41 : « Pour Théophraste, on dit qu'en mourant il accusa la nature d'avoir donné aux cerfs et aux corneilles, qui n'en avaient que faire, une très longue vie, tandis qu'elle attribuait aux êtres pour qui cet avantage eût été le plus précieux, les hommes, une vie si courte ; celle-ci eût-elle été plus longue, les hommes auraient été à même, au cours de leur carrière, d'atteindre à la

Enfin, on le devine : parmi tant de « hazards », il ne demeure qu'une certitude, celle de la mort. Telle est l'existence : une suite d'aléas qui débouchent sur le rien[40]. Faut-il alors se résigner, céder aux larmes ? Dans un premier temps, sans doute, mais par humanité et non par faiblesse :

Celui qui ne s'esmeut point a l'ame d'un Barbare[41].

Le thème des premières larmes, salutaires, honorables, sera étudié ailleurs, dans un autre contexte[42]. Il apparaît encore dans le nôtre. En 1639, Etienne Bachot console Madame de Vineuil qui vient de perdre son frère. Elle ne peut retenir ses larmes ? C'est bien fait ; une personne de sa qualité aimerait-elle ressembler au Cénée de Pindare ?

car de les [les passions] penser entierement arracher, ce seroit vouloir faire de l'homme un rocher ou un Dieu, le mettant trop au dessus ou trop au dessoubs du sentiment ; et rendre semblable à ce Cenée de Pindare, qui avoit la peau assez dure pour resister aux flesches qu'on luy tiroit, quoy qu'il fust nud...[43]

Mais s'agit-il d'un souvenir direct du lyrique grec ? Les vers consacrés à Cénée figurent, certes, dans les éditions du poète, sous la rubrique des fragments d'origine incertaine, mais ils n'annoncent qu'indirectement les données de la lettre :

Frappé de verts rameaux de sapin, Cénée fendit le sol d'un coup de pied ; et disparut sous terre[44].

---

perfection dans tous les arts et de posséder toutes les connaissances. Il se plaignait donc de disparaître au moment où il commençait à s'initier à la science. »

Pour La Bruyere, voir *Discours sur Théophraste*, in *Œuvres complètes*, Paris, Gallimard, Bib. de la Pléiade, 1951, pp. 9-10.

[40]   On notera cependant que l'idée de la survie dans l'au-delà absente du contexte étudié ici, est très présente ailleurs, dans les mêmes lettres. Voir plus loin « L'au-delà dans les lettres de consolation... ».

[41]   On connaît le vers célèbre de Malherbe (*Consolation à Monsieur du Perier*, v. 43).

[42]   Voir ci-dessous, Deuxième Partie, première étude.

[43]   Etienne Bachot, *Lettre de Consolation A (...) Madame de Vineuil Sur la Mort de Monsieur le Chevalier de Saincte Geneviefve son Frere, op. cit.*, p. 4.

[44]   Pindare, *Fragments d'origine incertaine*, 47, in *Œuvres*, éd. cit. (1961), t. 4, p. 217.

En fait, d'autres auteurs insistent de façon bien plus nette sur l'invulnérabilité du chef des Lapithes, ainsi Plutarque qui développe le thème tout en partant du vers de Pindare[45]. Ne serait-ce point là la source de l'épistolier dont la science, ici au moins, serait de seconde main[46]. Plus loin, en effet, il apporte une autre justification des larmes, mais par référence, cette fois, à Ovide, citation – imprécise – à l'appui :

Mais apres que la douleur s'est un peu purgée par les larmes (en marge *Expletur lacrimis, egeriturque dolor. Ovid.*) & que l'on a rendu au sang & à la nature ce qu'il n'estoit point en nostre pouvoir de leur refuser (...) Il faut enfin en ce puissant rencontre d'affliction reprendre vostre constance ordinaire[47], ...

Ainsi le vers des *Tristes*[48] rend légitime une douleur que Madame de Vineuil s'engagera à ne pas perpétuer.

Claude d'Expilly ne conclut pas autrement. Privé de son beau-fils, qui n'avait pas trente ans, il ne se refuse pas le soulagement des premières larmes, avant de retrouver la voie de la raison. N'est-ce pas celle qu'Horace recommande à Valérius Rufus, inconsolable depuis la mort du jeune Mystès ?

tout ce qu'il [mon entendement] me represente est veritable, il se faut en fin resoudre & consoler, & penser que là où il n'y a point de remede, il n'en faut point chercher ; c'est erreur de pleurer sans fin, *nec impuberem parentes Troilon, aut Phrygiæ sorores flevere semper* :

---

[45]   Plutarque rappelle le texte de Pindare pour comparer l'invulnérabilité de Cénée à celle – absurde – du sage stoïcien. Voir *Compendium Libri cui Argumentum fuit, Stoicos quam Poetas Absurdiora dicere*, I, in *Plutarchi Scripta Moralia*, Paris, Firmin-Didot, 1877, pp. 1293-1294.

[46]   La légende de Cénée, certes, est rapportée en d'autres endroits, et souvent avec plus de détails (voir, p. ex., Apollonios de Rhodes, *Argonautiques*, Chant I, v. 59-64, Paris, Belles Lettres, 1976, t. 1, p. 53 et Ovide, *Métamorphoses*, XII, v. 459 et s., Paris, Belles Lettres, 1972, t. 3, pp. 46 et s.) Mais la mention, par Plutarque, de Pindare, oriente la recherche dans cette direction : c'est bien là le texte qui aura inspiré Bachot.

[47]   Etienne Bachot, *Lettre de Consolation A (...) Madame de Vineuil, op. cit.*, p. 5.

[48]   Ovide, exilé, recommande à sa femme la thérapie de larmes qui évacuent la douleur. Voir *Tristes, Elegia Tertia*, v. 37-38, in *Les Tristes (...)*, Paris, Classiques Garnier, 1957, p. 140 :
        ... est quædam flere voluptas
        Expletur lacrimis egeriturque dolor.

il faut comme il dit, que la raison fasse ce que le temps aussi bien feroit[49].

On aura noté au passage l'hommage à Malherbe :

Où il n'y a point de remède, il n'en faut point chercher[50].

Le texte d'Horace est celui de la neuvième *Ode* du Second Livre, v. 16-17[51]. L'accent porte déjà sur les droits reconquis de la raison ; le poète des *Odes* sera sollicité encore, et à plusieurs reprises, pour « rationaliser » la mort.

*

Celle-ci, en effet, est inévitable, de même que le vieillissement. Albert de Gondy aurait pu faire siens tels vers de Macrobe :

(...) il a peu dire se sentans peu à peu finir, & jà l'autre des pieds dans la barque de Caron ce que disoit Laberius dedans Macrobe :
Ainsi qu'un lierre rampant
Le tronc des arbres enserre,
Ainsi vieillesse accourant. (sic)
A cercles d'annees m'aterre[52].

---

[49]   Claude d'Expilly, *Response dudict Sieur d'Expilly A Monsieur, Monsieur le Reverend Pere Arnoux, de la Compagnie de Jesus*, in *Tombeau de Laurens de Chaponay, op. cit.*, f. 25, col. 1.

[50]   Voir *Consolation à Monsieur du Perier*, v. 71-72 :
     « Mais en un accident qui n'a point de remede
     Il n'en faut point chercher. »

[51]   Voir Horace, *Odes*, II, 9, v. 13-17, in *Œuvres*, éd. cit., t. 1, p. 68 :
     At non ter œvo functus amabilem
     ploravit omnis Antilochum senex
     annos nec inpubem parentes
     Troilon aut Phrygiœ sorores
     flevere semper.

     On aura noté le lapsus métrique de l'épistolier : *inpuberem* pour *inpubem*. Ainsi fait, le vers 15 comporte dix syllabes au lieu des neuf exigées par le schéma de la strophe alcaïque dont Horace se sert ici.

[52]   G. B. Nervèze, *A Monseigneur le Reverendissime Evesque de Paris, op. cit.*, p. 32.

Allusion à la septième *Saturnale* du Second Livre[53] ; les souvenirs classiques sont sollicités une seconde fois à la même page.

La vie n'est qu'un course aux relèves incessantes, et

si tost que ceste flamme nous a defailly, nous nous retirons hors du pair, pour laisser place à ceux qui nous suyvent, dit Lucrece[54].

Le passage compte parmi les plus connus du *De Natura Rerum* ; on sait que Montaigne, dans l'*Essai* XX du Premier Livre en a tenu compte[55].

Un autre, pourtant, accède à plus de popularité encore. Malherbe, dans une strophe célèbre, a recréé en français les fameux vers de l'*Ode* I, 4, sur l'égalité de la mort[56]. Le texte d'Horace en a-t-il connu un regain

---

[53]   Voir Macrobe, *Saturnales*, II, 7, 3, v. 20-22, in *Œuvres Complètes*, Paris, J. J. Dubochet et Compagnie, 1845, pp. 233-234.

César a demandé à Labérius, chevalier romain, de monter sur scène pour jouer lui-même les mimes qu'il composait. Labérius s'exécute – on ne refuse rien à César – mais il se sent déshonoré. Il dit sa peine dans les vers du prologue :

« Qu'apporté-je sur la scène ? Est-ce la beauté ou la dignité du corps ? L'énergie de l'âme ou le son gracieux de la voix ? De même que le lierre épuise les forces de l'arbre autour duquel il serpente, de même la vieillesse m'énerve, en m'entourant de ses étreintes annuelles ; et, semblable au tombeau, il ne reste plus de moi qu'un nom. »
(Ut hedera serpens vires arboreas necat.
Ita me vetustas amplexu annorum enecat,
Sepulcri similis, nihil nisi nomen retineo.)

[54]   G. B. Nervèze, *A Monseigneur le Reverendissime Evesque de Paris, op. cit.*, p. 32.

[55]   Pour Montaigne, voir *Essais*, Paris, Gallimard, Bib. de la Pléiade, 1962, p. 91. Pour Lucrèce, voir *De Rerum Natura*, II, v. 78-79 :
inque brevi spatio mutantur sæcla animantum
et quasi cursores vitai lampada tradunt.

[56]   On connaît la célèbre strophe XX de la *Consolation à Monsieur du Perier*, sur l'égalité de la mort :
« Le pauvre en sa cabane, où le chaume le couvre,
Est sujet à ses Lois :
Et la garde qui veille aux barrieres du Louvre
N'en défend point nos Rois. »

d'actualité[57] ? Toujours est-il que non moins de trois épistoliers le mettent en œuvre, chacun à sa manière, allant de la simple citation[58] ou de la transcription en prose[59] jusqu'à la traduction poétique :

Esgallement la Parque
Se plaist a saccager,
Le Louvre d'un Monarque
Et le toict d'un Berger[60].

---

[57] En fait, l'antithèse horatienne était populaire depuis le Moyen Age, comme en témoignent ces quelques vers d'Hélinand, l'ami de Philippe-Auguste :
« Mort, tu abats en un seul jour
Aussi le roi dedans sa tour
Comme le pauvre dedans son toit. »

[58] Voir Raoul Le Maistre, *Consolation funebre...*, *op. cit.*, p. 5 : « Aussi ce grand Dieu sans faire difference des estats, ny des aages, ni des grands, ni des petits, ni des pauvres, il r'appelle à soy tel qu'il veut, & quand il veut, puis que la mort, *Æquo pede pulsat pauperum tabernas Regumque turres*, dit le Poête, la mort d'un pied égal & sans nulle discretion frappe & les petites logettes des pauvres & les grandes tours des Rois, ».

[59] Louys Richeôme, *Consolation Envoyee à la Royne Mere du Roy (...) sur la Mort deplorable du feu Roy tres-Chrestien (...) HENRY IV (...)*, *op. cit.*, p. 137 : « elle frappe & bouleverse d'un pied egal les grandes tours des Roys, & les petites cabanes des pauvres. »

[60] Guillaume Le Rebours, *Consolation (...) A Madame (...) de Farvagues*, *op. cit.*, p. 19.

Horace, décidément, fait figure de vedette quand il s'agit de dire l'égalité de la mort. Le voici encore qui sert, indirectement, non dans une lettre, mais dans une oraison funèbre, prononcée en 1647 à l'occasion d'un service mortuaire pour Henri de Bourbon.

Le prédicateur vient de rappeler les paroles du défunt à l'adresse de son cousin, le duc d'Orléans : « Mon Cousin, vous allez apprendre de moy, que les Princes sont mortels, »

Son commentaire : « on peut bien dire que, *Digna cedro locutus est*, & avec plus de raison, qu'Horace qui esperoit *Carmina fingi posse lineanda cedro.* »

(François Berthet, *Discours Funebre prononcé au Service solemnel dans l'Eglise des Peres Carmes, de la ville de Bourges, (...) pour le repos de l'Ame de (...) Henry de Bourbon (...)*, *op. cit.*, p. 16).

Il s'agit évidemment d'une allusion à l'*Art Poétique*, v. 330-332, où Horace s'interroge sur les conditions nécessaires à la création poétique : les Grecs cultivaient le génie et le talent, alors que les Romains ne savent que calculer et compter ; est-ce ainsi qu'ils espèrent créer des poèmes dignes d'être induits, pour la conversation, du jus du cèdre et du cyprès ?

Partage du mal qui le diminue. Mais la mort est-elle un mal, il faut reposer la question. D'aucuns y voient une issue nous délivrant, précisément, d'une vie de souffrances[61]. Quand elle s'entoure de dignité, d'honneur même, n'est-elle pas un bien ? Il s'agit seulement d'éviter les sorties ratées, de faire le bon choix parmi celles qui s'offrent. Voici encore Guillaume Le Rebours traitant du fils de Madame de Fervaques :

Si ce bien [de la mort] luy estoit arrivé par quelque voye moins honorable, s'il y estoit parvenu par quelque procedure moins glorieuse, car comme dit le tragique Seneque,
Par dix mille detroits, & par dix mille ports,
Une ame peut surgir au rivage des morts.
Vous auriez suiet de vous plaindre[62].

Le passage de Sénèque – le Tragique –, certes, n'est pas facile à localiser. L'idée compte sans doute parmi celles que le philosophe développe volontiers, et on songerait surtout à *Phèdre*, où elle fait figure de leitmotiv[63].

Pourtant, en l'occurrence, ce sont les *Phéniciennes* qui se prêtent au rapprochement le plus probant. Œdipe annonce à Antigone son désir de mourir. Qui pourrait l'en empêcher, puisque

---

... *speramus carmina fingi*
Posse linenda cedro et levi servanda cupresso ?
(*Epîtres*, II, 3, v. 331-332, in *Œuvres*, Paris, Hachette, 1961, p. 615).

On aura noté en passant la coquille de l'imprimeur (ou l'inadvertance de l'auteur) du XVIIe siècle : *lineanda* au lieu de *linenda*.

Enfin, pour l'influence d'Horace au XVIIe siècle, faut-il rappeler l'étude de Jean Marmier sur *Horace en France, au dix-septième siècle* ?

[61] Guillaume Le Rebours, *Consolation à Madame de Farvagues*, *op. cit.*, p. 23 : « Eschille [dit] que la mort est la guarison de tous maux. »

On trouvera, dans Eschyle, de nombreux passages développant cette idée. Voir, p. ex., in *Œuvres*, Paris, Gallimard, Bib. de la Pléiade, 1967 : *Les Perses*, p. 40, p. 48 ; *Les Sept contre Thèbes* : p. 97, p. 104 ; *Prométhée Enchaîné* : p. 218 ; *Fragments de la Délivrance de Prométhée* : p. 233 ; *Agamemnon* : p. 282 ; ...

[62] Guillaume Le Rebours, *op. cit.*, p. 22. On sait que le fils de la maréchale est mort au champ d'honneur.

[63] Voir, p. ex, v. 475-476 ou encore v. 550-551.

(...) dans leur parfaite providence, les dieux ont fait en sorte que, si quiconque peut ravir la vie à un homme, personne ne peut lui ravir la mort : mille chemins s'ouvrent vers elle – *mille ad hanc aditus patent*[64].

C'est donc au champ d'honneur que le jeune homme a réussi sa sortie. D'autres, dans des conditions moins dramatiques, ont fait autant.

Le frère de Madame de Vineuil a fait sienne, en mourant, la dignité du grand Pompée telle que la chante Lucain : on l'a vu plus haut (p. 97), l'histoire et la littérature se partageant le cas :

sentant approcher l'heure que la Parque ennemie devoit retrancher le fil de ses beaux iours, [il] receut neantmoins cette inhumaine avec un visage tellement doux, & si fort preparé à ce dernier évenement, *Extremam metuens gemitu corrumpere famam, Lucan.*, que sans deshonorer les precieux restes de sa vie par des larmes & lamentations assez ordinaires aux ames basses & viles ; la sienne sembloit sortir volontiers de son corps comme de son sepulchre, pour s'envoler en la Maison de Dieu, afin d'y recevoir les recompenses deuës à l'innocence d'une vie exempte de ces crimes qui donnent des remords à la conscience ; et de l'horreur à la memoire des hommes[65].

La fin toute de piété, on le sait, n'a pas empêché la mention du poète païen, et la mort édifiante de Pompée – avec une légère entorse à l'original[66] – sert de modèle à celle du Chevalier de Sainte Geneviève.

Et il arrive que la pensée chrétienne elle-même s'exprime par le biais des souvenirs antiques. Le P. Arnoux, on l'a vu, essayait, dans ses lettres, de consoler M. d'Expilly de la mort prématurée de Laurent de Chaponay. Le jeune défunt, trésor au Ciel, n'y attire-t-il pas son beau-frère, désireux de lui faire partager sa condition bienheureuse ? Certes, rien ne se fera avant l'heure, car Dieu seul décide des délais :

---

[64] Sénèque, *Les Phéniciennes*, v. 151-154, in *Tragédies*, Paris, Belles Lettres, 1968, t. 1, p. 112.

[65] Etienne Bachot, *Lettre de Consolation A (...) Madame de Vineuil, op. cit.*, pp. 10-11.

[66] Voir Lucain, *Pharsale*, VIII, v. 618 : ... *æternam corrumpere famam*. Voir aussi p. 97, n. 101.

Je ne dis pas pour y aller ; vous estes par trop necessaire, & ce sera quand il plairra au maistre ; mais ie dis pour y aspirer sans avoir desormais autre cantique que (...) de cet homme qui disoit : *Non est mortale quod opto*[67] ;

On aura reconnu le vers d'Ovide à peine modifié[68]. Pour dire l'aspiration suprême du chrétien, le Père jésuite n'hésite pas à emprunter au poète païen.

*

Les lettres de consolation de la première moitié du XVIIe siècle témoignent-elles, au niveau de la littérature d'imagination, de la culture humaniste de leurs auteurs ? A vrai dire, et malgré les apparences, la réponse doit-encore-être nuancée. Sans doute, des références ont pu être alignées, presque toujours sans renvoi précis et souvent même sans nom d'auteur : c'est dire qu'elle relevaient d'un fond culturel supposé acquis[69]. Pourtant il faudrait se méfier de tout jugement hâtif, et répéter ce qu'on a dit tantôt. Sur une centaine de textes dépouillés, une douzaine, à peine, se sont révélés « positifs », les autres ne répondant pas, ou trop vaguement, à l'appel. *Membra disjecta* ! Il va sans dire que le genre même de la lettre de consolation peut y être pour quelque chose. Un chrétien, pour parler des choses dernières, ne doit-il pas s'orienter vers l'Ecriture et les Pères[70] plutôt que vers les poètes ? Réflexion à faire, et plus encore à l'endroit des consolateurs réformés qu'à celui de leurs confrères catholiques : tous les

---

[67] Voir *Lettres du R. P. Arnoux Jesuite, A Monsieur, Monsieur d'Expilly, Conseiller & Advocat general du Roy en la Cour de Parlement de Dauphiné*, in *Tombeau de Laurens de Chaponay, op. cit.*, f. 19, col. 1. Dans une autre lettre (*op. cit.*, f. 29, col. 1), le Père estime que les panégyriques que l'on compose en l'honneur du jeune défunt, seront *monumentum ære perennius* : souvenir du célèbre vers 1 de la 30e *Ode* du IIIe Livre des *Odes* d'Horace.

[68] Voir *Métamorphoses*, II, 56, éd. cit. (1966), t. 1, p. 39 : le Soleil à Phaéton qui lui a demandé la permission de conduire le char solaire

Sors tua mortalis ; non est mortale quod optas.

[69] Bien des auteurs cités dans cette étude, figurent aussi dans les ouvrages d'époque consacrés à la bibliothèque idéale, en particulier Horace, Juvénal, Macrobe, Ovide, Pindare, Virgile. Voir, p. ex, *Musei sive Bibliothecæ tam privatæ quam publicæ Extructio, Instructio, Cura, Usus*, Lugduni, Sumptibus Iacobi Prost, 1635.

[70] Voir chapitres de la Deuxième Partie.

épistoliers cités ci-dessus confessaient la foi romaine[71] ! Le détail ne
manque pas d'intérêt. Enfin, il faut y insister, la présente étude ne fait que
confirmer les constatations faites ailleurs[72] ; dans l'optique retenue, la
Grèce et Rome[73] ne sont pas absentes de la littérature de consolation des
premières décennies du XVIIe siècle, mais leur manifestation demeure
discrète, presque marginale. Encore le cas spécial d'Homère est-il fait pour
en élargir le rôle.

*

Homère mérite-t-il un traitement à part ? Sans doute, si on tient compte du
seul nombre des occurrences. Dans ce corpus de quatre-vingts lettres
écrites et imprimées entre 1600 et 1650, la récurrence des motifs
homériques a paru justifier une approche séparée. Certes, rien ne serait
plus imprudent que de s'attendre à une révélation : l'enquête commence
sous ces mauvais augures que sont les mises en garde des spécialistes les
plus avertis. Homère ne figure pas parmi les succès de librairie du siècle.
Peu édité[74], tenu à l'écart des programmes comme des bibliothèques[75], il
nourrit peu, alors, l'effort philologique, de même que les traductions,
accessibles[76], ne mobilisent qu'un nombre modéré de lecteurs. Et pourtant,

---

[71] Les Pères Arnoux et Richeôme étaient Jésuites, François Berthet, Carme, Raoul Le
Maistre, religieux de l'Ordre des Frères Prêcheurs, Guillaume Le Rebours, chanoine à
Lisieux. Les notices biographiques consultées (*Nouvelle Biographie Générale* publiée
par Firmin-Didot ; J. Fr. Michaud, *Bibliographie Universelle Ancienne et Moderne* ;
Grand Dictionnaire Historique de Moréri) ne donnent pas de renseignements sur la
confession d'Etienne Bachot, de Claude d'Expilly et de G. B. Nervèze, mais leurs
écrits ne fournissent-il pas des indices de « catholicité » ? Pour Bachot, on songe,
p. ex., à la traduction du sonnet de Benserade en l'honneur du Pape Clément IX (*Pour
l'Exaltation de N.S.P. le pape Clément IX et sur ce qu'il est grand poète, sonnet (par I.
de Benserade) In eminentiss. Car. Rospigliosum, poetam eximium et ad pontificatum
(...) Clementis IX nomine evectum carmen ex gallico latine redditum (a S. Bachot)*) ;
pour Claude d'Expilly, on prendra en considération l'amitié qui le lie au P. Arnoux,
pour G. B. Nervèze, à l'identité mal établie, ses destinataires : un évêque et un
cardinal...

[72] Voir chapitre précédent.

[73] De même que dans les études précédentes, on note, ici encore, une présence plus
marquée des Latins que des Grecs.

[74] Voir Noémi Hepp, *Homère en France au XVIIe siècle*, Paris, Klincksieck, 1968, p. 11.

[75] *Ibid.,* p. 21 et p. 27.

[76] *Ibid.,* pp. 34-36.

l'analyse de l'écriture du XVIIe siècle dégage bien souvent des résidus homériques. A tant de détours de textes, héros et épisodes évoquent le souvenir de la grande épopée, présence au second degré, en quelque sorte, qu'assurent au poète des souvenirs de citations recueillies dans toutes sortes de lectures, si ce n'est dans les sententiaires et les volumes de centons qui alimentaient en ces temps bien des éruditions.

L'examen, dans l'optique retenue, des lettres de consolation n'amène pas d'autre conclusion. Présence d'Homère répétée mais fugitive, qui sent la source seconde, si elle n'émerge d'un magma de souvenirs tombés dans le domaine public du lieu commun. La démarche de ces pages sera donc prudente, et les attentes modestes. Et les continuateurs d'Homère répondront à l'appel autant, sinon plus, que le maître.

Mais voici, pour commencer, un témoignage direct. En 1610, après le geste de Ravaillac, Louis Richeôme console le deuil de la Reine-Mère. Ce Jésuite de renommée, formé à l'Université de Pont-à-Mousson, foyer de la Renaissance catholique, étale son argumentaire dans une lettre déjà sollicitée et qui compte non moins de cent soixante-douze pages in – 8°. Mais un sujet de cette taille est-il jamais épuisé ? Aussi l'épistolier s'excuse-t-il par les règles du genre... et son impuissance à reproduire certain exploit antique :

... ne pouvant tout dire ny escrire plusieurs livres dans une lettre, comme l'ancien artisan grava les vint (sic)-quatre livres de l'Iliade d'Homere sur l'escorce d'une noix[77].

Fait singulier, mais qui ne pouvait étonner en rien ces humanistes qu'étaient les lecteurs du XVIIe siècle. C'est que Pline, qu'ils fréquentaient[78], en fait étalage, sur l'autorité de Cicéron, au Livre VII de l'*Histoire Naturelle* :

In nuce inclusum Iliadem Homeri carmen in membrana scriptum tradit Cicero[79].

---

[77] Louys Richeôme, *Consolation envoyée à la Royne Mere du Roy, et Regente en France, sur la mort deplorable du feu Roy très-Chrestien de France & de Navarre Henry IV*, *op. cit.*, p. 87.

[78] Il figure, p. ex., en tête de liste du deuxième *laterarium intercolumnium ad aquilonem*, consacré aux *Physiologi*, in *Musei sive Bibliothecæ extructio...*, *op. cit.*, p. 262.

[79] Voir *Histoire Naturelle*, VII, 85, éd. cit., p. 69. L'éditeur observe que le texte de Cicéron n'est connu que sur l'attestation de Pline. On trouve le même témoignage dans Solin, *Polyhistor*, c. I, 100, *op. cit.*, p. 27, mais toujours sans renvoi à un texte précis de Cicéron.

Est-ce dire que Louis Richeôme, écrivant à Marie de Médicis, a lu l'un ou l'autre, sinon les deux ? La solide science qui était la sienne invite à le croire, mais n'y oblige nullement, l'épisode, depuis longtemps, étant tombé dans le domaine public des choses mémorables et signalé par ceux qui les recueillaient. Au cinquante-deuxième chapitre du Livre VIII de son *Officina*, Ravisius Textor traite des prodiges de la nature – *De Miraculis quibusdam Naturæ*. Parmi eux, la noix de Richeôme, témoins à l'appui :

Cicero apud Plinium testis est, in nuce inclusum Iliada Homeri carmen in membrana scriptum[80].

Souvenir, chez l'épistolier, de lectures cicéroniennes ou pliniennes, simple évocation d'une curiosité notoire, on ne saurait trop dire. Mais le fait est significatif pour la suite : la source, on le sait depuis les chapitres précédents, demeure difficile à appréhender, et la science des épistoliers véhiculée par des voies multiples. Aussi l'essentiel, pour le consolateur, n'est-il pas d'apaiser, de soulager, et imagine-t-on son destinataire s'interrogeant sur les strates de son érudition ? Leur relation se veut intime, toute faite de confiance et de confidence, comme en témoigne ce propos presque lyrique qu'en 1613 Claude d'Expilly tient au Père Arnoux qui vient de lui adresser sa lettre pour le consoler de la mort prématurée de son beau-fils Laurent de Chaponay :

Je vous ouvre mes playes & vous les descouvre à Vous, Monsieur, qui par vostre bonté y avez apporté le Nepenthès d'Homère[81].

Nouveau renvoi homérique, mais qui, pas plus que le premier, ne tranche la question des sources. L'épisode du célèbre remède, certes, se localise aisément. Au livre IV de l'*Odyssée*, Télémaque, à la recherche de son père, se présente chez Ménélas. Le souvenir de tant de peines émeut les deux héros qui fondent en larmes. C'est alors qu'Hélène apporte le breuvage miraculeux en provenance d'Égypte, et qui apaise toutes les douleurs :

Mais la fille de Zeus, Hélène, eut son dessein. Soudain elle jeta une drogue au cratère où l'on puisait à boire : cette drogue, calmant la

---

[80] *Joh. Ravisii Textoris Nivernensis, Poetæ celeberrimi Officina sive Theatrum Histor. Et Poeticum, op. cit.*, p. 829.

[81] *Response dudict Sieur d'Expilly A Monsieur, Monsieur le Reverend Pere Arnoux, de la Compagnie de Jesus (30 janvier 1613)*, in *Tombeau de Laurens de Chaponay, op. cit.*, f. 25, col. 1.

douleur, la colère, dissolvait tous les maux ; une dose au cratère empêchait tout le jour quiconque en avait bu de verser une larme, quand bien même il aurait perdu ses père et mère, quand, de ses propres yeux, il aurait devant lui vu tomber sous le bronze un frère, un fils aimé (...), remède ingénieux dont la fille de Zeus avait eu le cadeau de la femme de Thon, Polydamna d'Egypte...[82]

Jean Arnoux a-t-il connu le texte, ou se sera-t-il plutôt souvenu d'un autre ancien sans doute pratiqué par lui, puisque l'*Histoire Naturelle* de Pline figure en bonne place dans les bibliothèques de l'époque[83] ? Or, dans son XXVe Livre, le naturaliste romain rappelle le passage de l'*Odyssée* :

Homère, l'ancêtre des traditions et des doctrines antiques, bien qu'il fît montre par ailleurs d'une grande admiration pour Circé, a donné la palme pour les herbes à l'Egypte (...). Il raconte en tout cas que les herbes d'Egypte furent remises en grand nombre à son Hélène par la femme du roi, en particulier ce célèbre népenthès qui procurait l'oubli des chagrins et le pardon, – nobile illud népenthès oblivionem tristitiæ veniamque adferens – et qu'Hélène aurait sûrement dû faire boire à tous les mortels[84].

Mais ici encore point n'était besoin de consulter les originaux ; la relève était assurée par les vulgarisateurs. Ainsi les *Lectiones Antiquæ* de Cælius Rhodiginus, source impressionnante de renseignements en tous genres, abordent la question au chapitre III du XIXe Livre – *Nepenthes homericum quodnam sit* ? La réponse fournie est complète, encore que, manifestement, la présentation des sources l'indique, Pline l'ait parrainée bien plus qu'Homère. Au sujet du cratère d'Hélène :

Qualis vero fuerit crater hic, verbis potissimum Plinii ex vicesimo – quinto Naturalis historiæ percipi facillime quadamtenus potest : Homerus (inquit) primus doctrinarum et antiquitatis parens gloriam herbarum Ægypto tribuit, herbasque Ægyptias à regis uxore traditas suæ Helenæ plurimas narrat, ac nobile illud Nepenthes oblivionem

[82]   *Odyssée*, IV, 212-250, in *Œuvres d'Homère*, Paris, Gallimard, Bibliothèque de la Pléiade, 1955, p. 603.

[83]   Voir n. 78.

[84]   Pline l'Ancien, *Histoire Naturelle*, XXV, 5, 11-12, éd. cit. (1974), p. 30. On trouve une autre allusion XXI, 91, 159, éd. cit., p. 83.

tristitiæ afferens, & ab Helena utique omnibus mortalibus propinandum[85].

Mais peut-être aussi l'épistolier ne s'appuie-t-il sur aucun souvenir précis, saisissant tout naturellement une image alors courante et que d'autres mettent en œuvre comme lui[86].

Contre la douleur de l'âme, il existe donc une médication, les propos du consolateur, seul « dictame »[87] capable de faire supporter l'insupportable. On aimerait en connaître les ingrédients, c'est-à-dire les arguments que la compassion inspire à celui qui a accueilli cette charge douloureuse. Il en sera question plus loin[88], et il ne pourra s'agir, dans la suite, que de dégager la coloration homérique de tels de ces développements. Auparavant on verra la mise en scène de quelques douleurs particulières présentées sur le même mode. Certains de ces cas, sans doute, ne dépassent pas l'allusion, fournissant bien peu de prise aux essais de rapprochement. Tel est celui de Pierre de Gondy, évêque de Paris, puis cardinal, qui vient de perdre son frère. C'est en 1602 que disparaît, au moment de ses quatre-vingts ans, Albert de Gondy, duc de Retz. Ce défunt, pour l'époque, avait atteint un âge appréciable, mais la douleur se mesure-t-elle au nombre des années ? G. B. Nervèze, qui s'adresse au frère du maréchal, souhaite insister sur l'intimité des rapports qui unissaient les deux hommes – et qui aggrave le deuil du survivant. Parmi les exemples qu'il donne, choisis tous dans l'antiquité, surnage un souvenir d'Homère :

vous avez tousjours esté, écrit-il, le Patrocle de cet Achille[89].

---

[85]   Cælius Rhodiginus, *Lectionum Antiquarum Libri Triginta*, (...), XIX, 3, *op. cit.*, col. 1049-1050 [première édition : 1516].

[86]   On relira, par exemple, la *Lettre de Clarion à un grand sur une animosité qu'il avoit contre lui*, dans *Les Jours et les Nuicts du Sieur de La Fontan*, *op. cit.*, f. 84, col. 1-2.

   L'auteur qui tâche de se réconcilier avec un personnage important dont il s'était attiré la colère, prétend transformer ses « parolles en ceste seule Heleine qui vous face avaler le vray Nepenthe où est l'oubly de toutes indignations ».

[87]   Guillaume Le Rebours, *Consolation funebre A Madame la Mareschalle de Farvægues, sur la mort de Monseigneur de Laval son fils*, *op. cit.*, p. 8. Cette notion, l'épistolier pouvait la tenir de Pline, *Histoire Naturelle*, XXV, 52, 92, éd. cit. (1974), p. 60.

[88]   Voir les chapitres de la Deuxième partie.

[89]   *A Monseigneur le Cardinal de Gondy*, in *Consolations funebres sur la mort de très-hault et très-puissant Seigneur Messire Albert de Gondy, duc de Rais, Pair & Mareschal de France par G. B. N.*, *op. cit.*, p. 8.

Mince indice de culture homérique, et que seul le souci d'être complet empêche de ne pas relever. Y a-t-il lieu de s'interroger sur une source ? Le souvenir de cette amitié légendaire était devenu trivial au point d'en dispenser. Aussi se contentera-t-on de signaler que ce trait, inspiré par le texte proprement dit de l'*Iliade*[90], relayé par les continuateurs[91] et autres successeurs[92], avait fini par être intégré dans les grands inventaires de vulgarisation. Ravisius en fait étalage au chapitre XIV de l'*Officina* – *De amicitia vera & amicis arcte coniunctis* – s'appuyant, entre autres, sur le XXIIe Livre :

Constituerat Achilles numquam redire ad bellum Troianum, propter ereptam sibi ab Agamemnone Briseidem : ubi tamen intellexit Patroclum amicum ab Hectore fuisse peremptum, mutato proposito bellum adiit : nec prius quievit ex animo, quam socii mortem vindicaverit. Unde mortuo Patroclo sic apud Homerum loquitur : Numquam pari dum vivam dolori afficiar.[93]

Mais la souffrance d'un frère, qu'est-elle comparée à celle d'une mère ?

Le cas est souvent évoqué, et il arrive au consolateur de le placer sur un arrière-fond homérique, fugitivement d'abord, ensuite avec plus de relief.

La maréchale de Fervaques est inconsolable depuis la mort de son fils, tombé, on le sait, en Hongrie contre les Turcs. Désespoir d'une mère en détresse que l'épistolier s'avoue incapable de vaincre sans le secours de l'être le plus proche, le mari, sommé de consoler sa « Penelope qui se desole »[94] : écho lointain des plaintes d'une reine au « cœur brisé »[95] par le départ de son fils.

Mais la Maréchale mérite mieux, et le consolateur récidive : une seconde référence aux héros de l'épopée doit anoblir un deuil dont la profondeur se refuse à l'expression. Dans les lignes qui suivent, Guillaume Le Rebours

---

[90]   Voir XXII, 386-422, éd. cit., p. 484, plainte d'Achille. Voir aussi XVIII, 310-342, éd. cit., p. 420 (deuil d'Achille après la mort de Patrocle).

[91]   Voir, p. ex, Quintus de Smyrne, *Suite d'Homère*, I, 370-380, Paris, Belles Lettres, 1963, t. 1, p. 27 : douleur d'Ajax et d'Achille après la mort de Patrocle.

[92]   Stace, p. ex., qui présente Achille lié à Patrocle *magno (...) conexus amore.* Voir *Achilléide*, I, v. 174-175.

[93]   Ravisius, *op. cit.*, XIV, p. 571. Sources ajoutées : Prop[erce]. Lib. 2 Stat [ius] Lib. 4 Syl[varum].

[94]   G. Le Rebours, *loc. cit.*

[95]   Voir *Odyssée*, IV, 699 et s., éd. cit., p. 616.

évoque, à l'intention de Madame de Fervaques, la noble figure d'Agamemnon, muet de souffrance après le sacrifice d'Iphigénie, et le parti qu'en a tiré un artiste des temps anciens :

... le Peintre Timanthe au tableau du sacrifice d'Iphygenie sur les autels de Diane, entre les souspirs & les larmes des plus proches parens, envelopa d'un manteau la face d'Agamemnon, ne pouvant exprimer l'amertume de ce Prince grec aux funerailles de sa fille. (...) Donc, si les pleurs & si les plaintes ne sont que les messagers des petites angoisses : si le silence est un authentique tesmoin des grandes afflictions, couvrant comme Agamemnon le visage de vos traverses & de vos inquietudes, sous le voille de la patience & de la magnanimité, vous rendriez preuve, Madame, que vos ennuis seroient d'une qualité infinie, puisque rien de fini ne les pourroit representer[96].

Première référence, enfin, qui dépasse l'allusion ; encore ne doit-elle rien à Homère lui-même. Le sacrifice d'Iphigénie ne figure pas dans l'*Iliade* ni, par conséquent, la douleur paternelle d'Agamemnon. On chercherait en vain aussi chez Quintus de Smyrne. Si l'épisode, en revanche, se relève bien dans les *Chants cypriens*, cycle épique relatant en onze livres les prodromes de la guerre de Troie, ce n'est pas dans cette œuvre perdue que l'épistolier aura puisé pour enrichir son texte. On serait plus affirmatif pour tel intermédiaire qui a pu passer la scène aux modernes. Au XIIIe Livre des *Métamorphoses*, Ovide s'étend longuement sur la querelle qui opposa Ulysse à Ajax au sujet des armes d'Achille ; il y aura à y revenir. Seule intéresse à cet endroit, cette partie du plaidoyer du roi d'Ithaque, où il s'attribue le mérite d'avoir décidé Agamemnon à consentir à l'impossible sacrifice, permettant ainsi le départ de la flotte et la poursuite de la campagne.

---

[96] Le Rebours, *Consolation (...) à (...) la Mareschalle de Farvagues*, *op. cit.*, pp. 3-4. On notera d'ailleurs que Nervèze, dans la lettre adressée à l'évêque de Paris, Henri de Gondy, à l'occasion de la mort d'Albert de Gondy, se sert du même épisode tout en se trompant sur l'identité du personnage principal : Agamemnon, chez lui, devient Ménélas !

« (...) Timant (...) en l'immolation d'Iphygenie (...) ne pouvant rendre à Menelas son pere le lustre requis à son extreme douleur, luy voila seulement la teste (...)» (*A Monseigneur le Reverendissime Evesque de Paris,* in *Consolations Funebres sur la mort de* (...) *Albert de Gondy, op. cit.,* p. 45). On verra plus loin une explication possible de l'erreur : la douleur de Ménélas, l'oncle de la victime, est mentionnée à la fois par Pline et Quintilien, douleur grande, sans doute, mais moins atroce que celle d'Agamemnon (voir n. 100 et 101).

(...) un oracle barbare – *duræ sortes* – commande alors à Agamemnon d'immoler sa fille innocente à l'impitoyable Diane. Il s'y refuse et se révolte contre les dieux eux-mêmes – *denegat... divisque irascitur ipsis* – ; dans ce roi il y a encore un père – *in rege tamen pater est* – ; c'est moi qui par mes discours fis céder sa tendresse paternelle – *mite parentis ingenium* – au bien public...[97]

Rien n'empêche de signaler cette filière légitimée par la place privilégiée d'Ovide dans les bibliothèques du temps[98]. Voie parmi d'autres, mais non la plus évidente. L'épistolier – les deux épistoliers[99] – associent l'événement à sa manifestation artistique : Timanthe a peint ce père voilé, aveu de son impuissance à dire une souffrance indicible. Or, plusieurs anciens, lus couramment au XVIIe siècle, ont donné l'exemple.

C'est d'abord le cas de Pline, au Livre XXXV de l'*Histoire Naturelle :*

Pour en revenir à Timanthe, (...) après avoir représenté toute l'assistance affligée – particulièrement son oncle – et épuisé tous les modes d'expression de la douleur, il voila le visage du père lui-même, dont il était incapable de rendre convenablement les traits – *patris ipsius voltum velavit, quem digne non poterat ostendere.*[100]

C'est ensuite celui de Quintilien, au chapitre 13 du Deuxième Livre de l'*Institution Oratoire,* consacré aux omissions dictées par la réserve artistique :

[Timanthe] [a]yant à représenter le sacrifice d'Iphigénie, (...) avait peint Calchas triste, et donné à Ménélas le maximum d'affliction que pouvait rendre l'art ; ayant épuisé tous les signes d'émotion, ne sachant comment rendre convenablement l'expression du père, il lui voila la tête et laissa à chacun le soin de l'imaginer à son gré.[101]

Autant dire qu'il s'agit en l'occurrence d'un fait marquant de l'histoire de l'art antique, dont la reprise dans les sommes des vulgarisateurs n'aurait

---

[97]   Ovide, *Métamorphoses*, XIII, v. 181 et s., éd. cit., t. 3, p. 61.

[98]   Voir, p. ex., dans la *Bibliographie françoise* de Goujet, suite de la 5e Partie, suite du chapitre XIII, pp. 1 à 103 (Slatkine, t. 1, pp. 665-690) consacrées à l'énumération des seules traductions d'Ovide en prose et en vers.

[99]   Guillaume Le Rebours et Nervèze.

[100] Pline l'Ancien, *Histoire Naturelle*, XXXV, 73, éd. cit., p. 68.

[101] Quintilien, *Institution Oratoire*, II, 13, 12-13, éd. cit. (1976), t. 2, p. 72.

rien d'étonnant. Certes, les *Diverses Leçons*, bien que consacrant deux chapitres aux questions de l'art[102], passent sous silence Timante, dédommagé de cette omission par une double mention dans l'*Officina* : Ravisius, sur l'autorité de Pline, rappelle la victoire de son Ajax sur Parrhasius, puis reprend la scène du sacrifice d'Iphigénie :

Pinxit Timantes Iphigeniam aris immolandam parentibus prope lacrymantibus, velato patris ejus vultu quem digne non poterat ostendere.[103]

Preuve nouvelle, s'il en fallait, de l'érudition « empruntée » des épistoliers. Voici à présent un autre mode de gérer une douleur familiale. En 1621, dans la bataille de Clairac, Madame de Termes, on le sait, perd son époux, César-Auguste de Saint-Lary, frère cadet du duc de Bellegarde. Claude-Barthélemy Morisot en prend prétexte pour rappeler un autre héros homérique et sa façon d'approcher la souffrance. Au douloureux silence d'Agamemnon succède le discours de Nestor, tout de raison :

Nestor Prince sage & vaillant, ne porte pas tousiours le deüil de la mort de son fils, il se contente de l'avoir pleuré quelques iours & luy-mesme se consolant retourne à son devoir.[104]

Ici, toujours, la consultation du texte d'Homère ne permet pas de conclure, sinon négativement. Rien sur le deuil viril de Nestor, à peine un mot sur la mort d'Antiloque, ce fils du Sage, victime, sous les murs d'Ilion, de Memnon[105] ; l'inspiration de l'épistolier doit venir d'ailleurs.

Est-ce à Quintus de Smyrne qu'il a songé ? Ce continuateur évoque à de multiples reprises l'attitude de Nestor face à la mort. Certes, quand il le montre, en son deuxième Livre, devant la dépouille de son fils, rien ne transparaît d'un stoïcisme sans faille. C'est un père anéanti que l'on voit, donnant libre cours aux larmes :

Sa perte [celle d'Antiloque] attriste tous les Danæns, et son père plus que quiconque : le deuil envahit Nestor jusqu'au fond des entrailles, quand il voit succomber son fils. (...) Aussi, malgré l'inébranlable

---

[102] Chapitre VII, *De l'excellent Peintre Apelles & de Protogenes, autre peintre de son temps* ; Chapitre XVI, *De l'excellence de la peinture.*

[103] Ravisius, *Officina*, op. cit., IV, LVI, p. 448 : *De Pictoribus ac picturis diversis.*

[104] Claude-Barthélémy Morisot, *Epistre de Nestor à Laodamie sur la mort de Protésilas*, op. cit., p. 7.

[105] Voir *Odyssée*, IV, 172-211, éd. cit., p. 602.

fierté de son âme, pleure-t-il sur cet enfant qu'a terrassé le maudit Trépas.[106]

Portrait, apparemment, d'une douleur accomplie. Or voici que, quelques pages plus loin, Nestor apparaît sous un jour différent, plus proche déjà de l'inflexible héros de Morisot. Les Grecs, à présent, pleurent un autre mort, Achille, et

la nuit brune les eût sans doute surpris au milieu des larmes, si le fils de Nélée, Nestor, n'eût adressé la parole à l'Atride, malgré l'infinie douleur qu'entretenait en son âme la mort de son fils Antiloque...[107]

Et Nestor d'exhorter ses compagnons à réserver leurs plaintes ; dans l'immédiat seul compte le pieux souci de la toilette funèbre. Interruption, donc, du deuil, mais non interdiction, et la douleur de Nestor est toujours « infinie ». Aussi faut-il attendre une troisième occurrence pour trouver un passage annonçant de façon directe la version de Morisot. Au Ve Livre, Nestor est encore amené à morigéner les Grecs que désole, cette fois, la disparition d'Ajax. Les propos suivants refusent toute concession à la faiblesse :

Amis, les Trépas ont vraiment un cœur sans pitié ; d'un seul coup, ces cruels nous ont apporté deuil sur deuil : voici qu'Ajax a péri, ainsi que le robuste Achille et d'autres Argiens, et notre fils aussi, Antiloque. Mais, quand des hommes sont tombés à la guerre, il est malséant de pleurer des jours entiers et de céder aux troubles de l'âme. Allons ! renoncez à d'indignes sanglots : mieux vaut rendre aux défunts les honneurs qui leur sont dus, bûcher, tombeau et sépulture pour leurs os. On ne ressuscite pas un mort avec des larmes, et rien ne peut toucher son esprit, lorsque les Trépas inexorables l'ont englouti[108].

« & luy mesme se consolant retourne à son devoir » : l'épistolier du XVIIe siècle coule dans une formule telles que les aimait le néo-stoïcisme de son temps une scène qu'il a pu lire chez le continuateur d'Homère, à moins qu'il ne la tienne de quelque intermédiaire...

Ainsi les épistoliers proposent à leurs destinataires les grandes figures du deuil, façon d'anoblir celui qui les accable en le haussant au niveau de l'épopée et de ses acteurs. En même temps, comme dans le cas de Nestor, il leur arrive de miser sur la vertu pédagogique de l'*exemplum* : le méditer,

---

[106] Quintus de Smyrne, *Suite*, II, 260 et s., éd. cit., t. 1, pp. 65-66.

[107] *Ibid.*, v. 514 et s., pp. 115-116.

[108] *Ibid.*, V, 601-12, t. 2., pp. 41-42.

c'est déjà s'armer contre la douleur et produire un premier de ces arguments que les consolateurs alignent pour la combattre. Il est loin, on s'en doute, d'épuiser un répertoire varié, et où il arrive encore à Homère de figurer.

Une partie obligée du parcours des consolateurs est l'éloge du défunt : on croyait à la vertu curative de l'encomiastique[109]. Guillaume Le Rebours en porte le principe au... Paradis tout en l'agrémentant d'une coloration homérique ! Dans cette vraie patrie, les anges célèbrent les qualités du défunt au point que

les voix des grands et des petits ne sont qu'une bouche qui chante des Iliades en son honneur[110].

Dans ce contexte, où on se serait attendu aux cantiques ou aux hymnes, le choix étonne. Revenons sur terre avec Nervèze soignant la mémoire d'Albert de Gondy. Certes, il se rend compte que son panégyrique du défunt pourrait être mal compris. Dira-t-on qu'il s'emploie à orner le destinataire – Henri de Gondy – des qualités de son père, gloire d'emprunt toujours ambiguë[111] ? Ajax Télamon, faisant valoir ses droits sur les armes d'Achille, refuse expressément d'inclure le prestige de sa lignée, et si l'épistolier passe outre, ce n'est point pour augmenter le crédit du fils, mais pour l'avertir de sa fortune : avoir eu ce père oblige à rendre grâces, non à se consumer en regrets :

Aiax de Thelamon debattant les armes de son cousin Achille, ne coucha point en ligne de compte, les faicts heroïques de ses ayeuls comme n'estans siens, que si je vous en ay rapporté quelques pieces, ce n'a esté pour vous en louanger, mais bien pour vous en tirer subiect de vives & certaines consolations en vous representant le bonheur qui vous accompagne d'estre fils d'un pere si sage, si vertueux & bien moralisé...[112]

---

[109] Voir ci-dessus notre première étude sur l'honnête homme et première partie du présent chapitre. Lire aussi C. Cagnat, *La mort classique, op. cit.*, pp. 26 et s.

[110] Guillaume Le Rebours, *op. cit.*, p. 31.

[111] On notera du reste que le raisonnement, commun, se retrouve chez d'autres consolateurs. Ainsi Claude-Barthélémy Morisot le développe dans la lettre à Madame de Termes citée plus haut : « On feroit tort à la memoire du deffunct, si entreprenant ses loüanges, on les alloit puiser dans l'antiquité de l'histoire de ses ayeuls. » (*op. cit.*, p. 6).

[112] G. B. Nervèze, *A Monseigneur le Reverendissime Evesque de Paris, op. cit.*, p. 46.

Une fois de plus, ce n'est pas Homère lui-même qui est en cause. En effet, si l'*Odyssée*, au Livre XI, fait allusion à la fameuse querelle, le trait relevé par l'épistolier n'y figure pas : Homère, relatant la descente aux enfers d'Ulysse, se contente de mentionner la rencontre, sans suites, des deux héros[113] : on se sépare sans trop savoir ce qui l'emporte, de la rancune de l'un ou de l'indifférence de l'autre :

... malgré sa colère, peut-être eût-il voulu me parler ou m'entendre. Mais c'est d'autres défunts qu'au fond de moi, mon cœur désirait voir les ombres.[114]

Quintus de Smyrne, en revanche, est bien plus explicite ; le Livre V tout entier de la *Suite* narre le différend qui oppose les deux chefs. Y retrouve-t-on la réflexion de l'épistolier ? Ajax, sans doute, fait la part belle à ses exploits personnels, insistant surtout sur ses mérites face à Hector « lui qui m'évitait dans toutes les rencontres, quoiqu'il te fît trembler à chaque occasion[115] ». Mais il ne peut s'empêcher d'ajouter les qualités de sa lignée :

ce que je sais, c'est que je suis cent fois plus noble et plus brave que toi : ne suis-je pas du même sang que le divin Achille ?[116]

Nervèze ne retient que le refus d'Ajax d'admettre d'autres qualités que celles dues à sa valeur ; ce n'est pas l'auteur de la *Suite* qu'il aura eu en mémoire. A-t-il songé à Ovide qui développe l'idée au Livre XIII des *Métamorphoses* ? Ici encore, Ajax commence par faire état de sa race, mais sur le mode conditionnel, et pour aboutir à une fin de non-recevoir, semblable à celle relevée chez l'épistolier, si elle n'était à son tour associée de réserves qui, de nouveau, paraissent légitimer l'argument :

Si on pouvait douter de mon courage, j'aurais encore la supériorité que me donne ma noblesse – *nobilitate potens essem* –, étant né de Télamon, qui prit les murs de Troie sous le vaillant Hercule et qui, avec un vaisseau construit à Pégase, aborda aux rivages de la Colchide. Il eut pour père Eaque, (...) ; le souverain des dieux,

---

[113] *Odyssée*, XI, 522 et s., éd. cit., pp. 709-710.

[114] *Ibid.*

[115] Quintus de Smyrne, *op. cit.*, t. 3, p. 26.

[116] *Ibid.*, p. 27.

Jupiter, reconnaît sa race dans Eaque, il le proclame son fils ; ainsi
Ajax vient le troisième dans la postérité de Jupiter ; je consens
cependant que cette série d'aïeux ne serve de rien* – Nec tamen hæc
series in causam prosit – s'ils ne sont pas aussi ceux du grand
Achille[117] ;
je consens (...) que cette série d'aïeux ne serve de rien – Ajax
Thelamon ne coucha point en ligne de compte les faits heroïques des
ses ayeulx...

les formules se recoupent, et on conclurait volontiers à une influence
directe, même si, par ailleurs, l'épistolier a modifié le texte ancien pour
l'adapter à ses besoins : l'énumération des hauts faits des ancêtres est
remplacée par la mention, brève, des qualités du père et du frère, et la
réserve de la fin disparaît. Source possible, donc, à moins qu'on ne préfère
cette autre, latine aussi, et qui ne rallierait pas moins de suffrages. Dans
l'*Art Poétique*, Horace prodigue des conseils pour ceux qui
emboucheraient la trompette épique. Cas de figure : le portrait d'Achille :

Scriptor honoratum si forte reponis Achillem,
Impiger, iracundus, inexorabilis, acer,
Jura sibi neget nata, nihil non arroget armis[118]

... qu'il se refuse les droits de la naissance, mettant tout au compte de ses
faits d'armes : c'est encore le raisonnement de Nervèze qui, en matière de
sources, avait l'embarras du choix.

Autant pour ce premier argument dont le consolateur, apparemment, ne
veut pas, et qu'il arrive cependant à glisser dans son argumentaire, ne
sachant que trop bien à quel point il flatte les destinataires quels qu'ils
soient. Vertu de la prétérition ! Il en est d'autres, qui ne concernent que les
qualités du défunt : on les développera sans détour. Et d'abord celui de
l'âge : le fils de Madame de Fervaques est mort jeune, de même que le
mari de Madame de Châtillon et le frère cadet de M. de Bellegarde[119]. A
toutes les trois, les consolateurs rappellent l'âge des héros homériques,

---

[117] Ovide, *Métamorphoses*, XIII, v. 22-30, éd. cit., pp. 55-56.
   *pas d'italiques dans le texte

[118] Horace, *Epître aux Pisons*, v. 120-122.

[119] Le premier, Guy XIX de Coligny, comte de Laval né en 1585, est mort en 1605, le
   second, César-Auguste de Saint-Lary, baron de Termes, est mort en 1621, le troisième,
   Gaspard IV de Coligny est mort en 1649.

comme s'il prouvait que la mort précoce est garantie de valeur. A la seconde, Madame de Châtillon, Cyrano de Bergerac remontre que

quand Homere & l'Histoire de tous les siecles, ne nous auroient point apris que les Heros ne meurent point vieux, [elle serait] trop sçavante pour ignorer qu'il n'y a point d'ordre dans la mort, comme il y en a dans la naissance.[120]

A la première, Guillaume Le Rebours fait observer que

Les Achilles & les Alexandres meurent le plus souvent au plus verd de leur aage[121],

et à son tour Claude-Barthélemy Morisot joint le héros de la légende à celui de l'Histoire pour apporter le même témoignage :

Achille, & Alexandre le Grand moururent ieunes. Mettons avec eux celuy qui cause vostre dueil[122].

On conçoit l'inutilité de l'établissement d'une source précise ; la jeunesse des victimes de l'épopée d'Homère a dû être proverbiale, et si le maître lui-même insiste sur celle d'Hector[123], tant de continuateurs ont relevé celle d'Achille[124].

---

[120] Cyrano de Bergerac, *Lettre de Consolation Envoyée à Madame de Chastillon sur la Mort de Monsieur de Chastillon*, op. cit., pp. 4-5.

[121] Guillaume Le Rebours, *op. cit.*, p. 27.

[122] Claude-Barthélémy Morisot, *Consolation à Monseigneur le Duc de Bellegarde sur la mort de Monsieur de Termes*, op. cit., p. 43.

[123] *Iliade*, XII, 331 et s., éd. cit. (Pléiade), p. 483 : « son âme abandonnant ses membres, prend son vol et descend chez Hadès, déplorant son destin, quittant jeunesse et force. »

[124] On songe à Quintus de Smyrne, *Suite*, L. III, v. 533 et s., éd. cit., t. 1, p. 116 : à la vue du corps d'Achille, « la sage Tritogénie se prend de pitié: elle distille sur sa tête l'ambroisie, qui conserve longtemps, dit-on, l'éclat de la jeunesse au corps des trépassés. »De même, *ibid.*, 120, la mère d'Achille accuse Zeus qui « ne lui donna que peu de jours à vivre ». Le thème de la *cita mors* – mort précoce – d'Achille (Horace, *Odes*, II, 16, 79) était devenu commun.

On prononcera le même non-lieu pour l'argument suivant, le premier à joindre l'image antique à la réflexion chrétienne. En 1639, Madame de Vineuil pleure son frère, le Chevalier de Sainte-Geneviève. Étienne Bachot lui rappelle quel doit être le comportement d'une vraie chrétienne :

> Il faut enfin en ce puissant rencontre d'affliction reprendre vostre constance ordinaire, & vous rapporter à l'usage & pratique de cette vertu des Chrestiens, qu'un grand Personnage estimoit si fort, qu'il disoit qu'elle estoit plus belle que l'Helene des Grecs.[125]

Ce « grand Personnage » ne sera autre que saint Augustin, encore que l'épistolier ait légèrement modifié son propos[126]. Quant à la beauté d'Hélène, il s'agit en l'occurrence d'un de ces thèmes trop communs pour donner prise à l'investigation. En effet, si le motif n'apparaît qu'en filigrane chez l'auteur de l'*Odyssée*[127], les continuateurs et imitateurs l'ont imposé aux générations futures, lieu commun parmi d'autres[128].

Lieu commun, sans doute aussi, sous la plume d'un consolateur chrétien que de renvoyer l'âme en détresse à Dieu, ultime recours, quand tout cède. Cet argument commun, Morisot, s'adressant à Bellegarde, l'enveloppe de références antiques :

---

[125] Etienne Bachot, *Lettre de Consolation à très-noble & très-vertueuse Dame Madame de Vineuil sur la Mort de Monsieur le Chevalier de Saincte Geneviefve son Frere, op. cit.*, p. 5.

[126] Augustin, *Epistola* XL, 4, 7, PL t. XIII, col. 157 : *Incomparabiliter enim pulchrior est veritas Christianorum, quam Helena Græcorum*. On constate que l'épistolier a remplacé « vérité » par vertu.

[127] Voir, p. ex., Livre IV, éd. cit., p. 600 : « on eût dit l'Artémis à la quenouille d'or ». Si par ailleurs, Hélène est traitée de « divine » (*Odyssée*, XV, 81-122, éd. cit., p. 752), il faut y voir une référence à son origine – elle est fille de Zeus – plutôt qu'à sa beauté. L'épithète, du reste, est reprise par les continuateurs : voir, entre autres, Quintus de Smyrne, *op. cit.*, XIII, 525, t. 3, p. 150.

[128] Voir p. ex., Quintus de Smyrne, *op. cit.*, VI, 151-152, t. 2, p. 73 : « Ils [Pâris et Eurypyle] arrivent dans la vaste et opulente demeure, où ils trouvent assise Hélène qui se pare de la beauté des Grâces. De même, XIII, 470, t. 3, p. 148, le détail de la beauté des yeux : « Que d'épreuves [les Argiens] n'ont-ils point endurées pour cette Hélène dont les paupières ont un galbe si pur. » Ou encore XIII, 385 et s., t. 3, p. 144 : Ménélas veut se venger de l'infidèle, mais « à la vue de son éclatante beauté, le cœur lui manque pour asséner son glaive sur la nuque d'Hélène ». Pour une évocation très détaillée de la beauté d'Hélène, on relira Darès Phrygien, au Livre IV du *De Bello Troiano Daretis Phrygii Poëtarum & Historicorum omnium primi De Bello Troiano Libri Sex (...)*, Anvers, Ioach. Trognæsium, (I) (IIX, pp. 64-65.

Quand Achille fut mort, Thetis ne fut pas consolee par des hommes,
Jupiter luy-mesme la consola : Pour nous donner a entendre que ceux
qui ont fait une perte si grande que la vostre, & desquels les
genereuses actions se relevent par-dessus le commun, comme les
enfans les plus favorisez du Ciel, ne doivent attendre des consolations
que de Dieu.[129]

Il faut répéter la conclusion de tout à l'heure : Homère, dans ce passage,
est pour peu. Certes, le livre XXIV de l'*Odyssée* met en scène une
rencontre aux enfers : l'ombre d'Agamemnon y entretient celle d'Achille
pour lui apprendre la douleur de sa mère :

... ta mère, sitôt qu'elle apprit la nouvelle, sortit des flots, suivie de
déesses marines, et soudain, sur la mer, monta son cri divin, et tous
les Achéens en avaient le frisson.[130]

Scène poignante, et qui connaît d'autres développements, mais Zeus
consolateur manque à l'appel. En revanche, on le retrouve dans cette
fonction au Livre IX de la *Suite*. Quintus de Smyrne y montre Anténor,
l'ancien des Troyens, demandant au maître des dieux de deux choses
l'une : qu'il empêche les champions des Argiens de s'acharner contre les
hommes de Priam, ou bien qu'il achève par une mort rapide leur martyre.
Zeus retient la seconde solution et en confie le soin à Néoptolème, le fils
d'Achille et de Déidamie :

Comme il [Anténor] adresse cette fervente prière, Zeus l'entend au
ciel : il accomplit bientôt l'un de ses désirs ; mais l'autre, il refuse de
l'accomplir. D'un signe de sa tête, il lui accorde de faire périr en
masse les Troyens, et leurs enfants ; mais il ne consent pas à
détourner le fils belliqueux d'Achille de la vaste ville : au contraire, il
redouble son ardeur, parce que son cœur le presse de rendre
hommage à la sage Néréide.[131]

Enfin consolée, Thétis, la sage Néréide ; Jupiter seul pouvait y réussir, de
même que Dieu seul peut réconforter Bellegarde. Morisot christianise une
scène de Quintus, mais qu'il peut parfaitement devoir à quelque
intermédiaire. Toujours est-il qu'une péripétie de plus de la geste
homérique a été assumée par les consolateurs du XVIIe siècle. On s'arrêtera

---

[129] Morisot, *A Monseigneur le Duc de Bellegarde, op. cit.*, p. 2.

[130] *Odyssée*, XXIV, éd. cit., p. 865.

[131] *Suite d'Homère, op. cit.*, IX, 7a et s., t. 2, pp. 180-181.

sur une dernière, de première source cette fois, et nouveau témoignage de ce passage allègre du sacré au profane, si caractéristique de l'humanisme chrétien. Guillaume Le Rebours fait entendre à Madame de Montpensier que feu le duc, son mari, est parvenu dans un pays dont les charmes effacent toute nostalgie du passé :

On dit que ceux, qui vont aux Lotophages, sont tellement charmez du goust de ce fruict Lotos, qu'ils oublient le retour de leur païs. Madame, il en est autant arrivé à la moitié de vous mesme. Ceste celeste Canaan ou croist le fruict de l'arbre de vie produit un Lothos si delicieux & si plain de douceur, que ce grand Prince en ayant une fois tasté, il a aussi tost ravy de sa pensée les plus ravissantes voluptés de la terre, il a aussi tost mesprisé le retour de ce païs que Loth monté en Segor, celuy de Sodome[132].

Canaan, ville d'Abraham[133], Loth, à Segor, oublieux de Sodome, souvenirs de la *Genèse,* au chapitre XIII[134], encore que le choix de Loth puisse paraître étrange : est-ce décent de comparer Monsieur de Montpensier à ce sybarite condamné par l'Écriture ? La référence à l'*Odyssée*, en revanche, n'étonne guère. L'eschatologie des épistoliers n'est pas celle des théologiens, et l'époque admettait facilement la représentation paganisée de l'au-delà. A partir de là, l'appel à l'épisode des Lotophages semble tout naturel. Après neuf jours d'errances sur les mers, le dixième met Ulysse et ses compagnons « au bord des Lotophages, chez ce peuple qui n'a pour tout mets qu'une fleur »[135]. Le chef envoie une patrouille de trois hommes en reconnaissance, mais

à peine en chemin, mes envoyés se lient avec les Lotophages qui, loin de méditer le meurtre de nos gens, leur servent du lotos. Or, sitôt que l'un d'eux goûte à ces fruits de miel, il ne veut plus rentrer ni donner de nouvelles[136].

---

[132] Guillaume Le Rebours, *A Madame la Duchesse de Mompensier, sur le Trespas de Monseigneur le Duc de Mompensier, son Mary, op. cit.*, pp. 10-11.

[133] *Genèse*, 12, 1 et s., *Bible de Jérusalem*, Paris, éd. du Cerf, p. 42.

[134] *Ibid.,* 13, 1-11, p. 43. On trouvera dans cette édition moderne le nom de Coar, à la place de celui de Segor. Ce dernier figure dans la *Vulgate* (*Libreria ed. Vaticana*, 1979, p. 18), reprise certainement par l'épistolier, alors que « Coar » relève de la Bible hébraïque.

[135] *Odyssée*, IX, 89 et s., éd. cit., p. 667.

[136] *Ibid.*

Image séculaire et qui ne cesse de séduire : le cas de Baudelaire le prouve[137]. Attendue dans le présent contexte, elle donne lieu, au mieux, à une petite réserve : n'est-ce pas manquer de délicatesse que de montrer à une épouse éplorée un époux oublieux de tout ce qui est terrestre, donc aussi d'elle-même ? Et l'idée chrétienne de l'union des saints – sur terre et au Ciel – n'est-elle pas plus réconfortante pour l'âme endeuillée que l'amnésie égoïste des Lotophages ? Mais l'enthousiasme humaniste de l'épistolier aura passé outre. Et il enrichit l'inventaire, étique, des références homériques.

En effet, le corpus des lettres consultées ne donne rien de plus. Certes, l'une d'entre elles, déjà sollicitée, l'*Épistre de Nestor à Laodamie sur la mort de Protésilas*, ressuscite tout un monde épique. L'auteur, d'ailleurs, s'en explique : s'il a choisi de parler de la mort de Monsieur de Termes sous le couvert de la fable, c'est que le masque poétique fait mieux supporter une réalité trop dure pour être dite sans précautions :

C'est pourquoy je voile le sujet de vostre affliction, d'un rideau tiré de l'histoire ancienne de Protesilas, pour vous preparer doucement à souffrir mes remedes, lesquels attendu l'extremité de vos blessures, ne peuvent estre qu'extremes[138].

Et de faire défiler les différentes péripéties de l'action de Protésilas, c'est-à-dire du défunt pleuré par Madame de Termes. César-Auguste de Saint-Lary, marquis de Termes, on l'a vu, est tombé dans la bataille de Clairac, engagement qui opposait l'armée du Roi à celle des séditieux. L'analyse du texte de Morisot doit donc se faire en deux approches : les épisodes qu'il présente sous la fiction épique, correspondent-ils aux détails historiques de la bataille de 1621 ; l'apport homérique, alors, serait purement onomastique. Ou encore, introduit-il dans le récit, pour l'embellir, des épisodes entiers empruntés à l'épopée, quitte à « corriger » l'événement ? On imagine que la réponse à la première question exige une connaissance détaillée du fait de 1621. Or, si les sources qui le mentionnent ne manquent pas, elle ne font que l'effleurer, passant rapidement surtout sur le cas de M. de Termes. Le siège de Clairac-sur-le-Lot[139] s'inscrit dans la campagne royale contre la sédition et s'intercale

---

[137] On songe aux vers 20 à 24 du *Voyage*.

[138] Claude-Barthélémy Morisot, *Epistre de Nestor à Laodamie*, Lettre préliminaire à Madame de Termes, *op. cit.* p. 3.

[139] Canton de Tonneins, arrondissement de la Marmande, département de Lot-et-Garonne.

entre ceux, plus importants, de Saint-Jean-d'Angély et de Montauban. Ayant duré quelque deux semaines, il n'a droit, pourtant, qu'à des relations sommaires, ne dépassant guère la page. Ainsi les *Mémoires* de Puységur en traitent succinctement et sans citer nommément le cas du marquis de Termes[140], ceux de Bassompierre, pour mentionner le personnage, ne sont guère plus explicites[141]. La relation de l'héroïsme et de la mort de Termes paraît bien relever de la lettre-fiction de Morisot[142], sans que toutefois on puisse faire la part de l'histoire et de la légende. D'où l'inopportunité d'une prise en compte à cet endroit.

*

L'étude de la présence d'Homère dans les lettres de consolation de la première moitié du XVIIe siècle demeure sans surprise : on avait annoncé des résultats réduits. Si le nombre des renvois, considérable, justifie, dans le cadre de l'enquête sur la présence de la littérature d'imagination, une place à part, ceux-ci manquent de convaincre. *Membra disjecta*, on l'a dit plus haut. L'humanisme classique des consolateurs, on l'a vu partout, est certain mais limité. Aussi le genre appelle-t-il plutôt des réflexions chrétiennes ; en ce siècle des saints, on ne meurt pas sans le réconfort de la foi. Et si les exemples – le décor – sont pris dans l'arsenal prestigieux de l'antiquité païenne, le fond de l'argumentation se doit inspirer plus haut. Hypothèse que confirment les chapitres de la Deuxième Partie. Non que l'antiquité en soit entièrement absente. Sénèque – l'auteur des *Consolationes* ! – et d'autres que le christianisme a pu assimiler, influent sur l'argumentaire des consolateurs, marquant fortement le début des

---

[140] *Les Memoires de Messire Jacques de Chastenet, Chevalier, Seigneur de Puységur (...)*, Paris, Jacques Morel, 1690, t. 1, pp. 9-10.

[141] Voir *Journal de ma Vie. Mémoires du Maréchal de Bassompierre*, Paris, Vve Jules Renouard, 1873, t. 2, p. 289.

[142] Il faut, à cet endroit, signaler un regret, celui de ne pas avoir eu l'occasion de consulter la relation des faits du *Mercure françois* de 1621.

réflexions qui vont suivre. Mais on y notera surtout l'influence grandissante, puis déterminante de l'Ecriture et de la théologie.

Deuxième partie

Les arguments ou l'évolution vers la pensée chrétienne

CHAPITRE PRÉLIMINAIRE

Raison et avant-passion dans les lettres de consolation

Voici donc l'épistolier, touché de près ou n'écrivant que sur commande, confronté à l'inévitable, concerné par le tragique le plus profond de la condition humaine. On imagine sans peine qu'il ne peut se contenter d'une enfilade d'exemples, quelque sublimes qu'ils soient et quel que puisse être leur impact pédagogique. Face à l'abîme, où tout flotte et se désagrège, il faut un corps solide d'argumentation, emportant l'adhésion de la raison bien plus que des images « éparse[s] au vent crispé du matin ».

Et d'abord, ce sont des principes qu'il convient d'établir, assises fiables qui porteront, sans faillir, l'édifice de l'argumentaire. Dans ce siècle, on imagine sans peine le rôle imparti à la Raison, celui de la Passion, aussi, qui, au sortir de quelques concessions, n'est et ne peut être que d'échec. Mais voici d'abord un premier choc à supporter, celui de la dépouille et de son horrible destin. Comment l'épistolier traite-t-il ce thème déconcertant parmi tous ?

On connaît, dans les mêmes années, les réflexions sobres, presque sereines d'un Malherbe[1] et les délectations morbides de l'esprit baroque[2]. Celles-là, on imagine sans peine que l'épistolier se les interdit.

---

[1] Voir, p. ex., *Consolation à M. Du Périer, Gentilhomme d'Aix en Provence, sur la mort de sa fille* (1598), in *Œuvres poétiques*. Texte établi et présenté par René Fromilhague et Raymond Lebègue, Paris, Belles Lettres, 1968, (« Les Textes français ») t. I, p. 159, v. 33-36 : « Ne te lasse donc plus d'inutiles complaintes : / Mais sage à l'avenir, / Ayme une ombre comme ombre, et de cendres esteintes / Esteins le souvenir ». Il est vrai que Malherbe, quelques vers plus haut, avait, furtivement, cédé au réalisme macabre : « Penses-tu que plus vieille en la maison celeste, / Elle eust eu plus d'accueil ? / Ou qu'elle eust moins senty la poussiere funeste, / Et les vers du cercueil ? » (v. 21-24).

[2] A titre d'exemple, et représentatif pour l'inspiration macabre de la littérature baroque, on relira le sonnet CXXV de Jean-Baptiste Chassignet : « Mortel, pense quel est dessous la couverture D'un charnier mortuaire un cors mangé de vers, Descharné, desnervé, où les os descouvers, Depoulpez, desnouez, délaissent leur jointure ; Icy l'une des mains tombe en pourriture, Les yeux d'autre costé destournez-à l'envers Se distillent en glaire, et les muscles divers Servent aux vers goulus d'ordinaire pasture. Le ventre deschiré cornant de puanteur Infecte l'air voisin de mauvaise senteur Et le né my-rongé difforme le visage ; (...) ». (*Le Mespris de la Vie* et *Consolation contre la*

En la circonstance, évoquer les horreurs de la tombe, relèverait du mauvais goût. Aussi le macabre, sujet de prédilection d'une certaine poésie de l'époque, est-il entièrement tenu à l'écart des lettres de consolation.

S'il faut parler du sort réservé à la dépouille, les auteurs, presque toujours, s'imposent la plus grande discrétion. Les *cendres,* au pis les *os* ; il est rare qu'ils consentent à s'aventurer au-delà. Ainsi, en 1602, Antoine de Nervèze, consolant la duchesse de Mercœur qui vient de perdre son mari, lui conseille de regarder « plustost vers le sejour de son ame, qu'au sepulcre de ses os »[3] ; ailleurs, elle doit considérer l'honneur qui « survit à ses cendres »[4], qui, deux pages plus loin, font l'objet d'une métaphore galante au goût passablement douteux : « Il ne peut estre que comme sa moitié vivante (...) vous ne soyez tousjours esprise de ses merites, & que vos flammes conjugales ne vivent encores amoureusement parmy ses cendres »[5].

Quatre années plus tard, Guillaume Le Rebours conseille, on le sait, à la maréchale de Fervaques de ne plus pleurer la mort de Mgr. de Laval, son fils, afin de « laisser dormir ses os & ses cendres dans le paisible recoy du Tombeau »[6], conseil réitéré la même année et pour la même destinataire par Jean de La Fontan : « Vous avez assez contribué de larmes à ses cendres, n'en donnez plus à ses ombres »[7].

A Thomas Pelletier, consolateur particulièrement zélé, il arrive assez souvent d'évoquer le destin des chairs sans jamais se départir de la réserve notée partout ailleurs. En 1622, il loue les amis du premier cardinal de Retz pour avoir rendu les derniers honneurs aux « os et aux cendres » du

---

Mort. Ed. critique d'apres l'original de 1594 par Hans-Joachim Lope, Paris-Genève, Droz-Minard, Textes littéraires français, 1967, p. 159, v. 1-11).

[3] Antoine de Nervèze, *Lettre consolatoire, Envoyée à Madame la Duchesse de Mercœur, sur le Trespas de Monseigneur le Duc de Mercœur*, Paris, Anthoine du Brueil, 1602, p. 12.

[4] *Ibid.,* p. 7.

[5] *Ibid.,* p. 11.

[6] Guillaume Le Rebours, *Consolation funebre A Madame la Mareschalle de Farvagues, sur la mort de Monseigneur de Laval son fils, op. cit.,* p. 44. A un autre endroit de la même lettre, cette idylle sépulcrale paraît moins certaine, l'auteur estimant que nos soupirs ne peuvent « charmer l'horreur du tombeau » (*Ibid.,* p. 10).

[7] Jean de la Fontan, *Consolation funebre A Madame la Mareschale de Fervagnes, sur la mort de Monseigneur de Laval son fils, tué en Hongrie,* in *Les Jours et les Nuicts du sieur de La Fontan, op. cit.,* f. 99, col. 1-2.

défunt[8], en 1624, la popularité du chancelier de Sillery lui paraît avoir été telle qu'il n'imagine « ame vivante qui remuë ses cendres »[9]. De même le pasteur Velhieux qui console, en 1632, Madame de la Tabarière, pleurant ce fils disparu avant l'âge, comprend son chagrin à la pensée que « là plus aymable des choses (...) n'est plus maintenant qu'un peu de cendre »[10].

Aucune des lettres consultées ne passe outre, et le consolateur ne s'arrête qu'aux cadavres... miraculeusement conservés. Grâce exceptionnelle accordée à la fille de la Maréchale de Vitry :

Ce corps estendu, qui ne causoit ny horreur aux yeux, ny peine à l'odorat, ny espouvante aux sens, ordinaires ennemis des morts, a fait naistre l'admiration, & porté l'estonnement dans les esprits les plus sçavans & les plus entendus en ces rencontres, ignorans la cause de ces effets rares & extraordinaires, & ne sçachans s'ils devoient attribuer cette heureuse metamorphose, ou à des causes occultes de la Nature, ou aux dispositions occultes de la Grace, ils se sont sentis pressez de remonter à l'Autheur de la Nature & de la Grace, & d'adorer avec respect les secrets de sa Providence dans la conduite de ses œuvres, & l'œconomie de ses creatures[11].

---

[8] Thomas Pelletier, *Lettre de Consolation sur la mort de feu Monseigneur l'Illustrissime Cardinal de Retz*, *op. cit.*, p. 13.

[9] Id., *Lettre de Consolation sur la mort de feu Monseigneur de Sillery, Chancelier de France*, *op. cit.*, p. 11.

[10] *Lettre de Monsieur de Velhieux, Ministre du Sainct Evangile, escritte a Madame de la Tabariere*, in *Lettres de Consolation faites par Messieurs Du Moulin, Mestrezat, Drelincourt, Daillé*, *op. cit.*, p. 33.

[11] Nicolas Le Fèvre d'Ormesson, *Consolation à Madame la Mareschale de Vitry, sur la mort de Mademoiselle sa fille*, Paris, Edme Martin, 1645, pp. 62-63 (pour cet exemple d'incorruption, voir ci-dessous, Corpus, (destinataires, défunts). Il est vrai que les genres apparentés à la lettre de consolation se signalent, parfois, par moins d'égards. Ainsi ce *Discours funebre de (...) Marie de L'Aubespine*, où François Berthet ne ménage pas les sensibilités : la défunte « est sujette à l'Empire de cette commune meurtriere du monde, aussi bien qu'à celle de la pourriture et des vers », (*op. cit.*, p. 2). Un peu plus loin, toutefois, il retrouve le thème des cendres : « & si la vie conforme à celle de ses ayeulx, empesche que leur memoire ne se consomme avecque leurs cendres dans le Tombeau ». (*Ibid.*, p. 7). En revanche, en 1653, retour au macabre dans le *Discours funebre fait aux obsèques de (...) Messire Charles de Laubespine (...)*, Bourges, Jean Cristo, 1653, pp. 40-41 : « Mais fallait-il que ce grand Homme mourût, et que celui qui avait tant fait de belles actions, fût porté dans le tombeau livré aux vers, et abandonné à leur cruauté, pour être leur pâture... ». Dans le même sens, on relira tel passage peu réconfortant de la *Consolation en Dieu sur le regret d'une*

En somme, dans ce discours qui se veut réconfortant, la litote est de mise chaque fois qu'il est question des déchéances physiques. Aussi n'y a-t-il rien de plus significatif à cet égard que telle phrase de Guillaume Le Rebours avec ce voile de pudeur dont elle enveloppe les choses dernières :

« Il est bien vray que ce corps, serviteur de l'homme, & que ces richesses, servantes du serviteur de l'homme, comme des composez de matiere & de forme passent en une moindre condition... »[12].

« Une moindre condition », face aux affres de la tombe, on mesure la portée de l'euphémisme. On ménage donc, point de doute, la sensibilité du lecteur. Ce n'est pas dire que, dans les lettres, la mort comme telle paraisse amoindrie. Ne serait-il pas frustrant, pour le consolateur, d'exercer son talent où il n'y a pas lieu ? Aussi certaines de ces pages sont-elles parcourues par un vrai frisson d'horreur, *horror mortis,* qui légitime le recours à toutes les ressources du discours consolatoire. En 1602, pour Guillaume Bernard Nervèze, la mort est « source eternellement feconde d'ennuis » « l'horreur du monde », l'effroy (...) certain des hommes », « hydre horriblement difforme & pernicieusement cruel », « Cerbere insolent », « le plus redoutable & terrible accident qui peut survenir aux vivans », « monstre imparfaict & affreux », d'une « injuste & implacable cruauté »[13].

---

personne aimee, s. n. n. l., 1612 d'Isaac Arnauld : [quoi de plus triste qu'une veuve] « qui n'a autre object devant les yeux qu'un corps demy-pourry dans la terre (...) ». Quant aux oraisons funèbres, le thème ne semble pas y être d'importance. Dans celles écrites à l'occasion de la mort de Henri IV et recueillies par G. du Peyrat, les exemples sont rares. En voici un, toutefois, assez féroce : « Nous pouvons bien aller au sepulchre des Rois pour descouvrir les piperies du monde, la vanité de la gloire humaine, la tromperie de la beauté du corps, la misere de ceste vie, le peu de cas que les grands doivent faire de ceste splendeur passagere, nous pouvons bien aller, dis-je pour cest effect aux sepulchres des Rois, puis que les Rois mesmes vont bien au sepulchre de leurs subjects. Le grand Roy François premier du nom s'en ala un jour au tombeau de la Laura, la plus prisee pour sa beauté qui fust jamais, le fait ouvrir, & ne trouva que des os & une anatomie horrible, affreuse & puante ». (Voir Jean Petriny, *Oraison funebre sur le trepas du. grand Henry IIII. (...),* in *Les Oraisons et discours funebres sur le trespas de Henry le Grand, Roy de France et de Navarre, Dediees au Roy,* par G. Du-Peyrat, Paris, Robert Estienne, 1611, pp. 484-85).

[12]   G. Le Rebours, *Consolation funèbre A Madame la Mareschalle de Farvagues, op. cit.,* pp. 30-40.

[13]   Guillaume Bernard dit Nervèze, *A Monseigneur l'illustrissime Cardinal de Gondy,* in *Consolations funebres sur la mort de treshault et tres-puissant Seigneur Messire Albert de Gondy, Duc de Rais, Pair & Mareschal de France, op. cit.,* pp. 3-4.

Les accents sinistres de cette lettre au cardinal de Gondy se retrouvent, la même année dans celle à l'évêque de Paris. Ecoutons la lamentation funèbre des neveux du défunt :

O traistresse & desloyalle mort, qui as meurtry nostre bon pere ! qui d'un seul traict as tué un Pair, un Mareschal de France, tu as vomy l'aconit de ton infernal gosier sur un Duc, un Chevalier (...). Monstre despit & sans oreilles, qui n'oys ceux qui te reclament, & le sage, & l'humble & l'innocent, sans esgard à l'aage, sexe ou qualité de quelconque : bourrelle & sacrilege, tu as rompu le temple de vertu. O comment maudite Lerne, tu nous faicts humer, & à longs traicts, le poison de ta venimeuse haleine, espanchant plus de malheurs sur ceste affligee maison, qu'onques Pâris n'en attira sur Troye. Palle Gourgonne, l'horreur de ta vergongneuse trogne a changé nos allegresses en pleurs, nos plaisirs en tristesses, nos trompettes en crieurs funebres, nos lances en lugubres flambeaux, nos rouges hocquetons en robbes noires, nos empenachees sallades en chapperons de dueil, nos lauriers en Cyprés, nos estats en fumee, & nos honneurs à rien. Et pourtant ta stigieuse noirceur joincte à la cruauté naturelle, ne seroient [sauroient] faire que la plus reculee posterité de temps en temps, & de main en main, ne sçache que nous avons esté enfants d'un pere, duquel les belles vertus ne perdront jamais leur lustre, leur vigueur, leur verdeur : tels sont leurs cris, telles leurs plainctes, ...[14]

La même année encore, et par le même auteur, la duchesse de Rais entend discréditer la mort comme combattant déloyal[15], « rocher[s] Capharneen[s] (...) où toute nef doit singler pour s'y rompre »[16], elle est mise en garde contre la « rage impitoyable d'Atropos en fureur... »[17]. Quatre années plus tard, Guillaume Le Rebours n'a pas assez de toute son érudition pour clamer l'effroi que lui donne « ce rien [qui] consomme toutes choses »[18],

---

[14] Id., *A Monseigneur le Reverendissime Evesque de Paris, ibid.,* pp. 41-42.

[15] Id., *A Madame la Duchesse de Rais, ibid.,* p. 49 : « C'est à ce coup que la mort sans recognoistre, donnant à la visiere, nous a porté cet estoc droit au chef & que la playe en est d'autant plus dangereuse & mortelle ».

[16] *Ibid.,* pp. 57-58.

[17] *Ibid.,* p. 53.

[18] G. Le Rebours, *Consolation funebre A Madame la Mareschalle de Farvagues, op. cit.,* pp. 18-19 : « Pour parler sainement, il faut avouer que toutesfois ce rien consomme toutes choses, que ce rien est un renfrogné Saturne, qui fauche les hommes comme

et en 1610, après le coup fatal de Ravaillac, Louis Richeôme, se souvenant des injonctions du Sauveur, évoque une scène véritablement lugubre :

II [le Christ] parle en bon & sage Capitaine, exhortant ses soldas, & leur dict, VEILLEZ, & ne vous endormez point en sentinelle ; car la mort vous y surprendra ; elle va par tout, soit ouvertement, soit en cachette, & ne cesse d'aller faisant la ronde sur les murailles, & aux corps de garde, & par tout ; elle entre par tout, & n'y a forteresse, ny porte, qui luy puisse fermer l'entree ; elle enfonce tout avec la poincte de son dard & la dureté de ses os ; (...) Et se plaist à surprendre ses gens, & brandir son espieu dans le sein de ceux qui sont endormis, & quand ils y pensent le moins[19].

Ou encore voici Bachot écrivant, en 1639, à Madame de Vineuil après la mort de son frère, et qui montre cette mort aux oreilles de bronze sourde aux appels des malheureux[20]. Aussi l'heure dernière paraît-elle à Le Fèvre d'Ormesson : « cette heure qui fait l'effroy de la vie, l'horreur de la nature, & l'espouvante des hommes, qui estonne le raisonnement humain, qui surprend les sens, qui jette les puissances de l'ame dans l'interdit, & fait pâlir les plus Saincts[21] ».

Il faut s'y attendre : le consolateur, devant cet abîme d'horreur, se déclare impuissant ... du moins dans un premier temps. L'impossibilité de la consolation est un topos de la plupart de ces lettres, ou plutôt de leur exorde. Guillaume Bernard Nervèze, qui se résigne – d'abord – à joindre

---

l'herbe, que ce rien devore tout, que c'est une Salamandre, dont la mortelle froideur glace les flammes de la vie : que c'est un Crocodille qui ne trouve point d'Icneumon, que c'est un Aspic, un serpent du venin & des morsures duquel, ny les Psiles, ny les Ophiogenes ne se peuvent guarantir. Ce rien est leger, si bien asseuré sur ses demarches & sur ses gardes, qu'on ne le peut estoccader, le duel de la mort & de la vie n'a point de coups fourrez, l'un demeure tousjours vainqueur & maistre de la place, celuy qui se trouve le premier sur le pré, c'est celuy qui tombe le premier, bref, ce rien est un deluge qui submerge tout, un Monarque qui subjugue tout ».

[19] Louys Richeôme, *Consolation envoyee à la Royne Mere du Roy, et Regente en France, sur la mort deplorable du feu Roy tres-Chrestien de France & de Navarre Henry IV, son tres-honoré Seigneur & Mary, op. cit.*, p. 136-37.

[20] Etienne Bachot, *Lettre de Consolation à tres-noble et tres-vertueuse Dame Madame de Vineuil sur la mort de Monsieur le Chevalier de Saincte Geneviefve, son frere, op. cit.*, p. 8.

[21] Nicolas Le Fèvre d'Ormesson, *Consolation à Madame la Mareschale de Vitry, op. cit.*, p. 40.

ses larmes à celles de la duchesse de Rais, ouvre une longue litanie de la désolation :

Mais helas ! quel mesconte. Je suis bien loing de mes projects, qui pensant vous consoler suis forcé plorer avec vous, resentant & mon mal & ma perte. Je ne puis certes en ce lugubre office celer ma tristesse, tenir mes larmes, ny caché (sic) mon regret[22].

---

[22] G. Bernard Nervèze, *A Madame la Duchesse de Rais*, in *Consolations funebres (...)* *op. cit.*, p. 48. Voici quelques exemples de ce qui a fini par devenir un véritable lieu commun du genre : Antoine de Nervèze, *Lettre consolatoire envoyee à Madame la Duchesse de Mercœur, op. cit.*, pp. 3-4 : « Je sçay bien que son mal [celui de Mme de Mercœur] ne cedera jamais à ce remede. Aussi ne l'offre je pas pensant fermer sa playe, mais seulement pour la consolider & fomenter sa patience ». De même, *ibid.*, p. 5 : « Ce n'est pas que je pretende de parvenir à la guerison de celuy [de ce mal] qui vous possede ».

Jean de Montereul, *Consolation à Tres-Illustre et Tres-Vertueuse Princesse Madame la Duchesse de Montpensier Sur le Trespas de Monseigneur son Pere*, Paris, Rolin Thierry, 1608, pp. 3-4 : « Car apres avoir bien consideré sa grandeur & ma foiblesse, je suis entré en apprehension que ce petit ouvrage ne se trouve pas digne d'elle, ny propre pour estre employé à la consolation d'une si grande Princesse en une si grande affliction ».

Antoine de Nervèze, *Discours consolatoire à la France sur le trespas de tres-haut, puissant, sage & vertueux seigneur Alfonse Dornano, op. cit.*, pp. 4-5 : « Mais de quelles raisons pourray-je combatre ton infortune, pour en alleger le ressentiment ? Puis-je trouver des paroles de consolation pour des effects de malheur si sanglans, & n'est-ce point faire le temeraire en voulant faire le charitable ? ».

Id., *Lettre consolatoire A Monseigneur le Mareschal de Themines, Sur le trespas de Messieurs les Marquis de Themines & de Lozieres, ses Enfans, l'un mort devant Montauban, l'autre devant Monhurt*, Tours, Jean Oudot, 1622, pp. 3-4 : « S'il faut proportionner la force des remedes à la violence des maux pour les rendre curables, Je ne voy pas que les hommes ny la prudence humaine vous puissent fournir d'un remede assez fort pour guerir ou consolider la douleur de vos pertes signalees, arrivees si pres les unes des autres, que la derniere vous a trouvé sur les gemissemens & les larmes des premieres ».

Pierre Milon, *Consolation à Madame de Guise sur la mort de Madame*, Paris, Jean Guillemot, 1627, p. 10 : « Tout ce que nous pouvons faire, c'est de recognoistre avec vous l'excez de vostre malheur, le ressentir avec vous, & le pleurer avec vous ». Recueil collectif : *Lettres de consolation faites par MM. Du Moulin, Mestrezat...*, *op. cit.*, pp. 1-2. *Lettre de Monsieur Du Moulin (...) à Madame de la Tabariere* (20 août 1629): « L'affliction que vous avez receue en la perte d'un fils de si grande

Du coup on imagine que rien ne doit paraître plus aberrant que de s'opposer aux larmes des survivants.

Bref tout ce qui a illustré sa vie & son trespas, & ne voyant plus devant tes yeux un homme si digne & si parfait : Il est croyable que tu fondras toute en pleurs, & penseras encores ne l'avoir pas assez pleuré, comme à la verité la grandeur de ta perte oste le nom d'excez au torrent de tes larmes[23].

Ce qu'Antoine de Nervèze concède ainsi à la France, privée du maréchal d'Ornano, il ne le refuse pas, huit années plus tard, au duc de Nevers que viendra soulager cette « saignée de l'âme », indiquée après le trépas de la duchesse :

Je ne pretens point, Monseigneur, d'arrester pour encor vos pleurs, bien que mon dessein soit de les appaiser. Je sçai que ceste seignee de l'ame est necessaire à vostre soulagement, & que l'industrie de l'art ne peut avoir si tost la force d'arrester le cours de la Nature, en une occasion où l'amour & la mort disposent de vostre cœur, & semblent estre les arbitres de vostre vie[24].

Auparavant déjà, Thomas Pelletier avait fait preuve, à l'égard de Catherine de Clèves, du même esprit de compréhension :

C'est pourquoy aux plus rudes espraintes, le meilleur est de laisser prendre cours à la douleur, afin que s'exhalant peu à peu, elle se rende capable de parler elle mesme, & de recevoir consolation de

---

esperance, est si grande qu'il y auroit de la cruauté à vous consoler en la diminuant ». *Ibid.*, p. 21, *Lettre de Monsieur Daillé (...) à Monsieur de la Tabariere* : « Ce n'est pas pour vous consoler que je vous écris ; La playe que vous avez receue est trop grande & trop fraische pour l'entreprendre». E. Bachot, *Lettre de Consolation à (...) Madame de Vineuil, op. cit.*, p. 3 : « Ma douleur, dans le peu de loisir d'un employ journalier, m'a dicté quelques raisonnemens, que je vous offre d'autant plus librement que je sçay que vous en regrettez passionnément la cause & le subjet ; non pour vous servir de consolation en une perte irreparable, qui estes seule capable de vous consoler vous mesme ».

[23] A. de Nervèze, *Discours consolatoire à la France (...), op. cit.*, p. 4.

[24] Id., *Lettre de Consolation à Monseigneur le Duc de Nevers Sur le Trespas de Madame la Duchesse de Nevers, op. cit.*, p. 4.

ceux, qui touchez d'un vif ressentiment de l'infortune d'autruy, participent aux communs regrets d'un funeste accident.[25]

Et même, bannir les larmes, n'est-ce pas bannir avec elles les belles qualités dont elles sont signes, la charité, l'humanité, la tendresse, la générosité ? Ecoutons encore Thomas Pelletier et Antoine de Nervèze qui apostrophent, le premier, Marie de Medicis, le second, une fois de plus, le duc de Nevers :

C'est marque d'avoir le cœur tendre, humain, pitoyable, que de plaindre & regretter la perte de ce que le sang vous oblige de cherir & d'aimer. Le dueil, les larmes & les souspirs de vostre Majesté en ceste nouvelle infortune, dont il a pleu à Dieu la visiter, sont autant d'offices d'une Mere vrayement charitable envers les siens[26].
Le prix & les merites de ceste chere espouse que vous avez perdue rendent vos ennuis si justes, que la qualité de Prince genereux & magnanime ne retranche rien en l'honneur de vos larmes, au contraire, elle donne plus de lustre à l'amitié, & fidelité d'un Espoux qui en ceste perte, pense avoir tout perdu...[27].

Enfin comment condamner les larmes, quand les meilleurs et les plus grands ne se sont pas défendu d'en verser ? Dans la réponse du sieur d'Expilly au Père Arnoux, à l'occasion de la mort de jeune Laurent de Chaponay, on note ce mélange d'autorités chrétiennes et païennes, si caractéristique du siècle, et dont la seconde composante – païenne – a été étudiée tantôt :

Je me trouveroy plain de confusion d'avoir tant pleuré, si les exemples ne me garentissoient. David pleuroit un fils rebelle & desobeyssant : *Absalon fili mi, quis mihi tribuat ut ego moriar pro te ? Absalon, fili mi,* Solon pleura avec des longues larmes la mort de

---

[25] Th. Pelletier, *Lettre de Consolation A tres-illustre et tres-vertueuse Princesse Catherine de Cleves, (...) sur la mort de feu Monseigneur le Chevalier de Guyse, son fils, op. cit.,* p. 3.

[26] Id., *Lettre de Consolation A la Royne Mere du Roy, sur la mort de feu Monseigneur le Duc d'Orléans*, Paris, François Huby, 1611, pp. 3-4. Elle a perdu le duc d'Orléans en 1611, une année après l'assassinat de Henri IV.

[27] A. de Nervèze, *Lettre de Consolation à Monseigneur le Duc de Nevers (...), op. cit.,* pp. 4-5.

son fils ; Pericles, Camillus, Paul Emile*, & tant d'autres ont porté impatiemment tels accidents, le bon Jacob le fit voir quand il pleuroit son petit Joseph[28].

Et le Christ, pleurant Lazare ? On se doute qu'il n'a pas été oublié, et nous le retrouverons lors d'un développement ultérieur. Retenons pour l'instant que les larmes étant permises, souhaitées même, l'ambition du consolateur ne saurait consister à les faire tarir. Ce n'est pas dire, cependant, qu'il se résigne à l'inaction. S'il intervient, c'est pour régler le débit, pour empêcher les excès. Que les larmes coulent, que la douleur s'exprime, mais avec modération, tel est le but que se propose d'atteindre la pédagogie consolatoire. Pour y arriver, La Fontan sollicite des éléments de physique assez inattendus en ce lieu. Il écrit les lignes suivantes pour la maréchale de Fervaques, mère éplorée :

Quoy, Madame, que voulez-vous devenir par l'excez de vostre affliction ? Est-ce pas que vous en cherissez la douleur pour l'avoir extremement affectionné ? Pourtant ce n'est que de l'eau, et peut-elle bien monter à luy, veu mesme que la nature de ceste element tend tousjours en bas. Ouy, vos pleurs fondent tout, pour parvenir à Dieu, devant la face duquel Monsieur le Comte de Laval habite. Ils s'exhalent premierement en l'air que leur zele penetre pour leur faire passer ce feu elementaire, voisin du Firmament, qu'ils ouvrent par une pieuse violence, lors ils se presentent devant l'Eternel qui les reçoit en bonne odeur. Mais qui toutesfois commande que cette passion soit temperee par la patience, que vostre vertu se pare des perles de la constance, & que vostre affliction ne se plaigne plus à luy de sa justice[29].

---

[28] Expilly, *Response dudict sieur d'Expilly A Monsieur, Monsieur le Reverend Pere Arnoux, de la Compagnie de Jesus*, in *Tombeau de Laurens de Chaponay, op. cit.*, f. 26, col. 2. Référence scripturaire : 2, *Samuel*, 19, 1. Voir aussi Berthet, *Discours sur le Trespas de (...) Marie de L'Aubespine (...), op. cit.*, pp. 2-3 : « Mais encore que ce triste image de cette espouventable carcasse, qui represente la mort, soit effacé de dessus son Tumbeau, pour y graver celuy d'un agreable sommeil. Si pourtant cela n'estanche-il pas toutes nos larmes, non plus qu'il n'estouffe tous nos souspirs, qui sans cruauté ne sçauroient estre appelez criminels, puis que Tobie assez severe dans la pieté, permet bien de pleurer sur les cendres des morts ». Et *ibid.*, pp. 7-72 : Douleur des disciples de saint Paul et de saint Martin à la mort de leurs maîtres. Plutarque : l'allusion est à la *Consolation à Apollonius*.

*   Voir Première Partie.

[29] Jean de la Fontan, *Pour Madame la Mareschale de Fervagnes (...)*, in *Les Jours et les nuicts, op. cit.*, f. 97, col. 1, f. 98, col. 1. La destinataire est identique à celle de G. Le Rebours (note 18).

Pour dire la même chose, la même année et à la même destinataire, Guillaume Le Rebours ne fait pas étalage de moins de science, mais c'est à l'histoire qu'il demande appui, et à la tradition grecque qu'il oppose à celle des barbares :

> Vous, Madame, sur qui, comme sur un tableau de perfection, tout le monde hausse la veüe pour former les actions de sa vie, vous sacrifiant comme une victime d'amertume à toutes sortes de fureurs, de tourmens & de peines, vous desbordant outre le naturel en des lamentations desreiglees & en des exclamations demesurées, vous prostituant à des mouvements inhumains, vous ressembleriez (chose messeante comme dit Plutarque*, & notamment à une dame de qualité) les Barbares qui la plus part descendoyent sous terre en des canaux tenebreux, sans vouloir seulement regarder la douceur de la commune lumiere du Soleil, puis que le sujet de leur affliction en est privé. La Grece, nation autrefois la mieux apprise, la plus civile, la plus vertueuse & la plus florissante, aux funebres actions des morts, se monstroit presque insensible aux coups de la douleur, contente (pour tout signe de chagrin) de se revestir d'une robe blanche, & de s'environner le chef de guirlandes & de festons, comme pour marcher en la pompe de quelque triomphe, sçachant, bien que c'estoit affaire aux Egiptiens, aux Assiriens, & aux Perses, peuples rudes & grossiers, à se souiller d'ordure, à s'infecter de fange, à s'espandre negligemment les cheveux, à se couper la barbe, à se tordre les bras, deschirer les habis, battre la poitrine, s'esanglanter le corps. Imitez, Madame, la sagesse de ces Grecs, & laissez aux petites gens, la lie du peuple, au commun de vos vasseaux & de vos sujets, le brutal usage de cette insolente coustume d'Egypte, d'Assirie & de Perse[30].

Peut-être, à l'érudition, Madame de Fervaques préfère-t-elle la poésie ? L'art de la métaphore, pour ce consolateur, n'a rien d'incongru :

---

[30] G. Le Rebours, *Consolation funebre A Madame la Mareschalle de Farvagues, op. cit.*, pp. 5-6. Voir aussi Th. Pelletier, *Lettre de Consolation sur la mort de Mgr. de Sillery, op. cit.*, pp. 3-5 : « Car de passer ces bornes, & ces justes limites ce seroit estre semblable aux Scytes & aux Barbares, qui se descouppent & deschirent les membres du corps, pour tesmoigner leur brutalle passion sur le cercueil de ceux qu'ils cherissent le plus au monde ».

* Plutarque : l'allusion est à la *Consolation à Apollonios*.

Si vostre œil, comme le nostre, troublé d'un funeste nuage de pleurs, s'apprestoit à pleuvoir des larmes : pour le moins que ce ne soit qu'une rosée, que ce ne soyent point des orages, que ce ne soyent que des Zephyrs & non des Aquillons[31].

Le Père Arnoux, que préoccupe, en 1613, la mort de Laurent de Chaponay, n'aurait point désapprouvé l'idée. Mais il est prêtre : au lyrisme profane, il substitue les exhortations de l'Ecriture :

Si doncques l'aiguillon de la mort de celuy qui se trouvoit au milieu de vostre ame, vous a cruellement enferré avec luy d'une douleur incomparable, & pour cela vous avez obey à la voix du sage, *modicum plora super mortuo, quia lux defecit eius** : Je ne doute point que depuis quand il vous a semblé en estre temps, vous n'ayez fait tarir la source de vos gemissemens & estouppé les conduictes de cette relante langueur qui n'est pas malseante pour un peu[32].

Pleurer donc, mais avec modération, le conseil est sage ; encore faudrait-il les moyens de le suivre. On se doute qu'à elles seules, images et citations se révèlent peu efficaces. Or, voici un allié de poids dans ce siècle qui a fait tant confiance à la raison. C'est cette dernière, en effet, qui est sollicitée pour légitimer la douleur. Celle-ci, ne peut-elle pas se dire « raisonnable » ? C'est l'épithète retenue par Guillaume Le Rebours dans la lettre à Madame de Fervaques :

Madame, Il est raisonnable, le mal est trop violent pour ne le point sentir, la douleur trop profonde pour la taire, la blesseure trop grande pour la cacher, & la perte trop signalee pour vous empescher de la plaindre[33].

---

[31] *Ibid.*, p. 4.

[32] Arnoux, *Lettres du R. P. Arnoux, Jesuite, A. Monsieur, Monsieur d'Expilly, Conseiller & Advocat general du Roy en la Cour de Parlement de Dauphiné*, in *Tombeau de Laurens de Chaponay, op. cit.*, f. 16, col. 1-2.

*   Pour l'extrait de l'Ecriture, voir *Ecclésiastique*, 22, 11 (Jésus Sirach) :

Pleure un mort : il a perdu la lumière ;
Pleure un insensé : il a perdu un esprit ;
Pleure plus doucement un mort, car il a trouvé le repos ;
Pour l'insensé la vie est plus triste que la mort.

[33] G. Le Rebours, *Consolation funebre A Madame (....) de Farvagues, op. cit.*, p. 1.

Et la même année, La Fontan, apostrophant Madame de Courtenay,
associe encore sentiment et raison, couple insolite : « tout vous esmeut au
sentiment, la raison, l'affection, le devoir »[34].

En 1609, dans la lettre d'Antoine de Nervèze à Monsieur de Saint-Luc sur
la mort de sa femme, voici une dissociation inattendue. Le « jugement »
du veuf agrée des arguments de consolation que la raison incite la douleur
à repousser :

Vous prestez bien l'oreille aux discours du monde, & toutes-fois
ayant perdu ce que vous aviez de plus doux & de plus cher au monde,
je croy que vostre douleur repousse par raison, ce que par modestie
vostre jugement feint d'avoir agreable[35].

---

[34] J. de La Fontan, *A Madame de Courtenay, sur la mort de Monsieur le Baron de
Courtenay, son fils*, in *Les Jours et les nuicts*, *op. cit.*, f. 99, col. 2. A cet endroit, certes,
il convient de préciser que la dissociation traditionnelle raison-sentiment, en fait, ne se
généralise qu'à la fin du siècle. Auparavant, les deux notions, parfois, s'opposaient si
peu qu'elles n'étaient pas loin de se confondre. (Voir à ce sujet Jeanne Haight, *The
Concept of Reason in French Classical Literature, 1635-1690*, Toronto, Buffalo,
London, University of Toronto Press, 1982, pp. 156-157). Ainsi l'étude du terme
chez Bossuet suggère la conclusion qu'il désigne *more than a discursive and rational
faculty ; it may refer to moral capacities*. « *Raison* » *is not necessarily contrary to
passion or in conflict with deeply felt emotion* (*op. cit.*, p. 27). De son côté, il arrive à
Descartes d'associer raison à intuition (*op. cit.*, p. 80), à Fénelon de l'identifier à
l'« âme » ou au « cœur » (*ibid.*, p. 82, voir aussi le cas de Pascal, *ibid.*, et. p. 97). Pour
Méré, la raison est « une puissance de l'âme commune à l'esprit et au sentiment » (cit.
par Haight, *op. cit.*, pp. 88-89), Arnauld et Nicole établissent un lien étroit entre sens
et raison (*ibid.*, pp. 101-102 ; voir de même Gassendi et La Mothe le Vayer, *ibid.*,
p. 107).

En somme, notion complexe, ou dirait-on vague ? Voici le commentaire amusé de R.
Michéa : « Amusette pour les beaux esprits auxquels elle donne l'occasion de déployer
leur ingéniosité, enseigne que tout auteur accroche à sa boutique, livrée de quiconque
veut passer pour un honnête homme, la raison du temps de Louis XIV (...) n'est qu'un
vocable aux contours imprécis et flottants, qui permet tous les mirages, autorise tous
les espoirs, s'accommode de toutes les contradictions ; deux syllabes jetées en pâture à la
mode, à la vanité, au pédantisme ; deux syllabes qui évitent de penser et sur lesquelles
– ô vertu unifiante du langage – tout le monde s'entend, parce que, sans y prendre
garde, chacun y loge la seule chose qu'il puisse y loger : sa conception particulière de la
vie et de l'art » (in *Revue Philosophique*, 1938, sept.-oct., p. 192).

[35] A. de Nervèze, *Consolation envoyée à Monsieur de Sainct Luc, Sur la Mort de
Madame de S. Luc, sa femme*, Paris, Toussaincts Du Bray, 1609, pp. 5-6. En
revanche, dans une lettre postérieure, le même auteur réassocie les notions ici

Or, on l'imagine sans peine : la raison qui légitime le principe de la douleur, garantit plus encore sa limitation. Si elle ne s'oppose pas à l'épanchement, elle sera le recours le plus sûr contre l'excès. Ecoutons toujours Le Rebours entretenant Madame de Fervaques :

II est raisonnable (comme je l'ay dit) qu'elle pleure, l'affection doit exiger ce tribut la de son esprit : ce seroit arracher la clarté du Soleil, l'humidité de l'eau, emprisonner le vent, que d'oster les larmes à la douleur, c'est un devoir d'amour, & l'office d'une mere que de regretter le trespas de son fils. Mais comme il faut que la raison soit la mesure de nos joyes, aussi faut-il qu'elle soit la regle de nos tristesses[36].

Et plus loin :

Mais les graves (je veux dire les sages) qui brident avec le mords de la raison, la fougue de leurs passions, vous accuseront pour une telle extremité (...) ne vous metez vous point devant les yeux de la raison,

---

dissociées. Il faut y voir une preuve de plus d'un vocabulaire à manier avec prudence : « Or, Monseigneur, comme par raison & par jugement je croy vostre affliction estre extreme, la mesurant à la qualité de vostre perte, par cognoissance & tesmoignage apparent & proche de mes yeux... » (A. de Nervèze, *Lettre Consolatoire à Monseigneur le Mareschal de Themines*, *op. cit.*, pp. 11-12). D'autres exemples témoignent de la fréquence de l'idée. Voir, p. ex, Berthet, *Discours funebre, sur le Trespas de (...) Marie de L'Aubespine (...)*, *op. cit.*, épître dédicatoire à Charles de L'Aubespine : « Je souffre librement, que quantité condamnent ma liberté & disent qu'elle procede contre la Loy, qui defend de porter l'affliction chez les affligez, ny mesler les souspirs parmy les larmes : Mais aussi qu'ils souffrent que je condamne cette Loy contraire à la raison, qui veut que le plaisir sorte de la conformité, & que rien ne soit plus agreable aux affligez, que de condamner la cause de leur peine, & accompagner leur juste douleur de larmes & de soupirs. Je suits donc la raison, & quitte ceste Loy, qui me defend de pleurer devant vous à la veuë de ceste meurtriere ». Et *ibid.*, p. 72 : « II est bien raisonnable de pleurer sa mort... ».

De même, Cyrano de Bergerac, *Lettre de Consolation Envoyee A Madame la Duchesse de Rohan Sur la Mort de feu Monsieur le Duc de Rohan Son Fils, surnommé Tancrede*, *op. cit.*, p. 4 : « Je crûs (...) que ce seroit mesme entreprendre sur la philosophie des Saints, que de condamner un deuil si juste, & une tristesse raisonnable ».

[36] G. Le Rebours, *Consolation funebre A Madame la Mareschalle de Farvagues*, *op. cit.*, p. 9.

qu'il n'est rien de plus fuiant, rien de plus vain, rien de plus fragille que la vie[37].

De même Louis Richeôme, enseignant à Marie de Médicis le droit à la douleur, établit la justesse d'une passion contrôlée et freinée par la raison :

Les doleances sont naturelles & necessaires, où il y a tant de causes & de si justes de se douloir ; & si elles sont bien faictes ce sont autant de descharges d'une ame angoissee, & autant de consolation. La passion me desrobbe voirement le sens & la voix, mais la raison qui me dict que je dois parler & escrire me fournit & matiere & parolles : si la passion est raisonnable, la raison luy doit commander ; si elle est sans raison, il ne la faut pas croire[38].

Programme apparemment rempli par M. d'Expilly à qui le Père Arnoux certifie que sa « raison tient mesure sur les ressentiments »[39].

Les consolateurs, d'ailleurs, sont catégoriques : le temps viendra à bout du sentiment le plus violent. Au sage de le devancer et d'obtenir par les voies de la raison ce que les mois et les années ne peuvent manquer d'opérer.

---

[37] *Ibid.*, p. 14.

[38] L. Richeôme, *Consolation envoyee A la Royne (...)*, *op. cit.*, p. 9.

[39] Arnoux, *Lettres du RP Arnoux à (...) Monsieur d'Expilly*, in *Tombeau de Laurent de Chaponay*, *op. cit.*, f. 14, col. 1.

Quelques autres exemples qui vont dans le même sens : Jean Sirmond, *Consolation à la Reyne Regente sur la mort du feu Roy*, Paris, Jean Brunet, 1643, p. 3 : « Mais, comme il n'est rien de si legitime dont on n'abuse quelquesfois, & que l'excez est tous jours blasmable en toutes actions : il faut bien, s'il vous plaist, Madame, que V. M. se garde de passer les bornes que la raison prescrit à cettecy : de peur que s'en esloignant elle ne fist possible, sans y penser, quelque chose d'indigne de sa glorieuse reputation, dans laquelle elle s'est maintenuë jusqu'à cette heure, d'estre, comme veritablement elle est, une des plus moderées, des plus sages, & des plus vertueuses Princesses de l'Univers ». Dans la suite, l'auteur s'évertue à montrer « combien est esloigné de toute sorte de raison ce débordement officieux de pleurs sans relasche, & de gemissements sans mesure » (*ibid.*, p. 11), débordement condamné pour les mêmes raisons par Suzanne de Nervèze quand elle remontre, en 1649, au duc de Vantadour qu'« il ne faut donner à la mort de nos proches que certaines expressions de sentiment qui ne passent pas la mesure de nos tendresses Chrestiennes & raisonnables » (Suzanne de Nervèze, *Lettre de Consolation à Monseigneur le Duc de Vantadour (...) sur la mort de Monseigneur le Duc de Vantadour, son Frère (...)*, *op. cit.*, p. 4).

C'est la pensée dont Antoine Faure, « conseiller de Mon seigneur le Duc de Savoye en son Conseil d'Estat et premier President au Souverain Senat de Chambery » fait part à M. d'Expilly :

Meshuy la playe doit estre soudée, ou du moins en tel estat qu'elle n'ait plus besoin d'autre remede, que de celuy que le vulgaire des hommes attend coustumierement de la suite du temps. Remede toutesfois qui ne peut estre ny necessaire ny bien seant à nos semblables : lesquels sçachants user dextrement du discours de la raison, previennent facilement, & anticipent par ce moyen les effects, desquels un long trait d'années voudroit en apres se donner la louange[40.]

Et M. d'Expilly lui-même n'opine pas autrement. Dans sa réponse à la lettre du Père Arnoux, il fait sienne la réflexion du Président :

Vos lettres, comme je vous ay dit, m'ont trouvé en desordre, je les ay leues & releuës avec attention, j'ay senti tout doucement mon esprit plus rassis, mon ame plus retenue & remise, & ay dit par moy : Mon Dieu, quel bon Ange m'avez vous suscité pour me resusciter & retirer de cet abysme d'angoisse ? doi-je tousjours courir apres les lamentations ? me noyer de pleurs & d'amertume ? doi-je tousjours gemir & me desesperer ? ces belles raisons ou sentences puisees dans les plus vives sources de la philosophie divine & humaine, ces termes si elegants, ces remonstrances d'un amy si entier ne doivent-elles penetrer dans mon entendement & le ramener à son point ? tout ce qu'il me represente est veritable, il se faut en fin resoudre & consoler (...) il faut, comme il dit, que la raison face ce que le temps aussi bien feroit[41].

Mais aussi le Père avait-il ouvert la voie, qui s'était essayé aux vers latins tout spécialement à l'intention de son destinataire :

Obtineat ratio pacem quam tempus dabit.
Virtuti gloriam ne subtrahe quam dies extorquebit[42].

---

[40] Antoine Faure, *Lettre de Messire Anthoine Faure (...)*, in *Tombeau de Laurens de Chaponay, op. cit.*, ff. 30, col. 2-31, col. 1.

[41] Expilly, *Response dudict sieur d'Expilly A (...) Monsieur le Reverend Pere Arnoux (...)*, in *Tombeau de Laurens de Chaponay, op. cit.*, ff. 25, col. 2-26, col. 1.

[42] Arnoux, *Autre lettre dudict Pere Arnoux audict sieur d'Expilly (24 janvier 1613)*, in *Tombeau (...), op. cit.*, f. 22, col. 1.

Argument décidément apprécié puisque, deux années auparavant déjà, Antoine de Nervèze en avait fait état dans sa *Lettre de Consolation à Mgr. le Duc de Montmorency sur le trespas de Monseigneur le Connestable son Père* :

Appaisez donc vos regrets, Monseigneur, & vous servez plustost de vostre raison que du vulgaire remede que le temps apporte aux afflictions humaines. Vostre jugement vous le persuadera mieux que moy qui ay plus d'affection pour vous sçavoir honorer, que d'esprit pour vous pouvoir consoler[43].

Et lorsque le même consolateur veut réconforter le conseiller de Puisieux, veuf depuis peu, il n'a cesse d'invoquer la force du jugement et de l'entendement :

Que vostre esprit digere meurement ces considerations, conceuës affectionnement, & ignoramment exprimees, afin que vostre cœur se puisse prevaloir de vostre jugement pour estre allegé en sa tristesse[44].

---

[43] A. de Nervèze, *Lettre de Consolation à Monseigneur le Duc de Montmorency, sur le trespas de Monseigneur le Connestable son Pere, op. cit.*, pp. 11-12. Dans le même ordre d'idées, on relira le passage suivant de la lettre de Charles Challine sur la mort de Madame Des Essars ; on y notera le ton de reproche à l'adresse d'un destinataire qui, aux arguments de la raison, semble préférer les effets du temps : « Voila pourquoy, si vous voulez estre soulagée, je suis contrainct de soliciter vostre beau jugement de prendre la peine de recueillir chez soy tout ce qu'il voudroit exiger des autres en une occasion semblable à celle cy. Et certes c'est là le meilleur & plus seur avis que l'on vous puisse donner. Car estant ingénieuse comme vous estes, il est certain qu'il n'y a tristesse quelque grande & quelque violente qu'elle soit, qui ne se laisse facilement aller à la force de vos persuasions, quand vous les aurez mises en œuvre. Toutesfois si la vostre estoit si obstinée que de se vouloir encore roidir contre vostre constance & vostre raison & pour la guarir entierement il fallust attendre le remede que le temps apporte à de pareilles maladies » (Charles Challine, *Lettre de Consolation à Madame Des Essars, Sur la Mort de Monsieur le Conseiller Des-Essars, son mary*, Chartres, Claude Cottereau, 1623, pp. 22-23). Voir aussi Jean Sirmond, *Consolation à la Reyne Regente, op. cit.*, pp. 59-60 : « Mais pourquoy n'obtiendroit la force du discours dés cette heure sur V. M. ce que la longueur du temps emportera quelque jour sur elle ? C'est ce que le raisonnement opere dans l'esprit des sages ; ce sera ce qu'estant extremement sage, comme vous estes, il operera sans doubte dans celuy de V. M. s'il luy plaist de penser serieusement a ce que nous venons de luy representer sur ce subject ».

[44] A. de Nervèze, *Lettre de Consolation Envoyée à Monseigneur de Pisieux (...) Sur le trespas de Madame de Pisieux, sa femme, fille de Monseigneur d'Alincourt*, Lyon, Barthélémy Ancelin, 1613, p. 11.

Servez vous seulement de vous mesme, & gardez que l'affliction n'aye plus de pouvoir que vostre entendement, afin que vous puissiez mediter sur vostre malheur en homme qui sait resister aux corps (sic) de la fortune, & non en mary qui sçait regretter une espouse[45].

---

[45] *Ibid.,* p. 12. On pourrait citer d'autres exemples, telle, en 1624, la lettre de Th. Pelletier qui fait appel à « la force et la vigueur » de l'esprit de Bruslart pour le consoler de la mort du chancelier de Sillery : « Toutes ces choses, dy-je, peuvent servir à vostre consolation, & n'estoit l'asseurance que j'ay de la force & vigueur de vostre esprit, je m'estendrois en un plus long discours sur ce lamentable sujet : Mais ceste parfaicte Philosophie dont vous avez l'ame teincte des vostre enfance, vous faict considerer toutes les choses humaines, d'un œil si ferme & si clair-voyant, que vous n'ignorez pas combien elles sont muables & inconstantes, n'y ayant que la seule vertu qu'on puisse dire estre la vraye richesse de l'homme, & laquelle (selon le Proverbe) nage avec son maistre » (Th. Pelletier, *Lettre de Consolation. Sur la mort de Monseigneur de Sillery, op. cit.,* p. 12). Même argumentation, en 1644, chez Le Fèvre d'Ormesson, en 1649, chez Cyrano de Bergerac, en 1652, chez Louis de Savignac. « La pieté & la raison ne demandent pas l'insensibilité, mais la constance. Et si les siecles passez ont veu des femmes assez foibles pour ne pouvoir survivre à leurs pertes, assez melancholiques pour jamais ne quitter le deuïl de leurs enfans, & assez opiniastres pour esloigner toutes les consolations ; vous ne pouvez vous mettre au rang de ces femmes, puisque vostre pieté vous a dépouïllée de leurs defauts » (Le Fèvre d'Ormesson, *Consolation à Madame la Mareschale de Vitry, op. cit.,* p. 21). « Il est vray, Madame, que la raison qui nous oblige de souspirer diversement dans cette rencontre, ne nous permet pas de souspirer toute nostre vie ; que les regrets ont leurs bornes comme ils ont leurs causes ; qu'ils ne commencent pas aux conditions de ne point finir, & que la douleur est tousjours cruelle quand elle est constante » (C. de Bergerac, *Lettre de Consolation envoyée à Madame, de Chastillon sur la mort de Monsieur de Chastillon, op. cit.,* p. 4). « J'ay remarqué de certains peuples, qu'ils jettoient des larmes dessus le berceau des enfans, & de cris de joye aux funerailles & sur les tombeaux : Ils n'avoient que faire de consolateurs, car la seule pensée de nos traverses les rendoit plus contens de leur dernier jour que du premier ; & sans mentir, j'approuverois cette ancienne coustume qui regloit le deuil des affligez ; accordoit la raison à la pieté, & leur donnant la liberté de souspirer, leur prescrivoit le temps de finir » (L. De Savignac, *Lettre de Consolation Pour Madame la Duchesse de Nemours,* s. l. n. n., 1652, p. 4). En revanche, il arrive que les effets consolateurs de la raison soient contestés, encore que le cas reste rare. Ainsi dans cette lettre de 1624, adressée par Jacques de Bellefleur à M. Vigner à l'occasion de la mort de sa mère, et où l'auteur estime que la raison devrait nous fortifier contre nos misères : « Mais sans mentir, Monsieur, l'une des plus prodigieuses & plus rares choses du monde est de voir des personnes qui en une calamité extraordinaire conçoivent une tristesse qui ne soit point demesurée. Ce qui me rend fort odieux, & me fait davantage déplorer l'estat où nous assujettissent les dangers de mort qui pendent incessamment sur nos testes, c'est que les enfans ny les fous ne sont touchés de nulle apprehension que ce soit ; & ceux que la raison devroit avoir bien preparés à toutes sortes d'evenemens, semblent ne se pouvoir imaginer nos miseres que pour s'en effrayer. Tellement que si l'on avoit à se vouloir delivrer des craintes infinies qui s'impriment à nos esprits, il faudroit vivre sans faire reflexion quelconque sur les affaires qui se passent, ou pour le dire plus clairement, il faudroit degenerer » (Jacques de Bellefleur, *Lettre de Consolation à Monsieur Vigner, Baron de S. Liebaut sur la mort de Madame sa Mere,* Paris, Jean Petit-Pas, 1624, pp. 4-5). Ces propos

Accents catégoriques aussi chez Nicolas Du Peschier qui estime qu'« il est impossible quelque malheur qui nous arrive que nous ne tesmoignions estre guidés par la raison »[46], alors que le sieur de La Coste, plus sévère, va jusqu'à traiter les larmes de lâcheté enfantine devant céder à la raison. Au vicomte de Canilhac, après la mort de son père :

[Vous avez] ce grand courage, qui haïssoit ces moittes armes des yeux, estant d'ailleurs parvenu à un âge accompagné de la Prudence, qui faict ceder ceste lascheté enfantine à la raison...[47]

Parler ainsi, c'est introduire dans le discours consolatoire ce stoïcisme intransigeant que la plupart des consolateurs, on l'a vu, ont récusé. Stoïcisme, d'ailleurs : la part importante que les lettres font à la raison implique une influence certaine de la pensée du Portique. Il n'y a à cela rien d'étonnant. Sans s'être jamais effacée complètement[48], la pensée ancienne avait connu un renouveau depuis la fin du 16e siècle. Cette époque tourmentée a demandé à Epicure et à Sénèque ce que le christianisme, compromis par les atrocités qui se commettaient en son nom, ne suffisait plus toujours à lui donner. Encore faudra-t-il ménager des réserves. Comme tel, cependant, le thème de la raison dans les lettres de consolation ne peut pas ne pas être placé sous l'égide du renouveau stoïcien. Il ne saurait être question, en cet endroit, d'ouvrir un débat détaillé sur stoïcisme et raison : la complexité en dépasserait de loin la modeste philosophie des lettres. Il suffit de retenir que les grands textes du Portique sont marqués au coin de ce rationalisme qui, infailliblement, a inspiré les

---

sonnent comme un écho du célèbre *Essai* III, 12 : « Est-ce pas ce que nous disons, que la stupidité et faute d'apprehension du vulgaire luy donne cette patience aux maux presens et cette profonde nonchalance des sinistres accidens futurs ? que leur ame, pour estre crasse et obtuse, est moins penetrable et agitable ? Pour Dieu, s'il en est ainsi, tenons d'ores en avant escolle de bestise. C'est l'extreme fruict que les sciences nous promettent auquel cette-cy conduict si doucement ses disciples » (Montaigne, *Essais* III, XII, in *Œuvres complètes*, éd. cit., 1962, p. 1029).

[46] Nicolas du Peschier, *Lettre de Consolation envoyée à Messeigneurs de Guise Sur la mort & trespas de feu Monsieur le Chevalier,* Paris, Jean Brunet, 1614, p. 8.

[47] De La Coste, *Coppie de la Lettre de Consolation, envoyée à Monsieur le Viscomte de Canilhac Sur le Trespas de Monseigneur le Viscomte de Canilhac son pere (...),* Paris, Fleury Bourriquant, 1614, p. 4.

[48] Lire, p. ex., dans L. Zanta, *La renaissance du stoïcisme au XVIe siècle,* Paris, Champion, 1914, pp. 99 et s., le chapitre : « Premier essai d'adaptation du stoïcisme au christianisme avec les Pères de l'Eglise ».

consolateurs modernes[49]. Les propos de Sénèque, surtout, résonnent dans toutes les mémoires, affleurent sur toutes les lèvres :

Les biens véritables sont ceux que la raison procure : substantiels et permanents, ils ne peuvent périr ni même décroître et s'amenuiser. *(Bona illa sunt vera, quæ ratio dat, solida ac sempiterna, quæ cadere non possunt, ne decrescere quidem ac minui)*[50].
Aime la raison ; cet amour te gardera, comme une armure, des plus dures atteintes. *(Ama rationem ! Hujus te amor contra durissima armabit)*[51].

On se doute que les *Consolationes* ont fait l'objet d'une sollicitude particulière, ainsi celle à Helvia :

Modèle d'énergie dans le bannissement de son fils, elle fut, après sa mort, un modèle de raison. Rien n'avait arrêté l'élan de sa tendresse, rien ne lui fit prolonger une tristesse aussi absurde qu'inutile[52].

Un des artisans principaux de la renaissance stoïcienne, était, on le sait, Juste Lipse. Les pages qu'il consacre à la raison, sont autant de souvenirs de Sénèque :

La raison a son origine du Ciel, voire mesme de Dieu, & Seneque l'a magnifiquement declaree Une partie de l'esprit divin infuse en l'homme : car elle est ceste excellente force d'entendre & de juger,

---

[49] Voir, p. ex., Epictète, *Entretiens,* Livre I, in *Les stoïciens*. Textes traduits par Emile Bréhier. Edités sous la direction de P.-M. Schuhl, Paris, Gallimard, Bib. de la Pléiade, 1962, p. 808 : « La faculté qui se connaît elle-même et avec elle tout le reste. Quelle est-elle ? La faculté de la raison ; de celles que nous avons reçues, elle est la seule qui se comprend elle-même ; elle sait qui elle est, quel est son pouvoir, quelle est sa dignité, et elle connaît toutes les autres facultés ». Marc Aurèle, *Pensées*, IV, *ibid.*, p. 1161 : « Possèdes-tu la raison – Oui – Pourquoi n'en uses-tu pas ? Et si elle fait ce qu'elle doit, que veux-tu d'autre ? »

[50] Sénèque, *Lettres à Lucilius,* VIII, 74, 16, éd. cit. (1957), t. 3, p. 42.

[51] *Ibid.,* VIII, 74, 21, p. 43.

[52] Sénèque, *Consolation à Helvia*, XVI, 7, in *Dialogues*, *op. cit.*, p. 83. Il s'agit de la constance de Rutilia, proposée en exemple à Helvia.

Laquelle est la perfection de l'ame, comme l'ame est la perfection de l'homme[53.]

Et l'avis de Charron, au Livre II de la *Sagesse,* ne sonne pas différent :

Voyci la vraye preud'homie (fondement & pivot de sagesse), suyvre nature, c'est-à-dire, la raison. Le bien, le but & la fin de l'homme, auquel gist son repos, sa liberté, son contentement, & en un mot sa perfection en ce monde, est vivre & agir selon la nature, quand ce qui est en luy : le plus excellent commande, c'est-à-dire la raison. La vraye preud'homie est une droicte & ferme disposition de la volonté à suyvre le conseil de la raison[54].

On pourrait multiplier les références[55] : dans ce premier dix-septième siècle, l'invocation à la raison fait rarement défaut. Tout se ressent de cette atmosphère stoïcienne qui est celle de l'époque. Mais alors, ce droit concédé aux larmes, ne creuse-t-il pas une brèche dans un système réputé sans faille ? « Lâcheté enfantine » : La Coste qui en parle sur ce ton de dédain, serait-il le seul vrai sectateur du Portique ? La question mérite une réflexion approfondie. Avant de l'aborder, il ne sera pas inutile de procéder à un bref retour en arrière. La récurrence du thème de la raison, a-t-on dit, signale indubitablement l'influence du stoïcisme renaissant. Aussi la plupart des textes produits ne peuvent-ils donner lieu à d'autres conclusions. Pourtant, il y en a une qui demande à être reconsidérée à cet endroit. En 1610, on s'en souvient, Louis Richeôme avait écrit à la Reine-Mère : « si la passion est raisonnable, la raison luy doit commander si elle est sans raison, il ne luy faut pas croire » (cf. note 38).

Une « passion raisonnable », la formule ne va pas sans soulever des problèmes. Il existe un moyen de concilier les larmes avec la raison

---

[53] Juste Lipse, *De la Constance,* I, 5, in *Les Politiques ou Doctrine sociale de Juste Lipsius (...) Avec le Traicté de la Constance, pour se resoudre à supporter les afflictions publiques,* 3e édition, Paris, Claude de Monstr'euil et Jean Richer, 1597, f. 10, col. 1. Pour Sénèque, voir *Lettres à Lucilius,* VII, 66, 12, éd. cit., t. 2, pp. 118-119 : *Ratio autem nihil aliud est quam in corpus humanum pars divini spiritus mersa.*

[54] Pierre Charron, *De la Sagesse,* II, 3, *nouvelle édition conforme à celle de Bourdeaus,* 1601, Paris, Chaigneau aîné, 1797, pp. 280-81.

[55] Voir, en particulier, le culte de la raison qui marque la plupart des traités de l'honnêteté : A. de Nervèze, *La Guide des Courtisans,* éd. cit., pp. 11, 18, 50. Nicolas Pasquier, *Le Gentilhomme,* éd. cit., p. 65. Nicolas Faret, *L'Honneste Homme ou l'Art de Plaire à la Court,* éd. cit., pp. 66-67. Pierre Bardin, *Le Lycée,* éd. cit., t. 1, pp. 20, 38-39, 44-45 ; t. 2, pp. 768-71. F. de Grenaille, *L'Honneste Garçon, éd. cit.,* p. 86, etc.

stoïcienne : on le verra tantôt. En fait, ces premières manifestations de la douleur que la raison modère, puis éteint, ne sont pas encore passibles du titre de passion : il n'y a pas lieu de parler de « passion raisonnable ». Aussi est-il vrai qu'introduire cette notion, c'est quitter le terrain du stoïcisme proprement dit. Il ne saurait s'agir, en cet endroit, d'aborder un exposé doctrinal. Il suffit de retenir que les stoïciens n'admettent pas la subdivision de l'âme en parties raisonnable et déraisonnable. Seule existe l'âme raisonnable : la passion est raison pervertie. On voit la conséquence : la raison étant elle-même passion, comment pourrait-elle corriger celle-ci, la maintenir dans de justes limites, lui « commander », comme le veut Louis Richeôme ? Sénèque, à ce sujet, est catégorique. Si le passage qui suit concerne la colère, il vaut cependant pour toutes les passions :

La première chose à faire, dis-je, c'est d'écarter l'ennemi des frontières ; quand il fait invasion et pénètre dans la place, il n'accepte pas les réserves d'un captif. Car l'esprit n'occupe pas une place à part, il n'observe pas du dehors les passions pour les empêcher d'aller plus loin qu'il ne faut : mais lui-même devient passion, et pour cette raison ne peut appeler à son secours cette force utile et salutaire qu'il a déjà livrée et réduite à l'impuissance. Je le répète, passion et raison n'ont pas un siège particulier et séparé, ce ne sont que des modifications de l'esprit en bien et en mal. Comment donc la raison, quand elle sera envahie et étouffée par les vices, se relèvera-t-elle, elle qui a cédé à la colère[56] ?

Texte qui suffit à faire perdre tout son crédit stoïcien au propos de Richeôme. On voit donc que la prudence est de mise : tel se croirait en terre orthodoxe qui, en fait, est déjà passé à l'adversaire. Aristote, on le sait, défendait le point de vue opposé. Chez lui, rien de plus avouable que la passion raisonnable. La réflexion sur la colère du 4e Livre de *l'Ethique à Nicomaque* est célèbre :

L'homme donc qui est en colère pour les choses qu'il faut et contre les personnes qui le méritent, et qui en outre l'est de la façon qui convient, au moment et aussi longtemps qu'il le faut, un tel homme est l'objet de notre éloge (car le terme de doux signifie celui qui reste imperturbable et n'est pas conduit par la passion, mais ne s'irrite que

---

[56] Sénèque, *De la Colère*, I, 8, 2-3, in *Dialogues*, *op. cit.* (1961), t.2, pp. 10-11.

de la façon, pour les motifs et pendant le temps que la raison peut dicter)[57].

Encore faut-il noter qu'aux 16e et 17e siècles, il ralliait beaucoup de suffrages. Le discours sur l'honnêteté, en particulier, se nourrissait d'Aristote au moins autant que du Portique[58]. Ce n'est pas dire, cependant, que pour les lettres il faille changer de conclusion. Le cas de Louis Richeôme paraît assez isolé, et les larmes, on l'a suggéré, restent conciliables avec les impératifs de l'Ecole. Heureusement, sinon ces chrétiens auraient-ils pu adopter Sénèque ? Toujours est-il que le problème de la passion n'était pas pour faciliter la symbiose entre les pensées stoïcienne et chrétienne. Leur intransigeance en la matière avait valu aux stoïciens les critiques de Lactance[59] ; saint Jérôme, pour la même raison, avait estimé que « les péripatéticiens sont mieux en harmonie avec l'Ecriture Sainte que le sage stoïcien »[60]. En effet, on l'a noté plus haut, le Christ lui-même a manifesté sa douleur, et l'épisode de la mort de Lazare, relaté dans l'Evangile de saint Jean, au chapitre XI, est célèbre[61]. Aussi les larmes de Jésus n'avaient-elles pas manqué d'inspirer les poètes comme le montrent ces vers de Desportes :

Toy-mesme, ô souverain, nostre unique exemplaire,
Quand tu veis ton amy dans le drap mortuaire,
L'œil clos, les membres froids, palle et defiguré,
Ne te peus garantir de ces piteux allarmes ;
Les soleils de tes yeux furent baignés de larmes,
Et du Dieu de la vie un corps mort fust pleuré[62].

---

[57] Aristote, *Ethique à Nicomaque*, IV, 11, éd. Tricot, Paris, Vrin, 1983, p. 197.

[58] Voir R. Baustert, *Un aspect de l'honnêteté en France et à l'étranger : le thème de la passion*, in *Horizons européens de la littérature française au XVIIe siècle*. Textes réunis et édités par Wolfgang Leiner, Tübingen, Gunter Narr Verlag, 1988, pp. 257-65.

[59] Voir *Liber de Ira*, PL, t. 7, col. 129 et s. ; voir aussi *Epitomé des Institutions Divines*, 33, 6-10, Paris, Ed. du Cerf, coll. « Sources chrétiennes », 1987, p. 144.

[60] Voir en particulier l'épître CXXXIII *Ad Ctesiphontem Adversus Pelagium*, PL, t. 22, col. 1148-1149, où Jérôme montre que l'enseignement des péripatéticiens sur les passions est mieux en accord avec l'Ecriture que celui des stoïciens.

[61] *Evangile selon saint Jean*, XI, 33-35.

[62] Philippe Desportes, *Plainte, Depuis six mois entiers que ta main courroucée*, in *Œuvres de Philippe Desportes*. Avec une introduction et des notes par Alfred Michiels, Paris, Adolphe Delahays, 1858, p. 501.

Sur un plan plus philosophique, le Père René Ceriziers SJ (1603-1662), aumônier du Roi, s'était réclamé expressément des passions du Christ pour invalider les exigences stoïciennes :

L'injustice [de condamner la passion] est plus remarquable si nous considérons l'homme par excellence Notre-Seigneur Jésus-Christ, qui a souffert des douleurs, qui a eu des ennuis, des craintes et des amours ; d'où les passions ne sont pas mauvaises, puisque la Sagesse même s'y est assujettie ; sans doute le Sauveur du monde avait un plein empire sur tous les mouvements de son âme et pour marquer chez lui cette totale maîtrise, nous parlerons de *propassions* ; mais pour changer le mot, l'on ne change pas la nature et l'on ne fait pas que nos affections soient naturellement mauvaises[63].

En fait, le Père, tout en réprimandant les stoïciens, n'adopte-t-il pas une notion qui leur est due ? Sénèque, au Livre II de la *Colère,* parle de ces mouvements qui sont « non des passions, mais le prélude des passions », (*nec affectus sed principia proludentia affectibus)*[64], et il en traite sur le ton de la plus grande indulgence : même le sage qui y est sujet n'en tire

---

[63]   R. Ceriziers, cité par J. Eymard-d'Angers, « Le stoïcisme chez les Jésuites du XVIIᵉ siècle », in *Mélanges de science religieuse,* 1953, t. X, pp. 257-58. Même raisonnement et même terminologie chez saint François de Sales au premier livre du *Traité de l'Amour de Dieu :* « Entre nous autres Chrétiens, dit le grand saint Augustin, selon les Ecritures Saintes et la doctrine saine, les citoyens de la sacrée Cité de Dieu, (...), craignent, désirent, se deulent et se réjouissent ». « Oui, même le Roi souverain de cette Cité a craint, désiré, s'est doulu et réjoui jusques à pleurer, blêmir, trembler et suer le sang, bien qu'en lui ces mouvements n'ont (sic) pas été des passions pareilles aux nôtres ; dont le grand saint Jérôme, et après lui l'Ecole, ne les a pas osé nommer du nom de passions, pour la révérence de la passion en laquelle ils étaient, ains du nom respectueux de propassions, pour témoigner que les mouvements sensibles en Notre-Seigneur y tenaient lieu de passions ; d'autant qu'il ne pâtissait ou souffrait chose quelconque de la part d'icelles, sinon ce que bon lui semblait et comme il lui plaisait, les gouvernant et maniant à son gré ; ce que nous ne faisons pas, nous autres pécheurs, qui souffrons et pâtissons ces mouvements en désordre contre notre gré, avec un grand préjudice du bon état et police de nos âmes ». (*Traité de l'Amour de Dieu,* I, 4, in *Œuvres complètes,* Paris, Gallimard, Bib. de la Pléiade, 1969, p. 361). De ces deux textes, il appert, toutefois, que ces penseurs chrétiens donnent au terme un sens différent de celui de Sénèque, ne retenant pas, en particulier, la notion de phase préliminaire.

[64]   Sénèque, *Traité de la Colère,* in *Dialogues,* éd. cit., p. 30.

aucun déshonneur. De quoi s'agit-il dans le détail ? Sénèque s'explique par référence à la colère, mais toutes les autres passions sont aussi bien concernées. Il existe, enseigne-t-il, des mouvements « qui sont le lot de la nature humaine et qui pour cette raison se produisent chez les plus sages ; parmi ces derniers, il faut placer le premier choc dont l'âme est ébranlée à la pensée d'une offense (...) Ce ne sont pas des colères pas plus qu'il ne faut voir la tristesse dans le froncement des sourcils que fait naître la mimique d'un naufrage, ou la crainte dans le frisson qui, lorsque Hannibal après Cannes assiège les remparts, parcourt l'esprit du lecteur. Mais ce sont des mouvements de l'âme qui se refuse à ces mouvements ; ce sont non des passions, mais le prélude des passions »[65].

Voilà donc un premier mouvement, naturel, involontaire, que même le plus raisonnable ne peut éviter. La raison ne peut intervenir qu'en second lieu, pour empêcher ce mouvement de s'amplifier. Si elle y échoue, et alors seulement, on parlera de passion :

Aucune des impulsions qui frappent l'esprit par hasard ne doit être appelée passion ; celles-là l'esprit les subit en quelque sorte plutôt qu'il ne les crée. Donc la passion consiste non pas à être ému par l'idée que fait naître un objet, mais à s'y abandonner et à suivre ce mouvement fortuit. S'imaginer que la pâleur, les larmes, l'excitation génitale, un profond soupir, l'éclat soudain des yeux ou tout autre phénomène analogue soit l'indice d'une passion et la manifestation de notre état d'esprit, c'est tomber dans l'erreur et méconnaître qu'il s'agit là d'impulsions purement corporelles. C'est ainsi que les plus braves pâlissent généralement en prenant les armes ; au signal du combat, les genoux des plus ardents guerriers tremblent, le cœur d'un grand général bat avant le choc des deux armées et l'orateur le plus éloquent, lorsqu'il se recueille pour parler, sent ses extrémités se glacer. La colère ne doit pas seulement se mettre en mouvement, mais aussi avoir libre cours, car c'est un élan ; or jamais élan n'existe sans le consentement de l'âme et il n'est pas possible qu'on discute de la vengeance et du châtiment à l'insu de l'esprit. Quelqu'un se croit lésé, il veut se venger, un motif quelconque l'en dissuade et il y renonce : j'appelle cela non de la colère, mais un mouvement de l'esprit qui obéit à la raison ; la colère, c'est ce qui outrepasse la raison qui l'entraîne avec soi. Donc ce premier trouble de l'âme que provoque l'idée d'offense n'est pas plus la colère que l'idée même d'offense[66].

---

[65] *Ibid.,* II, 2 et 5, *passim.*

[66] *Ibid.,* II, 3, 1-5, pp. 30-51.

Un peu plus loin, le chapitre IV présente un aperçu succinct des trois phases du mécanisme passionnel :

Voici comment les passions naissent, se développent et s'exagèrent. Il y a un premier mouvement involontaire (*primus motus non voluntarius*) sorte de préparation et de menace de la passion ; un second accompagné d'un désir qu'on peut dompter (...) ; le troisième est déjà désordonné (...) ; il triomphe de la raison. Le premier choc ne se peut éviter avec l'aide de la raison, pas plus que les réflexes dont nous avons parlé : ainsi le bâillement se gagne, les yeux se ferment quand on dirige brusquement les doigts contre eux ; la raison n'y peut rien (...). Le second mouvement, que la réflexion fait naître, disparaît à la réflexion[67].

Voilà donc les premières larmes admises tant par Sénèque que par les consolateurs. En fait, s'agit-il de la même chose ? Certes, de part et d'autre, on note un phénomène émotionnel modéré, puis éteint par la raison. Mais l'appréciation n'est-elle pas différente ? Chez Sénèque, on dirait un mécanisme échappant à toute valorisation : ces premières larmes ne paraissent ni louables ni condamnables. On se rappelle, en revanche, les intarissables éloges dont les avaient gratifiées les épistoliers. Différence, cependant, qui n'est qu'apparente. Le *Traité de la Colère* expose une théorie. C'est un mécanisme qu'il explique, sans trop s'embarrasser de jugements de valeur. Or, tout change dès que Sénèque lui-même se fait consolateur. Ses propos, alors, en tous points, annoncent ceux de ses successeurs modernes. Ouvrons la *Consolation à Polybius,* au chapitre XVIII :

Jamais, pour ma part, je n'exigerai de toi que tu t'abstiennes de toute tristesse. Je sais qu'il y a des hommes dont la philosophie, plus austère que courageuse, interdit la douleur au sage ; je suppose que jamais ils n'ont été mis à l'épreuve ; autrement la fortune leur aurait arraché cette superbe sagesse et les aurait forcés, malgré leur entêtement, à confesser la vérité. La raison aura fait assez si elle retranche l'excès et le superflu de la douleur ; quant à la supprimer entièrement, nous ne devons ni l'espérer ni le souhaiter. Maintenons-nous plutôt dans un juste équilibre, qui ne ressemble ni à de l'insensibilité ni à de la démence ; soyons émus, mais non troublés : que nos larmes coulent, et qu'elles sachent s'arrêter ; que des

---

[67] *Ibid.,* II, 4, 1-2, p. 31.

gémissements montent du fond de notre cœur, mais qu'ils aient un terme[68].

« Entêtement », « superbe sagesse », *dura [e] magis quam fortis prudentia [e]*, la critique de l'austérité, et donc l'éloge des larmes ne saurait être plus manifeste. Et il ne s'agit de rien moins que de la faiblesse d'un moment. La sensibilité du sage est un motif récurrent dans la pensée de Sénèque. On citera tout aussi bien le *Traité de la Constance* que la *Consolation à Helvia* ou les *Lettres à Lucilius*[69].

Pour le philosophe de Rome, les premières larmes non seulement sont inévitables, elles sont encore louables. Ce n'est donc pas ce dernier point qui mettrait en cause la teneur stoïcienne des consolations modernes. Aussi peut-on avancer à présent l'hypothèse d'une influence directe sur le discours consolatoire du 17ᵉ siècle de la théorie sénéquéenne des passions. Cette émotion initiale permise, exigée même, mais freinée par la raison et enfin maîtrisée par elle, serait-elle autre chose que l'avant-passion du *Traité de la Colère* ? S'il subsiste des doutes, voici de quoi les effacer. Ce que les citations données plus haut ont suggéré, celles qui vont suivre le confirment. Les auteurs des lettres de consolation se réfèrent à la théorie de l'avant-passion, ils le font souvent, en termes clairs et nets. Voici, pour commencer, une réflexion de Guillaume Le Rebours dans la lettre à la Maréchale de Fervaques, déjà tant de fois sollicitée : « Les premiers mouvemens, qui ne sont point en nostre puissance ont fait leur devoir, faites le vostre, affin qu'ils ne se changent en de volontaires actions, ces actions en des habitudes, & ces habitudes en nature »[70]

---

[68] Id., *Consolation à Polybius*, XVIII, 5-6, in *Dialogues*, éd. cit., t. 3, p. 122.

[69] Id., *Traité de la Constance*, X, 4, in *Dialogues*, éd. cit., t. 4, p. 49 : « Il y a des maux qui atteignent le sage, sans l'abattre d'ailleurs, comme la douleur physique, les mutilations, la perte d'un ami, d'un enfant, les revers d'une patrie dévorée par la guerre : à ces choses j'avoue qu'il est sensible, car nous ne lui imposons pas la dureté du roc ou du fer ». *Consolation à Helvia*, XVI, 1, *ibid.*, t. 3, p. 82 : « (...) Se laisser aller à une douleur interminable quand on a perdu un être aimé, c'est une absurde complaisance ; n'en ressentir aucune, serait une dureté inhumaine » (*inhumana duritia*). *Lettres à Lucilius*, XVI, 99, 15, éd. cit. (1962), t. 4, p. 129 : « Mais quoi ! Est-ce insensibilité que je conseille ? Est-ce que je veux qu'au moment des obsèques on fasse montre d'un visage impassible ? Irai-je jusqu'à ne point permettre que le cœur se serre ? Nullement, c'est inhumanité, ce n'est pas vertu que de voir les funérailles des siens du même œil qu'on les voyait en vie, et de ne pas éprouver, dans les premiers moments d'une intimité familiale (tranchée par la mort) un sentiment de trouble ».

[70] G. Le Rebours, *Consolation Funebre A (...) la Mareschalle de Farvagues*, *op. cit.*, p. 8.

Relisons le *Traité de la Colère* II, 4, 1-2[71] : la pensée est identique et jusqu'à l'expression. Deux années plus tard, le même auteur réconforte de ses conseils la duchesse de Montpensier qui vient de perdre son mari. Si le propos, cette fois, reste assez vague, on reconnaît, cependant, le discours : « si mon silence a contribué des larmes aux souspirs des premiers mouvemens de vostre mal, ç'a esté pour plus d'audience à mon discours, sçachant bien que le torment s'amoindrit par les plaintes, & que la douleur s'adoucit par les pleurs »[72]

L'année suivante, en revanche, référence explicite dans la lettre d'Antoine de Nervèze au sieur de Saint-Luc sur la mort de son épouse. Le texte est assez éloquent pour se passer de commentaire :

Aussi en mourant n'a elle regretté que vous, ses enfans & ses proches : Mais particulièrement vous, Monsieur, à qui elle a constamment dit Adieu, & vous a adjuré par vos chastes & conjugales amours, de prendre en gré sa mort, & luy ravir par vostre patience le moyen d'acquerir sur vos vies la gloire d'un entier triomphe, afin que ne luy laissant emporter qu'une partie de vous mesme, vous restiez possesseur de l'autre, en vous conservant, & ne donnant à la douleur aucune prise dangereuse sur vous, que celle des premiers mouvements, desquels vostre sagesse vous doit tirer, pour vous affranchir du blasme d'une tristesse opiniastrement nourrie, & vous acquerir la louange d'une consolation devotement receuë[73].

Cette lettre, d'ailleurs, était arrivée avec un certain retard. Pour s'en excuser, l'auteur renvoie à la doctrine des premiers mouvements. Tant qu'ils durent, la raison reste sans effet ; la consolation ne peut agir dans l'immédiat :

Monsieur, Pendant que la raison est captive des premiers mouvemens de l'affliction, c'est peine perduë de vouloir consoler les affligez : Il faut attendre que l'esprit soit un peu deschargé de son ennuy par les plaintes & les larmes, à fin que reprenant sa premiere force, il soit plus disposé à recevoir le remede. Ainsi, Monsieur, j'ay attendu que la violence de vostre douleur se fust exalee par vos souspirs & vos pleurs, pour treuver le passage de vostre cœur plus libre & le preparer à la consolation[74].

Aussi faut-il dire qu'Antoine de Nervèze a eu pour Sénèque une admiration particulièrement profonde. C'est à lui qu'il pense dans les deux

---

[71] Voir ci-dessus note 66.

[72] G. Le Rebours, *A Madame la Duchesse de Mompensier Sur le Trespas de Monseigneur le Duc de Mompensier, son Mary*, *op. cit.*, p. 4.

[73] A. de Nervèze, *Consolation Envoyee A M. de Sainct Luc (...)*, *op. cit.*, pp. 11-12.

[74] *Ibid.*, pp. 3-4.

lettres précédentes ; l'invocation, dans une troisième, est explicite. Ce « mesme Autheur » dont il se réclame dans la *Lettre de Consolation à Monseigneur le Duc de Nevers sur le trespas de Madame la Duchesse de Nevers*, ne peut être autre que le sage romain. On en jugera en comparant la page suivante avec les extraits de Sénèque donnés plus haut :

Je ne vous representeray point ici la constance de ces grands personnages de l'antiquité, qui ont receu d'un cœur ferme & resolu, la mort de leurs enfans, & de leurs Espouses, regardé leurs funerailles d'un cœur sec, & porté à l'heure mesme un front & un esprit asseuré au service de la patrie, & de la chose publique : Il faudroit pour pratiquer la mesme constance avoir les mesmes mœurs de ces grands hommes, dont la philosophie & l'amour d'une gloire temporelle rendoient leurs ames plus austeres que les nostres, que la Religion nourrit à une plus grande tendresse, pour nous rendre plus humains envers les vivans & plus pieux envers les morts : Le mesme Autheur qui nous laisse ces exemples dit, que les larmes ne sont point mal seantes aux sages, pourveu qu'elles coulent avec moderation. Vostre juste ressentiment, Monseigneur, fait excuser les vostres, puis que vostre cœur est encore dans le naturel desreiglement des premiers mouvemens : mais que vostre jugement se souvienne aussi de l'en tirer le plustost qu'il luy sera possible, & d'arrester par consideration de sagesse, ce que vous souffrez par ressentiment d'amour, & de raison[75].

---

[75] Id., *Lettre de Consolation à Monseigneur le Duc de Nevers (...), op. cit.*, pp. 5-6. On aura relevé, en fin de texte, la dissociation jugement-raison qui confirmerait, s'il le fallait encore, le caractère piégé du terrain terminologique. Par ailleurs, on notera que, pour Nervèze, le christianisme a attendri l'homme, le privant de cette constance qui a marqué les anciens. L'idée a déjà été suggérée par la référence aux larmes du Christ. Chateaubriand devait la reprendre sous forme modifiée et sur le mode du reproche (voir *Génie du Christianisme* II, 3, 9, *Du vague des passions).* Il est d'autant plus intéressant d'observer qu'en 1622, le même Antoine de Nervèze, dans la lettre de consolation qu'il écrit alors pour réconforter M. de Thémines, avance que la seule religion peut donner une constance impossible à acquérir par les voies de la raison : « Il est question que vostre vertu s'arme icy pour affoiblir & desarmer les affections humaines, qui sont bandees contre nostre repos, ayans mesmes attiré à leur party vostre propre raison ; pour la faire consentir à vos douleurs, & souz le nom de pere vous faire pleurer & plaindre ce que souz le nom de Chrestien vous devez souffrir & supporter patiemment. Et pour ce subjet, Monseigneur, il est necessaire que la foy & la pieté donnent les armes a ceste vertu : car d'esperer que morallement armee, elle soit assez forte pour resister à ces assauts, il n'y a point d'apparence, veu qu'une sagesse purement humaine ne sçauroit guerir les playes qui sont si vives & sensibles à l'humanité mesme » (*op. cit.,* pp. 7-8).

Le « naturel desreiglement des premiers mouvemens » : cette référence manifeste au mécanisme de la passion tel que le conçoit Sénèque, est encore confirmée, en 1636, dans la *Lettre de Consolation sur l'heureuse mort de très-illustre et très-vertueux Seigneur, Messire Charles Duret (...) à Monsieur de Chevry son fils* :

Vous avez ressenty ses premiers mouvements [ceux de la passion] ; cela est excusable ; vous le deviez à la nature ; Mais ce ne seroit pas chose seante d'asservir vostre esprit à la tyrannie d'une passion que Dieu luy a donné pour servante & non pas pour maistresse. C'est son devoir d'exciter nostre entendement pour aviser sur les occasions presentes : mais non pas de luy donner ordre & de l'importuner autant & si long temps que l'occasion durera[76].

Ces propos de Jean Théroude sont repris, à peu de chose près, par Etienne Bachot, et le consolateur de Madame de Vineuil, de même que celui de M. de Chevry, s'offre une légère entorse à la terminologie sénéquéenne : ne qualifie-t-il pas de « passions » ces premiers mouvements qui, on le sait, n'en sont point ?

Ce n'est pas que je voulusse condamner dans vos premiers ressentiments les loix sages de la Nature, qui veulent que nous ne perdions jamais qu'avec douleur ce que nous possedions auparavant avec amour : & qu'il ne soit aussi dangereux de vouloir arrester une affliction au plus fort de sa crise, qu'il seroit peu convenable aux playes du corps d'estre trop tost bandées & estanchées, en consequence des tumeurs qu'elles pourroient engendrer par la corruption du sang retenu : au contraire, j'estime qu'il faut faire large & donner passage à ces sortes de passions, que j'appellerois volontiers avec ce grand Apostre de nostre France, les torrents de nostre ame : car de les penser entierement arracher, ce seroit vouloir faire de l'homme un rocher ou un Dieu, le mettant trop au dessus ou trop au dessoubs du sentiment ; & le rendre semblable à ce Cenée de Pindare, qui avoit la peau assez dure pour resister aux flesches qu'on luy tiroit, quoy qu'il fust nud...[77].

---

[76] Jean Théroude, *Lettre de Consolation sur l'heureuse mort de tres-illustre & tres-vertueux Seigneur Messire Charles Duret (...) A Monsieur de Chevry son fils, op. cit.*, p. 4.

[77] Etienne Bachot, *Lettre de Consolation à (...) Madame de Vineuil, op. cit.*, p. 4. Le « grand Apostre de notre France » est Denys l'Aréopagite, premier évêque de Paris. Dans le *Traité de l'Amour de Dieu*, François de Sales, de même le désigne du titre d'« apôtre de France » (VI, 13, in *Œuvres*, éd. cit., p. 647). Il a été difficile d'établir la

L'argument, dans les années qui suivent, se retrouve maintes fois, mais presque toujours enveloppé d'une aura chrétienne qui occulte ses origines païennes. Ainsi chez Cyrano de Bergerac, dans sa lettre à Madame de Rohan :

Je crûs qu'il falloit du moins vous donner dix ou douze jours pour exhaler vos premiers soûpirs, & pour verser vos premieres larmes, qu'il ne se falloit pas opposer d'abord à des choses si impetueuses, & que ce seroit mesme entreprendre sur la philosophie des Saints, que de condamner un deuil si juste, & une tristesse si raisonnable[78].

Et d'enchaîner avec des considérations qui rappellent de près la *Consolation à Polybius* :

Il y a long-temps que nous avons fait le procez à ces ames dures, qui separoient la vertu de l'humanité, qui ne vouloient pas que les sages sentissent, qui s'imaginoient que la douleur & le plaisir estoient des crimes, & qu'un homme n'estoit pas moins vicieux alors qu'il se plaignoit d'une colique, qu'alors qu'il se resiouyssoit d'un meurtre[79].

Les rapprochements auxquels se prête le texte de Jacques Le Moleur[80] sont moins évidents, alors que Louis de Savignac, sous les dehors de la flatterie, retrouve des accents plus authentiquement annéens :

---

référence précise à laquelle songe Etienne Bachot. Peut-être s'agit-il du chapitre II, 4, de la *Hiérarchie céleste* (PG, t. 3, col. 158), où Denis décrit les passions comme une sorte d'élan qui nous emporte tumultueusement (*in nobis quidem est impetus, quo in aliquid tumultuario modo ferimur*).

[78] Cyrano de Bergerac, *Lettre de Consolation à Madame la Duchesse de Rohan* (...), *op. cit.*, p. 4.

[79] *Ibid.*

[80] Voir J. le Moleur, *Consolation à Messire Pierre Erneste de Mercy* (...) *sur la Mort de François de Mercy, son Frere* (...), *op. cit.*, pp. 46-47 : « De moi, je confesse que d'abord à ce coup je me suis senti frappé d'un grand estourdissement : mais aprés que la première esmotion me permit de revenir à moi mesme, & de consulter avec les maximes de la religion, qui doivent faire toute la politique des gens de nostre robe ; il a fallu donner les mains à la volonté de Dieu, & acquiescer à ses raisons, qui sont d'autant plus fortes, qu'elles ont servi de fondemens à l'Eglise, pour canoniser la memoire de ses defenseurs, qui seront immolez à de semblables autels ». On pourrait

Je dois croire, MADAME, que ces premiers mouvemens qui ne sont pas en nostre puissance doivent estre en la vostre, & que la plus forte impetuosité de ces tumultes qui s'eslevent d'abord dans nos ames, doit estre appaisée dans vostre cœur[81].

Ainsi il paraît hors de doute que jusque dans les années cinquante, la consolation, pour ses grands principes, s'inspire de Sénèque. Tant sur le chapitre de la raison que sur celui de la justification des larmes, somme toute de l'avant-passion, la trace mène vers les *Consolationes*. Après la renaissance du stoïcisme à la fin du 16ᵉ siècle et la vogue de Sénèque qu'elle engendra, le fait n'étonne guère, et les quelques hésitations terminologiques qu'on a pu noter, n'y changent rien : ces lettres ne sont pas des traités, ces auteurs ne sont pas des philosophes. En revanche, une autre question attend sa réponse. Les principes de la consolation, a-t-on dit, sont sénéquéens : tout, finalement, doit se ramener au discours de la raison. Mais à plus d'un millénaire de distance, ce discours se nourrit-il des mêmes considérations ? On a vu, dans les pages précédentes, la coloration chrétienne qui couvre, parfois, le fonds antique; Sénèque, on le sait, s'y prête particulièrement bien. Il faudra une autre investigation pour opérer le décantage au niveau du corpus des arguments proprements dits.

---

citer d'autres exemples, assez généraux toutefois, et n'ajoutant rien à la démonstration ; ainsi cet autre texte d'A. de Nervèze, extrait de sa *Lettre de Consolation à Mgr. le Duc de Montmorency (...)*, *op. cit.*, p. 5 : « Mais si faut il que les tendres mouvemens de la nature cedent aux loix de la prudence, & que vous consideriez que la mesme nature qui defend & soustient vostre regret vous menaçoit tous les jours de la perte que vous avez faicte, mais vostre amour filial qui ne se pouvoit accorder à l'imagination de ceste necessité vous empeschoit de vous y resoudre, & vous persuadoit que la vieillesse de feu Monseigneur vostre pere auroit de nouveaux delais pour respirer ».

[81] Louis de Savignac, *Lettre de Consolation à Madame la Duchesse de Nemours*, *op. cit.*, p. 7. On notera aussi que le thème de l'avant-passion est développé par les moralistes de l'époque. Voir, p. ex., Juste Lipse, *Manuductio ad Stoicam Philosophiam, III,* VII, in *Opera omnia,* Anvers, ex officina Platiniana Balthasaris Moreti, 1637, pp. 794-797 ; Guillaume du Vair, *Traité de la Constance,* Paris, J. Flach, 1915, p. 99 ; Pierre Charron, *De la Sagesse,* éd. cit., p. 162 ; Nicolas Coëffeteau, *Tableau des Passions humaines, de leurs Causes, de leurs Effets,* Paris, Martin Collet, 1631, p. 67 et. s.

CHAPITRE 1

L'argumentation dans les lettres de consolation
Les arguments généraux

Les premières larmes une fois évacuées, la raison doit se mettre à l'œuvre: la voie est tracée, et le principe admis. Reste le détail de la démarche, somme toute, l'essentiel. Pour opérer le rétablissement dont elle a la charge, comment la raison procède-t-elle, quels sont les arguments dont elle arme tant de courages défaillants ? Emprunte-t-elle encore à Sénèque et aux anciens ? Sans doute. Christianise-t-elle leurs propos ? Probablement. Avance-t-elle des réflexions purement évangéliques ? On s'y attend volontiers. C'est dire l'ampleur de la matière et la richesse de la moisson, mais aussi notifier la nécessité d'une répartition des données. Le titre de ce chapitre l'indique : il sera question, dans la présente approche, des arguments *généraux* de la consolation, de ceux que peuvent partager anciens et modernes[*]. Un sort spécial devra être fait ensuite – et dans des chapitres ultérieurs – à la religion des lettres de consolation ; pour l'heure on s'en tiendra à l'immanent.

Or, de ce point de vue, un premier argument s'annonce avec évidence. *De miseria conditionis humanæ*, la fortune, à travers les siècles, de la sombre méditation d'Innocent III témoigne d'une efficacité peu commune. La vie est sans valeur, et l'argument à lui seul se trouve contraignant. Encore peut-il revêtir de multiples expressions. Et d'abord, que l'on se tienne à ce qui touche de plus près. Le corps humain, notre corps, mérite-t-il une seule des larmes dont on l'inonde à l'heure dernière ? Qui donc s'aviserait de pleurer une litière, un baril, une caisse ? Langage prosaïque que le corps inspire, en 1602, à Guillaume Bernard Nervèze qui constate, sur ce point, la connivence des pensées antique et chrétienne. Les lignes suivantes, il est vrai, laissent déjà paraître en filigrane cette transcendance réservée pour une autre approche. Aussi, et paradoxalement, le souvenir paulinien avec son allusion à la résurrection de la chair, sonne-t-il moins sévère pour le corps que celui des Platon et des Anacharsis :

Pour donc rentrer en la piste de mes erres, soit que je parle en Platonique, ou que je discoure en Catholique, je ne puis appeler ceste absence [du corps] du nom de perte, naufrage ou mort. Car le vaisseau d'Election qui ne desiroit plus qu'estre desempestré des liens

---

[*] Encore que, on le verra, une séparation radicale s'avère parfois impossible.

de ce corps caduque & mortel pour remonter au Ciel avec JESUS resuscité, deffendant les larmes pour les morts aux Chrestiens de Thessalone, appelle les corps des decedez fidèles, dormans & attendans la sourdine ou general resveil. Platon n'en passoit pas loing (...) car il compare le corps massier à une littiere, dedans laquelle l'homme se fait brouetter où il veut, voire encore dit-il pis, car passant outre, il l'appelle prison. Le Scythe Anacharsis, n'en faisoit non plus d'estat que d'un baril ou caisse (...)[1].

Appréciation dure que reprend, en 1606, Jean de La Fontan qui accueille avec joie le jour où les âmes... seront retirées de la captivité où elles sont retenues par « les chaisnes de la vie de leurs corps »[2], alors qu'Etienne Bachot dénonce « tant de combats [...] que les ames ont suby dans la captivité de ce corps »[3]. Et si d'Abra de Raconis, une douzaine d'années plus tôt, a remplacé la condamnation par la compassion, ce n'est pas pour insister moins sur la caducité d'un « ...corps fresle & fragile [qui] se casse comme le verre »[4].

Ce discrédit jeté sur le corps, première composante d'une condition humaine marquée au coin de toutes les misères, devrait fournir un puissant argument de consolation. De fait, et bien qu'inscrite dans une tradition millénaire, son exploitation, par les épistoliers, reste modeste. Quatre références pour un demi-siècle de discours consolatoire, on est loin du topos. Mais n'a-t-on pas dû conclure pareillement en un autre endroit, quand il s'agissait de traiter de la dépouille et de sa triste destinée ?[5] La chair, décidément, et ses vicissitudes, n'inspirent que peu les auteurs des lettres, et cela non seulement d'un point de vue statistique. La rareté des allusions se double de leur insignifiance relative que relève surtout leur

---

[1] Guillaume Bernard Nervèze, *A Monseigneur l'illustrissime Cardinal de Gondy*, in *Consolations funebres sur la mort de (...) Messire Albert de Gondy, Duc de Rais (...)*, *op. cit.*, pp. 8-9.

[2] Jean de La Fontan, *Pour Madame la Mareschale de Fervaques, sur la mort de M. le Comte de Laval son fils, tué en Hongrie*, in *Les Jours et les Nuicts du Sr de la Fontan*, *op. cit.*, f. 99, col. 1.

[3] Etienne Bachot, *Lettre de Consolation à (...) Madame de Vineuil sur la mort de M. le Chevalier de Saincte Geneviefve son frère*, *op. cit.*, p. 9.

[4] Charles François d'Abra de Raconis, *Lettre de Consolation addressee à M. d'Herbaut Secretaire d'Estat Sur le trespas de feue Madame d'Herbaut sa femme*, *op. cit.*, p. 9. Il est vrai qu'il ajoute, restituant, en quelque sorte, la dignité du corps : « aussi à la façon des verres fust-il formé & animé par le soufle divin » (Peut-être allusion à *Job* 33, 4).

[5] Voir chapitre précédent.

comparaison aux propos morbides d'un Innocent III et même, plus
étonnant, d'un Sénèque[6]. S'il arrive aux épistoliers de concéder une image
pittoresque – la litière de Platon, le baril ou la caisse d'Anacharsis[7] – en
général, ils ne se départent guère de la plus traditionnelle des métaphores.
Ce corps-prison qui hante les esprits depuis les temps les plus anciens, a
fait l'effroi tant de Platon que du Psalmiste, de Boèce, ou du pape Innocent[8]. Si donc le patronage de ce dernier a été évoqué tantôt, ce n'était que
pour rendre sensible une atmosphère : le nom du pontife tient lieu de
symbole. Mais au fond, et contrairement à ce qu'on a pu établir pour une
certaine poésie[9], le pessimisme des lettres, éclectique, se nourrit à de

---

[6]   On rapprochera tel propos du premier livre du traité d'Innocent III de tel autre de la
     Consolation à Marcia : « *Formatus est homo de pulvere, de luto, de cinere : quodque
     vilius est, de spurcissimo spermate*» (Innocent, III, *De contemptu mundi sive de
     misericordia conditionis humanæ* 1,1, in *Innocentii III, Romani Pontificis, Opera
     omnia*, Accurante J.-P. Migne, Patrologiæ Cursus Completus, t. CCXVII, col. 702),
     « Qu'est-ce que l'homme ? Un corps faible et fragile (...) pétri de matières molles et
     inconsistantes » (Sénèque, *Consolation à Marcia* XI, 3, in *Dialogues, op. cit.*, t. III,
     p. 26).

[7]   Voir note 1. L'image, pour Platon, sera celle du *Timée*, 44 e, in *Œuvres complètes*, éd.
     cit., t. 2, p. 462 : « les dieux lui [à l'âme] ont donné le corps pour se déplacer sans
     peine. » Les lettres d'Anacharsis ne présentent pas l'image en question, encore que la
     neuvième traite, entre autres, du corps humain (voir *Die Briefe des Anacharsis*, Berlin,
     Akademie Verlag, 1963, p. 21). Point de trace non plus dans les différents textes
     anciens mettant en scène Anacharsis (Cicéron, *Tusculanes*, V, 32, 90 ; Plutarque,
     (entre autres), *Vie de Solon*, VIII ; Hérodote, *L'Enquête*, IV, 76 ; Diogène, Laërce, *Vies
     doctrines et sentences des philosophes illustres*, L. I : Anacharsis), sauf Lucien,
     Anarcharsis ou les Gymnases, dans le dialogue de Solon et d'Anacharsis ; Solon y
     rappelle l'image du philosophe qui compare le corps humain à une jarre de terre que
     l'énergie peut quitter à la suite d'efforts, la laissant vide et desséchée. (Voir *Anacharsis
     or Athletics*, 35, in *Lucian in eight volumes*, With an English Translation by A. M.
     Harmon, Cambridge, Massachussets/London, Havard University Press/William
     Heinemann LTD, 1969, vol. 4, pp. 57-59).

[8]   Voir Platon, propos de Simmias dans le *Phédon* qui vante « l'âme délivrée de son corps
     comme si pour elle c'était des liens », in *Œuvres* (éd. cit.), t. 1, 1940, p. 779. – Pour le
     Psalmiste, voir ci-dessous Innocent III. – Boèce, *La consolation de la Philosophie*. L.
     II, Prose 7, 23, Traduction nouvelle par A. Bocognano, Classiques Garnier, s. d.,
     p. 81 : « Mais si l'esprit (...) délivré de sa prison terrestre, s'élève libre vers le ciel, est-
     ce qu'il ne méprisera pas tout ce qui agite la terre ? » – Innocent III, *De Contemptu (op.
     cit.)* XXI, col. 713 : « *Certe non vult educi de carcere qui non vult exire de corpore ;
     nam carcer animæ corpus est. De quo Psalmista : Educ de carcere animam meam (Ps.
     CXLI)*. »

multiples sources. Vraie pour la déconsidération du corps, l'affirmation se confirme partout dans la suite.

Ce corps misérable, en effet, doit vivre sur une terre misérable, « hyspide manoir, couverte de ronces et d'épines, bas lieu plein de rouille »[10], et dans un siècle qui l'est plus encore. L'invective contre la dépravation du temps, en somme l'antique o *tempora, o mores,* rythme certaines lettres de façon obsédante. Il est vrai que la chronologie du thème appelle une observation. Si les deux références les plus tardives émanent de plumes bien catholiques, celle, en 1644, du minime Le Fèvre d'Ormesson[11], celle, en 1649 – en pleine Fronde – du P. Caussin[12], toutes les autres sont d'origine protestante et se placent dans un secteur chronologique limité, 1629 à 1632[13]. Le fait ne manque pas d'intérêt. A plus de cinquante années

---

[9]   Voir, p. ex., les considérations de Christine Martineau-Geneieys sur l'œuvre d'Eustache Deschamps, in *Le thème de la Mort dans la poésie française de 1450 à 1550,* Paris, Nouvelle Bib. du Moyen Age, 1978, pp. 126 et s.

[10]   G. B. Nervèze qualifie la terre de « nuageux et hyspide manoir » (« hyspide », du latin « hispidus », rogue, rugueux), dans *A Mgr. l'illustrissime Cardinal de Gondy,* in *Consol. Funebres, op. cit.,* p. 6. – Pour la seconde image, voir *Lettre de Monsieur Daillé, Pasteur en l'Eglise de Paris, escritte à M. de la Tabarière* (1629), in *Lettres de consolation faites par MM. Du Moulin, Mestrezat, Drelincourt, Daillé & plusieurs autres Pasteurs des Eglises Reformées de France & autres lieux, op. cit.,* p. 87 : « Cette miserable terre qui se va desormais couvrir d'espines et de ronces. » L'allusion à *Genèse* 3, 18 est manifeste. – Pour la troisième image (bas lieu, rouille), voir *Lettre de M. Daillé à Madame de la Tabarière* (16 déc. 1629), *ibid.,* p. 136.

[11]   Le Fèvre d'Ormesson, *Consolation à Madame la Mareschale de Vitry sur la Mort de Mademoiselle sa Fille, op. cit.,* p. 56 : la corruption du siècle.

[12]   Nicolas Caussin, *Lettre de Consolation du R. P. Nicolas Caussin, à Madame Dargouge, sur la mort de Mademoiselle sa fille,* Paris, François Saradin, 1649, p. 6 : « La voudriez vous rappeler en ce monde en un temps auquel les morts iamais ne furent moins à plaindre, en un temps auquel les yeux pleurent, & les cœurs saignent. »

[13]   Voir, p. ex., *Lettre de Monsieur de Montigny, Pasteur en l'Eglise du Plessis Marly (...) à Madame de la Tabarière* (10 sept. 1629), in *Lettres de consol., op. cit.,* pp. 57-58. – *Lettre de M. Rivet. Ministre du S. Evangile (...) à Madame de la Tabarière* (3 oct. 1629), *ibid.,* p. 76 : « l'infection du monde. » – *Lettre de M. Turretin, Ministre du S. Evangile (...) à Madame de la Tabarière* (20 janv. 1630), *ibid.,* p. 148 : le « miserable siècle ». Il est vrai que, dans ce cas, le motif du « miserable siècle » est vu dans l'optique non du défunt, mais du survivant ; il y perd tout titre à la consolation. – *Lettre de M. Drelincourt (...) à Madame de la Tabarière* (2 fév. 1630), *ibid.,* pp. 171-172 : l'auteur fustige plus spécialement « la revolte, la debauche, & l'atheïsme » de la jeune génération. Les remontrances contre le siècle se font donc plus précises, sans toutefois comporter une allusion directe à la situation des réformés. Mais le chagrin qui

de la Révocation de l'Edit de Nantes, le protestantisme français subit un contretemps majeur : la paix d'Alais (28 juin 1629) signée avec Richelieu, garantit la liberté des consciences, mais prive les huguenots de leurs « places de sûreté ». Coup grave et qui justifierait les récriminations si particulièrement nombreuses sous les plumes réformées[14].

Mais d'une façon générale, la vie sur cette terre, dans ce siècle, se présente sur le mode mineur, et les biens, s'ils existent, ne sont jamais purs, charriant en eux-mêmes le principe de leur imminente corruption[15]. On se doute que, dans ce contexte, le thème de la fragilité et de l'éphémère revêt un relief encore accru par les souvenirs tout proches de l'esprit baroque. En effet, si la constatation, parfois, est donnée comme telle[16], la plupart du temps, elle s'agrémente d'images qui illustrent sa tragique vérité. Une première, celle de l'océan démonté, symbole des incertitudes existentielles, témoigne de l'atmosphère baroque qui imprègne ces textes, mais n'en est

---

a dû découler de celle-ci a pu motiver un pessimisme plus général tel que le manifeste cette lettre. On notera d'ailleurs que le reproche d'irréligiosité est récurrent dans les traités de l'honnêteté (Voir Pierre Bardin, *Le Lycée*, éd. cit., Promenade II, éd. cit., t. 1, p. 93 : François de Grenaille, *L'Honneste Garçon* (...), éd. cit., p. 224).

[14] Encore que, selon le témoignage des historiens, le tact de Richelieu ait empêché un débordement d'amertume. Voir Pierre Chevallier, *Louis XIII*, Paris, Fayard, 1979, pp. 345 et s.

[15] On relira à ce sujet les récriminations d'Abra de Raconis dans sa *Lettre à M. d'Herbaut*, *op. cit.*, pp. 15-16 ; mêmes accents, en 1645, dans la *Consol. à Madame de Vitry* par Le Fèvre d'Ormesson, *op. cit.*, pp. 69-71, qui énumère les griefs suivants : ambitions, possession de biens terrestres, enfants. L'étude détaillée du passage conduit à une source directe : le 4ᵉ chapitre de la *Consol. à Polybius* de Sénèque, in *Dialogues*, *op. cit.*, t. 3, (1967), p. 102. Il est vrai aussi que le *De Contemptu* (*op. cit.*) présente la plupart des points énumérés : ambition (col. 727), vanité des biens (col. 708), innocence (col. 711)... Dès le début du siècle, Le Rebours avait fustigé le malheur constitutif de toute situation humaine : « la tristesse y accompagne la ioye », in *Consolation funebre à Madame la Mareschalle de Fervagues, sur la mort de Mgr. de Laval son fils*, *op. cit.*, p. 16. Il va sans dire que l'on pourrait multiplier les renvois ; on citera seulement le cas de Plutarque qui, lui-même, se réclame d'Euripide : « Ainsi (...) toutes choses possèdent leurs opposées, car selon Euripide :

Biens et maux ne sauraient exister séparés

Et pour que tout soit bien, il faut certains mélanges. » (Plutarque, *De la Tranquillité de l'âme*, in *Œuvres morales*, t. 7, 1ère partie. *Traités*, 30, 15, *op. cit.*, (1975), pp. 119-120.) Pour Euripide, l'éditeur de Plutarque *donne De audiendis poetis*, 25 C-D ; *De Is et Osir.*, 369 B.

[16] Voir, p. ex., François De Galles, *Lettre de Messire F. de Galles* (...), in *Tombeau de Laurens de Chaponay*, *op. cit.*, f. 33, col. 2.

pas moins d'origine antique. Les lignes suivantes de Le Fèvre d'Ormesson attestent une fréquentation particulièrement assidue des *Consolations* de Sénèque :
la vie presente souffre des agitations d'un element factieux : ses boüillons & ses flots nous eslevant, ils nous estouffent ; s'ils nous portent sur la cime des montagnes par des graces inesperées, ils nous precipitent dans le creux de ses abysmes, par des coups impreveus, & si nous ne faisons continuellement naufrage, au moins sommes nous continuellement dans la crainte & l'effroy, iettans la pensée & les yeux sur le débris de nos voisins. De sorte que la mort est le port le plus asseuré, pour éviter l'orage de cette mer inquiete & il faut croire que ceux qui troublent par leurs soûpirs & leurs plaintes, la paix & le repos des morts, doivent estre accusez de l'extravagance de ces voyageurs, qui au fort de la tempeste, & dans les agitations d'une mer irritée, sans refléchir sur leur malheur present, formeroient des plaintes sur le calme & la tranquillité de ceux qui vivent dans le port[17].

Reste que l'image comme l'orchestration du thème sont récurrentes chez les poètes de la première moitié du siècle[18]. D'autres métaphores, d'autres comparaisons s'ajoutent, et elles trouvent toutes leurs répondants dans les anthologies du baroque. Pour Jean de La Fontan, la vie de la fille défunte de Madame de Courtenay « estoit un bouton qui commençoit à espanouir sa fleur esvanouye »[19], alors que Guillaume Le Rebours, plus savamment,

---

[17] Le Fèvre d'Ormesson, *Consol. à Mad. de Vitry, op. cit.*, pp. 80-82. – Pour Sénèque, voir *Consol. à Polybius*, IX, 6-7, in *Dialogues* (*op. cit.*), p. 109. On y trouve la mer bouillonnante, qui « ... tantôt nous soulève à des hauteurs imprévues tantôt nous replonge plus bas qu'auparavant », le naufrage que nous redoutons sans cesse, la mort, seul port et repos ... Voir aussi *Lettres à Lucilius* 99, 9 et 107, 8, *op. cit.*, t. 4, p. 128 et 176. Autres références antiques, in Rudolf Kassel, *Untersuchungen zur griechischen und römischen Konsolationsliteratur*, in *Zetemata, Monographien zur klassischen Altertumswissenschaft, op. cit.* Il va sans dire qu'on ne donne, ici, que les références antiques les plus indispensables.

[18] Voir, p. ex., Philippe Du Plessis-Mornay, *Sonnet, Barque qui va flottant*, cit. par Jean Rousset, *Anthologie de la poésie baroque française*, Paris, « Coll. U », 1968, t. 1, p. 198 – Jean-Baptiste Chassignet, *Consolation contre la Mort*, sonnet LIII, v. 12-14, in *Le Mespris de la Vie et Consolation contre la Mort*, Genève-Paris, Droz-Minard, 1967, p. 74 – Jean Roger Gombauld, *Sonnet, Je vogue sur cette mer*, cit. par Rousset, *op. cit.*, t. 1, p. 212 etc.

[19] De La Fontan, *A Madame de Courtenay sur la mort de M. le Baron de Courtenay, son fils*, in *Les Jours et les Nuicts, op. cit.*, f. 102, col 2.

compare le fils de la maréchale de Fervaques à l'Ephéméron[20]. Même érudition auparavant déjà, mais changement de discipline ; la géométrie se substitue à la biologie :

Euclide escrit qu'un point est si petit qu'il n'a point de parties, & qu'il est indivisible, les autres, qu'il est invisible & Plutarque neantmoins apelle la vie un petit point de temps[21].

Et l'ensemble s'achève sur ce déferlement d'images dont les sources antiques prouvent l'universalité du goût baroque : la vie est

une toile d'araigne, un peu d'estoupe embrassée (sic), un jeu de dez, une Comédie (...) un prest fatal (ce dit Plutarque) (...), un vent, une legere vapeur, une fumee, l'ombre d'un songe (comme asseure Pindare) (...) La Vie (ce dit saint Grégoire) est plus legere que les fables (...) chancelante d'imbecilité[22].

Même thématique encore chez Thomas Pelletier, en 1611, où l'on trouve la glace, le sable mouvant, le roseau agité par le vent[23], et chez Arnaud, en

---

[20] Le Rebours, *Consol. à Madame de Fervagues*, *op. cit.*, pp. 27-28. Comparer éventuellement à Cicéron, *Tusculanes* , I, 39, 94, Paris, Belles Lettres 1970, t. 1, p. 58 et Aristote, *Histoire des animaux*, V, 19.

[21] *Ibid.*, p. 13. Pour Euclide, voir *Géométrie plane*, Premier Elément, Définition I, in *Les Eléments*, Texte grec et trad. française par Georges J. Kayas, Paris, s. d., t.1, p. 1 – Pour Plutarque, la référence précise peut faire difficulté. Peut-être *Dialogues Pythiques, Sur l'E de Delphes*, 20, Paris, Belles Lettres 1974, p. 32 : à l'opposé de celle de l'homme, l'existence de la divinité « n'a pas lieu en un point quelconque du temps. » Plus probablement *Consolation à Apollonios du Pseudo-Plutarque*, in *Plutarchi Chœronensis Moralia*, *op. cit.*, t. 1, p. 124, col. 1 : « *vel cum longissimum tempus exiguum punctione instar sit, si cum infinita œternitate comparetur.* » Voir aussi Sénèque, *Consol. à Marcia*, *op. cit.*, 21, 2, p. 43 et *Lettres à Lucilius*, *op. cit.*, 49, 3, t. 2, p. 29.

[22] G. Le Rebours, *Consol. à Madame de Fervagues*, *op. cit.*, pp. 15-16. Pour Plutarque, voir *Consol. à Apollonios*, *op. cit.*, f. 116, col. 1 ; pour Pindare, *ibid.*, f. 114, col. 1 (Pindare cité par Pseudo-Plutarque) ; pour saint Grégoire, *Sancti Gregorii Magni In Septem Psalm. Poenit. Expositio, Prooemium in Sextum Psalmum Poenitentialem*, PL 79, col. 631.

[23] Thomas Pelletier, *Lettre de Consolation à la Royne Mere du Roy, sur la mort de Mgr. le Duc d'Orléans*, *op. cit.*, p. 6.

1612, qui met en œuvre le cristal et la plume[24]. Quant à Drelincourt, il renouvelle, une vingtaine d'années plus tard, et plus sobrement, le motif de l'*Ecclésiaste* (I, 2) :

Car le plus beau de nos iours n'est rien que vanité & tourment, & il s'en va soudain. Tout ce qui se fait sous le Soleil n'est rien que vanité[25].

Voilà donc une première approche qui s'offre à l'effort consolatoire de la raison : la vie dévalorisée désarme ipso facto la douleur causée par la mort.

Or, la réflexion sur celle-ci ne s'avère pas moins utile. A bien y regarder, elle présente de multiples caractères qui sont autant d'arguments de consolation. Et d'abord celui qui se déduit, en bonne logique, de la dépréciation de la vie : si celle-ci est souffrance, la mort en apporte l'extinction libératrice. A vrai dire, l'argument tel que le présentent les lettres, se double presque toujours de cette perspective de l'au-delà et du *desiderium mortis* qu'elle implique depuis saint Paul sinon depuis Job. Raisonnement récurrent tout au long de la période étudiée, en 1602, 1639,

---

[24] Isaac Arnaud, *Consolation en Dieu sur le regret d'une personne aimée, op. cit.*, p. 98. Il est vrai qu'il ne s'agit pas ici d'une *lettre* de consolation au sens strict du mot, le texte étant sans destinataire.

[25] Drelincourt, *Lettre à Madame de la Tabarière, op. cit.*, p. 180. Même thème, et même inspiration, chez Thomas Pelletier, *Lettre de Consolation sur la mort de feu Mgr. de Sillery, Chancelier de France, op. cit.*, p. 12. Voici, glanés dans l'anthologie de la poésie baroque française de Rousset, *op. cit.*, quelques thèmes correspondant à ceux évoqués dans les lettres. Fleur : Jean de Sponde, Sonnet, *Mais si faut-il mourir*, t. 1, p. 117 – Auvray, *Hélas ! qu'est-ce que l'homme, ibid.*, p. 45. – On y ajoutera, bien entendu, la célèbre st. 4 de la *Consolation à M. Du Périer*. Il est manifeste, toutefois, qu'ici encore, l'étiquette baroque est par trop limitative. La filiation du motif a été évoquée ailleurs. Voir R. Baustert, *L'Univers moral de Malherbe. Etude de la pensée dans l'œuvre poétique*, Berne, Publications universitaires européennes, Peter Lang, 1997, t. 1, pp. 313 et s.
Point : l'épistolier se réfère à Euclide et à Plutarque. La poésie baroque avait adopté le motif. Voir, p. ex, Antoine Favre, *Le temps n'est qu'un instant*, in *Sonnet, Puisque ce n'est qu'un point*, cit. par Rousset, *Anthologie, op. cit.*, t. 1, p. 39.
Bulle : Sponde, *Mais si faut-il mourir, ibid.*, t. 1, p. 117 – Chassignet, *Sonnet, Désires-tu sçavoir, ibid.*, p. 12.
Eclair : Sponde, *Sonnet, Mais si faut-il mourir*, v. 9.

1644[26]. Il est vrai qu'il arrive à l'idée de figurer sous forme purement profane, comme c'est le cas, en 1606, chez G. Le Rebours, mais elle perd alors beaucoup de son impact : guérison des maux de la vie par simple néantisation, sans aucune promesse de Salut. On notera la teneur philosophique de ce propos adressé à la maréchale de Fervaques :

---

[26] Voir G. B. Nervèze, *A Madame la Duchesse de Rais*, in *Consol. funebres, op. cit.*, p. 50 – Bachot, *Lettre à Mad. de Vineuil, op. cit.*, pp. 8-9 – Le Fèvre d'Ormesson, *Consol. à Mad. de Vitry, op. cit.*, p. 83.

Or si la vie, qui a un acte reel, une essence formelle, & un estre
positif, est neantmoins une chose si mesprisable & de si peu destime
(sic) : la mort qui n'a ny formalité ny reelité ny position, a quel
meilleur titre doit elle estre peu regrettée, peu plainte, & peu
desplorée ? Si ce n'est rien, pourquoy vous en affligez vous ? peut on
se courrousser de ce qui n'est point ? n'est ce pas une terreur
pannique que de s'espouventer d'une chose qui n'a ny forme ny
matiere ny substance[27] ?

Néant donc, « rien », et pourtant « rien » préférable, infiniment, aux
tristes réalités existentielles. En effet, Eschyle ne dit-il pas

que la mort est la guarison de tous maux. Si c'est une guarison, c'est
un bien. Vous le devez desirer, selon l'advis d'Aristote, qui tient que
toutes choses appettent le bien[28].

Ainsi la mort n'est pas redoutable parce qu'elle ouvre la voie du Bien ou,
du moins, tarit la source du Mal. De la première perspective à la seconde,
la dégression est nette. Elle est plus sensible encore dans cette troisième
attitude qui prétend combattre la peur de la mort par la négation de toute
altérité entre la vie et une mort « évolutive », implantée dans le tissu
même de l'existant. La vie, dès lors, n'est qu'une mort en marche,
l'appréhension du « tout autre » s'évanouit, faisant place à la trivialité de
l'habitude. Voilà qui se dégage de la lettre écrite en 1613 par le Père
Arnoux :

Il [le défunt] a pour luy perdu la vie, & voilà tout : vie qu'il devoit
en fin perdre ; vie qui se perd en vivant : vie qui ne s'espuise point

---

[27] G. Le Rebours, *Consol. funebre, op. cit.*, pp. 17-18. Pour le motif du néant de la mort,
     voir aussi Cicéron, *Tusculanes*, éd. cit., I, 6, 12, t. 1, p. 11.

[28] Le Rebours, *Consol. fun.*, pp. 21-22. Pour Aristote, voir *Ethique à Nicomaque*, I, 1,
     1094 a, éd. cit., pp. 31-32.

     Eschyle, références possibles, mais non certaines : *Sept contre Thèbes*, v. 336 –
     Agammemnon, v. 567-568 – *Prométhée enchaîné*, v. 750–756. On a préféré garder ce
     cas « littéraire », il est vrai, jusqu'à cet endroit parce qu'étroitement associé à Aristote.
     Autres réf. antiques : *Consol. à Apollonios, op. cit.*, f. 117, col. 2 – Sénèque, *Lettres à
     Lucilius*, III, 24, 11 ; III, 26, 10 ; IV, 30, 6, *op. cit.*, t. 1, p. 105, 117, 132 – Cicéron,
     Tusculanes, I, 34, 84, éd. cit., t. 1, pp. 51-52.

par le dernier souspir, mais par tous les moments qui roulent bond à bond, & s'entrepoussent les uns les autres[29].

Logique qui assimile Hébé à Thanatos pour placer à la naissance même la source de la mort. François de Galles s'en est bien rendu compte qui écrit que « la naissance estoit le commencement de la mort »[30], de même qu'Abra de Raconis, dans la lettre à Monsieur d'Herbault, où il révèle l'origine d'un véritable topos :

Le premier mouvement de nostre vie est celuy mesme de nostre mort, puis que la vie estant un flux continuel qui coule & qu'on ne peut arrester, n'est pas plustost dans la iouissance, qu'elle passe dans la privation, qui est ce qu'on appelle mort, Ce jour mesme (dit le grand Seneque) auquel nous vivons est partagé avec la mort[31].

En fait, le « grand Sénèque » affectionnait l'idée au point d'en faire un leitmotiv de son discours thanatologique. On la lit tant dans les *Lettres* à Lucilius que dans les *Consolations* à Marcia et à Polybius[32]. Ce qui ne l'empêche pas d'avoir été reprise – et transmise – par des intermédiaires : le double parrainage du philosophe et du pontife romains, de Sénèque et d'Innocent III, évoqué tantôt, ne se dément pas ici[33]. *Morimur dum vivimus semper, et tunc tantum desinimus mori, cum desinimus vivere*[34], tel est ce paradoxe : l'heure de la mort arrête l'action de la mort, le fait de mourir supprime l'habitude de mourir. Du coup, l'idée de la mort évolutive remonte dans la hiérarchie des arguments, dépassant la consolation par simple accoutumance pour rejoindre celle par exspectative de l'affranchissement. La réflexion, sinon la source, est confirmée dans telle lettre où Abra de Raconis l'illustre de multiples exemples et images[35].

---

[29]	Arnoux, *Lettres du R. P. Arnoux, Jesuite A (...) M. d'Expilly* (24 janvier 1613) in *Tombeau de Laurens de Chaponay*, *op. cit.*, ff. 16, col. 2-17, col. 1.

[30]	De Galles, *Lettre de F. de Galles*, in *Tombeau (...)*, *op. cit.*, f. 33, col. 2.

[31]	Abra de Raconis, *Lettre à M. d'Herbaut*, *op. cit.*, pp. 11-12.

[32]	Sénèque, *Lettres à Lucilius*, XIX, XX, 120,18, éd. cit., t. 5, p. 71 – *Consol. à Marcia*, éd. cit., XI, 2, t. 3, p. 25 et XXI, 6, *ibid.*, p. 44 – *Consol. à Polybius*, éd. cit., XI, 2, p. 112. – Même idée dans *Consol. à Apollonios*, *op. cit.*, f. 116, col. 1. Kassel (*op. cit.*) relève d'autres exemples chez Marc-Aurèle et Philodème.

[33]	Le Rebours, *Consol. à Mad. de Fervagues*, *op. cit.*, pp. 11-12.

[34]	Innocent III, *De contemptu*, *op. cit.*, XXIV, col. 713-714.

[35]	Abra de Raconis, *Lettre à Mad. d'Herbaut*, *op. cit.*, pp. 12-14. Voir aussi saint Augustin, *Confessions*, I, 6, 7. Il va de soi que toutes ces perspectives rendent

Premier volet d'arguments, et qui tous, d'une manière ou d'une autre, sont tributaires d'un mépris viscéral de la vie. Mais on se doute qu'il faut s'attendre à une seconde série, puisée, plus encore que l'autre, au fonds d'une sagesse millénaire, triade du lieu commun qui s'impose au maître à penser comme au plus obscur épistolier.

La mort est naturelle, elle est nécessaire, elle est égalitaire, on ne s'est lassé de le répéter depuis les anciens. Les lettres, ici, renchérissent, se limitant souvent, à la simple répétition, s'offrant, parfois, selon la personnalité de leurs auteurs, telle note plus spécifique. Ainsi cet aspect naturel de la mort, argument tantôt laïque tantôt christianisé, au gré des inspirations.

En 1606, Guillaume Le Rebours se maintient résolument au niveau profane, sollicitant l'autorité de Thalès :

Thales estimoit qu'il n'y avoit point de difference entre la mort & la vie, parce que l'une & l'autre sont les enfans de Nature, que le trespas, & que la nativité estoyent esgalement mauvais[36].

Moins savant, mais non moins incisif, Antoine de Nervèze exhorte le duc de Montmorency à considérer « que la mesme nature qui defend & soustient vostre regret en lui permettant de pleurer vous menaçoit tous les iours de la perte que vous avez faicte »[37], alors que le propos de Thomas Pelletier sonne tout aussi dur :

Ceste Loy inviolable de la Nature, qui faict que tout ce qui naist prend fin vous doit tant plus facilement resoudre à boire ce calice, tout destrempé d'absinthe qu'il puisse estre[38].

Même pensée, vingt années plus tôt, sous la plume de Guillaume Bernard Nervèze, sauf qu'il s'y ajoute cette note religieuse annoncée tout à l'heure :

---

souhaitable la mort prématurée dont les lettres se dispensent rarement de vanter l'effet bénéfique. On a relevé une dizaine de cas qu'il paraît inutile de citer dans le détail. Thème fréquent chez les anciens, Cicéron, Sénèque, *Consol. à Apollonios* ...

[36] G. Le Rebours, *Consol. à Mad. de Fervagues, op. cit.*, pp. 12-13.

[37] Antoine de Nervèze, *Lettre de Consolation à Mgr. le duc de Montmorency, sur le trespas de Mgr. le Connestable son Pere, op. cit.*, p. 5..

[38] Thomas Pelletier, *Lettre de Consolation sur la mort de feu Mgr. L'illustrissime Cardinal de Retz A Mgr. le Reverendissime Evesque de Paris, son Frère, op. cit.*, pp. 10-11.

Ne violons point, ie vous prie les sainctes loix du sacré cabinet de
Dieu, ne nous armons point comme geans pour contreroller &
guerroyer les sages decrets de l'eternelle sapience, & avec nos vains
efforts contredire & repugner à nature, laquelle dés sa naissance a esté
ordonnée de son autheur aussi necessaire aux hommes mourir que de
naistre[39].

La mention de l'apôtre, chez G. Le Rebours, va dans le même sens :

Mais c'est un edit émologué au Parlement de Nature, que la mort
c'est un arrest inviolable, une maxime infalible. Nous mourons tous,
ce dit l'Apostre, & glissons dans la terre comme les eaux, qui ne
reviennent jamais[40].

Le cas montre à quel point les topoi s'interpénètrent, le caractère naturel
de la mort entraînant celui de son égalité, à moins que cette dernière ne
s'associe à la nécessité, comme dans cet exemple emprunté à G. B.
Nervèze :
Monseigneur partant de ce monde a payé seulement pour luy & non
pour nous, il est quitte de ce que nous devons, mourir est un faire le
faut, mourir est un point necessaire, la mort est un havre de commun
abord où tout va se ruer[41].

Le même auteur, et la même année, souligne, d'ailleurs, la trivialité des
deux idées, comptant l'une comme l'autre parmi les « communes
consolations »[42]. On notera cependant que, d'un point de vue statistique,
celle de la nécessité, de même que celle du caractère naturel, sont primées,
et de loin, par la réflexion sur la mort égalisatrice, tant il est vrai que le
partage de la souffrance est toujours l'antidote le plus opérant contre sa
violence. Avant de le prouver, voici les deux derniers exemples du thème,
sans doute assez clairsemé, de la nécessité. L'un, qui date de 1644, n'a de
particulier que ce ton impératif, si singulièrement dépourvu de
compassion, déjà relevé plus haut :

Regardant la mort comme une necessité, vous avez deu vous
persuader qu'il ne la falloit pas craindre (...)[43].

---

[39]   G. B. Nervèze, *A Madame la Duchesse de Rais*, in *Consol. fun., op. cit.*, pp. 50-51.

[40]   Le Rebours, *Consol. à Madame de Fervagues, op. cit.*, pp. 10-11. Référence
       scripturaire ('L'Apostre') : 2, *Samuel*, 14, 14.

[41]   G. B. Nervèze, *A Madame la Duchesse de Rais*, in *Consol. fun., op. cit.*, p. 57.

[42]   *Ibid.*, p. 47.

[43]   Le Fèvre d'Ormesson, *Consol. à Madame de Vitry, op. cit.*, p. 67.

Chose aisée pour qui n'est pas concerné dans l'immédiat, mais en 1613, tel autre, pourtant frappé directement, puisque c'est de la mort de son beau-fils que traite M. d'Expilly, trouve les mêmes accents qu'explique peut-être le désir d'imiter un illustre modèle. En cet âge érudit, la douleur n'efface pas l'ambition de briller :

Il se faut en fin resoudre & consoler, & penser que là où il n'y a point de remede, il n'en faut point chercher[44] ;

Le souvenir de Malherbe est patent. Contre la détresse, ce docte président s'est armé des dures injonctions de la *Consolation à un ami*[45]. Et c'est encore Malherbe, on le verra, qui aurait pu inspirer le développement du thème de l'égalité.

En fait, celui-ci, s'il n'est pas moins banal que d'autres, s'impose par la fréquence même des récurrences au point qu'un premier auteur croit devoir s'en abstenir pour manque d'originalité : « Je ne me veux point servir en vostre consolation de ce commun dire que tous les hommes sont mortels ... »[46].

Scrupules que n'ont point partagés d'autres consolateurs. La même année, G. B. Nervèze souligne l'universalité d'une mort qui « devore le prudent & le sage, & l'humble & l'innocent, sans esgard a l'aage, sexe, ou qualité quelconque »[47]. Quelques années plus tard, François de Galles reprend l'idée bien usée de la confusion des âges et des conditions (« les jeunes comme les vieux estoient obligez à la loy du Destin ; ... les Rois mesmes, ainsi que les autres hommes luy estoient tributaires »[48]), alors que le Père Arnoux cache la trivialité de la réflexion sous les prestiges de la langue d'Horace :

Multi eum anteibant, omnes sequentur.

---

[44] Claude d'Expilly, *Response (...) A (...) M. le Rev. Pere Arnoux*, in *Tombeau de L. de Chaponay, op. cit.*, f. 25, col. 2.

[45] Voir Malherbe, *Consolation funebre à un de ses amis sur la mort de sa fille*, v. 75-76 (entre 1589-1598) et *Consolation A Monsieur Du Périer (...) sur la mort de sa fille*, v. 71-72 (1598) :
« Mais en un accident qui n'a pas de remède
il n'en faut point chercher. »

[46] A. de Nervèze, *Lettre consolatoire envoyee a Madame la Duchesse de Mercœur, op. cit.*, pp. 9-10.

[47] G. B. Nervèze, *A Mgr. le Rev. Evesque de Paris*, in *Consol. fun., op. cit.*, p. 41.

[48] F. De Galles, *Lettres de Messire F. de Galles,* in *Tombeau de L. de Chaponay, op. cit.*, f. 33, col. 1.

Multos habuit comites, cunctos socios habiturus[49].

Si le nom du poète ancien s'impose dans ce contexte – au-delà de celui, déjà circonscrit, de la littérature d'imagination –, c'est qu'il a créé, en quelque sorte, cet archétype de l'argument de l'égalité à qui la quatrième *Ode* du Premier Livre doit sa célébrité :

Pallida Mors æquo pulsat pede pauperum tabernas
Regumque turres[50].

On sait le parti que Malherbe tira de l'image[51]. Les épistoliers ne se sont pas fait défaut de l'intégrer à leur répertoire, depuis Guillaume Le Rebours et Louis Richeôme qui la reprennent, l'un en vers, l'autre en prose[52], jusqu'à Raoul Le Maistre dont la version bilingue s'agrémente d'une note chrétienne[53]. Sans référence directe aux souvenirs humanistes, Jacques de Bellefleur n'en exhorte pas moins les Rois dans une de ces belles envolées qui réunissent nature, nécessité et égalité[54], imité en cela par Drelincourt, plus abstrait, toutefois, et préférant à celle du poète, la tutelle du philosophe[55].

Enfin, et en dépit de la chronologie, les dimensions cosmiques que confère à l'argument la réflexion de Nicolas Du Peschier, lui donnent l'ampleur d'une conclusion :

---

[49] Arnoux, *Autre Lettre Dudict Pere Arnoux audict Sieur d'Expilly* (24 janvier 1613), *ibid.*, f. 21, col. 1.

[50] Horace, *Odes*, I, 4, v. 13-14.

[51] Voir *Consol. funèbre à un de ses amis*, v. 81-84 et *Consol. à M. Du Périer*, v. 77-80.

[52] G. Le Rebours, *Consol. à Mad. de Fervagues*, op. cit., p. 19 – Louis Richeôme, *Consolation envoyée à la Royne Mere du Roy*, op. cit., p. 137.

[53] Raoul Le Maistre, *Consolation Funebre sur le trespas de (...) Charles de Clere*, op. cit., p. 5.

[54] Jacques de Bellefleur, *Lettre de Consolation à Monsieur Vigner (...) sur la mort de Madame sa Mere*, op. cit., p. 6.

[55] Drelincourt, *Lettre à Madame de la Tabarière*, op. cit., pp. 169-170 : « un celebre Philosophe ayant appris la mort d'un fils unique, s'escria (...) Je sçavois que je l'avois engendré mortel » (Propos d'Anaxagore rapporté par Plutarque, *De la Tranquillité de l'âme*, in *Oeuvres morales*, éd. cit., t. 7/1, 16, p. 121). Voir aussi Cicéron, *Tusculanes*, III, 14, 30, éd. cit., t. 2, p. 20 et III, 24, 58, p. 35. Il va sans dire que les grands lieux communs (mort naturelle, nécessaire, égale) se retrouvent, fréquents, chez les consolateurs anciens sans qu'il paraisse utile, ici, d'alléguer des références.

mais les mois, les ans & les siècles sont comptez, toutes choses
dependent de leur cause premiere, ce tout, cet univers, Ciel & terre,
bref rien n'est assujecty aux elemens, qui ne soit aussi serf de la mort,
ou du moins destiné de changer d'estat & de condition[56].

Conclusion partielle, sans doute, comme la fréquence annoncée du thème
l'aura fait deviner. C'est qu'il s'agit de prévoir un autre développement où
les mêmes données se présentent sous un éclairage résolument chrétien.

Certes, dans tel texte appelé plus haut par les circonstances, Dieu était déjà
présent ; il le sera dans tous ceux qui suivent. Et d'abord, son éternité, par
contraste, souligne la vanité de tout le reste. C'est un gouffre aux
dimensions de l'univers qu'évoque cette lettre à Madame la duchesse de
Rais, une courbe vertigineusement fuyante, un océan démonté qui laisse à
Dieu seul le privilège d'une calme navigation :

(...) les inventions, les arts, les sciences, les aages, les beautez, les
dignitez & richesses, les honneurs, les charges, les estats, les
republiques toutes entieres font ioug & courbent le chef sous
l'Empire de la mort, les elemens luy obeissent, le ciel luy cale la
voile, tout ce rouant univers qui n'a que Dieu pour origine, tant en
ses parties qu'en son tout, est enfin determiné à s'engoulpher dans
l'abysme de la mort, pour monstrer au doigt qu'il est certain qu'il
n'y a que le seul Dieu & la verité de sa saincte parole, voguant au
calme de son infinie éternité, qui puisse eviter ceste Sylle &
carybde[57].

Aussi est-ce Dieu qui confond toutes les conditions, établissant ainsi
l'égalité universelle :

Ainsi Dieu a voulu disposer, lequel sans distinction du Souverain au
vassal, du Seigneur à l'homme privé, du pauvre au riche, enveloppe
tous les humains dans le sort commun de la vie ou de la mort, l'un
mourant ieune, l'autre vieux, selon que sa divine providence iuge
necessaire à leur bien[58].

---

[56] Nicolas du Peschier, *Consolation à Mgr. le Duc de Nevers Sur la mort & trespas de
Madame la Duchesse son Espouse, op. cit.*, p. 5.

[57] G. B. Nervèze, *A Madame de Rais*, in *Consol. fun., op. cit.*, pp. 57-58.

[58] Pelletier, *Lettre à la Royne Mere, op. cit.*, pp. 5-6.

Pieuse réflexion de Thomas Pelletier qui ne surprend pas, deux années plus tard, sous la plume du Père Arnoux :
A ce coup inconsolable, je n'ay qu'un seul renvoy : Dieu (...) l'a voulu & le veut & le fait (...) par dessein eternel, sans qu'on le sçache ; ny penetre pourquoy[59].

Mystère insondable, percé cependant par Le Fèvre d'Ormesson : la mort, Dieu l'a rendue égale pour la rendre moins cruelle[60].

Enfin, à l'érudition, François Berthet joint l'ingéniosité. S'il proclame, en latin, l'égalité de la mort, le nom de la défunte lui inspire un subtil jeu de mots :
Il faut donc que Marie de L'Aubespine (...) subisse cette Loy (...) *Statutum est omnibus semel mori* (...) contre l'opinion commune L'Aubespine a esté frappée du tonnerre[61].

Les noms : on leur a fait, pour ce qui est de l'antiquité, un sort dans les chapitres antérieurs. Pour appuyer l'argument de l'égalité, on consentira à un bref retour aux « exemples », mais, modernes, cette fois.

La disparition tragique de Henri IV, surtout, avait frappé les imaginations. Quatre années après les faits, Du Peschier l'évoque encore pour clore une longue énumération funèbre où figurent, à côté des rois de France, ceux du Portugal et d'Espagne[62], et sous le coup même de l'événement, Louis Richeôme a fait revivre, pour la Régente, la scène fatale[63].

Mais que valent tant de noms à côté delui qui fait pâlir tous les autres ? S'il est un cas pour prouver l'égalité absolue de la mort, c'est bien celui de Dieu fait homme. Cette série doit se clore sur la mention du Christ à qui n'a pas été épargné le destin du commun des mortels :

C'en est faict, Messeigneurs, il n'estoit point né pour immortel, Dieu l'avoit faict naistre pour mourir, tous tant grands que petits doivent faire ioug à ce passage, personne ne s'en peut dire exempt à iuste raison, Dieu mesmes comme homme a voulu mourir afin de nous

---

[59] Arnoux, *Lettre à M. d'Expilly* (24 janvier 1613), in *Tombeau de L. de Chaponay, op. cit.*, f. 13, col. 1.

[60] Le Fèvre d'Ormesson, *Consol. à Madame de Vitry, op. cit.,* pp. 67-68.

[61] François Berthet, *Discours Funebre sur le trespas de (...) Marie de L'Aubespine (...), op. cit.*, p. 76.

[62] Nicolas du Peschier, *Lettre de Consolation envoyee a Messeigneurs de Guise. Sur la mort & trespas de feu M. le Chevalier, op. cit.*, pp. 9-10.

[63] L. Richeôme, *Consol. à la Royne Mere, op. cit.*, p. 137.

apprendre que les hommes sont esclaves de la mort & subiects à sa
servitude[64].

La réflexion est destinée par Nicolas Du Peschier à Messieurs de Guise
pour les consoler de la mort du chevalier, leur parent ; treize années plus
tard, Madame de Guise, pleurant la mort de Madame, s'entend raisonner
sur le même mode[65].

Adaptation, donc, d'un motif millénaire tant il est vrai que la mort, par-
delà les croyances et les cultures, suscite toujours de semblables réflexes de
défense. Certes, il y a des considérations plus spécifiquement chrétiennes ;
on l'a annoncé, elles seront développées plus loin. Dans l'immédiat, et
pour compléter ce répertoire des thèmes généraux, voici un dernier volet
d'arguments qui, pour être moins universels, ne s'en rangent pas moins
dans la catégorie du topos. Vu leur nombre, il ne paraît pas inutile de les
répartir en deux séries, ceux d'abord qui concernent le défunt lui-même,
ensuite ceux qui touchent aux survivants.

Prends sur toi de désirer que le souvenir de ton frère te revienne
souvent à l'esprit, de parler de lui fréquemment et d'avoir son image
sans cesse devant les yeux (...) Rappelle-toi sa délicatesse, rappelle-toi
son habileté, dans les affaires, son zèle dans l'action, sa fidélité a la
parole donnée. Raconte aux autres tous ses propos et tous ses actes, et
redis-les à toi-même. Songe à ce qu'il fut et à ce qu'il promettait
d'être : car que n'étais-tu pas en droit d'attendre d'un pareil frère[66] ?

C'est par le souvenir des qualités du défunt – en somme, par sa renommée –
que Sénèque prétend consoler Polybius de la mort de son frère. Mais est-il
besoin d'alléguer une source pour expliquer un argument des plus
communs – et annoncé par le premier chapitre tout entier de ce livre ?
Encore est-il à double tranchant. Se souvenir des prodiges de vertus qu'on
a perdus, n'est-ce pas augmenter la douleur, au lieu de l'éteindre ? La

---

[64] N. Du Peschier, *Lettre à Messeigneurs de Guise*, *op. cit.*, p. 5.

[65] Pierre Milon, *Consolation envoyée à Madame de Guise sur la mort de Madame*,
op. cit., p. 28. L'argument remonte évidemment aux origines du discours consolatoire
chrétien. Voir, p. ex., saint Jérôme, *Epistola XXXIX*, 3, in *Opera omnia*, P. L., t. XXII,
col. 468

[66] Sénèque, *Consol. à Polybius*, *op. cit.*, XVIII, 7, p. 122. Le portrait (élogieux) du défunt
fait partie des conventions de la consolation antique. Voir, entre autres, Plutarque,
Consol. à sa femme, 2 in *Œuvres complètes*, éd. Belles Lettres, t. 8, p. 189 ; *Consol. à
Apollonios*, *op. cit.*, p. 126, col. 1 etc.

réflexion semble étrangère à la plupart des consolateurs, empressés les uns plus que les autres à emboîter le pas à Sénèque et assez souvent, sans doute, dans le même esprit de flagornerie. Mais l'hyperbole, en la circonstance, est de mise, et on jugera sans trop de sévérité toutes ces fleurs de rhétorique. Ainsi ce cri de G. B. Nervèze s'extasiant devant les qualités du père défunt de l'évêque de Paris :
O beau mirouër ! ô consolation extreme ! pour Messeigneurs ses enfans d'estre engendrez d'un pere si noble, si comblé de perfections, accompagné de tant de vertus, revestu de tant d'honneurs, suivy de tant de bienfaicts, & couronné de tant de gloire & louanges[67].

Même auteur, même défunt, mêmes accents dans la lettre au cardinal de Gondy sur la mort de son père[68]. La métaphore florale dans cette autre lettre (« je donnerois plus avant dans les touffus taillis de ses verdoyantes vertus, pour vous amasser cent fleurs consolatives »[69]), enrichit la forme sans rien changer au fond. Jean de La Fontan est bien plus sobre, qui conseille à Madame de Fervaques de songer que son fils « mortel à nostre veuë », est « immortel à nostre memoire »[70], alors qu'Antoine de Nervèze retrouve le ton de l'hyperbole :
Ces considerations (...) adjoustées à celles du Ciel, vous doivent appaiser, & vous faire estimer heureux parmy vos malheurs, d'avoir legitimement possedé un suject si glorieux, que le Ciel l'a voulu posseder à son tour, comme un thresor qui estoit digne de vous (...) mais le monde en estoit indigne comme plain d'imperfections & de miseres[71].

A cet auteur, une réflexion, surtout, paraît de bon aloi : plutôt que de se plaindre d'une perte subie, il faut cultiver la mémoire d'un bien possédé. Il y revient plusieurs fois dans son *Discours consolatoire à la France sur le*

---

[67] G. B. Nervèze, *A Mgr. Rev. Evesque de Paris*, in *Consol. Fun.*, *op. cit.*, pp. 40-41.

[68] Id., *A Mgr. l'ill. Card. de Gondy*, *ibid.*, pp. 9-10.

[69] Id., *A Mad. de Rais*, *ibid.*, p. 61.

[70] J. De la Fontan, *Pour Madame de Fervaques*, in *Les Jours et les Nuicts*, *op. cit.*, f. 94, col. 2.

[71] Antoine Nervèze, *Consolation envoyee à Monsieur de Sainct Luc*, *op. cit.*, p. 11.

trespas (...) d'Alfonse d'Ornano[72], il récidive dans la lettre au duc de Nevers sur la mort de sa femme dont il énumère tous les titres de gloire[73].

D'autres ont pensé de même et en 1623, Charles Challine, consolant Madame Des Essars de la mort de son mari, s'exprime en termes presque identiques[74]. On se doute que cette consolation par la renommée du défunt ne doit pas faire défaut quand il s'agit d'honorer la mémoire d'un roi, et Louis Richeôme s'y est longuement employé dans sa lettre à Marie de Médicis[75] ; mais au fil des années, le trépas des particuliers ne cesse de susciter la même réaction[76].

La mort glorieuse : le champ d'honneur où elle se donne en spectacle lui confère un éclat que les consolateurs n'ont pas manqué de mettre à profit. Aussi cette espèce particulière de la consolation par la renommée du défunt, émaille-t-elle les lettres d'un bout à l'autre de la période étudiée[77].

D'autres circonstances, cependant, ne donnent pas moins lieu à commentaire. On tire parti d'une mort prévue de longue date, et privée, par suite, de ce caractère de soudaineté tant redouté[78], ou encore d'une mort édifiante ouvrant les perspectives les plus réconfortantes[79], ou, tout simplement, d'une mort intervenue « au bon moment », ni trop tôt ni trop

---

[72] Id., *Discours consolatoire à la France Sur le trespas d'Alfonse d'Ornano*, op. cit., p. 7 ; pp. 10-12.

[73] Id., *Lettre de Consolation à Mgr. le Duc de Nevers, Sur le trespas de Madame la Duchesse de Nevers*, op. cit., p. 7.

[74] Charles Challine, *Lettre de Consolation à Madame Des Essars*, op. cit., p. 6. Voir aussi Plutarque, *Consol. à sa femme*, op. cit., 8, p. 194.

[75] Richeôme, *Consol. à la Royne Mere*, op. cit., pp. 87-88.

[76] Voir, p. ex, Thomas Pelletier, *Lettre de Consolation sur la mort de M. l'Evesque Daire*, Paris, Adrien Bacot, 1625, p. 7 – Jean Daillé, *Lettre à Mad. de la Tabarière* (16 déc. 1629), op. cit., pp. 132-133 – Rivet, *Lettre à Monsieur de la Tabarière*, op. cit., p. 72 – Jacques Le Moleur, *Consolation à Pierre Erneste de Mercy*, op. cit., pp. 12-13 etc.

[77] Les références sont trop nombreuses pour être données en détail.

[78] Claude Biet, *Lettre consolatoire à Madame la Princesse de Conti*, Paris, Guillaume Narette, 1614, pp. 6-7.

[79] Charles Drelincourt, *Lettre consolatoire sur la mort de Mr Le Blanc*, s.l.n.n., 1623, p. 4 – Jean Théroude, *Lettre de Consolation sur l'heureuse mort de Charles Duret*, op. cit., pp. 16-17.

tard[80]. En somme, tous arguments du côté de chez Thanatos, fournis par le mort lui-même ou par les circonstances de son trépas. Mais il y a l'autre côté, celui des survivants, l'entourage de l'affligé, l'affligé lui-même. Ici encore la source coule, abondante plus qu'originale. Ainsi la compassion des autres dont Charles Challine parle bien légèrement[81], est présentée ailleurs en propédeutique de toute une philosophie de la consolation[82], et Pierre Milon, qui énonce le principe, en donne aussi l'application au profit de Madame de Guise, privée de sa fille[83]. Réflexion dont il serait fastidieux de produire toutes les récurrences[84]. Aussi passera-t-on sans retard à l'affligé lui-même et aux ressources que doit lui offrir la méditation de son cas.

A vrai dire, elles sont multiples, et elles sollicitent à tour de rôle toutes les composantes du microcosme humain : âme, esprit, corps.

Pour ce qui est de la première, la douleur est ce lieu de l'épreuve où se forgent ses plus beaux ornements. Antoine de Nervèze en entretient sentencieusement Monseigneur de Pisieux[85], d'autres prodiguent les images militaires, maritimes, sportives pour faire étinceler toutes les facettes de ce joyau de l'âme qu'est la constance dans l'adversité[86].

---

[80] Voir Théroude, *op. cit.*, pp. 8-9.

[81] Charles Challine, *Lettre à Mad. Des Essars*, *op. cit.*, pp. 4-5.

[82] Pierre Milon, *Consol. à Mad. de Guise*, *op. cit.*, pp. 11-12.

[83] *Ibid.*, pp. 10-11.

[84] Il serait facile de produire une douzaine d'exemples. On notera de même l'autre pendant de l'argument : l'affligé doit se consoler par compassion pour son entourage, attristé par le spectacle d'une douleur trop lente à s'éteindre. Voir, p. ex, Guillaume Le Rebours, *A Madame la Duchesse de Mompensier, sur le Trespas de Mgr. le Duc de Mompensier, son Mary*, *op. cit.*, p. 5. Souvent aussi, lorsqu'il s'agit de personnages au sommet de l'Etat, l'argument connote l'idée politique du service de la France : Pelletier, *A la Royne Mere*, *op. cit.*, p. 4 – Antoine de Nervèze, *Lettre de Consolation Envoyee à Mgr. de Pisieux*, *op. cit.*, pp. 10-11 – Jacques Du Bosc, *Consolation à Mgr. l'Eminentissime Cardinal Mazarin sur la Mort, de Madame sa Mere*, *op. cit.*, pp. 26-27 etc. L'idée se trouve déjà chez Sénèque, *Consol. à Polybius*, VII, 3, *op. cit.*, p. 106.

[85] A. de Nervèze, *Lettre à Mgr. de Pisieux*, *op. cit.*, pp. 3-4.

[86] N. Le Fèvre d'Ormesson, *Consol. à Vitry*, *op. cit.*, p. 73 : image du Capitaine dissimulant sa peur devant ses soldats.

Voir aussi Cyrano de Bergerac, qui compare l'homme affligé de douleurs au pilote manœuvrant dans la tempête ou encore à l'athlète aux Jeux Olympiques (*Lettre de Consolation Envoyee A Madame de Chastillon sur la Mort de Monsieur de Chastillon*,

En comparaison, les avantages pour l'esprit paraissent moins manifestes, et surtout, de même que ceux du corps, se déduire d'un raisonnement inverse. La douleur qui profite à l'âme et doit donc être accueillie avec reconnaissance, s'avère nocive dans les deux autres cas, d'où recommandation d'une élimination sans délai[87].

On le voit : les avenues de la consolation sont multiples, et elle peut émerger tantôt du surgissement du mal, tantôt de son effacement. Il reste bien d'autres considérations, singulières, parfois, au point de défier les rubriques[88], mais il en est une dont la fréquence même l'impose en fin de liste, par-dessus tous les soucis de regroupement thématique. L'homme se survit dans ses enfants, conviction inébranlable qui l'emporte sur toutes les autres et qui rythme le discours consolatoire telle la pulsion même de la vie. Il ne saurait être question d'expliciter tant de références qui, toutes, sonnent pareilles. On ne retiendra que celle-ci, s'appliquant au roi, et s'entourant à la fois des prestiges de l'Histoire sacrée et de ceux de la mythologie. Après la mort tragique de Henri IV, Richeôme apostrophe

---

op. cit., pp. 5-6). Quant aux exhortations à la constance, elles sont si nombreuses qu'il est impossible d'en donner ici une liste exhaustive.

[87] La douleur nuit à l'esprit, voir Guillaume Le Rebours, Consol. à Madame de Fervaques, op. cit., p. 6. La douleur nuit à la santé du corps, nombreux exemples. Challine, Lettre à Mad. Des Essars, op. cit., p. 10 – Bellefleur, Lettre à M. Vigner, op. cit., p. 7 – Abra de Raconis, Lettre à M. d'Herbaut, op. cit., p. 34 etc.

[88] Réflexions qui, en fait, vont des cogitations philosophiques jusqu'aux raisonnements les plus bassement prosaïques. Ainsi à G. B. Nervèze, qui mobilise la religion des anciens et Lucrèce (A Mgr. le Rev. Evesque de Paris, in Consol. fun., op. cit., pp. 30-31), on opposera C. Challine félicitant Madame Des Essars de ce que son mari est mort hors de sa demeure : quel encombrement, aussi, que celui d'une maison mortuaire ! (Lettre à Madame Des Essars, op. cit., pp. 11-12), et quel bonheur de mourir à Paris « où il a paru parmi les plus grands et les plus notables du royaume » (ibid., p. 13). Un peu plus loin, ce consolateur aux procédés cavaliers remontre sans vergogne à la veuve qu'il n'y a pas lieu de se plaindre, chaque homme étant remplaçable (ibid., pp. 20-21). On pourrait allonger la liste à souhait : des années supplémentaires auraient terni la renommée du défunt (Théroude, Lettre sur l'heureuse mort de Charles Duret, op. cit., pp. 12-13), ou, au contraire, lui auraient attiré une envie insupportable (La Fontan, A Mad. de Courtenay, in Les Jours et les Nuicts, op. cit., ff. 100, col. 1-102, col. 1), arguments présents un peu partout, chez les anciens comme chez les modernes, et dont la trivialité même rend vaine la recherche d'une source précise. Aussi terminera-t-on sur une idée moins attendue : pour J. Du Bosc, Mazarin a toutes les raisons de se consoler de la mort de sa mère : n'est-elle pas morte ... de joie, de cette joie que lui a inspirée l'éclatante carrière de son fils ! (Consol. à Mazarin, op. cit., p. 42.)

Marie de Médicis : Moïse a remplacé Joseph, Joseph, Josué, et qu'elle n'oublie pas le mythe de l'oiseau Phénix[89]. Et de conclure :

ainsi, Madame, la perte d'un Henry sera reparée par un nouvel Henry, & par un nouveau sainct Louys, & se dira de Louys treziesme, ce que dit l'Escriture du vray Enfant : son pere est mort, car il a laissé son semblable (Pater eius mortuus est. Eccl. 30. 4.)[90].

G. B. Nervèze console sur le même mode la duchesse de Rais, Antoine de Nervèze, Monsieur de Saint Luc, Mgr. de Montmorency et le duc de Nevers, Th. Pelletier, la princesse Catherine de Clèves et Pierre Bruslart, Charles Challine, Madame Des Essars, Mestrezat et Daillé, Madame de la Tabarière, le P. Caussin, Madame Dargouge ...[91]. Et cette consolation paraît essentielle au point que son absence est signalée comme raffinesse suprêmement cruelle d'un sort malicieux[92].

Ici encore, rien de plus vain que de rechercher une source. L'idée relève du sens commun, et si Sénèque en fait état à plusieurs reprises[93], il n'est nul besoin de se réclamer de son autorité ; la remarque vaut pour l'ensemble des considérations qui précèdent.

Se féliciter d'avoir possédé le défunt plutôt que de pleurer sa perte : Sénèque – encore – l'a déjà dit[94]. Accueillir avec joie une mort glorieuse,

---

[89] L. Richeôme, *Consol. à la Royne Mere*, *op. cit.*, pp. 145-147.

[90] *Ibid.*, p. 157. Voir aussi Pelletier, *Lettre à la Royne Mere*, *op. cit.*, pp. 9-10.

[91] G. B. Nervèze, *A Mad. de Rais*, in *Consol.*, *op. cit.*, pp. 53-54. Il ne se limite pas, du reste, aux enfants, mais met aussi en ligne les autres membres de la famille (*ibid.*, p. 59 etc.). Même procédé, aussi, pour consoler le cardinal de Gondy et l'évêque de Paris pour lesquels d'autres « gloires » de la famille se substituent aux enfants. Voir *A Mgr. L'illust. Card. de Gondy*, *ibid.*, pp. 23-24 et *A Mgr. le Rev. Evesque de Paris*, *ibid.*, p. 43. – A. de Nervèze, *Consol. à M. de Sainct Luc*, *op. cit.*, pp. 7-8 – *Lettre de consol. à Montmorency*, *op. cit.*, pp. 10-11 – *Lettre de consol. à Nevers*, *op. cit.*, p. 7. – Thomas Pelletier, *Lettre de Consolation à (...) Catherine de Clèves (...)*, *op. cit.*, pp. 12-13 – *Lettre de consol. sur la mort de Sillery*, *op. cit.*, pp. 10-11. – Challine, *Lettre à Mad. Des Essars*, *op. cit.*, pp. 15-16. – Mestrezat, *Lettre de Monsieur Mestrezat, Pasteur en l'Eglise de Paris escritte à Madame de la Tabarière*, in *Lettres de consol.*, *op. cit.*, p. 128. – Daillé, *Lettre à Mad. de la Tabarière* (16 déc. 1629) (*op. cit.*, pp. 140-141). – Caussin, *Lettre à Mad. Dargouge*, *op. cit.*, p. 6.

[92] A. de Nervèze, *Lettre à Mgr. de Pisieux*, *op. cit.*, pp. 4-5.

[93] Voir, p. ex, *Consol. à Helvia XVIII*, 4, in *Dialogues*, *op. cit.*, t. 3, p. 86 – *Consol. à Polybius XII*, 1, *ibid.*, p. 113.

[94] *Ibid.*, X, 1, p. 110.

le conseil est célèbre depuis Horace[95]. Saluer la douleur comme source de constance, on reconnaît de *De Constantia Sapientis*. L'éviter pour empêcher les dommages du corps et de l'esprit, conseil des plus communs[96].

En somme, traiter des arguments « généraux » de la consolation, c'est s'interdire, d'emblée, toute recherche d'originalité. De ce point de vue, la sagesse des consolateurs se confond avec les réflexes naturels, et s'il leur arrive d'alléguer des autorités, ils rehaussent des prestiges de l'érudition une réflexion spontanée.

Le répertoire des lettres de consolation, raccourci de la sagesse de l'homme face à la douleur, démonstration sans éclat, mais non sans intérêt. Dans ces textes humbles, pour la plupart enfouis dans l'oubli, comme dans les grandes pages de la littérature dont, souvent, ils se réclament, on assiste à cette tentative, parfois déchirante, de l'homme, de s'accomoder de l'inévitable, de rationaliser l'irrationnel. Mais il existe, et on l'a suggéré, une autre voie plus prometteuse que les faibles lumières de la raison, et plus efficace, sans doute, pour qui peut l'emprunter, à résorber les effets du Mal.

Si Dieu n'est pas entièrement absent des considérations précédentes, on se doute cependant que chez ces hommes de la première moitié du 17e siècle, l'argument chrétien doit dominer ces considérations générales comme aboutissement d'une sagesse qui transcende la douleur terrestre pour la vision des délices célestes. Quelle est l'image de Dieu dans le discours consolatoire ? Et comment l'au-delà est-il envisagé ? Quels sont les rapports avec la théologie, celle du siècle, en particulier ? On devine la matière de riches développements.

---

[95]   *Odes*, III, 2, v. 13 : « *Dulce et decorum est pro patria mori.* »

[96]   Voir, p. ex., Guillaume du Vair, *Traité de la Constance et Consolation ès Calamitez Publiques écrit par G. Du Vair pendant le siège de Paris de 1590*, éd. cit., 100. Même raisonnement chez Jacques Du Bosc, *L'honneste Femme*, L. II, Rouen 1643, p. 84 etc.

CHAPITRE 2

L'image de Dieu dans les lettres de consolation

C'est un aspect fondamental des lettres de consolation qui doit retenir, désormais, l'attention : parce que ceux qui les ont écrites étaient des chrétiens, les morts dont ils entretenaient leurs correspondants appelaient inévitablement en eux la pensée de l'au-delà. Aussi manquaient-ils rarement d'associer aux sombres tonalités du deuil les somptueux éclats de la Jérusalem céleste. Ce faisant, sollicitaient-ils leur imagination ? Mettaient-ils plutôt en œuvre leur érudition ? Les références, si fréquentes dans leurs propos, aux Pères et aux Docteurs, offrent un champ de recherches inexploité. Mais avant d'évoquer les lieux, ne convient-il pas d'en évoquer le maître ? Dieu est partout présent dans les lettres de consolation : présence riche, multiple, qui justifie une approche diversifiée. Car la vision du Juge n'exclut pas celle de l'Amant, pas plus que, de la part des humains, la soumission requise n'exclut l'amour.

Thématique complexe donc, mais simplicité de l'inspiration. L'image de Dieu qui se dégage de toutes ces pages aujourd'hui oubliées sort de l'Écriture, d'un bloc. A travers elle, c'est la solide culture scripturaire du consolateur de l'époque et, sans doute, celle de l'honnête homme[1], qui se donnent à voir.

La démarche sera simple : on interrogera d'abord sur les attributs de Dieu retenus par les auteurs. Puis on étudiera, effet de miroir, les attitudes humaines qu'ils pressent les destinataires de leurs lettres d'adopter, c'est-à-dire les différentes lectures de la soumission : absolue, intelligente, libre, amoureuse.

*

Le Dieu des consolateurs paraît d'abord possessif : ce qu'il donne, il se réserve le droit de le reprendre. Tout ce dont l'homme dispose, sa vie, celle de ses proches, n'est qu'emprunt révocable. Cet avertissement sans aménité se répète de lettre en lettre, et la métaphore florale dont l'accom-

---

[1] Voir à ce sujet, et entre autres, L. Cl. Delfour, *La Bible dans Racine,* Paris, Éd. Leroux, 1981, Introduction.

pagne, en 1606, Jean de La Fontan, n'enlève rien à la rigueur du constat. Il est question de la mort du fils de Mme de Fervaques :

Et puisque vous n'ignorez pas que c'estoit sa bonté [celle de Dieu] qui vous l'avoit presté, que sa volonté l'avoit aussi voulu repeter, n'y ayant point d'autre terme affecté que celui d'elle-mesme : Vous avez fleuré la fleur, il en veut posseder le fruict ... [2]

Quelques années plus tard, en 1613, le P. Arnoux console M. d'Expilly de la disparition du jeune Laurent de Chaponay. Son propos est tout aussi rigoureux :

Quid fles quem non perdidisti, sed reddidisti
Tuum esse sinit quem fecit suum
Deus eum tibi concesserat, non dederat[3].

Même langage encore chez Antoine de Nervèze qui tâche de raisonner le duc de Montmorency, privé de son père : la vie est un prêt ; débiteur honnête, le Connétable l'a restitué à qui de droit[4]. Et Jean de Chaumont désapprouve l'affliction que cause à certains la disparition, en 1626, du P. Coton :

(...) c'est ingratitude, & mesme rusticité, de ne pas rendre de bon cœur & avec remerciemens ce que l'on nous a presté[5].

---

[2] Jean de La Fontan, *Pour Madame la Mareschale de Fervagnes, sur la mort de Monsieur le Comte de Laval son fils, tué en Hongrie*, in *Les Jours et les Nuicts du Sr de La Fontan*, op. cit., f. 98, col. 1. Voir aussi Isaac Arnaud, *Consolation en Dieu sur le regret d'une personne aimee*, op. cit., p. 80 : « Quand Dieu nous oste ce qu'il nous avoit presté, nous oste-t-il quelque chose du nostre propre ; quelque chose que nous n'eussions d'emprunt ? »

[3] Jean Arnoux, *Autre lettre dudict Pere Arnoux audict Sieur d'Expilly* (24 janvier 1613), in *Tombeau de Laurens de Chaponay*, op. cit., f. 20, col. 1-2.

[4] Antoine de Nervèze, *Lettre de Consolation, A Monseigneur le Duc de Montmorency, sur le trespas de Monseigneur le Connestable son Pere*, op. cit., p. 9.

[5] Jean de Chaumont, *Lettre de Consolation sur le Decez du R.P. Pierre Coton de la Compagnie de Jesus, cy devant Confesseur & Predicateur ordinaire de sa Majesté*, Paris, François Julliot, 1626, p. 5.

Le rigorisme protestant ne s'est pas privé de cet argument sans réplique.
Tous ces pasteurs – Turettin, Drelincourt, Montigny, ... – qui consolent les
La Tabarière de la mort de leur fils[6], rappellent aux parents affligés que
rendre un prêt n'est pas perdre un bien, et qu'il faut même savoir grâce au
créancier de l'emprunt consenti, ne serait-ce que pour un temps[7]. Encore
le créancier céleste jouit-il d'un droit tout particulier, puisqu'il a racheté
cette âme, alors qu'elle lui appartenait déjà, par le sang de son Fils :

> Or si nous croyons estre bien fondés de disposer comme il nous plaist
> de ce qui nous appartient ; surtout quand nous l'avons bien &
> cherement acheté, pourquoy trouverons-nous estrange que Dieu nous
> redemande une ame qu'il a rachetee, non point par choses corrupti-
> bles, (...) mais par le sang precieux de Jesus Christ, comme de
> l'Agneau sans soüilleure & sans tache[8] ?

Souvenir de la Passion, par lequel Drelincourt atténue l'aspect trop dur de
ce Dieu propriétaire. Montigny n'emploie pas un langage moins austère,
au contraire :

> Mais quand nous entrons au Sanctuaire de Dieu, je vois escrit en
> grosses lettres un droict Souverain qui m'apprend que tout est à luy,
> que nous nous abusons miserablement de reputer nostre & propre ce
> qui luy appartient, sur tout nos enfants qui sont siens de nature, puis
> par l'Alliance Eternelle[9].

Et si Beaulieu-Le Blanc, pasteur à Sedan, fait résonner l'appel de l'amour,
celui-ci est exigeant, et l'exhortation paraît bien forte pour des âmes
communes :

---

[6] Voir *Lettres de Consolation faites par Messieurs Du Moulin, Mestrezat, Drelincourt,
Daillé, & plusieurs autres Pasteurs des Eglises Reformees de France, & autres lieux*,
op. cit.

[7] Bénédict Turrettin, *Lettre de Monsieur Turrettin, Ministre du S. Evangile, &
Professeur en Theologie à Geneve, escritte à Madame de la Tabariere*, in *Lettres de
Consolation faites par MM. Du Moulin...*, op. cit., p. 150.

[8] Charles Drelincourt, *Lettre de Monsieur Drelincourt, Pasteur de l'Eglise de Paris,
escritte à Madame de la Tabarière*, ibid., pp. 167-168.

[9] *Lettre de Monsieur de Montigny, Pasteur en l'Eglise du Plessis-Marly, escritte à
Madame de la Tabarière*, ibid., p. 53.

(...) il faut faire en sorte que nos affections les plus tendres & les plus naturelles, cedent à son amour & luy soient consacrees ; il n'y a rien plus raisonnable que cela, attendu mesme qu'il n'y a rien, soit hors de nous, soit dedans nous, qui ne luy appartienne[10].

Cette vérité-là est dure à entendre. Pourtant, c'est sans fard que l'énonce encore, vers la fin de la période considérée, un catholique, Nicolas Le Fèvre d'Ormesson, ce minime, qui ne songe point à ménager la sensibilité maternelle de la maréchale de Vitry :

Dieu preste ses creatures les unes aux autres, & comme iamais il n'en perd la proprieté, il les retire quand il luy plaist ; & en cette disposition, il ne demande ny n'attend nostre consentement, mais il execute ses ordres, & accomplit ses desseins[11].

Ces termes de prêts et de dettes viennent pour une part non négligeable du fonds latin[12], encore que l'image du divin propriétaire puisse se prévaloir d'antécédents dans l'Écriture. Leur présence insistante donne l'impression que, sur ce premier point, les épistoliers ont forcé la note. Le thème de la propriété, tel qu'ils l'évoquent, laisse entrevoir un créancier intraitable, dont l'exigeante sévérité ne s'accorde que mal avec l'idée de la consolation. Dans l'Écriture, au contraire, le propriétaire se double toujours du protecteur[13], et le vocabulaire de la possession ne va jamais sans celui de l'affection : partout s'entrevoit, en filigrane, la silhouette du Bon

---

[10] *Lettre de Monsieur de Beaulieu Le Blanc, Pasteur à Sedan, escritte à Madame de la Tabarière* (20 août 1629), *ibid.*, pp. 16-17.

[11] Nicolas Le Fèvre d'Ormesson, *Consolation à Madame la Mareschale de Vitry, sur la mort de Mademoiselle sa Fille, op. cit.*, p. 86.

[12] Voir Plutarque qui compare la vie à un « prêt fatal », expression rapportée par Guillaume Le Rebours, *Consolation funebre à (...) la Mareschalle de Farvagues, op. cit.*, p. 15. Référence probable : *Consolation à Apollonios* du Pseudo-Plutarque : *Hac de re etiam vita dicitur fatale esse debitum, quod contraxerint maiores nostri, sitque a nobis persolvendum, quod est faciundum æquo animo & citra gemitus, ubi creditor repetat...*, in *Plutarchi Chæronensis Moralia*, t. 1, f. 116, col. 1. Même idée du « prêt » dans la Consolation attribuée (faussement) à Cicéron ; ici Dieu créancier est remplacé par la Nature créancière : *Quod etiam institutum esse paulo ante dicebamus, natura enim usura nobis vitæ dedit, tanquam pecuniæ nulla præfinita die ; si cum libet, sua repetit...*

[13] Pour l'idée de la propriété voir *Genèse*, 19, 5 (Israël, bien propre de Yahvé), *ibid.*, 34, 9 et *1 Rois* 8, 51 ; 8, 53 (son héritage), *Psaumes*, 135, 4, (son apanage), *Ecclésiastique*, 24, 12 (son domaine, son patrimoine), Paul, *Épître à Tite, 2,* 14 (le Christ s'est livré pour nous afin de purifier un peuple qui lui appartienne en propre).

Pasteur qui connaît ses brebis et que ses brebis connaissent[14], du bon Maître qui épargne tout parce que tout est à lui[15].

La Bible contient, certes, des passages aux accents plus durs[16] ; mais leur rareté, la nature particulière, aussi, des contextes dans lesquels ils apparaissent, font qu'ils n'assombrissent en rien la note dominante de mansuétude. Au contraire, le thème très austère de la propriété divine, et l'image qu'il suscite d'un Dieu créancier, dominent la pensée chrétienne. On donnera pour preuve ce *Chemin Royal pour arriver bien tost à la Perfection, par la Conformité à la Volonté de Dieu (...) composé en Espagnol par le R.P. Jean Eusèbe Nieremberg, (...) traduit en François par le R.P. Pierre d'Outreman, Tous Deux de la Mesme Compagnie,* et paru à Douai, chez Jean Serrurier, en 1642. L'idée du Jésuite est nette, les droits du Créateur sur la créature sont ceux du laboureur sur ses semailles :

(...) dautant que comme un laboureur, qui plante un arbre a droict d'en cueillir les fruicts ; de mesme Dieu qui nous a creés, a dautant plus de droict sur nous autres, qu'il a plus de part à nous, qui n'avons rien qu'il n'ayt fait : cause pourquoy tous les fruicts de l'homme luy sont deus, puis qu'en effet ce sont ses œuvres... [17]

Et ne manquent dans ses développements ni l'idée du rachat[18], ni celle de la dette[19], ni celle de l'esclavage[20], reprise plus tard, mais nuancée dans un sens paulinien, par Grignion de Montfort[21].

---

[14] *Jean*, 10, 14.

[15] *Sagesse*, 11, 26.

[16] Ainsi ce verset 3, 13 des *Nombres où* Yahvé clame, sur le ton le plus péremptoire, son droit sur les premiers-nés.

[17] *Le Chemin Royal...*, ch. 21, p. 207.

[18] *Ibid.*, ch. 2, p. 11. Dans le même chapitre, l'auteur analyse les différents titres de Dieu à la propriété universelle (Créateur, Rédempteur, par droit naturel, par droit paternel, par droit conjugal).

[19] *Ibid.*, ch. 2, p. 9.

[20] *Ibid.*, ch. 24, p. 238.

[21] Il est vrai que son *Traité de la Vraie Dévotion*, rédigé en 1712, n'a rayonné qu'à partir de 1842, date de sa redécouverte. C'est à cette époque que la notion d'esclavage employée par Grignion a été perçue dans un sens très paulinien. On relira à ce sujet la *Première Epître aux Corinthiens*, 7, 22 et *l'Epître aux Éphésiens*, 6, 6 : il s'agit partout d'un esclavage d'amour, librement consenti, abandon bienheureux à la volonté du

Les épistoliers étaient donc imprégnés, non seulement de l'Écriture, mais de tout un discours spirituel qui leur était familier et qu'ils se sont appliqués à reproduire : au propriétaire pointilleux ils ont joint le maître irritable, demandant des sacrifices douloureux, se formalisant de la moindre indiscipline. C'est ainsi que Beaulieu-Le Blanc fait frémir aux yeux de Madame de la Tabarière cette colère divine que seule désarme la soumission :

(…) que si apprehendans sa colere nous nous humilions sous sa main puissante (…) c'est le moyen asseuré d'experimenter sa faveur en laquelle gist la vie & la felicité[22].

On reconnaît la première épitre de saint Pierre :

Humiliez-vous donc, sous la main puissante de Dieu, pour qu'il vous élève au bon moment ; de toute votre inquiétude, déchargez-vous sur lui, car il a soin de vous[23].

Mais l'épistolier l'a modifiée dans un sens comminatoire ; il l'a durcie en y ajoutant les motifs vétéro-testamentaires de la colère et de l'appréhension[24]. Tel autre pasteur épuise, pour raisonner la même Mme de la Tabarière, tous les effets d'une pastorale de la peur : épée de la colère de

---

meilleur des maîtres. Voir aussi l'*Epître aux Galates,* 4, 7, qui atténue singulièrement l'idée d'esclavage : rachetés par le sang du Christ, nous ne sommes plus les esclaves de Dieu, nous sommes ses fils. Mais à bien y regarder, Grignion a utilisé le mot « esclavage » dans une acception littérale, fort proche de celle des épistoliers, et appuyée sur l'Ecriture : « Il y a trois sortes d'esclavages : un esclavage de nature, un esclavage de contrainte et un esclavage de volonté. Toutes les créatures sont esclaves de Dieu en la première manière : *Domini est terra et plenitudo ejus.* » (*Traité de la vraie dévotion de la Sainte Vierge,* II, 70, Tourcoing, Les Traditions Françaises, 1947, p. 49). Réf. à l'Ecriture : *Ps.,* 23, 1.

[22]	Beaulieu-Le Blanc, *Lettre (…) escritte à Madame de la Tabarière* (12 décembre 1629), in *Lettres de Consolation…, op. cit.,* p. 214. C'est nous qui soulignons, dans cette citation et dans la suivante.

[23]	*Première Epître de saint Pierre,* 5, 6.

[24]	On s'épuiserait à donner toutes les récurrences scripturaires du motif de la colère, et en particulier de l'« ardente colère » qui jalonnent les Livres de l'Ancien Testament (par ex. *Lévitique,* 25, 4 ; *Josué,* 7, 26 ; *1 Samuel,* 28, 182 ; *2 Chroniques,* 28, 11 ; *Isaïe,* 30, 27 ; *Jérémie,* 4, 8 ; *Osée,* 11, 9…).

Dieu, sacrifice, à l'instar d'Abraham, de l'être chéri[25]. Drelincourt songe au même passage de la *Genèse,* que complètent tant d'autres de l'*Exode,* des *Nombres,* de *Néhémie*[26], quand il avertit cette mère désolée que :

(...) Dieu a un droict tres-absolu sur nous et sur tous ses enfans : mais il s'est particulierement reservé les aisnez des familles. Car tout ainsi que jadis il vouloit qu'on offrit les premiers fruicts de la terre de Canaan : aussi avoit-il ordonné que les aisnez luy fussent plus specialement consacrez[27].

D'autres épistoliers, plus lapidaires, ne sont pas moins austères[28]. Si Bouchereau se contente de recommander la « crainte de Dieu »[29], le catholique Le Moleur, consolant, en 1649, M. de Mercy de la mort de son frère, emploie proprement le langage de la terreur :

(...) vous devez prendre bien garde à ne point irriter la volonté divine, en murmurant contre ses secrets...[30]

Est-il utile de préciser la source de tant de sombres propos ? Parfois c'est un verset précis – la lettre de saint Pierre, le sacrifice d'Isaac ; plus globalement, on y reconnaît une certaine atmosphère du Vieux Testament. Non que l'amour soit absent de l'ancienne Loi : la lecture de tant d'autres passages[31] prouve le contraire, et celle du seul Osée (par exemple 11, 9) en apporterait la confirmation. Mais la similitude entre les réflexions austères des lettres et un indéniable discours biblique de fermeté – Yahvé, Dieu de colère – paraît manifeste.

---

[25] Velhieux, *Lettre de M. de Velhieux, Ministre du Sainct Evangile, escritte à Madame de la Tabarière* (23 août 1629), *op. cit.,* p. 34.

[26] Pour le sacrifice d'Isaac, voir *Genèse,* 22,1-19. Pour la consécration des premiers-nés à Yahvé, voir par ex. *Exode,* 13, 1 ; *Nombres,* 3, 13 ; *Néhémie,* 10, 37. Voir aussi note 16.

[27] *Lettre de M. Drelincourt...,* op. cit., pp. 168-169.

[28] Voir Montigny, *Lettre de M. de Montigny à Madame de la Tabarière, ibid.,* pp. 54-55 : « Voyez aussi cette Justice toujours égale qui ne peut frapper que iustement, contre laquelle se plaindre ou murmurer est l'irriter & attirer de nouveaux malheurs. »

[29] *Lettre de M. Bouchereau, Pasteur en l'Eglise de Saumur, escritte à Monsieur de la Tabarière, ibid.,* p. 40.

[30] Jacques Le Moleur, *Consolation à Messire Pierre Erneste de Mercy, op. cit.,* p. 12.

[31] Voir *infra,* notes 47, 54, 56, 61.

Pourtant, ce maître redoutable ne l'est jamais gratuitement. S'il châtie, son intention est salvatrice. Dieu pédagogue, nouvelle touche du portrait divin, intimidante encore, mais plus rassurante déjà que celle du propriétaire à l'imprévisible bon plaisir. A Marie de Médicis, il enlève coup sur coup son époux, puis en 1611 son fils, le duc d'Orléans. Mais un père ne doit-il pas user de moyens forts, et un enfant les accepter dévotement ?

Benissez Dieu de tout, vous conformant à sa saincte volonté, ployez humblement aux infortunes qu'il vous envoye, les suportant avec patience & sans murmure comme l'enfant debonnaire reçoit les coups de verge & le chastiment de ses parents[32].

Devant Dieu les conditions sont égales : princes temporels ou princes de l'Église, les voilà réduits à l'état d'enfance, et l'évêque de Paris, privé de son frère, s'entend traiter comme la mère du roi, privée de son fils :

Mais encores que tous y ayent infiniment perdu, si ne faut-il pas neantmoins murmurer contre la volonté de Dieu, puis que l'affliction qu'il envoye aux siens est comme les coups de verge que le Pere donne à l'enfant pour sa correction[33].

L'image, comme l'idée, est biblique : l'Ancien Testament ne conçoit la pédagogie qu'autoritaire ; le mot des *Proverbes :* « Qui épargne la baguette hait son fils »[34] se répercute partout ailleurs[35]. Et l'exemple vient d'en haut. A l'endroit des brebis galeuses, Yahvé lui-même manie fouet et verge :

Je serai pour lui [David] un père et lui sera pour moi un fils : s'il commet le mal, je le châtierai avec une verge d'homme et par les coups que donnent les humains[36].

---

[32] Thomas Pelletier, *Lettre de Consolation, à la Royne Mere du Roy, sur la mort de feu Monseigneur le Duc d'Orléans*, op. cit., pp. 7-8. Voir aussi, Daillé, *A Madame de la Tabarière* (20/8/1629), p. 26.

[33] Id., *Lettre de Consolation sur la mort de feu Monseigneur L'Illustrissime Cardinal de Retz A Monseigneur le Reverendissime Evesque de Paris, son Frere,* op. cit.p. 10.

[34] *Proverbes,* 13, 24.

[35] Voir, par ex., *Proverbes,* 23, 13 ; 29, 15 ; *Ecclesiastique,* 30, 1.

[36] 2 *Samuel,* 7, 14. De même, 2 *Maccabées,* 9, 11 ; *Psaumes,* 89, 33 ; *Jérémie, 2,* 30.

Tel est bien le propos des lettres. En 1630, Drelincourt le fait sien, tout en multipliant les emprunts aux prophètes et au psalmiste. Aux coups de verge il ajoute les flèches du carquois :

L'enfant qui ne plie point sous la verge de son pere l'oblige à redoubler les coups & appesantir sa main. Aussi ceux qui n'acquiescent point au chastiment de leur pere celeste attirent sur eux un jugement plus rigoureux. Car jamais son carquois n'est degarny de flesches[37].
Il a fait de moi une flèche acérée,
Il m'a caché dans son carquois[38].

Le propos d'Isaïe, instrument de la colère de Yahvé, n'est qu'un exemple parmi d'autres de ce vocabulaire cynégétique qui marque le style du *Livre de Job*, des *Psaumes*, des *Lamentations*, de *Zacharie*[39]. D'autres épistoliers, sans en emprunter la forme, ont maintenu le fond. Pour Nicolas Du Peschier, consolateur des Guises, l'« ire » divine est châtiment justifié des « impiétés & extravagance de nos esprits »[40] ; Charles Challine entretient la veuve Des Essars de « la rigueur des chastimens que meritent nos iniquitez »[41] ; le pasteur Velhieux présente à Mme de la Tabarière un Dieu qui « oste nos habitudes vicieuses en nous amolissant par les larmes »[42] ; Jean Théroude loue ce même Dieu « qui bien souvent n'espargne pas un coup pour r'amener un homme dans le sentier de la vertu »[43].

---

[37] *Lettre de M. Drelincourt (...) à Madame de la Tabarière*, op. cit., pp. 164-165.

[38] *Isaïe*, 49, 2.

[39] Voir *Job*, 6, 4 ; 16, 13 ; *Psaumes*, 38, 3 ; 45, 6 ; 64, 8 ; 71, 18 ; 144, 6 ; *Lamentations*, 3, 12 ; *Zacharie*, 9, 13.

[40] Nicolas Du Peschier, *Lettre de Consolation Envoyee à Messeigneurs de Guise, Sur la mort & trespas de feu Monseigneur le Chevalier*, op. cit., p.5.

[41] Charles Challine, *Lettre de Consolation à Madame des Essars sur la Mort de Monsieur le Conseiller Des Essars, son mary*, op. cit., 1623, p.19.

[42] *Lettre de M. de Velhieux (...) à Madame de la Tabarière* (23 août 1629), op. cit., p. 32.

[43] Jean Théroude, *Lettre de Consolation sur l'heureuse mort de (...) Messire Charles Duret (...) A Monsieur de Chevry*, op. cit., p. 6.

Ces rudes avertissements font oublier, parfois, la source d'Amour d'où ils jaillissent. De celle-là, pourtant, l'Ecriture a rarement omis de faire état[44], et jusque dans ce mot de l'*Apocalypse* : « Ceux que j'aime, je les semonce et les corrige »[45]. Aussi le thème de l'amour n'est-il pas absent des lettres : moins lié au motif pédagogique, on le verra bientôt s'articuler à lui de multiples manières, sublimant tous les malheurs humains pour en faire l'expression même de la tendresse. Mais d'abord, dans cette encomiastique divine, l'amour est l'attribut suprême, auquel les autres préparent et conduisent. Et toutes les qualités – raison, droiture, sagesse, bonté, justice, sainteté[46] – dont les épistoliers, fidèles à la tradition[47], parent la Divinité sont autant de manifestations de son amour. Dieu est amour ; il n'y a pas d'autres significations à chercher aux souffrances qu'il inflige. Deux lettres, certes, lient ce thème de l'amour à la punition thérapeutique. « Il chastie », écrit Drelincourt, « plus soigneusement ceux qu'il ayme le plus tendrement. La plus grande affliction est de n'estre jamais affligé »[48].

---

[44] Voir, par ex. *Ps.* 89, 33 : « Je visiterai avec des verges leur péché, avec des coups leur méfait mais sans retirer de lui [David] mon amour. » Et *Proverbes*, 13, 24 : « qui l'aime prodigue la correction » (complète la citation note 34).

[45] *Apocalypse*, 3, 19. Voir aussi *Epître aux Hébreux*, 12, 5-13 où saint Paul reprend et développe l'idée.

[46] Juste, sage, raisonnable, bon : *Lettre de M. Bouchereau*, in *Lettres de Consolation...*, *op. cit.*, p. 39. Juste, raisonnable, *ibid.*, p. 45.

Juste, droit : *Lettre de M. de Beaulieu-Le Blanc à Madame de la Tabarière* (20 août 1629), *ibid.*, p. 14. Juste, saint : Louis Richeôme, *Consolation Envoyée à la Royne Mere du Roy (...) sur la mort (...) du feu Roy (...) Henry IV, op. cit.*, p. 167.

Juste, sage : *ibid.*, pp. 126-127. S'y ajoute l'omniscience. Juste, sage, miséricordieux : *Lettre de M. Daillé, Pasteur en l'Eglise de Paris (...) à Madame de la Tabarière* (16 décembre 1629), *op. cit.*, p. 138. Bon, miséricordieux, G. B. Nervèze, *A Madame la Duchesse de Rais*, in *Consolations Funebres sur la mort de (...) Messire Albert de Condy, Duc de Rais, op. cit.*, p. 67. Bon, plaisant, parfait : *Lettre de M. de Velhieux (...) à Madame de la Tabarière* (20 décembre, année non précisée), *op. cit.*, p. 145.

Bon, sage : *Lettre de M. Turrettin, Professeur en Theologie à Geneve à Madame de la Tabarière, ibid.*, p. 149.

[47] Il est à peine besoin de relever l'inspiration biblique de cet inventaire dont chaque élément fait écho à tant de passages de l'Ecriture, qu'il serait trop long d'inventorier ici.

[48] C. Drelincourt, *Lettre à Madame de la Tabarière, op. cit.*, p. 174. Voir aussi Louis de Savignac, *Lettre de Consolation à Madame la Duchesse de Nemours, op. cit.*, p. 9 : « nostre Dieu (...) ayme tous les affligez, puisqu'il afflige ceux qu'il ayme. Il afflige les pecheurs pour empecher leur perte, & les justes pour rehausser leur merite. »

L'on est tenté de se demander si dans cette morale des saints, qui associe à la Croix, Mme de la Tabarière pouvait trouver réconfort. Et avec elle Mme de Vineuil, à qui Etienne Bachot tient le même propos[49]. Mais ces lettres font exception.

Et pourtant, l'amour ne se conçoit pas sans souffrance. N'est-il pas don, en effet ? Or, que donner à qui est comblé ? La souffrance est cette précieuse fissure par où coulent les plus tendres effluves de l'amour divin. Sans elle, serait-il Paraclet ?

Vouloir estre icy bas sans affliction, c'est vouloir abolir les principales fonctions du Sainct Esprit ; et se priver de ses plus grandes douceurs. Car il est appelé le Consolateur[50].

Drelincourt s'appuie ici sur l'autorité de Paul, l'apôtre qui a connu les ravissements du troisième ciel[51]. Ceux-ci comptent peu, cependant, pour qui a pu

(...) ouyr la voix de l'Esprit de Dieu criant en son cœur Abba Pere, et le consolant en son angoisse[52].

C'est dire la douceur de la consolation divine, et le prix, aussi, de cette souffrance qui la rend possible. Quoi d'étonnant alors qu'une autre lettre exalte tous les naufragés de la vie, veuves, orphelins, malades, cortège bienheureux évoluant sous la houlette d'un tel consolateur[53]. Partout dans

[49] Étienne Bachot, *Lettre de Consolation à Madame de Vineuil sur la mort de M. le Chevalier de Saincte Geneviefve son Frere*, *op. cit.*, pp. 5-6.

[50] C. Drelincourt, *Lettre (...) à Madame de la Tabarière*, *op. cit.*, p. 175. Outre à *Matthieu, 5, 5* « Heureux les affligés, car ils seront consolés », on songera aussi à l'exploitation liturgique du thème : *Veni Creator Spiritus / Qui diceris Paraditus,* inspirée du Paraclet de *Jean, 14, 16 ; 14, 26*, etc. Quant au titre « père de la consolation », relevé dans telle lettre (A. de Nervèze, *Lettre de Consolation à Mgr. le Duc de Montmorency...*, *op. cit.*, p. 12), il s'autorise de multiples références scripturaires : *Ro, 15, 5* (Dieu de la consolation) ; *2 Co, 3-5* (Père des miséricordes et Dieu de toute consolation). Voir aussi Isaac Arnaud, *Consolation en Dieu*, *op. cit.*, pp. 70 et 89-90.

[51] C. Drelincourt, *op. cit.*, pp. 176-177. Cf. *2 Co, 3, 12*.

[52] *Gal, 12, 10*.

[53] C. Drelincourt, *Lettre consolatoire sur la mort de Mr Le Blanc, l'un des pasteurs de La Rochelle*, *op. cit.*, p. 10.

ces pages se reconnaissent les souvenirs des deux Testaments[54], y compris chez ceux des épistoliers[55] qui ont opté pour l'image médicale – Dieu blesse pour avoir l'occasion de guérir[56] –, qu'ils partagent, comme l'image d'un Dieu créancier, évoquée précédemment, avec les auteurs des traités de spiritualité[57].

Mais qui pourrait cerner tous les motifs de l'amour divin ? Celui qui frappe pour pouvoir consoler, ne le ferait-il pas aussi pour s'assurer des preuves de fidélité toujours nouvelles ? Pierre Milon n'explique pas autrement la souffrance de Mme de Guise lorsque sa fille meurt en 1627. Qu'elle se rappelle l'histoire de Tobie. Le cas du prophète éprouvé par l'Ange, c'est le sien propre :

Pourvu qu'il [Dieu] vous aymoit, il a fallu, comme il faisoit dire autrefois par son Ange à une autre personne affligée, qu'il eprouvast la fidelité de vostre amour par l'adversité, affin de s'obliger à vous aymer davantage...[58]

Et puis, surtout, l'amour vrai se veut exclusif. Dieu est jaloux. C'est le signe de son affection que ce vide qu'il crée autour de nous :

Il vous a arraché du milieu du cœur ce que vous y aviez de plus cher, pour vous détacher entièrement de l'affection des choses sensibles, & vous attirer à son amour.[59]

---

[54] On aura reconnu les thèmes bibliques : veuves et orphelins, protégés de Yahvé : *Ps*, 68, 6 ; 146, 9 ; *Is*, 1, 17 ; *Ex*, 22, 21-22 ; *Jr*, 7, 6 ; 22, 3 ; *Ez* 22, 7 ; *Za*, 7, 10 ; *Ml*, 3, 5... Bâton et houlette : *Ps*, 23, 4.

[55] L'image est développée par Samuel Durant. *Lettre consolatoire de M. Durant, Ministre de. l'Eglise Reformee de Paris...*, Sedan, 1622, p. 2 ; J. Daillé, *Lettre de M. Daillé (...) à M. de la Tabarière* (20 août 1629), *op. cit.*, p. 25 ; *Lettre de M. Daillé, à M. de la Tabarière* (17 novembre 1629), *ibid.*, p. 116. Voir aussi Pelletier, *Lettre à la Reine Mère, op. cit.*, p. 8.

[56] Voir par ex.. *Os, 6*, 1 : « Venez, retournons vers Yahvé, / Il a déchiré, il nous guérira. » Ou encore *Ex*, 15, 26.

[57] Voir *Chemin Royal, op. cit.* : Dieu pédagogue, pp. 249 ; 266. Consolateur, p. 247. Raison, pp. 52 ; 82. Justice, pp. 52 ; 270. Sagesse, pp. 12 ; 49 ; 51 ; 253. Bonté, pp. 12 ; 51 ; 253. Dieu-Médecin, p. 248. Ami de ceux qui souffrent, p. 257

[58] Pierre Milon, *Consolation à Madame de Guise sur la mort de Madame, op. cit.*, p. 22. Référence : *Tb*, 12, 13.

[59] *Ibid.*, p. 25.

L'argument de Milon se rencontre également chez les pasteurs chargés de la consolation des la Tabarière[60] ; parmi eux, Drelincourt fait expressément appel à l'autorité biblique :

Et quand mesme il ne vous resteroit aucun enfant, faudrait escouter vostre espoux celeste criant d'enhaut au domicile de vostre ame, ce que disoit autrefois Elcana à Anne sa femme, *Ne te vaux-je pas mieux que dix fils :* Ne trouves-tu pas en moy & en la meditation de ma grace mille fois plus de douceur & de consolation qu'en tous les enfans du monde[61] ?

D'aucuns trouveront la jalousie divine excessive, et préféreraient conserver les leurs, surtout leurs enfants. Mais ceux-ci, n'est-ce pas par amour des parents que Dieu les aime ? Il les prend avec lui,

(...) il cherit ce que vous affectionnez, tesmoignage grand de sa dilection & de son election envers vous[62].

Que la veuve du duc de Montpensier y réfléchisse aussi : si Dieu a fait mourir le duc, c'est qu'il a voulu orner la cour céleste de ce joyau de vertu. Plutarque, et non l'Écriture, sert ici de garant à l'épistolier :

L'un [dit Plutarque parlant du soleil et de Dieu] a tiré les parties les plus douces de la mer, & l'autre la partie la plus douce de nostre estre, qui est l'ame, quand la prévoyance éternelle la recognoist encline à la vertu[63].

Pour l'être éprouvé, il n'était sans doute pas facile d'adhérer à de tels discours. La leçon qui présentait l'épreuve infligée comme la porte étroite

---

[60] Voir *Lettre de M. Rivet, Ministre du S. Evangile, Docteur & Professeur en Théologie en l'Université de Leyden A Madame de la Tabarière, op. cit.,* p. 81 ; Beaulieu-Le Blanc, *A Madame de la Tabarière* (12 décembre 1629), *ibid.,* pp. 120-121 ; id., *A Madame de la Tabarière* (20 août 1629), *ibid.* pp. 15-16.

[61] C. Drelincourt, *A Madame de la Tabarière, op. cit.,* p. 167. Réf. scripturaire : 1 *Sa,* 1,8.

[62] J. de La Fontan, *A Madame de Courtenay, sur la mort de M. le Baron de Courtenay son fils,* in *Les Jours et les Nuicts, op. cit.,* f. 102, col. 1.

[63] Guillaume Le Rebours, *A Madame la Duchesse de Mompensier, sur le trespas de Mgr. le Duc de Mompensier, son mary, op. cit.,* p. 12. La référence à Plutarque n'a pu être localisée.

menant à des biens infinis avait moins de rudesse. Elle alléguait volontiers le destin de Job, particulièrement exemplaire : on ne connaît point de situation plus complètement redressée que la sienne ! Après la mort de Charles Ier, Suzanne de Nervèze se hâte de le rappeler à Henriette de France :

L'histoire de Job est un exemple aux Princes affligez ; (...) MADAME, si à present vostre Majesté gouste quelque chose de semblable, elle doit (...) esperer qu'apres ces torrents de peine & d'afflictions, elle jouïra d'une plénitude de contentemens, dont vous reçevés les erres de la main amoureuse de nostre unique Tout[64].

Quant à Charles lui-même, victime en apparence, il n'en est pas moins conduit par les « mouvements » de l'Amour[65] ; la Providence ne l'a-t-elle pas transféré « d'un séjour d'iniquité dans un lieu de delice & de joye »[66] ? S'introduit dans la consolation le thème de l'au-delà, autre expression de la bonté de Dieu. Présent dans pratiquement toutes les lettres, il requiert une étude à part. Il suffit de retenir ici que, somme toute, l'épreuve ne doit jamais inquiéter. Venant de Dieu, elle a sa raison d'être fondée en amour, comme Drelincourt le montre à partir des deux Testaments[67]. Enfin, preuve suprême, Dieu n'a-t-il pas sacrifié son propre Fils, s'immolant ainsi soi-même sur l'autel de l'amour ? Et les hommes, infimes créatures, hésiteraient à lui offrir les leurs ?

Pensez, Madame, que s'il vous a osté un fils, il vous a donné le sien unique, & en luy s'est donné soy mesme à vous[68].

---

[64] Suzanne de Nervèze, *Lettre de Consolation à la Reine d'Angleterre, Sur la mort du Roy son Mary...*, Paris, Guillaume Sassier, 1649, pp. 6-7. Comme il faut s'y attendre, le cas de Job figure dans de nombreuses lettres. Voir, entre autres, Théroude, *Lettre de Consolation sur la mort de C. Duret*, *op. cit.*, p. 6 ; Richeôme, *Consolation de la Royne Mere*, *op. cit.*, p. 7 ; Arnoux, *Lettre à M. d'Expilly* (24 janvier 1613), in *Tombeau de L. de Chaponay*, *op. cit.*, f. 14, col. 1, etc.

[65] S. de Nervèze, *op. cit.*, p. 4.

[66] *Ibid.*

[67] Voir Drelincourt, *A Madame de la Tabarière*, *op. cit.*, pp. 181-182. L'épistolier développe l'idée d'une Providence bienveillante comptant jusqu'à nos cheveux, resserrant nos larmes en ses précieux vaisseaux, s'occupant des passereaux, et, à plus forte raison, des humains. Pour les motifs des cheveux et des passereaux, voir, *Matthieu*, 10, 29-30 ; *Luc*, 12, 7 ; 21, 18, pour celui des larmes recueillies par Yahvé, *Ps.* 56, 9.

[68] J. Daillé, *Lettre à Madame de la Tabarière* (17 novembre 1629), *op. cit.*, pp. 117-118.

Le pasteur Daillé, qui exhorte ainsi Mme de la Tabarière, reprend une pensée déjà développée par Louis Richeôme et qui le sera encore par Suzanne de Nervèze[69]. Faut-il ajouter que le thème de l'amour, dans sa concrétisation par le sacrifice du Christ, est également un des grands motifs de la littérature contemporaine de spiritualité[70] ?

Ce portrait complexe de Dieu qu'en se fondant, le plus souvent directement, parfois allusivement, sur l'Écriture, proposent les épistoliers, conduit à la question du comportement de l'homme à l'égard de celui qui est tout à la fois propriétaire inquiet de ses droits, maître despotique, pédagogue bon mais sévère, amant aux réactions déconcertantes. Naturellement, le chrétien se doit de réagir par la soumission. Mais celle-ci, encore, peut se concevoir de multiples manières. Le maître de la première approche l'admettra-t-il autrement qu'absolue ? Les formules « inconditionnelles » foisonnent dans les lettres : considérer la volonté de Dieu[71], l'accepter avec soumission[72], céder à sa volonté[73], y conformer la nôtre[74], fléchir sous la volonté du maître[75], ployer nos volontés sous la sienne[76], plier sous le joug qu'il nous présente[77]. Cela va jusqu'à cet anéantissement de tout vouloir qui n'est pas sans donner à la lettre de François Berthet une coloration mystique :

---

[69] L. Richeôme, *Consolation à la Royne Mere, op. cit.*, pp. 143-144 ; S. de Nervèze, *Lettre de Consolation à la Reine d'Angleterre, op. cit.*, p. 5.

[70] Voir *Chemin Royal, op. cit.*, pp. 19 et 49. Ce n'est qu'un exemple parmi tant d'autres : le thème de l'Amour occupe une place de choix dans tous les ouvrages de spiritualité.

[71] *Lettre de M. Bouchereau (...) à M. de la Tabarière, op. cit.*, p. 38.

[72] Nicolas Caussin, *Lettre de Consolation (...) à Madame Dargouge, sur la mort de Mademoiselle, sa fille, op. cit.*, p. 5.

[73] *Lettre de M. Du Moulin, Pasteur & Professeur en l'Academie de Sedan, escritte à Madame de la Tabarière, op. cit.*, p. 3.

[74] *Lettre de M. Rivet (...) à M. de la Tabarière, op. cit.*, p. 73 ; J. Théroude, *Lettre de Consolation sur l'heureuse mort de Charles Duret..., op. cit.*, p. 3 ; N. Caussin, *op. cit.* p. 7.

[75] *Response dudict Sieur d'Expilly A Monsieur, M. le R.P. Arnoux, de la Compagnie de Jésus*, in *Tombeau de L. Chaponay, op. cit.*, f. 26, col. 1.

[76] *Lettre de M. Daillé (...) à Madame de la Tabarière* (8 octobre 1629), *op. cit.*, p. 90 ; *Lettre de M. Daillé à M. de la Tabarière* (17 novembre 1629), *ibid.*, p. 112.

[77] François Berthet, *Discours funebre sur le trespas de (...) Marie de L'Aubespine..., op. cit.*, p. 38.

(...) le seul vouloir qui reste est de ne rien vouloir[78].

En fait, si ce discours de la soumission qu'on pourrait qualifier de servile est dans la ligne d'une certaine spiritualité de l'époque – Jean Eusèbe Nieremberg compare l'homme à un chien qui adule son maître[79] et ne recule pas devant l'idée d'une créature esclave[80] –, il représente, de même que le thème du propriétaire, un durcissement par rapport à l'Écriture. On songera plus particulièrement à l'image du joug. Sion, certes, dans les *Lamentations,* redoute le « joug qui est sur [son] cou »[81], mais il s'agit alors d'une cité fautive, non d'un parent désolé, obligé d'accueillir l'inacceptable ; et quand le Christ, dans un beau verset, parle de son joug, c'est pour en recommander la légèreté et l'aisance[82]. Ce n'est pas dire que l'exigence de la soumission absolue soit étrangère aux textes inspirés ; elle s'y exprime dans des formules souvent reprises par les épistoliers[83]. Surtout on l'y voit sublimée, supérieurement pratiquée par les deux êtres les plus purs. Or si le *fiat* marial ne se retrouve que dans les seules pages que Drelincourt – le pasteur ! – adresse à Mme de la Tabarière[84], les lettres de consolation contiennent de multiples allusions à la prière du Mont des

---

[78] *Ibid.,* p. 26. Dans le même ordre d'idées, se situe le thème de « l'indifférence » développé par le P. Richeôme dans sa *Consolation à la Royne Mere, op. cit.,* p. 75 : le roi « avoit le cœur indifférent pour le faire pancher la part où seroit la volonté de Dieu ». Anéantissement de la volonté et indifférence sont des motifs-clefs de la pensée mystique. Voir, parmi tant d'autres, Madame Guyon, *Vie,* Paris, Dervy-Livres, 1983, p. 85 : l'âme mystique « se trouve peu à peu vide de toute volonté propre, et mise dans une sainte indifférence pour ne vouloir que ce que Dieu fait et veut. »

[79] *Chemin Royal, op. cit.,* p. 266.

[80] Voir *supra,* p 204.

[81] *Lamentations,* I, 14.

[82] *Matt.* 11,30.

[83] En particulier la tournure « mettre le doigt (ou la main) sur la bouche » pour signifier le silence face aux décisions divines. La formule, fréquente dans les lettres (Drelincourt à Madame de la Tabarière, *op. cit.,* p. 191 ; Montigny à Madame de la Tabarière, *ibid.,* p. 54 ; Beaulieu-Le Blanc à Monsieur de la Tabarière, *ibid.,* p. 9), indique, dans la Bible, l'absence de contestation (Voir *Jg,* 18-19 ; *Jb,* 29, 9 ; 40, 3-4 ; *Ps.,* 39, 10 ; *Sg,* 8, 12 ; *Si, 5, 12* ; *Mi, 7, 16*). Dans sa *Lettre consolatoire sur la mort de Mr Le Blanc, op. cit.,* p. 9, Drelincourt se réfère expressément à *Ps.* 39, 10.

[84] *Op. cit.,* p. 191 : « [Que] vous ouvriez vos lèvres et esclatiez en (...) actions de graces : Seigneur, je suis ta tres-humble servante... ». *Cf. Luc,* 31 : « Marie dit alors. Je suis la servante du Seigneur. »

Oliviers[85], au *Pater* et à sa déclaration d'obédience[86]. Exemples qui évacuent toute discussion.

Soumission absolue, certes, mais non moins raisonnable. La Sagesse prévoyante œuvre-t-elle pour autre chose que pour notre bien, et cela jusque dans les actes les plus insignifiants ? Ne tient-elle pas compte, Matthieu et Luc en témoignent[87], du moindre de nos cheveux ? Isaac Arnauld retient le fait pour justifier, par les voies de la raison, une soumission nécessaire, mais intelligente à la fois[88]. Beaucoup d'épistoliers ont pensé de même. Il est « juste et raisonnable » d'accueillir tout ce qui vient de Dieu[89], « juste et raisonnable de laisser le Createur ordonner de son ouvrage »[90] ; rien n'est matière à larmes « au moins à gens doués de jugement »[91]. Nombreuses sont les lettres qui fondent la soumission en raison par référence à la Sagesse éternelle[92]. Il serait trop long d'énumérer tous les renvois bibliques à cette Sagesse. Rappelons plutôt que la

---

[85] Le « Non ce que je veux, mais ce que tu veux» du Mont des Oliviers (*Matt,* 26, 29 ; *Mc,* 14, 36 ; *Lc, 22,* 42) est repris dans la *Lettre de Monsieur Vincent, Pasteur en l'Eglise de La Rochelle, escritte à Madame de la Tabariere, op. cit.,* p. 49 et par Isaac Arnauld, in *Consolation en Dieu, op. cit.,* p. 84).

[86] Le « Que ta volonté soit faite» (*Mtt,* 6, 10) figure dans Durant, *Lettre consolatoire de M. Durant (...) Envoyee à un sien amy, op. cit.,* p. 3 ; S. de Nervèze, *Lettre de Consolation à Mgr. le Duc de Vantadour (...) sur la mort de (...) son frère, op. cit.,* p. 6 ; Cyrano de Bergerac, *Lettre de Consolation envoyée à Madame la Duchesse de Rohan, sur la Mort de feu M. le Duc de Rohan son Fils, op. cit.,* p. 8.

[87] Voir note 67.

[88] *Op. cit.,* p. 74.

[89] C. Drelincourt, *Lettre consolatoire sur la mort de Mr Le Blanc, op. cit.,* p. 9.

[90] *Lettre de M. Beaulieu-Le Blanc à Madame de la Tabariere* (17 octobre 1629), *op. cit.,* p. 107.

[91] Jean de Chaumont, *Lettre de Consolation sur le decez, du R.P. Coton..., op. cit.,* p. 3. L'auteur cite saint Grégoire de Nazianze ; il s'agira de la lettre CCXXXVIII, aux moines et aux vierges, PG, t. 37, col. 379 : *Id quidem, quod Dei consilio ac Providentia contigit, prudentibus viris gratiarum actionis, non lacrymarum materia est...*

[92] Voir par ex. G. B. Nervèze, *A (...) la Duchesse de Rais, op. cit.,* p. 50 ; N. Du Peschier, *Consolations à Mgr. le Duc de Nevers sur la mort & trespas de Madame la Duchesse son Espouse, op. cit.,* p. 6 ; P. Milon, *Consolation à Madame de Guise, op. cit.,* pp. 14 et 27 ; *Lettre de M. Daillé à Madame de la Tabariere* (17 novembre 1629), *op. cit.,* p. 117 ; autre lettre de M. Daillé à la même destinataire (16 décembre 1629) : l'auteur y illustre les voies cachées de la Providence par référence à « l'énigme de Samson » (*Jg,* 14, 14) *ibid.,* pp. 136-137 ; *Lettre de M. Rivet à M. de la Tabarière, ibid.,* p. 70 ; N. Le Fèvre d'Ormesson, *Consolation à Madame (...) de Vitry, op. cit.,* p. 8.

justification de la soumission par l'appel à la raison était largement conforme à l'esprit du siècle. Certes, les mystiques récusaient cette voie, et le procès que Mme Guyon fit à la raison était entier. Mais dans les ouvrages de spiritualité plus « modérés » – encore que ceux-ci donnent parfois dans le sens mystique[93] –, quelle belle place que la sienne ! Évoquons une fois encore le *Chemin Royal*, déjà tant de fois sollicité[94] :

Véritablement la volonté divine est tant juste & raisonnable, & si portée à nostre bien, que c'est folie de rechercher autre raison ny cause pour l'accomplir[95].

Ou le *Traicté de la Sagesse chrestienne*, dans lequel René de Voyer d'Argenson sacrifie certes jusqu'aux derniers résidus de la volonté propre[96], mais exalte en même temps la raison comme le reflet de la Divinité même[97].

Or voici que se pose une autre question non moins essentielle. Outre que cette soumission absolue est fondée en raison, naît-elle ou non d'une contrainte ? Qu'en est-il de la liberté de l'homme ? La question est naturellement du ressort des théologiens, et il peut paraître téméraire d'en chercher les traces dans la modeste philosophie des lettres. Pourtant, dans sa *Consolation à Madame de Guise*, Pierre Milon introduit les notions de grâce et de liberté, qui engageront bientôt les doctes dans une des grandes disputes du siècle : Mme de Guise « assistée de la (...) grâce » fera « l'acceptation volontaire »[98] de la perte qui la frappe. Volontaire, non nécessaire. Ne dirait-on pas la grâce moliniste, « soumise de telle sorte au libre arbitre, qu'il la rend efficace ou inefficace à son choix »[99] ? Une trentaine d'années avant la critique pascalienne, la Consolation contient en germe le

---

[93] En particulier en ce qui concerne l'anéantissement de la volonté. Pour P. d'Outreman, voir *Chemin Royal, op. cit.*, pp. 32-33 ; 44 ; 46 etc.

[94] Voir note 57.

[95] *Op. cit.*, p. 52.

[96] René de Voyer d'Argenson, *Traicté de la Sagesse Chrestienne...*, Paris, Sebastien Hure, 1651, p.11.

[97] Voir *op. cit.*, II, 1, p. 70 ; II, 4, p. 101 ; I, 3, p. 28. Pour l'ensemble de la thématique, on relira utilement saint François de Sales, au *Traité de l'Amour de Dieu*. On y trouvera tant l'idée de l'abandon de la volonté (VI, 11), in *Œuvres*, éd. cit., p. 643 ; IX, 13-14, *ibid.*, pp. 797-798) que celle de l'exaltation de la Raison, identique à la volonté de Dieu « souverainement raisonnable (...) raison de toutes les raisons » (IV, 7, p. 546).

[98] *Consolation à Madame de Guise, op. cit.*, p. 23.

[99] Pascal, *Seconde lettre écrite à un Provincial* (29 janvier 1656).

développement sur la grâce. Et si Etienne Bachot, dans sa lettre à Madame de Vineuil sur la mort de son frère (1639), ne mentionne pas le mot, il soutient cependant l'idée ; notre consolation ne peut s'opérer que si nous nous laissons « emporter par une libre et volontaire correspondance au torrent de cette providence admirable »[100]. Allusion encore à la grâce et à la résistance éventuelle que l'homme lui oppose, dès 1609, dans la lettre d'Antoine de Nervèze à M. de Saint-Luc ; l'auteur y allègue « ceste grace divine, à laquelle vous ne devez pas refuser l'entree chez vous, puis qu'elle n'entre que dans les cœurs qui luy ouvrent volontairement les portes »[101].

Soumission absolue, mais raisonnable, mais libre : il manque encore l'essentiel. Ne doit-elle pas être amoureuse, en effet ? On l'a vu plus haut : point de manifestation plus sublime de l'amour du Père que celle de l'immolation du Fils. Mais en retour, point de soumission plus consommée que celle de la participation amoureuse, joyeuse, aux souffrances divines. Dans ces phrases du pasteur Velhieux, la participation d'une mère affligée – il s'agit toujours de Mme de la Tabarière – aux souffrances du Dieu crucifié dissipe toute idée de soumission dans l'apothéose de l'union d'amour entre le Christ et les hommes :

Le salut ne nous estant manifesté que par la Croix, ne nous peut estre appliqué qu'avec la tribulation : mais comme la vie nouvelle et la ioye du S. Esprit est survenue à la Croix, & a englouty son horreur, & souverainement adouci son amertume ; ainsi seront nos troubles appaisez, lors que nous aurons participé en foy aux souffrances du Seigneur, & nous serons consacrez avec luy à boire le Calice que le Seigneur nous a mesuré[102].

Dernier écho de la Bible, après tant d'autres ? Le passage sonne comme une transcription de la *Première Épître* de Pierre :

(...) mais, dans la mesure où vous participez aux souffrances du Christ, réjouissez-vous, afin que, lors de la révélation de sa gloire, l'Esprit de Dieu repose sur vous[103].

---

[100] E. Bachot, *op. cit.*, p. 6.

[101] A. de Nervèze, *Consolation envoyée à Monsieur de Sainct Luc sur la mort de sa femme, op. cit.*, p. 9.

[102] *Lettre de M. de Velhieux à Madame de la Tabarière* (20 décembre, année non précisée), *op. cit.*, pp. 144-145.

[103] 1 *Pi*, 4, 13-14.

Edifiante leçon d'Ecriture Sainte que la lecture de l'image de Dieu à travers la littérature consolatoire du premier dix-septième siècle. Pour parler du Très-Haut, les épistoliers ne quittent guère les voies assurées, et la connaissance du Texte n'étonne pas chez ces clercs, la plupart du temps porteurs de la soutane ou de la robe de pasteur[104].

Certes, des interrogations subsistent. A faire le compte des textes exploités, il approche à peine de la cinquantaine[105], alors qu'a été consulté presque le double. Faut-il en tirer une quelconque conclusion sur une religiosité défaillante chez certains de leurs auteurs? Non point. La foi peut s'exprimer par d'autres motifs, celui de l'au-delà notamment ; la mention de Dieu peut aussi être trop générale pour figurer dans le contexte de la présente étude. D'autre part, la réflexion aurait pu porter sur le partage des arguments entre catholiques et réformés. Mais un tableau synoptique montrerait la présence de tous les motifs de part et d'autre, et si telle disproportion numérique se signale, il serait osé de prétendre l'interpréter[106]. Surprenante, tout au plus, l'unique référence à Marie – relevée sous une plume réformée! Pourtant plusieurs consolateurs catholiques écrivent à des femmes, privées de leurs enfants[107]. Après tant de renvois à l'Écriture, ne se serait-on pas attendu aussi à trouver, à côté du sacrifice d'Isaac[108], le *Stabat Mater* johannique? On se souviendra pourtant que la pensée des Pères de l'Église, lorsqu'ils entreprenaient de consoler des mères meurtries, n'allait pas nécessairement au pied de la Croix[109]. Pour réconforter Paula, Jérôme montre bien l'enfant disparue accueillie par sa

---

[104] Sur les trente-quatre épistoliers cités dans cette étude, huit appartiennent au clergé catholique : J. Arnoux, Jésuite, J. Berthet, Carme, N. Caussin, Jésuite, G. Le Rebours, chanoine à Lisieux, P. Milon, Prédicateur de Louis XIII, N. Le Fèvre d'Ormesson, Minime, L. Richeôme, Jésuite, J. Théroude, curé de Vernon ; dix sont pasteurs : Beaulieu-Le Blanc, Bouchereau, Daillé, Durant, Drelincourt, Du Moulin, Montigny, Turrettin, Velhieux, Vincent.

[105] Certains épistoliers présentent plusieurs lettres.

[106] On songe au thème du maître irritable, relevé chez cinq réformés contre un seul catholique, à celui de la soumission libre, mis en œuvre trois fois, par des catholiques uniquement.

[107] Entre autres: Pelletier à la Reine-Mère, à l'occasion de la mort de son fils, Le Fèvre d'Ormesson à Madame de Vitry, Milon à Madame de Guise, Caussin à Madame Dargouge, à l'occasion de la mort de leurs filles.

[108] Voir chez Velhieux, *Lettre à Madame de la Tabarière* (note 25). L'épisode est aussi cité par Beaulieu-Le Blanc dans sa *Lettre à Madame de la Tabarière* (20 août 1629), *op. cit.*, pp. 14-15. Il était déjà exploité par les consolateurs latins. Voir saint Jérôme, *Ep.* 39, 6, 2 cité par Charles Favez, *La consolation latine chrétienne, op. cit.*, p. 104.

[109] Voir *ibid.*, ch. II et III, pp. 90-105.

Mère céleste[110] ; il ne rappelle point à la mère terrestre la Vierge du Golgotha. C'est au pays de Moriyya qu'il l'emmène, vers Abraham et Isaac[111].

Mais il faut s'en tenir aux résultats de l'enquête : les auteurs de lettres de consolation sollicitent le Nouveau Testament au même titre que l'Ancien. Certes, statistiquement, les renvois qui ont pu être faits à ce dernier l'emportent à raison de plus du triple. Mais aussi, de l'un à l'autre, quelle différence de volume ! Toujours est-il que le thème majeur de l'Amour s'alimente aussi bien des Vieux Livres que des Évangiles, en dépit d'une certaine tradition, contestée depuis, et qui oppose à la dureté de l'Ancienne Loi la douceur de la Nouvelle. Les lettres, encore qu'elles accentuent par endroits la note sévère, vont chercher, dans l'un et l'autre Testament, ce précieux filon de la tendresse qui, dans la Bible, ne se perd jamais.

Cependant le chrétien le sait : cette tendresse ne produit qu'après la mort ses plus beaux effets. L'étude du thème de l'au-delà devra compléter celle de l'image de Dieu. L'inspiration, ici, pourrait se révéler plus complexe. Les silences de l'Écriture orientent-ils les épistoliers vers les Pères et les Docteurs ? Se contentent-ils des données, sobres, du texte sacré ? Ce sont autant de questions qui restent à examiner et qui permettront de compléter l'image du consolateur de la première moitié du XVIIe siècle telle qu'elle apparaît au terme de ce chapitre. Nul doute que ce que l'on connaît déjà de la culture de l'honnête homme du temps s'en trouvera complété.

---

[110] Saint Jérôme, *Epistola XXXIX Ad Paulam super obitu Blæsillæ filiæ*, in *Sancti Hieronymi Epistolæ*, PL, t. 22, col. 472.

[111] *Ibid.*,5.

CHAPITRE 3

L'au-delà dans les lettres de consolation

Nous ne pouvons dignement concevoir la grandeur de ces hautes et divines promesses, si nous les pouvons aucunement concevoir ; pour dignement les imaginer, il faut les imaginer inimaginables, indicibles et incompréhensibles (...). Œil ne saurait voir, dit saint Paul, et ne peut monter en cœur d'homme l'heur que Dieu a préparé aux siens[1].

Le propos de Montaigne décourage les ambitions des explorateurs de l'au-delà. Aussi s'appuie-t-il sur la meilleure des autorités : en matière d'eschatologie, *l'Epître aux Corinthiens*[2] fonde une tradition d'abdication à laquelle les Pères eux-mêmes ne se sont pas soustraits[3].

En France, au XVIIe siècle, la déclaration de forfait est entrée dans les mœurs littéraires. Point de spirituel, catholique ou réformé, qui ne s'avoue dépassé par le sujet, quitte à le développer ensuite en d'interminables volumes. Les *Pensées de l'Éternité* de Puget de La Serre, le *Discours sur l'Estat des Fideles apres la Mort* de Moyse Amyraut, les *Consolations de l'Ame Fidele contre les frayeurs de la Mort* de Charles Drelincourt, les *Considérations sur l'Éternité* de Louis Abelly, les *Merveilles de l'Autre Monde* de François Arnoux[4], autant de traités de longue haleine sur une matière réputée intraitable. Les auteurs des lettres de consolation ont-ils agi de même ? On sait la convergence de leur pensée avec celle des

---

[1] Montaigne, *Essais*, II, 12, éd. cit., p. 491.

[2] Saint Paul, *Première Epître aux Corinthiens* 2, 9.

[3] Voir, p. ex, Origène, *Traité des Principes,* I, 5-6, *Sources Chrétiennes*, Paris, Cerf 1978, t. 1, pp. 97 et s.

[4] Jean Puget de La Serre, *Les Pensées de l'Eternité, op. cit.*, p. 145 ; Moyse Amyraut, *Discours de l'Estat des Fidesles apres la Mort,* Saumur, Jean Lesnier, 1646, Avant-propos, pp. 1-2 ; Charles Drelincourt, *Les Consolations de l'Ame Fidele contre les Frayeurs de la Mort, op. cit.*, c. 22, pp. 565-66 ; Louis Abelly, *Considerations sur l'Eternité,* Paris, Michel Le Petit et Estienne Michallet, 1671, *Considération II*, p. 11 ; *Considération XV.* p. 119 ; François Arnoux, *Les Merveilles de l'Autre Monde,* Rouen, Jean-Baptiste Besongne, 1679, pp. 154-55.

moralistes, des théologiens même, de l'époque : partageraient-ils leurs scrupules dans ce débat sur les fins dernières ?

A première vue, rien ne paraît moins sûr. Si tous, ou presque, abordent la question de l'autre monde, un seul, et par le biais d'une prosopopée, fait profession d'ignorance. En 1636, Jean Théroude cède la parole au père défunt de Monsieur de Chevry :

ie ne desire plus de vous que des prieres pour temoignage de vostre amour ; car, puis qu'il plaist au Ciel que l'estat où nous sommes vous demeure incogneu : c'est tout ce que vous pouvez faire[5] ;

« L'estat où nous sommes vous demeure incogneu » : verdict qui interdit toute tentative de transgression. Mais on l'a suggéré, cette mise en garde demeure unique, les épistoliers n'ayant pas retenu le *topos* de l'impuissance des théologiens. Est-ce dire pour autant qu'ils produisent – et sans l'inconséquence de ceux-ci – un inventaire détaillé des splendeurs célestes ? La suite montrera toutes les réserves qu'il faut apporter. Certes, on l'a dit, l'allusion à la destinée céleste ne manque que rarement. Il faut ajouter qu'il n'est pas moins rare qu'elle bénéficie d'un quelconque développement.

« [La] saincte Escriture & les saints Peres », écrit Pinel, « enseignent tout ce qui est en l'autre vie »[6], indiquant ainsi les deux voies royales pour quiconque veut s'enfoncer dans les *invisibilia*. Repères que, souvent, on cherche vainement dans les lettres. Mais quand on les retrouve, ils découvrent une partie importante de l'arrière-fond culturel et spirituel de toute une époque.

Pour nombre d'épistoliers, l'au-delà signifie bonheur, sans plus, et le foisonnement des allusions aussi vagues que poétiques en témoigne.

« Havre », « demeure bienheureuse », « tabernacles éternels », « délices », « saintes joies », « célestes contentements »[7], le lyrisme du consolateur, souvent, n'est que l'effet de sa prudence, et l'élégance de la formule occulte le vide du contenu. A moins que l'on ne se tire d'embarras par une

---

[5]   Jean Théroude, *Lettre de Consolation sur l'heureuse mort de (...) Messire Charles Duret* (..), *op. cit.*, p. 15.

[6]   Louis Pinel, *Traité de l'Autre Vie (...) Tiré de plus hauts mystères de la sacrée Théologie, par le R.P.L. Pinel de la compagnie de Jesus, Traduit de l'Italien en Fran-çois par S.D.V., sieur de Chevigny* (...), Paris, Toussaincts Du Bray, 1607, c. XII, p. 90, col. 1. (S.D.V. : Simon de Villers-Lafaye).

[7]   Formules courantes relevées au fil de la lecture des lettres.

voie indirecte : blâmer l'envie des survivants, c'est accréditer le bonheur des morts. Aussi le thème fait-il fortune chez bien des épistoliers[8], qui, de l'autre monde, décidément, n'envisagent que les provinces heureuses. C'est que l'Enfer n'est pas fait pour soutenir l'effort consolateur. Ainsi sa présence dans les lettres se révèle discrète : le « puits » d'horreur au « centre de la terre », allusion furtive – et rare – à la topologie du lieu maudit[9], rien de plus. Les épistoliers jugeraient indécentes les précisions morbides de tant de traités d'eschatologie[10]. S'ils consentent des détails, c'est aux élus qu'ils les réservent.

Quant à la condition de ceux-ci, ils entendent l'explorer en trois approches : leurs rapports avec les survivants, leur propre état, leur relation avec Dieu. Et, pour commencer, ils résolvent l'énigme préalable de notre destinée entre la mort et le Jugement.

Question plus complexe qu'il n'y paraît : si tous relèguent la résurrection des corps au Dernier Jour que la chair attend plongée dans ce sommeil

---

[8] Le thème de l'envie des survivants qui jalousent le bonheur céleste des défunts, se retrouve dans de très nombreuses lettres. On ne retiendra que celle de Guillaume Le Rebours à la duchesse de Montpensier sur la mort de son mari, qui indique une source du thème : « & que (comme dit Tertullien) vous regrettez le bien qu'il possede la haut ». (G. Le Rebours, A *Madame la Duchesse de Mompensier, sur le trespas de Monseigneur le Duc de Mompensier, son Mary, op. cit.*, p. 14). Saint Jérôme aussi soutient l'idée entre autres dans la lettre 39, 6, à Paula, sur la mort de Blaesilla, PL, t. 22, col. 472 : *ne invideas gloriae meae*. En fait, Sénèque développe l'argument (*Consol. à Polybius*, IX 3 : *Beatum flere invidia est)*, repris dans la suite par tous les moralistes français, poètes et prosateurs. Voir R. Baustert, *L'univers moral de Malherbe, op. cit.*, t. 1, pp. 441 et s.

[9] On note quelques allusions rapides à l'Enfer, au Malin, au Purgatoire. Un seul épistolier s'avance plus loin pour soulever, incontinent, une des questions les plus délicates de la théologie de l'Enfer. Dans sa lettre à la maréchale de Fervaques, G. Le Rebours célèbre la science du nouvel élu. Elle ne s'arrête pas aux portes du lieu maudit : « Il pénètre jusques au centre de la terre où sont les enfers sur qui il exalte la juste vengeance de Dieu, en la rigoureuse punition des âmes maudites, qu'il regarde recevoir misérablement le salaire mérité de leurs iniquités et de leurs offenses. » (Guillaume Le Rebours, *Consolation funebre à Madame la Mareschalle de Farvagues sur la mort de Mgr. de Laval, son fils, op. cit.*, p. 42). On dirait comme une satisfaction déplacée, procurée par la souffrance d'autrui. En fait, l'auteur a puisé aux meilleures sources, et sa pensée, comme son expression sont très exactement celles de saint Thomas, *Supplément, Question 94, article* 3. Voir aussi note 90.

[10] Ici encore, on se rapportera à l'ensemble des traités mentionnés. Le cas d'Arnoux *Les Merveilles de l'Autre Monde, op. cit.*, pp. 17-134 est particulièrement significatif.

dont parle saint Paul[11], ils se trouvent moins unanimes à l'endroit de l'âme. Celle-ci, quand il s'agit d'un juste, accède-t-elle tout de suite au bonheur céleste, ou doit-elle patienter jusqu'à la consommation des temps ?

Le sujet était de taille à diviser les théologiens comme les confessions, conclusion qui se dégage de ce *Sermon sur les Paroles de l'Apocalypse chap. 14, 13* que Jacques Abbadie, pourfendeur des « erreurs de l'Eglise Romaine »[12], prononce à l'occasion de la mort de la Princesse Electorale de Brandebourg. Pour ce docteur réformé, rien n'est plus faux que l'attente passive qu'impose aux âmes l'enseignement de certains Pères. Et pour preuve, il allègue la source même de son sermon, *Apocalypse* 14, 13 :

Bienheureux sont les morts qui meurent au Seigneur. Oui, pour certain. Car dés maintenant ils se reposent de leurs travaux &c. Et le sens est que leurs ames au sortir de leurs corps, sans rien attendre, sont recües dans le repos de Dieu ; ce qui détruit l'imagination de quelques peres de l'Eglise qui ont crû que les ames des justes, n'estoient pas recües dans le séjour des bienheureux immediatement après la mort : mais qu'elles étoient gardées dans un troisième lieu où privées de connoissance & de sentiment, elles ne souffroient ni bien ni mal[13].

Aussi bien l'idée de l'attente se recommande-t-elle des meilleures autorités : Lactance, André de Césarée, Cassiodore... figurent parmi ces « quel-

---

[11] La référence à Paul est donnée par G. B. Nervèze, *A Mgr l'illustrissime Cardinal de Gondy*, in *Consolations funebres sur la mort d' (...) Albert de Gondy, op. cit.*, p. 8 : « Car le vaisseau d'Election (...) appelle les corps des decedez fidelles, dormans, en attendant la sourdine ou general resveil... » Il s'agira d'une allusion à 1 *Thessal* 4, 13-15, où l'apôtre parle à deux reprises des « endormis ». On observera cependant que l'allusion au *corps* est bien moins évidente dans le texte paulinien que dans celui de la lettre. L'idée du *sommeil* de la mort est récurrente dans les lettres, elle pourrait s'expliquer aussi par le souvenir des Pères : saint Augustin *Sermo* 93, 5-6, saint Pierre Chrysologue, *Sermo* 96, etc.

[12] Jacques Abbadie, *Sermon sur ces paroles de l'Apocalypse chap. 14, v. 13, Bienheureux sont les morts...*, Cologne, George Schoults, 1683, p. 17.

[13] *Ibid.*, p. 12. Voir aussi la position originale de Luther qui conclut au non-lieu, la notion du temps s'abolissant après la mort. (E. Kunz, *Protestantische Eschatologie*, in *Schmaus, Dogmengeschichte*, IV, 7 c, 1. Teil, Freiburg, Basel, Wien, Herder, 1980, p.19).

ques peres» qui mettent à l'épreuve la patience de l'âme du juste[14].
Comment les épistoliers tranchent-ils le débat ? Ils entendent consoler leurs
destinataires ; ce n'est pas par une peine supplémentaire qu'ils y
parviendront. Aussi ont-ils tous opté pour le bonheur immédiat, sans trop
se soucier de partis pris théologiques. Certes, Daillé, qui écrit à Madame
de la Tabarière, privée de son fils, pour lui dire que « son esprit est » déjà
« en nostre thresor, vivant glorieux dans le Ciel»[15], est pasteur, mais
François Berthet, dont les propos ne sonnent pas moins rassurants[16], reste
fidèle à l'ancienne foi[17]. La loi du genre, ici, aura primé les considérations
doctrinales ; encore le délai imposé à l'âme est-il loin de faire l'unanimité
parmi les catholiques[18].

*

Voici l'âme admise au ciel : quel est son mode nouveau d'existence ? Et
d'abord, maintient-elle des rapports avec les survivants ? Ici encore, les
opinions divergent. Du doute à l'affirmation, toutes les hypothèses se
présentent.

---

[14] Lactance, *De Divinis Institutionibus, Liber VII : De Vita Beata, cap.* XXI, PL t. 6, col. 802-3 ; Cassiodore, *De Anima, cap.* XII, PL t. 70, col. 1301 ; André de Césarée, *Commentarius in Apocalpysin, cap.* XVII, PG t. 106, col. 272.

[15] Jean Daillé, *Lettre de Monsieur Daillé, Pasteur en l'Eglise de Paris, escritte à Madame de la Tabarière* (17 novembre 1629), in *Lettres de consolation faites par MM. Du Moulin, Mestrezat, Drelincourt..., op. cit.*, p. 185. Voir aussi, au début du recueil. *Tombeau de Messire Philippes des Nouës, op. cit.,*p. 12 : « Là le Ciel *receut* son ame, & la resurection des iustes reprend le corps... »

[16] François Berthet, *Discours funebre sur le trespas de (...) Marie de l'Aubespine (...), op. cit.*, p. 2, observe que la défunte jouit d'«un doux transport qui a ravy son esprit pour luy donner du repos dans la terre des veritables vivants ; ou parlant avec S. Paul, C'est que son esprit delivré de l'esclavage (...) jouist de la gloire des enfants de Dieu. » (Référence : *Rm* 8, 21).

[17] F. Berthet était Carme, Docteur en théologie de la Faculté de Paris. Voir Notices.

[18] A titre d'exemple, on relira l'épître XXXIX (*Ad Paulam super obitu Blæsillæ*) où saint Jérôme, s'appuyant sur *Luc* 23, 45 (*hodie eris mecum in Paradiso*) place l'âme de la défunte auprès de Dieu *(ad suum anima revolavit auctorem)*. De même, saint Julien de Tolède, *Prognosticon Futuri Sæculi Libri Tres,* L. II, c. I, PL t. 96, col. 475 qui donne la même référence à *Luc* 23, 45 ; saint Cyprien de Carthage, *Epist. ad Fortunatum, cap.* 13, PL t. 4, col. 676. Voir aussi note 84 pour l'enseignement de saint Thomas.

Si du sein du Père des Esprits dans lequel il repose, il pouvoit regarder les choses humaines et prendre part à ce qui se fait sous le Soleil, il censureroit vostre dueil...[19]

écrit Drelincourt à Madame de la Tabarière pour l'exhorter à cesser de pleurer son fils; le conditionnel annonce ce doute que semble partager Jean Théroude, dans sa lettre à M. de Chevry sur la mort de son père :

Pensez-vous point, demande le défunt à son fils, *si j'ai* du sentiment en ce lieu où je suis, que je n'en sois touché plus que de chose au monde[20].

Quant au pasteur Beaulieu-Le Blanc, son choix est fait :

[il] ne nous souviendra plus des choses passées, tant nous serons ravis en voyant celles que Dieu fera pour nous[21].

Il n'est pas arbitraire, puisqu'il peut se réclamer des garants les plus orthodoxes. Dans la Question 94 du *Supplément*, saint Thomas part d'un mot d'Isaïe pour formuler les mêmes réserves :

(...) les bienheureux ne voient pas les événements des hommes de la terre, puisque, à propos d'Isaïe : « Abraham nous a ignorés », la Glose dit : « Les morts même saints, ignorent ce que font les vivants, fussent-ils leurs propres fils »[22].

Or, on connaît la procédure du Docteur : éclairage des thèse et antithèse, mise en place de la synthèse, étapes d'une pensée rigoureusement conduite en vue de la conciliation des contraires. Ainsi à l'endroit du problème envisagé :

---

[19]   Charles Drelincourt, *Lettre de M. Drelincourt, Pasteur de l'Eglise de Paris, escritte à Madame de la Tabarière* (2 février 1630), in *Lettres de Consolation* (...), *op. cit.*, pp. 187-88.

[20]   J. Théroude, *op. cit.*, p. 14.

[21]   De Beaulieu-Le Blanc, *Lettre de Monsieur de Beaulieu Le Blanc, Pasteur à Sedan escritte à Madame de la Tabarière* (17 octobre 1629),. in *Lettres de Consolation* (...), *op. cit.*, pp. 109-110.

[22]   Saint Thomas, *Supplément, Question 94*, art. 1, *Difficultés* 1 (*Is*, 63, 16).

La Glose parle ici des saints décédés, selon leur possibilité naturelle (...). Mais les saints qui sont dans le ciel, connaissent clairement tout ce qui arrive chez les hommes de la terre... C'est pourquoi saint Grégoire dit : « A propos des âmes des saints, on ne peut point penser ce que dit Job (à savoir : « que ses fils soient nobles ou misérables, il ne connaîtra pas... »), parce que pour ceux qui possèdent la clarté de Dieu, on ne peut en aucune manière croire qu'il y ait en dehors de Dieu quoi que ce soit qu'ils ignorent »[23].

C'est répondre aux doutes des trois épistoliers plus au fait, apparemment, de l'Ancien Testament que des explications de la Somme[24]. D'autres, en revanche, puisent dans celle-ci, et au plus grand profit de leurs destinataires pour qui le contact vital avec le défunt reste le premier réconfort.

Quand Pierre Milon, en 1627, veut secourir Madame de Guise, pleurant sa fille, il lui fait savoir que la défunte la « veoid dans ces miroirs volontaires de la Sapience eternelle de Dieu »[25], allusion, peut-être, à cette Question 92 à l'énoncé significatif :

Tout homme qui voit un miroir y voit tout ce que ce miroir reflète. Or toutes choses sont comme reflétées dans le Verbe de Dieu, qui est la raison et l'image de tout. Les Saints qui voient le verbe par essence, voient donc toutes les créatures[26].

---

[23] *Ibid., Question 94, 1, Solutions 1.* L'idée, ancrée dans la tradition catholique, est soutenue, entre autres, par Julien de Tolède qui se recommande lui-même de saint Grégoire le Grand (*Dialogues, L. IV, c. 33*), in *Prognosticon,* éd. cit., col. 487.

[24] On notera que si deux des auteurs sont réformés (les pasteurs Drelincourt et Beaulieu-Le Blanc), le troisième est catholique (Jean Théroude, curé de Notre-Dame de Vernon). Aucun rapport concluant donc, entre choix des arguments et confession du consolateur. On ajoutera cependant l'affirmation catégorique de Jacques Abbadie, théologien réformé : les morts ne voient pas ce qui se passe sur terre (*Sermon...,* op. cit., p. 18).

[25] Pierre Milon, *Consolation à Madame de Guise, Sur la Mort de Madame, op. cit.,* p. 31.

[26] Saint Thomas, *Supplément, Question 92, art. 3, Difficultés 6.* Voir aussi saint Grégoire le Grand, *Dialogues,* PL t. 75, col. 999 : *Sancti in coelo vident quæ in terris fiunt,* Lactance semble lier le souvenir à la résurrection des corps : *sed resurgent et a Deo corporibus induentur ; et prioris vitæ factorum omnium memores erunt.* (*Vita Beata,* L. VII, *cap.* XXIII, PL t. 6, col. 806). On relira aussi Arnoux, *Merveilles (...), op. cit.,* p. 219, qui témoigne de la popularité de l'idée au XVIIᵉ siècle.

Etre vu par le défunt, perspective rassurante, certes, puisqu'elle nie le
pouvoir dirimant de la mort. D'autres consolateurs vont plus loin : les
morts non seulement restent initiés à nos faits et gestes, mais encore ils les
suivent avec un amour accru depuis leur départ de la terre :

Il est au port désiré où l'amour s'enflamme, s'accroist, se conserve et
asseure...[27]
dans le Ciel (...) son affection est creue avec son pouvoir[28]
le changement d'estat qu'elle a fait n'[a] causé en son affection autre
changement que de l'accroistre[29]
c'est que Mlle vostre fille vous aim [e] encore plus parfaitement
qu'elle n'avoit fait durant sa vie...[30]

autant de déclarations réconfortantes requises, sans doute, par le genre,
mais non moins inscrites dans une interrogation philosophique. Aristote,
qui figure toujours dans les bibliothèques du XVIIe siècle[31], n'a-t-il pas
écrit que « le corps ayant disparu, l'âme n'a plus ni souvenir ni amour »[32],
et saint Thomas n'en a-t-il pas pris prétexte pour un *distinguo ?*

Si par l'amour, la joie et la tristesse, etc. on entend les passions de la
sensibilité, elles ne sont pas dans l'âme séparée, puisque, par définition, elles supposent un mouvement du cœur et de l'organisme. Si
l'on entend les actes de la volonté, faculté intellectuelle, elles sont
dans l'âme séparée...[33]

---

[27] G. B. Nervèze, *A Mgr. (...) le Card. de Gondy*, op. cit., p. 27. Peut-être souvenir de
saint Paul, *Ph.* 1, 9 (« que votre charité croissant de plus en plus ») surtout si on consi-
dère la suite : « et là d'une charité non feinte » qui rappelle *Rm* 12,9 (« que votre
charité ne soit pas feinte ») et 2 *Co* 6,6 (« par une charité non feinte »).

[28] Jean de Chaumont, *Lettre de Consolation sur le Decez du RP Pierre Coton (...)*, op. cit.,
p. 7.

[29] Charles François d'Abra de Raconis, *Lettre de Consolation addressee à Monsieur
d'Herbaut (...) sur le trespas de feue Madame d'Herbaut sa femme*, op. cit., p. 34

[30] Nicolas Lefèvre d'Ormesson, *Consolation à Madame la Marechale de Vitry, sur la
mort de Mademoiselle sa fille*, op. cit., p. 71.

[31] Voir Noémi Hepp, « Quelques aspects de l'antiquité grecque dans la pensée française
du XVIIe siècle », in *XVIIe Siècle*, N. 131, avril/juin 1981, p. 120.

[32] Aristote, *De Anima*, I, 4.

[33] Saint Thomas, *Supplément*, Question 70, art. 2, Cependant, 2 et Solutions, 5.

Ce n'est pas aux consolateurs que l'on demandera ces précisions. Qui vole au secours des détresses, ne s'embarrasse guère des pesanteurs de la science. Mais le point étant éclairci par les plus hautes autorités[34], les épistoliers pouvaient légitimement l'exploiter à leurs fins. Et cette première certitude en entraîne une autre : ces morts qui nous observent avec intérêt et amour, comment douter qu'ils se fassent nos intercesseurs auprès de la Divinité ?

L'idée de l'intercession s'ancre à tel point dans les consciences que les consolateurs manquent rarement d'en faire état. Guillaume Le Rebours, Thomas Pelletier, le P. Arnoux, François de Galles, Pierre Milon, Jean de Chaumont, Abra de Raconis, Etienne Bachot, le P. Caussin, Suzanne de Nervèze...[35], tous tentent de sécher les larmes par le rappel de ce puissant secours désormais promis au survivant. Demandera-t-on la caution de la théologie ? On pourra penser que dans l'esprit du croyant, la doctrine n'ajoute rien à la plus profonde des convictions. Or, ici encore, les faits sont moins évidents qu'il n'y paraît. L'examen des récurrences le montre : tous les consolateurs cités dans le contexte de l'intercession sont catholiques[36]. Fait significatif, cette fois : si l'idée de l'intercession s'enracine dans la religion populaire, elle reçoit des docteurs catholiques cet aval[37] que les théoriciens de la Réforme lui refusent[38]. Le discours consolatoire, sur tel point, ne reste pas étranger à l'antagonisme des confessions.

---

[34] Pour cette persistance des sentiments, on relira aussi Cassien, *Collationes I,* 14, PL t. 49, col. 500-503. Même idée chez Julien de Tolède qui renvoie à Cassien, in *Prognosticon, op. cit.,* L. II, col. 481. Voir aussi *ibid., cap.* XXXIV, col. 495 (*quod expressiora sint ibi læta vel tristia*).

[35] A titre d'exemple, voir Guillaume Le Rebours, *Consol. à Madame de Farvagues, op. cit.,* p. 28 : « [les] saintes légions des esprits [que Dieu] choisit pour nous distiler des vivifiantes liqueurs de leurs intercessions ». Le thème qui compte parmi les plus fréquents des lettres de consolation figure chez tous les autres auteurs cités.

[36] On y retrouve, entre autres, Guillaume Le Rebours, chanoine à Lisieux, Thomas Pelletier, converti au catholicisme (voir n. 38), Jean de Chaumont, bibliothécaire du roi, engagé dans la polémique avec les Réformés, les Pères Arnoux et Caussin SJ, Abra de Raconis, docteur en théologie, prédicateur ordinaire du Roi...

[37] Voir, entre autres, saint Thomas, qui s'appuie sur Denys, *Suppl, Question 72, article 1, conclusion.*

[38] Voir, par exemple, à ce sujet, Jacques Abbadie, *Sermon..., op. cit.,* p. 18 : « si les morts restent étrangers aux événements de la terre, comment imaginer leur intercession ? » Dans le même ordre de pensée, et dans la tradition de Luther et de Calvin, le mouvement inverse, la prière des survivants pour les morts, est jugée inutile (*ibid.,* p. 18). Cette prière, cependant, est recommandée par les épistoliers... catholiques ! (Voir J. Théroude cit. n. 5) et Thomas Pelletier, *Lettre de Consolation à très illustre*

Les défunts observent les vivants, ils leur conservent leurs sentiments, ils intercèdent pour eux : première approche de leur condition. Mais au-delà de leurs rapports avec le monde terrestre, comment sont-ils tels qu'en eux-mêmes ?

*

Les Anges : il est rare que le consolateur évoque l'âme du fidèle sans l'associer aux créatures célestes. Parfois, dans une scène édifiante, il les imagine qui descendent du Ciel pour l'y emporter avec eux, véritable assomption : les « louanges » du fils de la maréchale de Fervaques « ont esmeu les Anges à descendre icy bas pour le porter là-haut »[39]. L'idée, traditionnelle, ne se limite nullement à l'imaginaire chrétien ; les Grecs la connaissaient[40], mais c'est à l'Evangile que Jean de La Fontan l'aura empruntée. A ce lecteur de l'Ecriture, l'épisode de Lazare (*Luc* XVI, 22) n'a pas dû être étranger. Toutefois l'évocation du cortège assomptionnel reste l'exception ; plus nombreux sont les épistoliers qui montrent le mort déjà « enrollé legionnaire entre les bandes heureuses des Anges »[41], ou, moins martialement, « parmi les bienheureuses troupes des Anges »[42], « logé

---

princesse Catherine de Cleves sur la mort de feu Mgr. le chevalier de Guyse, son fils, op. cit., p. 10 et id., Lettre de Consolation sur la mort de feu Mgr. l'illustrissime Cardinal de Retz, op. cit., pp. 12-13. L'auteur, d'abord reformé, s'est converti au catholicisme (Voir *La Conversion du Sieur Pelletier à la foy catholique en laquelle il représente au naïf les vrayes marques de l'Eglise*, Paris, s. n., 1609). Pour la question de l'efficacité des suffrages, les réponses des docteurs sont différenciées, mais toujours positives. On relira à ce sujet L. Ott, *Eschatologie in der Scholastik*, in Schmaus, *Handbuch der Dogmengeschichte*, IV, 7b, Freiburg, Herder, 1990, p. 3 et s. et IV, 7c (2. Teil), p. 19, 51, 61... pour l'importance du thème à la suite du Concile de Trente. Il ne manque pas, bien entendu, dans le Catéchisme Romain, élaboré sur ordre du Concile et très lu à l'époque : *Pars IV, caput V, quæstio VI*.

[39] Jean de La Fontan, *Pour Madame la Mareschale de Fervagues, sur la mort de Monsieur le Comte de Laval son fils, tué en Hongrie*, in *Les Iours et les Nuicts du Sr de la Fontan*, op. cit., f. 95, col. 2. Un autre consolateur de la maréchale, Guillaume Le Rebours, op. cit., pp. 19-20, renonce à l'image du cortège pour placer incontinent le défunt « dans les voûtes du Ciel, parmi les bienheureuses troupes des Anges ».

[40] Voir Jean Danielou, *Les anges et leur mission*, Paris, Desclée, Collection « Essais », 1990, pp. 143-46 : les anges « psychopompes », conducteurs des âmes. L'auteur retrace l'idée chez les Pères : Tertullien, Origène, Grégoire de Nysse, Chrysostome, et dans la liturgie.

[41] G. B. Nervèze, *A l'illust. Cardinal de Gondy*, op. cit., p. 9.

[42] Voir note 39.

parmy les Anges »[43], accroissant « la compagnie et la réjouissance des Anges »[44], recueilli sur la « montagne de Sion », en « la Jérusalem céleste », en la « Cité de Dieu », pour y siéger « entre les milliers d'Anges »[45]. L'inspiration, dans ce dernier cas, est évidente : Drelincourt reproduit l'*Epître aux Hébreux*[46]. Mais plus généralement, le spectacle des élus siégeant parmi les chœurs angéliques, ne devait surprendre en rien ces esprits du XVIIe siècle, rompus, pour la plupart, à la lecture des Pères[47]. Ce que l'imagination chrétienne suggérait spontanément, des docteurs alors très lus comme saint Jérôme, saint Grégoire de Nazianze, saint Grégoire de Nysse, le fondaient en théorie[48].

Les morts, donc, jouissent de la présence des anges : c'est suggérer qu'ils sont devenus anges eux-mêmes. François de Galles ne vise pas moins haut, quand il fait savoir à M. d'Expilly que le jeune Laurent de Chaponay, son beau-fils, « estoit deu au Ciel, et sa compagnie aux Anges, ausquels il est maintenant semblable »[49]. Souvenir, peut-être, de *Luc* XX, 36, où le Christ déclare les justes défunts « pareils aux anges ». Les Docteurs n'avaient pas oublié une promesse[50] qui devait nourrir, désormais, l'espérance du chrétien. Aussi les consolateurs en font-ils état au point, parfois, d'élever leur

---

[43] Abra de Raconis, *Lettre à Monsieur d'Herbaut, op. cit.*, p. 8.

[44] J. de Chaumont, *Lettres (...) sur le Decez du RP P. Coton, op. cit.*, p. 4.

[45] Charles Drelincourt, *Lettre consolatoire sur la mort de Mr Le Blanc, l'un des pasteurs de La Rochelle, op. cit.*, pp. 6-7.

[46] *Epître aux Hébreux*, 12, 22.

[47] Voir N. Hepp, *op. cit.*

[48] Voir, entre autres, saint Jérôme, *Epist. 23 ad Marcellam,* PL t. 22, col. 426, saint Grégoire de Nazianze, *Oratio 7 in laudem sororis suæ Gorgoniæ*, 23, PG t. 35, col. 815, saint Grégoire de Nysse, *De Vita S. Patris Ephræm Syri*, PG t. 46, col. 848-49. Les traités français avaient repris le thème. Voir, par ex., Arnoux, *Merveilles, op. cit.*, p.176.

[49] François de Galles, *Lettre à M. d'Expilly,* in *Le Tombeau de Laurens de Chaponay, op. cit.*, f. 34, col. 1. Voir aussi P. Milon, *Lettre (...) à Madame de Guise, op. cit.*, p. 24 : le père de Madame de Guise, à présent, est « ange glorieux ».

[50] Saint Anselme, *Cur Deus Homo,* L. I, PL t. 158, col. 395, 396 (*Tales erunt homines in coelo quales nunc sunt boni angeli*) et *ibid.*, col. 524 (*beatitudo quæ justis promittitur erit similitudo angelorum Dei*). Encore faut-il noter que cette similitude n'implique pas toujours l'identité, comme le montre Tertullien au chap. 62 du *Liber de Resurrectione Carnis* (*Futuros denique nos non angelos, sed sicut angelos Dei*). Mais tant de formules des lettres (voir ci-dessus n. 49 et parmi beaucoup d'autres exemples, P. Milon qui traite le père de la destinataire d'« Ange glorieux ») relèvent d'une poésie peu soucieuse de distinctions théologiques.

mort au-dessus des anges pour en faire le « Phénix »[51] et le « roi », « puis que celuy, qui nous couronne de gloire & d'honneur nous a donné parolle de nous [y] rendre semblables à luy »[52]. G. Le Rebours, ici, aura songé à la *Première Epître* de saint Jean (3, 2) encore que la lecture des Pères ait pu confirmer l'idée[53].

Voilà donc une certitude rassurante : le défunt vit parmi les anges, il leur est semblable voire supérieur. Condition avantageuse, s'il en est, et parfois les épistoliers ne se refusent pas à lever quelque peu le voile découvrant les éclats dont jouit à présent celui qui nous a quittés.

*

Faut-il s'attendre à la description des lieux avant celle de leurs habitants ? Sur l'architecture de la Cité céleste, les traités de spiritualité donnent mille détails[54], sans que les épistoliers les suivent dans cette entreprise hasardeuse. En fait, il ne se trouve guère qu'un seul d'entre eux pour introduire ses lecteurs dans la « triomphante Hiérusalem ».[55] Encore ne s'éloigne-t-il d'un pas de l'Autorité :

Veu que toute la terre au regard du Ciel n'est qu'un poinct. Qu'est-ce que de vos maisons au prix de céste maison céleste où il y a plusieurs demeurances ? De ce Palais Royal dont Dieu est l'Architecte ? Et de ceste Cité eternelle dont les fondemens sont pierres precieuses & la masse d'or pur ? Qu'est-ce que de vos heritages & de vos parterres au prix de cét heritage incorruptible qui ne peut estre contaminé ny flestry ? Où est l'arbre de vie qui produit ses fruicts chasque mois de l'année ; Et le fleuve d'eau vive qui decoule du thrône de Dieu & de l'Agneau[56].

Véritable raccourci d'Ecriture sainte, ces quelques lignes que Drelincourt adresse à Madame de la Tabarière s'appuient à la fois sur Paul, Pierre et

---

[51] G. Le Rebours, *Consol. à Madame de Farvagues, op. cit.*, p. 32.

[52] Id., *A Madame la Duchesse de Mompensier, op. cit.*, p. 9.

[53] Aux auteurs déjà cités, on pourra ajouter tant d'autres qui postulent l'égalité ou la similitude entre élus et anges, mais toujours par référence à l'état post-résurrectionnel. Ainsi saint Augustin, *Ep.* 148, 2, 8 PL t. 33. c. 625 ; *Ep.* 187, 5, 16, *ibid.,* c. 838 ; *Enchiridion,* PL t. 40, c. 246 ; saint Jérôme, *In Isaiam, 16, 58, 14,* PL t. 24, c. 575 ; saint Hilaire de Poitiers, *In Matt.,* 5, 11, PL t. 9, c. 948...

[54] Voir Arnoux, *Merveilles (...), op. cit.*, chap. X-XI, pp. 171-77.

[55] G. Le Rebours, *Consol. à Madame de Farvagues, op. cit.*, p. 35.

[56] C. Drelincourt, *Lettre à Madame de la Tabarière* (2 février 1630), *op. cit., pp.* 179-80.

Jean[57], l'*Apocalypse* surtout dispensant le consolateur de tant d'efforts d'imagination aux résultats presque toujours douteux. Aussi bien les épistoliers n'ont-ils point à se reprocher l'abus de ce « merveilleux direct » qui fera plus tard les regrets de l'auteur des *Martyrs*[58]. Et ils ne se départent guère de cette prudente sagesse quand, après la Cité, il faut décrire les citadins.

Une première restriction qu'ils s'imposent en témoigne : ce n'est qu'à propos des âmes élues qu'ils dissertent, se défendant de porter leur regard vers le Jugement Dernier et la résurrection des corps glorieux. La subtilité, l'agilité, la félicité de l'oreille, de l'œil, du nez ressuscité...[59], tous problèmes délicats dont ce parti pris de sagesse a permis de faire l'économie.

Au mieux notera-t-on une allusion discrète aux splendeurs de la chair glorieuse, mais indirecte, et appelée par un fait peu banal et déjà mentionné antérieurement. La dépouille de la fille de Madame de Vitry n'a point subi les lois de la décomposition. L'occasion est trop belle pour que le consolateur n'en tire argument :

elle vous a laissé en son corps de tres puissans motifs de consolation, par tant de merveilles que Dieu y a fait paroistre : Et comme la pureté a cét avantage de rendre les corps incorruptibles, celuy de Mlle vostre fille a paru annobly de cette grace, & avoir anticipé dés l'instant de sa mort les qualitez excellentes, qui esclateront à la résurrection generale des corps qui auront esté purs & innocens...[60]

---

[57] « Ce Palais dont Dieu est l'Architecte », saint Paul, *Epître aux Hébreux* 11, 10 ; « Cet heritage incorruptible qui ne peut estre contaminé ny flestry », saint Pierre, *Epître* I, 4 : « Ceste cité eternelle dont les fondemens sont pierres precieuses & la masse d'or pur », saint Jean, *Apocalypse* 21, 18 et *Isaïe*, 54, 11-12 ; « le fleuve d'eau vive qui découle du thrône de Dieu & de l'Agneau », saint Jean, *Apocalypse* 22, 1 ; « Où est l'arbre de vie qui produit ses fruicts chasque mois de l'année », *ibid.* 22, 2 ; « Ceste maison celeste où il y a plusieurs demeurances », *Jean* 14, 12.

[58] On sait que Chateaubriand vit une des causes de l'échec des *Martyrs* dans l'usage abusif du merveilleux direct.

[59] Voir à ce sujet – et entre autres – le cas particulièrement significatif de F. Arnoux, *Merveilles* (...), chap. XV-XX, *op. cit.*, pp. 210-234.

[60] N. Lefèvre d'Ormesson, *Consolation à Madame la Mareschale de Vitry, op. cit.*, p. 60. On ajoutera cette autre allusion à la résurrection de la chair, relevée dans la lettre de C. Drelincourt sur la mort du Pasteur Le Blanc et attestant que « nous recognoistrons nostre chair & nos os, nous verrons ce que nous avons eu de plus cher icy bas » (*op. cit.*, p. 13).

Par ailleurs, point d'autre détail « physique » que la lumière « céleste », « toute autre »[61] qui enveloppe l'âme élue, si elle n'émane pas d'elle. C'est le cas – dans la tradition de *Matthieu* 13, 43 – de celle de Charles Ier d'Angleterre « rendu plus brillant qu'un Soleil »[62], ou encore de celle du maréchal de Fervaques que Guillaume Le Rebours imagine reflétant en mille éclats les feux de la Divinité :

Est-il à présent (si l'on peut ainsi parler d'un esprit qui n'a point de corps) tellement diaphane & transparent, que les rayons du Soleil ne penettrent pas plus facilement le verre (...) qu'il est penetré du Soleil des Soleils (...) tout y esclate, tout y esclaire. Là les saints reluissent comme des estoilles, ou plustost la face d'un chacun d'eux, y est estincelante comme le Soleil[63].

Souvenirs encore de Matthieu, et aussi de *Daniel* 12, 3, à la réserve près que les auteurs sacrés n'envisagent l'apothéose lumineuse des justes qu'après la résurrection. Ainsi dans ce passage de saint Grégoire le Grand dont les images auront pu inspirer le consolateur de Madame de Fervaques :

Sancti fulgebunt in coelo et ut vitrum translucebunt ... [Il est] tellement transparent, que les rayons du soleil ne pénètrent pas plus facilement le verre ....[64]

Aucun autre détail matériel, on a dit pourquoi[65]. En revanche, le bonheur de l'âme est abordé sans réserves. Et pour commencer, voici tarie la source

---

[61] « celeste » : Thomas Pelletier, *Lettre de Consolation sur la mort de feu Mgr. de Sillery, Chancelier de France*, op. cit., p. 9 ; « toute autre » : Estienne Bachot, *Lettre de Consolation (...) à Madame de Vineuil sur la mort de M. le Chevalier de Sainte Geneviefve son frere*, op. cit., p. 9.

[62] Suzanne de Nervèze, *Lettre de Consolation à la Reine d'Angleterre sur la mort du Roy son mary*, op. cit., p. 5.

[63] G. Le Rebours, *Consol. à Madame de Farvagues*, op. cit., pp. 34-35.

[64] Saint Grégoire le Grand, *Moralium Libri*, XVIII, cap. 48, PL t. 76, col. 83. De même, une colonne plus loin (84): *Beatorum corpora auro clara, vitro perspicua designantur*.

[65] Tout au plus signalera-t-on les délices acoustiques dont jouit Madame d'Herbaut « saintement pâmée de l'harmonie des Anges qui remplit son oreille » (Abra de Raconis, *Lettre à M. d'Herbaut*, op. cit., pp. 32-33). Pour ce détail, l'auteur aura pu s'appuyer à la fois sur l'Ecriture (*Isaïe*, 6, 3 : vision des séraphins chantant devant le trône du Seigneur), sur l'hagiographie (*Vie de saint François* d'après la *Legenda Maior* de Bonaventure : François, malade, est réconforté par le chant des anges, épisode bien connu en France et que F. Arnoux rapporte dans ses *Merveilles*, op. cit., chap. XIII, p. 201) et sur la liturgie (Puget de La Serre, *Pensées de l'Eternité*, op. cit., p. 126,

de tous les tourments : la passion. Dans cette patrie nouvelle, le duc de
Montpensier jouit d'une noblesse bien supérieure à celle qui était la sienne
ici-bas, puisqu'il est « Roy voire Monarque de toutes ses affections »[66], et
Madame de Nevers s'y voit « tellement assistée des faveurs du S. Esprit
qu'elle est exempte de toute passion »[67], de la jalousie, en particulier :
là (...) celuy qui travaille dés le matin [ne] se courrousse que le
maistre reconnoisse de mesme salaire, celuy qui n'a commencé que
sur le vespre[68].

Au-delà de l'allusion à la parabole de l'ouvrier de la dernière heure
(*Matthieu* 20, 1-16), on reconnaîtra dans la victoire sur l'envie un
souvenir de saint Augustin que le consolateur, dans la suite de sa lettre,
cite parmi ses lectures[69].

Aussi bien est-il vrai que nul changement ne vient perturber un calme
inaltérable. Mais on se doute que ce repos « asseuré », « doux »,
« éternel »[70] n'est en rien l'ataraxie d'Epicure, ce « bonheur de pierres »[71],
impassible et muet. C'est une véritable apothéose qui attend l'âme
chrétienne ; glorifiée et couronnée, elle entre triomphante dans la
Jérusalem céleste. A travers toutes les lettres, le chant de la victoire se
réfracte en de multiples échos, presque toujours spontané[72], parfois inscrit
dans une prestigieuse tradition où figurent, après le *Livre de la Sagesse*, les
princes des Apôtres et ceux des Docteurs[73].

établit expressément le rapport entre le *Sanctus* liturgique et l'harmonie des Anges. Le
thème était courant aussi chez les Pères (voir Denys l'Aréopagyte, *De coelesti
Hierarchia*, VII, 4, PG t. 3, col. 211).

[66] G. Le Rebours, *A Madame la Duchesse de Mompensier*, *op. cit.*, p. 9.

[67] Nicolas Du Peschier, *Consolations à Mgr. le Duc de Nevers sur la mort (...) de
Madame la Duchesse, son Epouse*, *op. cit.*, p. 8

[68] G. Le Rebours, *Consol. à Madame de Farvagues*, *op. cit.*, p. 35.

[69] Voir saint Augustin, *Cité de Dieu*, XXII, 30, 2, PL t. 41, col. 802.

[70] Qualificatifs stéréotypés relevés dans de nombreuses lettres.

[71] Formule de Camus, dans *L'Homme révolté*, II.

[72] « Gloire », « beaux atours de gloire », « gloire céleste et éternelle », « couronné de
gloire », « comblé de gloire », « ayant une couronne sur la tête », « couronné de gloire
devant le trône de la divine Majesté », les lettres qui renoncent au discours
triomphaliste sont rares.

[73] Tel texte de G. Le Rebours, *Consol. à Madame de Farvagues*, *op. cit.*, p. 26, rappelle
de près *Sagesse* 4, 1-2 : « Il faloit que ses immortelles couronnes luy fussent posées
sur la teste [par les mains des Anges] & que triomphant, il fist son entrée en une ville

*

Mais tant d'acclamations et de joie demandent explication. On sait déjà l'affection que les élus se portent les uns aux autres. Elle ne serait rien, si elle ne coulait de la source unique de tout amour, de Dieu « avec qui, en qui et de qui »[74] ils vivent désormais.

Que sera-ce donc, s'écrie Beaulieu-Le Blanc, se rappelant sans doute le *Ps.* 36, 9, quand nous puiserons tout à plein dans les fleuves de ses delices, et que son amour aura monstré sa force, et produit tous ses fruicts en la vie celeste et immortelle ? Certes ce sont choses qui passent tout entendement[75].

Cette idée grandiose de la fusion de toutes les amours en celui de Dieu formulée avec force et de façon répétitive par saint Anselme[76], a profondément impressionné les épistoliers. Ainsi le pasteur Du Moulin félicita Madame de la Tabarière d'être bientôt « au lieu auquel toutes les affections humaines, même les maternelles, seront englouties par l'amour

---

triomphante » ; *Sagesse* 4, 2 : « [la vertu] dans l'éternité, ceinte de la couronne, (...) triomphe. »

Plusieurs lettres mettent en œuvre l'image de l'athlète victorieux, couronné au bout de sa course, ainsi A. Nervèze, *Lettre de Consolation à Mgr. le Duc de Montmorency sur le trespas de Mgr. le Connestable son Pere, op. cit.*, p. 10. Parfois l'épistolier précise selon 2 *Tim.* 4, 7-8 : « couronne de justice » : Chaumont, *op. cit.*, pp. 3-4, Bachot, *op. cit.*, p. 12, Abra de Raconis, *op. cit.*, p. 7. Tous ces textes suivent aussi de près 1 *Co* 9, 24 ou 1 *Pi.* 5, 4 ; « couronne incorruptible, impérissable, immortelle », formules relevées chez G. Le Rebours, C. Drelincourt, Th. Pelletier... Telle autre lettre (N. du Peschier, *Consol. à Mgr. le Duc de Nevers* (...),*op. cit.*, pp. 6-7) adopte l'argumentation de saint Thomas, *Supplément*, Question 96, article 1 : pour récompense de ses mérites, Madame de Nevers a été couronnée « Reyne dans le Ciel ». Saint Thomas, de même, s'appuyant sur *Ap. 5,* 10, voit dans la couronne des élus le signe de leur royauté céleste, récompense de leur combat terrestre.

[74] Abra de Raconis, *Lettre à M. d'Herbaut, op. cit.*, p. 36. La formule rappelle celle du canon de la Messe (Par lui, avec lui et en lui), mais aussi Paul, *Rm.* 11, 36.

[75] Beaulieu-Le Blanc, *Lettre à Madame de la Tabarière* (12 décembre 1629), in *Lettres de consol., op. cit.*, p. 123.

[76] Saint Anselme, *Meditationes*, in *S. Anselmi Opera Omnia*, PL t. 158, col. 818 (*Deus illos [amat] plusquam illi seipsos, quia illi illum et se invicem per illum, et ille se et illos per seipsum*). Voir aussi saint Bernard, *De Diligendo Deo, caput XI in fine*, PL t. 182, col. 995.

de Dieu »[77]. Le Fèvre d'Ormesson exalte le bonheur de la fille défunte de Madame de Vitry qui « aim[e] Dieu par l'amour mesme de Dieu »[78], Etienne Bachot apostrophe l'âme du chevalier de Sainte-Geneviève avec des accents qui rappellent ceux du *Cantique* :

Venez hardiment, Ame fidelle (...) prenez maintenant possession du baiser ineffable : où vous puiserez toutes les ioyes dans leur source, (...) où l'amour mesme se multiplie à tous moments dans la ioüissance de son object[79].

Mais au-delà du lyrisme, la question théologique reste entière. Les élus, a-t-on dit, sont en Dieu : on n'imagine pas de rapport plus intime. Encore peut-on s'interroger sur sa nature. Les âmes fidèles, dès leur mort terrestre, voient-elles Dieu ; si oui, comment ? Tel qu'en lui-même ou voilé ? Question redoutable ! Voici un premier épistolier, Guillaume Le Rebours, qui ouvre le débat avec un constat de haute teneur théologique : l'époux de Madame de Fervaques, dorénavant, jouit de l'Humanité glorieuse du Christ.

C'est Jésus-Christ (ce dit saint Bernard) qui est notre Paradis. Paradis tout autre que celui que nos pères ont eu. En ce séjour bienheureux la belle âme (dont nous soupirons l'absence) est ravie ou plutôt abîmée dans une diverse infinité de douceurs. Elle y attouche l'humanité du fils de Dieu, elle y fleure l'odeur de ses onguents et de ses parfums spirituels[80].

L'auteur suggère sa source, saint Bernard, qui pourrait être celle d'autres spirituels du XVIIe siècle développant la même idée[81]. En fait, le débat, délicat, se nourrit à la fois des hésitations de saint Augustin[82], et des posi-

---

[77]   Du Moulin, *Lettre à Madame de la Tabarière (20* août 1629*)*, in *Lettres de consol., op. cit.*, p. 5.

[78]   N. le Fèvre d'Ormesson, *Consol. à (...) la Mareschale de Vitry, op. cit.*, pp. 82-83.

[79]   E. Bachot, *Lettre de Consol. à Madame de Vineuil, op. cit.*, p. 13. Voir *Cantique des Cantiques* I, 2. Le thème du baiser a sa place dans la spiritualité. Peut-être souvenir de saint Cyprien de Carthage, *Ep.* 6, 4, *Corpus Scriptorum Ecclesiasticorum*, III, II, Vindobonæ, 1871, p. 484, qui promet aux élus *conplexum et osculum Domini*.

[80]   G. Le Rebours, *Consol. à Madame de Farvagues, op. cit.*, pp. 36-37.

[81]   Voir Arnoux, *Merveilles, op. cit.*, chap. XI, p. 195.

[82]   Voir saint Augustin, *Enarratio in Ps. XLIII*, PL t. 36, col. 485 : *Visio Dei ad faciem servatur in resurrectione*. Il n'en reste pas moins vrai qu'à l'endroit du statut des âmes

L'au-delà dans les lettres de consolation 239

tions divergentes de saint Bernard et de saint Thomas : le premier limite le bonheur de l'âme séparée du corps à la vision de l'Humanité du Christ, reléguant celle de la Face après la résurrection[83], le second estime la béatitude suprême accessible dès après la mort[84]. Et si Guillaume Le Rebours s'en tient à Bernard – sans toutefois révéler à son lecteur que la vision de l'Humanité n'est qu'un avant-goût bien pâle de celle de la Face– d'autres épistoliers préfèrent l'enseignement plus exaltant encore de Thomas. Tel est le cas de Jean de la Fontan qui n'hésite pas à accorder au défunt comte de Laval la jouissance de la Face[85], suivi en cela par Thomas Pelletier pour qui l'âme du chevalier de Guise

despouillé [e] de ceste chair corruptible, contempl [e] aujourd'huy à nud et à descouvert l'essence infinie du Créateur de toutes choses dont il n'avoit icy en terre que l'ombre & la figure[86],

---

séparées du corps, Augustin hésite : voir, p. ex., *Retractationes,* I, 14, 2, PL t. 32, col. 606.

[83] Saint Bernard n'admet la béatitude consommée qu'après la résurrection des corps. Pour le détail du raisonnement, on se reportera au *De Diligendo Deo,* plus particulièrement chap. XI, PL, t. 182, col. 993-95 et *In festo omnium sanctorum, Sermo IV, PL* 183, col. 472-73.

[84] Saint Thomas, en revanche, envisage la vision de la Face dès la séparation de l'âme et du corps (I/II, 4, art. 5). Quant à la vision de l'Humanité du Christ, il semble la réserver pour le Jugement général (*Supplément,* Q 90, art. 2).

[85] J. de La Fontan, *Pour Madame la Mareschale de Fervagues,* in *Les Jours et les Nuicts, op. cit.,* f. 97, col. 2 : « Ouy, vos pleurs fondent tout, pour parvenir a Dieu, devant la face duquel Monsieur le Comte de Laval habite ». De même Raoul Le Maistre, *Consolation funebre sur le trespas de (...) Messire Charles de Clere (...), op. cit.,* p. 9 : « ce nostre defunct (...) est monté au temple d'immortalité afin d'estre au nombre de ceux desquels parle le Prophète : *Ibunt de virtute in virtutem, videbitur Deus Deorum in Sion,* ils passeront de vertu en vertu, pour voir le Dieu des Dieux en la Cité de Sion » (Réf. : *Ps.* 84, 8). Abra de Raconis, *Lettres de consol. à M. d'Herbaut, op. cit.,* p. 32 : « Changez ceste pensée, & donnez lieu aux considérations de la foy, pour l'apprehender comme vive au sejour d'immortalité, contente en la contemplation de son Dieu... ». Quant à Drelincourt (*Lettre à Madame de la Tabarière* du 2 février 1630, in *Lettres de consol., op. cit.,* p. 173), il indique plus généralement, et sans précision de temps, « qu'un jour nous verrons Dieu face à face ». Même observation pour Beaulieu-Le Blanc (*Lettre à Mad. de la Tabarière* du 17 octobre 1629, in *Lettres de consol ; op. cit.,* p. 109) : « car nous verrons Dieu, en la contemplation duquel il y a rassasiement et joie ».

[86] Th. Pelletier, *Lettre de consol. à (...) Catherine de Cleves, op. cit.,* p. 10.

langage qui rappelle celui de l'*Epître aux Hébreux*[87], alors que Guillaume
Le Rebours, pour chanter la gloire du maréchal de Fervaques, aux
souvenirs de l'Apôtre, ajoute ceux du Docteur :

Laissez apprendre à ce bel esprit (...) les connaissances de tout ce qui
est au monde de visible et d'invisible : car là où il est, il peut voir tout
en l'essence de Dieu, comme en un miroir général, où l'Univers est
bien plus naturellement et plus véritablement présenté qu'il n'est en soi.
Il voit (sic) ce dit l'Apôtre, parlant des élus, et connaissent toutes
choses en Dieu[88].

Suivent de longues pages détaillant l'omniscience de l'âme élue qui perce,
avec les secrets de l'univers physique, ceux de la Foi, Enfer et Ciel
compris[89].

L'analyse du détail permet d'établir l'érudition patrologique de l'auteur[90]
qui suit – encore – les maîtres de la spiritualité chrétienne.

Parmi leurs arguments de consolation, les épistoliers du premier XVIIe
siècle font un sort modeste, mais certain à la perspective de l'au-delà. Tous
évoquent le Paradis, la plupart de façon allusive, quelques-uns avec telles
précisions. Très rarement le choix opéré permet de faire le partage des
confessions : seule l'idée de l'intercession fait figure de signe de marque.
Par ailleurs, partout une connaissance solide de l'Ecriture, de Paul en particulier, souvent une présence, manifeste ou voilée, des exégètes de la Foi.
De saint Augustin à saint Thomas aucun grand nom ne manque à l'appel,
aucun grand thème non plus. Certes, comparée à celle des traités spéciali-
sés, nombreux à l'époque, l'eschatologie des lettres de consolation peut
paraître élémentaire : quelques traits rapidement brossés, où les théologiens
de métier produisent de pesants chapitres. Mais il faut faire la
part de la différence des genres. Le volume limité de la lettre, l'éventail,

---

[87] *Epître aux Hébreux* 8, 5 et 10, 1.

[88] G. Le Rebours, *Consol. à Madame de Farvagues, op. cit.*, p. 41. (« L'Apôtre » : Paul,
      2 *Co.* 13, 12).

[89] *Ibid.*, pp. 41-43.

[90] Ainsi l'épistolier, de même que saint Patrice (*De tribus habitaculis liber, caput* VI) et
      Cassiodore (*De Anima, caput* XXII) gratifie l'âme de l'élu de la révélation du
      mystère de la Trinité ; comme ce dernier (*loc. cit.*), il la dit initiée au secret du
      mouvement des astres. Avec Patrice (*loc. cit.*) et saint Thomas (voir note 9), il lui
      découvre l'Enfer et les peines méritées qui s'y subissent...

aussi, des arguments à fournir[91], n'invitent guère aux grands développements. Il reste que l'étude du thème de l'au-delà dans les lettres de consolation de la première moitié du XVIIe siècle, permet d'entrevoir les espérances dernières d'une époque dont la foi, incorrompue, s'alimente aux sources d'un christianisme authentique.

Pour conclure

On avait annoncé les visées modestes de ce livre : éclairage d'une pensée dans une partie du XVIIe siècle, à partir de ses sources. Subsidiairement, par le rappel de l'ombre, des noms impliqués, création d'une galerie de portraits qui les concrétisent*. L'entreprise, ardue, n'a rien cependant, il faut le répéter, de l'œuvre achevée ; face à la multiplicité des influences, des emprunts possibles, de nouvelles découvertes demeurent probables, de même que l'on regrettera telle facette non explorée : la mythologie dans les lettres, quelques autres aspects de la culture antique, celui de la science, par exemple. Mais il faut dire que dans bien des cas ces thèmes se présentent en confetti, se prêtant à des notules bien plus qu'à des développements cohérents. Aussi l'essentiel a-t-il pu être établi : le consolateur du premier XVIIe siècle est un honnête homme qui conforte, dans sa douleur, un autre honnête homme selon tous les registres culturels et spirituels alors admis. Nourri aux sources des deux antiquités païennes, il les exploite avec la certitude de toucher, chez son destinataire, ces cordes que fait toujours vibrer une culture commune. Délices de la communication entre initiés. Instruit dans la foi, il y puise ses arguments substantiels, car la plus belle culture, si elle ne se prolonge dans la transcendance, menace ruine quand se déchaîne le souffle terrible de la mort. C'est aux grandes pages de l'Ecriture qu'il convient de renvoyer, et aux réflexions inspirées des Pères. Nouvelle communion entre l'épistolier et son affligé, mais à un niveau supérieur, plus intime, sans doute, aussi, celui des bénéficiaires de la Promesse, avec en perspective l'ultime communion des saints. Au dix-septième siècle, la consolation ne peut se concevoir autrement. Ce temps des sages et des saints, répond sans cesse à deux postulations heureuses qui font de l'humanisme chrétien l'arme la plus efficace contre l'horreur de la mort.

* Voir ci-après notices sur les auteurs, les destinataires, les défunts

---

91 Arguments développés dans les chapitres précédents.

NOTICES BIO-BIBLIOGRAPHIQUES

Avertissement

La plupart des auteurs qu'on vient de lire se rangent parmi les *minores*, noms de seconde zone, souvent ignorés même d'un public savant. Il a donc paru utile de faire suivre l'étude des textes d'une partie bio-bibliographique faite de Notices sur les vies et les œuvres des quelque quarante acteurs de ce livre, les sources étant toujours signalées en fin de Notice. On notera cependant que la présentation des *œuvres* n'a aucune prétention à l'exhaustivité : sera donné un aperçu représentatif, permettant au lecteur de situer l'auteur et de distinguer les grandes orientations de sa pensée. Quant aux dates des différents ouvrages, il s'agit toujours de l'édition la plus ancienne répertoriée dans la Bibliographie du XVIIe Siècle de Cioranescu et dans le Catalogue général de la Bibliothèque Nationale de France. Dans tous les cas où des divergences ont été constatées, c'est l'édition la plus ancienne qui est retenue et signalée comme répertoriée soit par (BNF), pour la Bibliothèque Nationale, soit par (C), pour Cioranescu. De même lorsqu'un ouvrage n'est signalé que par une seule des deux instances. Pour les ouvrages qui ne figurent ni dans le Catalogue BNF ni dans Cioranescu, on précise, entre crochets, le répertoire consulté. Dans un souci d'allègement des Notices, on a renoncé à fournir les noms des éditeurs, mais non ceux des lieux d'édition.

Chaque Notice comporte après le nom de l'épistolier les intitulés des lettres exploitées suivis d'un index des occurrences.

Présentation des *Sources* en fin de Notice :

1 Ouvrages bio-bibliographiques à rendement fréquent et désignés par les sigles donnés ci-dessous. Ordre alphabétique des sigles

Ouvrages bio-bibliographiques à rendement occasionnel donnés in extenso, articles, chapitres de livres, monographies. Ont été signalés, à titre d'orientation de lecture, des travaux de date récente, même s'ils n'entrent pas directement dans la composition de la Notice. Ordre alphabétique des noms d'auteurs

2 Cioranescu

3 Catalogue général de la Bibliothèque Nationale de France (BNF)

Bibliographie

[Sont regroupés dans cette rubrique les ouvrages bio-bibliographiques généraux ayant servi à l'établissement *des Notices bio-bibliographiques des épistoliers* ; pour le détail on consultera les *Sources* en fin des notices.]

I *Ouvrages à rendement fréquent désignés par des sigles*

Bibliothèque françoise ou Histoire de la littérature françoise (...). Par M. l'abbé Goujet, Pierre-Jean Mariette, Hippolyte-Louis Guérin, 1741-1756, Genève, Slatkine Reprints, 1966, 3 vol. **BF**

Bibliographie Universelle Ancienne et Moderne ou Histoire, par ordre alphabétique, de la vie publique et privée de tous les hommes qui se sont fait remarquer par leurs écrits, leurs actions, leurs talents, leurs vertus ou leurs crimes. Nouvelle édition publiée sous la direction de M. Michaud, revue, corrigée et considérablement augmentée d'articles omis ou nouveaux. Ouvrage rédigé par une société de gens de lettres et de savants, Unveränderter Abdruck der 1854 bei C. Desplaces und M. Michaux in Paris erschienenen Ausgabe, Graz, Akademische Druck- und Verlagsgesellschaft, 1977-1970, 45 vol. **BUAM**

Fortsetzung und Ergänzungen zu Christian Gottlieb Jöchers allgemeinem Gelehrten-Lexiko in dem die Schriftsteller aller Stände nach ihren vornehmsten Lebensumständen und Schriften beschrieben werden. Von Johann Christoph Adelung, Hildesheim, Georg Olms Verlagsbuchhandlung, 1960 et s., 4 vol et 7 vol. supplémentaires (Ergänzungsbände). **FEJAG**

France Protestante [La], ou Vies des Protestants français qui se sont fait un nom dans l'Histoire depuis les premiers temps de la Réformation jusqu'à la reconnaissance du principe de la liberté des cultes par l'Assemblée Nationale (...) [par MM. Haag], Genève, Slatkine Reprints, 1966, 10 vol. **FP**

Nouvelle Biographie générale depuis les temps les plus reculés jusqu'à 1850-60 avec les renseignements bibliographiques et l'indication des sources à consulter. Publiée par MM. Firmin Didot Frères sous la direction de M. le Dr Hœfer, Copenhague, Rosenkilde et Bagger, 1964-69, 46 tomes en 23 vol. **NBG**

II *Ouvrages à rendement occasionnel*

Annales de la société historique et archéologique du Gâtinais, XXI, Fontainebleau, 1903.

Armorial Chartrain, [par Gaudefroy-Penelle, Chanoine Métais, Du Temple De Rougemont], Chartres, Ch. Metais, (Archives du Diocèse de Chartres, XVII), 1909, 3 vol.

Bibliothèque chartraine antérieure au XIXe siècle [par Lucien Merlet], Genève, Statkine Reprints, 1971.

Bibliothèque de la Compagnie de Jésus, Première Partie : Bibliographie par les Pères Augustin et Aloyse de Backer, Seconde Partie. Histoire par le Père Auguste Carayon. Nouvelle édition par Carlos Sommervogel, S. J., Strasbourgeois. Publiés par la Province de Belgique, Bruxelles, Oscar Schepens/Alphonse Picard (1890-1900, 9 vol. Première Partie, 10e vol : Tables de la Première Partie par Pierre Bliard, Paris, Picard, 1909) ; (Seconde partie : vol. 11, Paris, A. Picard, 1932 ; vol. 12, Supplément, Louvain, Ed. de la Bibliothèque de la SJ, 1960).

Bibliothèque des recueils collectifs de poésies publiés de 1597 à 1700 [par Frédéric Lachèvre], Genève, Slatkine Reprints, 1967, 4 vol.

Bibliothèque lorraine ou Histoire des hommes illustres qui ont fleuri en Lorraine, dans les Trois-Evêchés, dans l'Archevêché de Trèves, dans le Duché de Luxembourg, [par Augustin Calmet], Nancy, A. Leseure, 1745-1757, 7 vol. (Paris, Ed. du Palais Royal, 1973).

Biographie ou Dictionnaire historique des personnages de l'Auvergne illustres ou fameux par leurs écrits, leurs exploits, leurs vertus, leurs crimes ou leur rang [par P. G. Aigueperse], Clermont-Ferrand, Berthier, 1836, 2 vol.

Biographie Poitevine ou Dictionnaire des Auteurs Poitevins et des Ouvrages publiés sur le Poitou jusqu'à la fin du XVIIIe siècle [par A. de La Bouralière], Poitiers, J. Levrier, G. Bonamy, Bulletins et Mémoires de la Société des Antiquaires de l'Ouest, Mémoires, 3ième série, 1908.

Biographie Saintangeoise Ou Dictionnaire historique de tous les personnages qui se sont illustrés par leurs écrits ou leurs actions dans les anciennes provinces de Saintonge et d'Aunis formant aujourd'hui le département de la Charente inférieure depuis le temps les plus reculés jusqu'à nos jours [par Pierre-Damien Rainguet], Genève, Slatkine Reprints, 1971.

Bulletin de la Société d'Archéologie, Sciences, Lettres et Arts du Département de Seine-et-Marne, Michelin et Raphard, 1912, t. 14.

Dictionnaire de Biographie française publié sous la direction de M. Prévost, Roman d'Amat, H. Tribour de Morembert, Paris, Letouzey et Ané, 1982, t. 15.

Dictionnaire des Lettres Françaises publié sous la direction du Cardinal Pierre Grente. Le XVIIe Siècle, Paris, Fayard, et Librairie Générale Française, 1996.

Dictionnaire des Ouvrages anonymes [par Antoine-Alexandre Barbier], 3ième édition revue et augmentée par MM. Olivier Barbier, René et Paul Billard, Paris, P. Daffis, 1872-77, 4 vol.

Dictionnaire des Précieuses (Le) [par le sieur de Somaize], nouvelle édition par Ch.-L. Livet, Paris, s. n., 1856, Nendeln-Liechtenstein, Klaris Reprints, 1970.

Dictionnaire du Grand Siècle. Sous la direction de François Bluche, Paris, Fayard, 1990.

Dictionnaire Historique (Le Grand), Le Mélange curieux de l'Histoire Sacrée et Profane (...) par Louys Moréri, Prêtre, Docteur en Théologie, Lyon, Jean-Baptiste De Ville, Paris, Denys Thierry, 1688, 2 vol.

Supplément aux anciennes éditions du Dictionnaire de Moréri. Tiré de l'édition de l'an MDCCXII, Paris, Jean-Baptiste Coignard, 1714.

Eglise Réformée [L'] de Paris sous Louis XIII (1610-1621) [par Jacques Pannier], Strasbourg, Librairie Istra, 1922.

Faculté de Théologie de Paris (La). Epoque moderne [par Féret, P.], Paris, Alphonse Lemerre, 1907, t. 5.

Histoire civile, militaire, ecclésiastique, politique et littéraire de Lorraine et de Bar, Bruxelles, s. n., 1758.

Histoire de la Compagnie de Jésus en France [par Henri Fouqueray], vol. 3, Paris, Bureau des études, 1922.

Histoire de la Lorraine par Aug. Digot, seconde édition, Nancy, G. Crépin-Leblond, 1880, 6 vol.

Histoire de la ville der Vernon [par Ad. Meyer], Les Andelys, 1872, 2 vol.

Histoire de la Rochelle [par Gabriel Delayant], La Rochelle, Imprimerie de G. Maréchal, 1863.

Histoire littéraire de Genève [par Jean Senebier], Genève, Barde, Magnet et Cie, 1786, t. 2.

Histoire littéraire du Poitou [par Jean-François Dreux du Radier]. Précédée d'une Introduction et continuée jusqu'en 1849 par une Société d'Hommes de Lettres, Genève, Slatkine Reprints, 1969.

Histoire littéraire du sentiment religieux en France depuis la fin des guerres de religion jusqu'à nos jours [par Henri Bremond], Paris, Armand Colin, 1967, 11 vol.

Historiettes [par Tallemant des Réaux], Paris, Gallimard, Bib. de la Pléiade, 1960, 2 vol.

Mélanges d'Archéologie, d'Histoire et de Littérature relatifs aux Ordres de St. François en France [La France Franciscaine], Lille, René Giard, 1912.

Mémoires [Nouveaux] d'histoire, de critique et de littérature [par Antoine Gachet d'Artigny], Paris, Debure l'aîné, 1756, 7 vol.

Mémoires et documents publiés par la Société d'histoire et d'archéologie de Genève, Paris, Julien Frères/A. Allouard, t. 15.

Mémoires (Collection des) relatifs à l'Histoire de France : depuis l'avènement de Henri IV jusqu'à la paix de Paris conclue en 1763 : avec des notices sur chaque auteur et des observations sur chaque ouvrage [par Claude-Bernard Petitot], Paris, Foucault, 1820-29, 78 vol.

Mémoires-Journaux [de Pierre de L'Estoile]. Reproduction anastatique intégrale de la grande édition de référence publiée de 1875 à 1899 par la Librairie des Bibliophiles (Jouaust éditeur), puis par la Librairie Alphonse Lemerre, Paris, Tallandier, 12 vol.

Nobiliaire d'Auvergne [par Jean-Baptiste Bouillet], Clermont-Ferrand, Impr. De Pérol, 1843-56, 7 vol.

Nobiliaire de la Lorraine et du Barrois [par Dom Ambroise Pelletier], Paris, Editions du Palais Royal, s. d.

Profils de Jésuites du XVIIe Siècle, Lille/Paris, Soc. Saint Augustin, Desclée de Brouwer, 1911.

Revue historique, scientifique et littéraire du Département du Tarn, Albi, Noguiès, t. 5, 1885.

Supercheries Littéraires Dévoilées (Les). Galerie des écrivains français de toute l'Europe qui se sont déguisés sous des anagrammes, des astéronymes, des cryptonymes, des initialismes, des noms littéraires, des pseudonymes facétieux ou bizarres, etc. [par J.-M. Quérard], Paris, G.-P. Maisonneuve & Larose, 1869-70, 3 vol.

Abra de Raconis

voir Raconis

Arnauld Isaac

Consolation en Dieu sur le regret d'une personne aimee*, s. n., Paris, 1612.

[* Il s'agira de l'épouse de l'auteur, Marie Perrin, voir texte ci-dessus, p. 20].

[144 ; 182 ; 201 ; 210 ; 216]**

[** Index des Lettres : est donnée chaque fois la page sans distinction de texte ou de note]

Isaac Arnauld (1566-1617) réformé, après des débuts au barreau mentionnés à plusieurs reprises par L'Estoile [*Mémoires-Journaux* de janvier 1600 et de mai 1602], a fait carrière dans l'administration des finances dont il fut intendant en 1608. Après la mort de Henri IV, il se rallia à Marie de Médicis, œuvrant en particulier pour la nomination de Pierre Jeannin (le président Jeannin) au contrôle général des finances, ce qui lui valut l'animosité de Sully. Isaac Arnauld fit aussi partie du conseil secret de la reine, indice de la tiédeur de son militantisme protestant.

L'œuvre d'Isaac Arnauld, tient, pour l'essentiel, dans un livre de méditation, *Le mespris du monde* ; Paris, 1599 (C), qui connut plusieurs éditions augmentées.

Sources

FP, t. 1, pp. 128-129 ; Pannier, Jacques, *L'Eglise Réformée de Paris sous Louis XIII*, Paris, Librairie Istra, 1922, pp. 280-317.

Cioranescu, *XVIIᵉ* siècle, t. 1, p. 240.

BNF, t. 4, col. 364.

Arnoux Jean

Le prénom I. (= Jean) est donné dans le *Tombeau de Laurens de Chaponay, Seigneur de Bresson, Gentil-homme Dauphninois Où sont contenues quelques Lettres de consolation, des Vers, des Proses, des Inscriptions, & Epitaphes, & autres Eloges en l'honneur du defunt*, Lyon, Amy de Polier, 1616. f. 29, col. 1. Le *Tombeau* contient les lettres suivantes :

Lettre du R. P. Arnoux Jésuite A Monsieur, Monsieur d'Expilly, Conseiller & Advocat general du Roy en la Cour de Parlement de Dauphiné [De Chambéry ce 24. Janvier 1613]. [119 ; 153 ; 185 ; 191 ; 213]

Autre Lettre dudict Pere Arnoux audict Sieur d'Expilly [Ce 24. Janvier 1613]. [157 ; 189 ; 201]

Autre Lettre dudict Reverend Pere Arnoux [Du College de Chambery, ce 5. Febvrier, 1613]. [119]

Jean Arnoux (parfois appelé Arnos) est né à Riom en 1575. Il entre chez les Jésuites en 1592, enseigne les humanités, la philosophie et la théologie et succède en 1627 au P. Coton dans la fonction de confesseur de Louis XIII. Il avait opéré le 27 mai 1618 la conversion de Madame de Frontenac, gouvernante du roi. Nommé Provincial de Toulouse, il meurt dans cette ville le 14 mai 1636.

L'œuvre du P. Arnoux est d'abord *polémique*, et on retiendra plus spécialement *La Confession de foy de messieurs les ministres convaincuë de nullité par leur propre bible*, Paris, 1617, ouvrage qui fait suite à un sermon prêché le dimanche, 18 juin 1617, devant Louis XIII à Fontainebleau et dans lequel le Père se fit fort de démontrer que tous les passages scripturaires cités dans la Confession de foi des calvinistes sont faussement allégués. Il s'ensuivit un long débat nourri de nombreuses réponses des ministres réformés, en particulier, la *Defense de la confession des églises réformées de France, par les ministres de Charenton, Montigni, Durand, Du Moulin et Mestrezat contre les accusations du sieur Arnoux, jésuite (...)*, Charenton, 1617.

Dans le même ordre d'idées, on retiendra aussi la *Réfutation du « Traité de la juste providence » par P. Du Moulin*, Paris, 1618 (C).

Par ailleurs, le P. Arnoux est l'auteur d'un discours sur les funérailles de Henri IV et d'une oraison funèbre inspirée par le même événement (*Discours des somptueuses Funerailles, du Très-Chrestien (...) Henry le*

Grand, Roy de France (...) Faictes par Monseigneur de Tournon, en sa ville, le 28, 29, 30 Juillet 1610. Ensemble l'Oraison funebre ditte au mesme lieu, par le R. P. Jean Arnoulx, Tournon, 1610, ainsi que d'un écrit sur l'expédition royale de 1620 dans le Béarn (*Bearnica Christianissimi Regis quinque dierum expeditio*, Lyon, 1620, (C)).

Sources

Fouqueray, H., «Le P. Arnoux, controversiste», In *Documents d'Histoire*, Paris, 1911, pp. 169-170 ; id. : « Le P. Arnoux, confesseur du Roi», in *Histoire de la Compagnie de Jésus*, Paris, 1922, t. 3, pp. 435-437 ; id., «L'affaire des lettres du P. Arnoux», *ibid.*, t. 4, pp. 57-61 ; Griselle, Eugène (abbé), «Le Père Arnoux, Jésuite, confesseur de Louis XIII et les négociations avec la Reine-Mère à Angoulême », in *Profils de Jésuites du XVIIe siècle*, Lille-Paris, Soc. Saint Augustin/Desclée de Brouwer, 1911, pp. 247-276 ; Sommervogel, *Bibliothèque de la Compagnie de Jésus*, t. 1, col. 566-572.

Cioranescu, *XVIIe Siècle*, t. 1, pp. 243-244.

BNF, t. 4, col. 555-556.

Bachot Etienne

Lettre de Consolation à très-noble et très-vertueuse Madame de Vineuil, sur la mort de Monsieur le Chevalier de Saincte Geneviefve son frère, Paris, Jacques Dugast, 1639. [83 ; 95 ; 112 ; 113 ; 118 ; 134 ; 147 ; 148 ; 171 ; 176 ; 183 ; 210 ; 218 ; 235 ; 236 ; 238]

Etienne Bachot est né à Sens en 1610 dans une famille de médecins dont il continue la tradition. Promu docteur en 1648, il accède plus tard aux fonctions de médecin du Roi. Il participe aux controverses médicales de son temps et attaque, en particulier, ceux de ses confrères qui prétendent avoir guéri Louis XIII au moyen de l'antimoine de l'abcès intestinal qui a failli l'emporter en 1630, à Lyon. Mais Etienne Bachot ne fréquente pas seulement les milieux de la Faculté ; on le retrouve aussi dans les cercles littéraires, où il se lie d'amitié avec Ménage, il fréquente les gloires du Parnasse tels Gomberville, Benserade, Charpentier. Quand Molière succombe en pleine représentation du *Malade Imaginaire*, Bachot commémore l'événement dans un quatrain latin que rappellent certains de ses biographes (voir BUAM, t. 2, p. 569). Il meurt vers 1687.

L'œuvre d'Etienne Bachot est à la fois scientifique et littéraire. Au premier titre, on citera, dans l'ordre chronologique et à titre d'échantillon :

Apologie pour la saignée contre ses calomniateurs, Paris, 1646 ; Ergo medicus philosophus, isothéos, Paris, 1646, [BUAM] ; *Ergo in febribus continuis putridis tenuis victus*, Paris, 1657, [BUAM] ; *Ergo pueris acute laborantibus venæ sectio*, Paris, 1648 [BUAM] ; *Quæstiones medicæ*, Paris, 1648 [BUAM] ; *Ergo patrum in natos abeunt cum semine mores*, Paris, 1649 [BUAM] ; *Ergo utendum cibis simplicioribus*, Paris, 1658 [BUAM] ; *Vesperiae et pileus doctoralis, cum quæstionibus medicis*, Paris, 1675 ; *An chocolatæ usus salutaris*, Paris, 1684 [BUAM] ; *An affectibus melancholicis manna ?*, Paris, 1685 [BUAM] ; *Non ergo urinis se medicum professo statim credendum*, Paris, 1686 [BUAM] ; *Estne phlebotomia omnis ætatis, omnium morborum magnorum princeps, et universale remedium*, Paris, 1687 [BUAM].

Au second, *Le Tableau de Mgr. le mareschal de Schomberg, présenté à Mgr. Ch. De Schomberg, son fils (...)*, Paris, 1633 ; *Panegyricus gratulatorius ad Ludovicum XIV post civicos tumultus Lutetiam reversum*, Paris, 1652 [BUAM] ; *Eucharisticum pro pace ad card. Mazarinum*, Paris, *1660 ;* Parerga seu Horæ subcessivæ, quibus continentur poemata latina et gallica, Paris, 1686 ; *Orationes*, Paris, s. d. [FEJAG]. ; *Sonnets d'Isaac de Benserade traduits en vers latins*, s. l. n. d. [BNF].

Sources

BUAM, t. 2, p. 569 ; FEJAG, t. 1, col. 1323 ; NBG, t. 3, p. 69.

Cioranescu, *XVIIᵉ Siècle*, t. 1, p. 268.

BNF, t. 6, col. 195-197.

Beaulieu-Leblanc de (Louis ?)

Lettre de Monsieur de Beaulieu le Blanc, Pasteur à Sedan, escritte à Monsieur de la Tabarière (20 août 1629). [215]

Lettre de Monsieur de Beaulieu le Blanc, Pasteur à Sedan, escritte à Madame de la Tabarière (20 août 1629). [203 ; 209 ; 212 ; 219]

Lettre de Monsieur de Beaulieu le Blanc, Pasteur à Sedan, escritte à Madame de la Tabarière (17 octobre 1629). [216 ; 227 ; 239]

Lettre de Monsieur de Beaulieu le Blanc, Pasteur à Sedan, escritte à Madame de la Tabarière (12 décembre 1629). [205 ; 212 ; 237] in *Lettres de consolation faites par Messieurs Du Moulin, Mestrezat, Drelincourt, Daillé & plusieurs autres Pasteurs des Eglises réformées de France & d'ailleurs (...)*, Charenton, Jehan Martin, 1632.

Vu les dates, il ne peut s'agir de Louis Le Blanc, sieur de Beaulieu, fameux professeur de théologie et ministre à Sedan, né en 1614 : il a eu 15 ans au moment de la rédaction de la lettre (1629). On peut songer au père de celui-ci, Louis Le Blanc de Beaulieu, pasteur du Plessis-Marly et de Norville, lui-même fils d'Etienne le Blanc, conseiller célèbre de Louis XII. Il épousa Charlotte Cappel, fille d'Ange Cappel, sieur Du Luat, traducteur renommé de Sénèque. De ce mariage naquit, entre autres, le professeur sedanais.

Louis le Blanc composa avec Pierre Du Moulin et Laubéran de Montigny le groupe des trois pasteurs qui s'entretinrent avec le duc de Bouillon sur les théories de Tilenus, professeur à l'Académie de Sedan (qui défendit l'arminianisme et son contraire : Pannier, voir ci-dessous).

Ce qui fait problème, c'est que Louis le Blanc père que toutes les lettres présentent comme Pasteur de Sedan n'est jamais répertorié comme tel, mais bien comme titulaire de l'Eglise du Plessis-Marly et de celle de Norville.

Sources

FP, pp. 452-453 ; Pannier, *L'Eglise Réformée de Paris sous Louis XIII (1610-1621) (…)*, *op. cit.*, pp. 451-452, entre autres.

--

--

Bellefleur de Jacques

Lettre de Consolation à M. Vigner, baron de S. Liébaut sur la mort de Madame sa mère, Paris, sn, 1624. [159 ; 189 ; 196]

Jacques de Bellefleur, originaire du Perche [comté du Perche, près de Mortagne, actuel Département de l'Orne], est un écrivain jouissant d'une certaine réputation dès 1621 ; il vivait encore en 1661. Il s'était fait religieux et se signalait par une piété particulière.

L'œuvre de Bellefleur est avant tout philologique. On y relève deux traductions d'Ovide (*Les Amours d'Ovide, avec les receptes aux dames pour l'embellissement de leur visage et les epistres de Sapho à Phaon et de Canace à son frère Macarée. Traduites en prose françoise par L.-J. B.,* Paris, 1621 (C) ; Ovide, Les Amours. Traduit du latin en français par le sieur de B., Paris, 1621) et d'une traduction de l'Espagnol F. de Herrera Maldonado (*Nouvelle histoire de la Chine, ou la mort de la reyne mère du roy de la Chine lequel est aujourd'huy [par Francisco de Herrera Maldonado] Traduite d'espagnol en françois par I. I. B., Percheron,* 1622).

La traduction des *Amours* a fait l'objet du jugement le plus sévère de l'abbé Barrin, repris et alourdi par Goujet qui estime que ce qu'on y trouve est « d'un goût si mauvais, & d'un style si peu supportable, que ce seroit un vrai supplice si l'on étoit condamné à lire une pareille traduction » (BF, t. V, p. 448, Slatkine, t. I, p. 662). On citera enfin une *Paraphrase de la prose du Sainct Sacrement,* s. l. n. d.

Sources

BF, voir ci-dessus ; FEJAG, t. 1, col. 1623.

Cioranescu, *XVIIe Siècle,* t. 1, p. 326.

BNF, t. 10, col. 288.

Berthet François

Discours funebre sur le trespas de très-noble et très-religieuse Dame Madame Marie de L'Aubespine de Chasteau-Neuf, Abbesse de l'abbaye royale de Sainct-Laurent de Bourges, Paris, Pierre Chaudiere, 1641. [65 ; 102 ; 106 ; 144 ; 154 ; 181 ; 191 ; 215 ; 226]

Discours funebre (...) pour le repos de l'Ame de (...) Henry de Bourbon, Bourges, (...), Jean Cristo, 1647. [69 ; 116]

Discours funèbre fait aux obsèques de Me Charles de Laubespine, marquis de Chasteauneuf, garde des sceaux de France, prononcé par F.B., religieux carme, Bourges, s. n., 1653. [144].

François Berthet, Carme, date de naissance incertaine, fait ses études au couvent de Bourges dont il sera plus tard prieur. Provincial de la Province de France, il est aussi commissaire général du grand couvent de Paris. On sait de lui qu'il occupait un rang assez honorable parmi les prédicateurs et les écrivains de son temps. Il s'est éteint en 1667 à Bourges (date avancée par P. Féret, *La Faculté de Théologie de Paris*, t. 3, p. 270 qui s'appuie sur *Biblioth. Carmelit.*, t. 1, col. 481 ; Cioranescu, *XVIIe siècle*, t. 1, p. 345 donne 1673).

Outre les trois discours funèbres cités, on en possède un autre : *Discours funèbre fait aux obsèques de Messire Charles de Laubespine (...)*, Bourges, 1653, une *Vie de S. André Corsini, évesque de Fiésole*, Paris, 1629 (C), et la *Véritable histoire de Notre-Dame de Liesse et de consolation communément appelée Maubranche dans laquelle on verra son establissement et les miracles qui s'y font*, Paris, 1654.

Sources

FEJAG, t. 1, col. 1170 ; Féret, Pierre, *La Faculté de Théologie de Paris, Epoque Moderne*, Paris, E. Picard et fils, 1907, t. 5, pp. 269-273.

Cioranescu, *XVIIe siècle*, t. 1, p. 345.

BNF, t. 12, col. 112-113.

Biet Claude

Lettre consolatoire à Madame la Princesse de Conti par C. B., Paris, s. n., 1614. [194]

Claude Biet qu'il ne faut pas confondre avec son homonyme, premier apothicaire du Roi, auteur de plusieurs ouvrages médicaux, mort en 1728 à Versailles, demeure peu connu. On sait seulement de lui qu'il portait le titre de sieur de Maubranche et qu'il était maître des requêtes d'Anne d'Autriche. En effet, il figure comme tel sur la liste des maîtres des requêtes de la Reine-Mère pour l'année 1644 [*N. 4050 : M. Claude Biet, dit sr de Maubranche, en 1644, hors en 1647*] dressée par Eugène Griselle dans son *Etat de la Maison du Roi Louis XIII, de celles de sa mère, Marie de Médicis ; de son frère, Gaston d'Orléans ; de sa femme, Anne d'Autriche ; de ses fils, le Dauphin [Louis XIV] et Philippe d'Orléans, comprenant les années 1601 à 1655*, Paris, Editions des Documents d'Histoire, 1912, p. 111.

Outre la *Lettre* à la princesse de Conti, on ne connaît de lui aucun ouvrage.

Sources

Griselle, Eugène, *Etat de la Maison du Roi Louis XIII*, voir ci--dessus.

Cioranescu, *XVIIe siècle*, t. 1, p. 355.

BNF, t. 13, col. 115.

Boucherau Samuel

Lettre de Monsieur Bouchereau, Pasteur en l'Eglise de Saumur escritte à Monsieur de la Tabariere (8 septembre 1629), in Lettres de consolation faites par Messieurs Du Moulin, Mestrezat, Drelincourt, Daillé (...) op.cit., pp. 37-41. [206 ; 214]

Lettre de Monsieur Bouchereau, Pasteur en l'Eglise de Saumur, escritte à Madame de la Tabariere (8 septembre 1629), *ibid.*, pp. 42-46. [206]

Samuel Bouchereau, né à Bourgueil, est un des pasteurs les plus célèbres de Saumur, renommé avant tout pour ses qualités d'orateur. Député à plusieurs synodes, dont celui, national, d'Alais en 1620, il se voit aussi confier des missions politiques comme celle dont le chargea, en 1612, Du Plessis-Mornay pour inviter Rohan à faire sa paix avec Marie de Médicis. Sa réputation lui valut le rectorat de l'Académie de Saumur. Il meurt le 25 décembre 1630.

L'œuvre de Bouchereau se compose de plusieurs écrits théologiques : *Disputationum theologicarum tertia : de Essentia Dei et attributis illius* (...), Lugduni Batavorum, 1602 ; *Theses theologicæ de æterna Dei prædestinatione*, Lugduni Batavorum, 1602 ; *Disputationum theologicarum duodecima : de primo Peccato Adami originali* (...), Lugduni Batavorum, 1603.

Sources

FP, t. 2, pp. 417-418.

–

BNF, t. 16, col. 1141-1142.

Caussin Nicolas

Lettre de Consolation du Reverend Pere Nicolas Caussin, à Madame Dargouge, sur la mort de Mademoiselle, sa fille, Paris, François Saradin, 1649. [178 ; 197 ; 214 ; 219]

Nicolas Caussin est né en 1583 à Troyes, où son père exerçait la médecine. En 1607, il entre chez les Jésuites et professe les lettres dans différents collèges à Rouen, à Paris, à La Flèche, provoquant l'enthousiasme de ses étudiants qui aiment le porter en triomphe après des prestations particulièrement réussies. Sa renommée grandissante – en 1624 il publie *La Cour Sainte*, énorme succès de librairie – le fait remarquer par Richelieu, soucieux, justement, de trouver un nouveau confesseur au Roi, le P. Gordon, qui occupait alors cette charge, ayant manifesté son intention de s'en dessaisir pour des raisons politiques, entre autres. Le choix du Cardinal se fixe sur le P. Caussin qu'il croit confiné dans son érudition, et partant, peu capable d'agir sur le Roi autrement que le lui suggérerait le Ministre. Aussi a-t-il une première satisfaction. Le nouveau confesseur obtient de Louis XIII l'éloignement de Mlle de La Fayette, suspecte au Cardinal, et qui entre à la Visitation. Mais Richelieu est vite détrompé : la nouvelle religieuse continue d'entretenir des rapports avec le Roi qu'elle influence, ensemble avec le confesseur, dans un sens défavorable au Ministre. Le Prince est entrepris en particulier sur l'alliance turque et le traitement infligé à la Reine-Mère. Autres soupçons de Richelieu : le Père condamnerait son soutien aux Hollandais contre l'Espagne, son attitude désinvolte à l'égard du Pape. En fait, Louis XIII lui-même se distancie bientôt d'un confesseur qu'il juge trop entreprenant et l'invite à s'expliquer avec le Cardinal sur différents points litigieux. La conférence a lieu à Ruel, en présence du Roi, et Richelieu en sort vainqueur, obtenant la relégation du P. Caussin à Rennes, puis à Quimper. Il ne peut revenir à Paris qu'après la mort du Roi et il y meurt en 1651 après une agonie pénible, mais, d'après ses propres dires, « vrai bain de délices », comparé à tout ce qu'on lui avait fait souffrir.

L'œuvre du P. Caussin, abondante, peut être classée en plusieurs rubriques : œuvres de spiritualité, œuvres de controverse religieuse, œuvres politiques, belles lettres.

Œuvres de spiritualité

La Cour Sainte, ou l'Institution chrestienne des Grands, avec les exemples de ceux qui ont fleury dans la saincteté, Paris, 1624, mérite la première mention. Souvent réimprimée et traduite en plusieurs langues, on en a pu dire que « le P. Caussin a mieux fait ses affaires à la Cour sainte qu'à la Cour de France » ; *Vie neutre des filles dévotes qui font état de n'être ni mariées ni religieuses* [Vie de sainte Isabelle, sœur de Saint Louis : ouvrage extrait de *La Cour Sainte*] ; *La journée chrestienne*, éd. revue et augmentée, Paris, 1628 ; *La sagesse évangélique pour les sacrez entretiens du Caresme*, Paris, 1635 (C) ; *Traicté de la conduite spirituelle selon l'esprit du B. François de Sales* (...), Paris, 1637 (C) ; *La sagesse évangélique pour les sacrez entretiens de l'advent*, Paris, 1644 (C) ; *Le buisson ardent, figure de l'incarnation, contenant 24 discours sur les mystères de l'advent*, Paris, 1647 ; *Domus Dei in qua de mirabilibus coeli totaque astrologia et vita coelesti disseritur*, Paris, 1650 ; *L'année sainte ou la sagesse évangélique pour les sacrez entretiens de tous les dimanches et plusieurs festes de l'année* (...), Paris, 1666.

Œuvres de controverse religieuse :

Jésuites (apologie) : *Apologie pour les religieux de la Compagnie de Jésus, à la royne régente*, Paris, 1644.

Jansénistes : *Response au libelle intitulé « la théologie morale des Jésuites*, Paris, 1644 [auteur du libelle : Antoine Arnauld] ; *Response anticipée aux dernières lettres des jansénistes*, Paris, 1656.

Réformés : *Responce du R. P. N. C., aux impiétez du Sr. Drelincourt, ministre de Charenton, publiées contre le « Triomphe de la piété »*, Paris, 1632 [il s'agit de l'ouvrage de Caussin cité ci-dessous].

Œuvres politiques

Exhoration aux François pour prier Dieu pour la conservation de la santé et prospérité du roy et de la royne. Plus les vrays anagrammes des noms de leurs majestés, tant grecs, latins que françois, Troyes, 1601 ; *Pompa regia Ludovici XIII, Franciæ et Navarræ christianissimi regis (...)*, [par Peteau et Caussin], La Flèche, 1614 ; *Triomphe de la piété, à la gloire des armes du roy et l'aimable réduction des âmes errantes*, Paris, 1628 (C) ; *Dieudonné ou éloge de Louis XIV*, Paris, 1633 (C) ; *Angelus pacis ad principes christianos, Paris, 1650 ; Regnum Dei seu dissertationes in libros Regum, in quibus quæ ad institutionem principum illustriumque virorum totamque politicen sacram attinet insigni methodo tractantur*, Paris, 1650 ; *Carme panégyrique sur les louanges de Mgr. Loys de Bourbon, dauphin de France, avec les vrays anagrammes*, Troyes, s. d., Belles Lettres.

Thesaurus Grœcœ poseos ex omnibus Grœcis poetis collectus, Paris, 1612 ; *Electorum symbolorum et parabolarum historicarum stromata XII Libris complectens,* Paris, 1618 ; *De symbolica Ægyptiorum sapientia, auctore N. Caussin (...),* Paris, 1634 ; *Eloquentiœ sacrœ et humanœ parallela libri XVI,* Paris, 1619 ; *Tragœdiœ sacrœ,* Paris, 1620.

Correspondance

Littérature consolatoire et funéraire en-dehors de l'ouvrage étudié :

Justa anniversaria Henrico Magno seu consolatio ad reginam Galliœ, Ex Gallico R. P. Richeomii, Anvers, 1613 ; *Les devoirs funèbres rendus à l'heureuse mémoire de Madame Catherine Henriette Marie de Beauvillier, dite de Saincte Gertrude (...),* Paris, 1633 (C)

Sources

BUAM, t. 7, pp. 257-258 ; NBG, t. 9, col. 262-263 ; Campbell, Stephen F., « Nicolas Caussin's Spirituality of Communication : A Meeting of Divine and Human Speech », in *Renaissance Quarterly,* New York, Renaissance Society of America, XLVI, 1993, pp. 44-70 ; Chevallier, Pierre, *Louis XIII,* Paris, Fayard, 1979. Couprie, Alain, « Pierre Corneille, lecteur de Caussin ? », in *Actes du Colloque organisé par l'Université de Rouen et la Société d'Histoire littéraire de la France,* Paris, PUF, 1985 ; Kapp, Volker, « La Théologie des réalités terrestres dans *La Cour Sainte de N. Caussin* », in *Les Jésuites parmi les hommes aux XVIᵉ et XVIIᵉ Siècle,* Faculté des Lettres et des Sciences Humaines de l'Université de Clermont-Ferrand II, Nouvelle série, fasc. 25, pp. 141-152 ; Kehrli Paul, « Rhétorique et poésie. Le 'De Eloquentia sacra et humana' (1618) du P. Caussin », in *Travaux de Linguistique et de Littérature,* XIV, 2, 1976, pp. 21-50.

Cioranescu, *XVIIᵉ Siècle,* t. 1 pp. 527-529.

BNF, t. 25, col. 134-141.

Challine Charles

Lettre de Consolation à Madame Des Essars sur la mort de Monsieur le Conseiller Des Essars, son mary, s. n., Chartres, 1623. [158 ; 194 ; 195 ; 196; 197 ; 208]

Charles Challine est né le 19 décembre 1596 dans une des premières familles de la bourgeoisie chartraine. Conseiller et avocat du Roi à Chartres, maître des requêtes du duc d'Orléans, il prend le nom de Monsieur de Messalain et épouse Marie Delacroix. Eminent bibliophile, il avait recueilli, d'après le P. Jacob (auteur du *Traicté des plus belles bibliothèques publiques et particulières qui ont esté et sont à présent dans le monde. Divisé en deux parties*, Paris, Rolet le Duc, 1644) plus de trois mille six cents volumes relevant de tous les domaines du savoir.

Son œuvre personnelle, réduite, comporte d'une part un *Panégyrique de la Ville de Chartres, prononcé en l'audience du bailliage à l'eslection des eschevins, le dimanche 10 octobre 1640*, Paris, 1642, et dédié à Gaston d'Orléans, duc d'Orléans et de Chartres, et d'autre part la traduction française de la Bibliographie politique de Gabriel Naudé : *Bibliographie politique du sieur Gabriel Naudé, contenant les livres et la méthode nécessaire à estudier la politique. Traduit du latin en françois*, Paris, 1642.

Enfin, on possède de lui des *Recherches sur Chartres*, transcrites et annotées par Roger Durand, arrière-neveu de l'auteur (Chartres 1918) [*Histoire manuscrite de la Ville de Chartres]* (C) et quelques pièces en vers, en particulier deux poèmes adressés à Flor. Chounaye.

Sources

BUAM, t. 7, p. 411 ; NBG, t. 9-10, col. 570-571 ; *Bibliothèque chartraine antérieure au XIXe siècle* [par Lucien Merlet], Slatkine Reprints, 1971, pp. 75-76.

Cioranescu, *XVIIe Siècle*, t. 1, p. 535.

BNF, t. 26, col. 93-94.

Chaumont de Jean

Lettre de Consolation sur le decez du R. P. Coton de la Compagnie de Iesus cy devant Confesseur & Predicateur ordinaire de sa Majesté, Envoyée à Madame la Marquise de Guercheville, dame d'honneur de la Reyne Mere du Roy Par le Sieur de CHAUMONT, Conseiller du Roy en son Conseil d'Estat, & Garde des Livres du Cabinet de sa Majesté, Paris, François Julliot, 1626. [201 ; 216 ; 229 ; 232 ; 236]

Jean de Chaumont, seigneur de Boisgarnier, est né vers 1583. Henri IV le nomme d'abord bibliothécaire du Roi, puis Conseiller d'Etat ordinaire. Il meurt le 22 août 1667.

L'œuvre de Jean de Chaumont est essentiellement de spiritualité et plus particulièrement de controverse religieuse. Ainsi il donne en 1641 *La chaisne de diamants autrement la chaisne eucharistique faicte de textes des Peres du temps des quatre premiers conciles*, Paris, 1641. Il s'agit d'une des nombreuses réflexions produites alors sur la Présence Réelle, et l'auteur se donne pour but de réfuter ceux qui interprètent dans un sens réducteur les paroles de la consécration : « Ceci est mon Corps ». En 1662, il ajoute *Le Philalèthe, ou dialogue qui traite de l'invocation des saints et de la vénération des reliques*. Aussi Jean de Chaumont croise-t-il le fer avec les grands ténors de la Réforme. On compte plusieurs écrits contre Jean Daillé (cf. Notice Daillé) :

(*Discours pacifique, ou réponse à la lettre du sieur d'Aillé, ministre à Charenton*, Paris, 1634 ; *Schisme de Charenton, ou bien discours prouvant par la confession du sieur d'Aillé, ministre dudit lieu, que MM. De la Religion P. R. sont schismatiques*, Paris, 1634 ; *Rétractation du sieur Daillé, ministre à Charenton, ou réponse au livret intitulé « Les considérations de Jean Daillé sur le livre de M. de Chaumont »*, Paris, 1635), plusieurs autres contre Mestrezat (voir Notice Mestrezat)

(*Discours de la vocation des pasteurs, ou réponse à ce qui en est escrit dans le livre intitulé «Traité de l'Eglise » fait par Jean Mestrezat*, Paris, 1650; *Saint Augustin défendu, ou discours qui montre que les textes alléguez de S. Augustin par Mestrezat ne font point sa définition de l'Eglise militante. Ensemble le discours de la vocation des pasteurs, ou response au «Traité de l'Eglise»*, Paris, 1651 (C); *Apologie de l'Eglise primitive contre le ministre Mestrezat*, Paris, 1653), un autre contre Charles Drelincourt (*Considérations sur le traité intitulé «Faux visage de l'antiquité» fait par Charles Drelincourt*, Paris, 1654). On notera, dans le même contexte, la *Fausseté d'un ministre, ou recit d'une conférence aimable et privée tenue à Saint-Germain en Laye, sur l'allégation fausse d'un ministre de Charenton*, Paris, 1643, enfin, une *Lettre à un sien amy catholique, produite dans L'Aréopagite défendu contre Edme Aubertin, ministre à Charenton, ou la foiblesse de deux argumens contre les œuvres de S. Denys l'Aréopagite*, Paris, 1640.

On connaît encore de lui, sur un plan différent, le *Discours de l'accoustumance au Roy*, Paris, 1613, l'Epistre à M. le Garde des Sceaux, Paris, 1627 (C) et un *Discours funèbre sur la mort de Henry le Grand*, Paris, 1610.

Sources
BUAM, t. 8, p. 44.
Cioranescu, *XVIIe Siècle*, t. 1, pp. 557-558.
BNF, t. 27, col. 696-698.

Cyrano de Bergerac Savinien

Lettre de Consolation envoyée à Madame la Duchesse de Rohan sur la mort de feu Monsieur le Duc de Rohan, son fils, surnommé Tancrède, Paris, Claude Huot, 1649. [95 ; 154 ; 172 ; 216]

Lettre de Consolation envoyée à Madame de Chastillon sur la mort de M. de Chastillon, Paris, Jean Brunet, 1649. [92 ; 133 ; 159 ; 195]

[Les deux lettres signées par les seules initiales B. D. sont souvent classées dans les mazarinades de Cyrano de Bergerac (voir, p. ex., *Œuvres complètes*, texte établi et présenté par Jacques Prévot, Paris, Berlin, 1977, pp. 303-309). Toutefois des doutes ont été émis quant à cette attribution (M. Alcover, *Cyrano relu et corrigé* (*Lettres, Estats du Soleil, Fragment de Physique*), Genève, Droz, 1990, pp. 93-114 et Id., *Œuvres complètes*, Paris, Champion, 2000, t. 1, pp. XLVI et s., où l'on trouve un commentaire détaillé sur les initiales B.D. (l'auteur cite Lachèvre pour qui B. D. résulte d'une simple inversion de la particule [Bergerac De], alors que P.-A. Brun interprète les initiales S. B. D. qui signent la préface des *Œuvres poétiques* de Royer de Prade comme tenant pour Savinien Bergerac Dyrcano, ce dernier nom étant celui du héros du voyage au Soleil). Mais tout cela lui paraît bien peu concluant et l'auteur relègue les mazarinades dans la rubrique « œuvres attribuées » (*Oeuvres complètes, op. cit.*, t. 1, p. 559)].

Malgré une biographie lacunaire (A. Mothu, « Cyranotes », in *La Lettre clandestine*, n° 8, 1999, p. 197), Cyrano de Bergerac (1619-1655) ne saurait être compté parmi les *minores* nécessitant une notice détaillée. On retiendra qu'après ses études au Collège de Beauvais, il choisit la carrière des armes, où il se signale par une bravoure qui lui vaut des blessures répétées aux sièges de Mouzon (1639) et d'Arras (1640) que le roi enlève alors aux Espagnols. Il quitte le service et regagne Paris, où il fréquente les milieux proches de Gassendi dont il médite les idées. Politiquement actif, tantôt pour, tantôt contre Mazarin, il mène une vie de bohème marquée au sceau du libertinage. Diminué physiquement à la suite d'un accident, il meurt – chrétiennement, selon le curé de Sannois où il s'était retiré – le 28 juillet 1655.

De l'œuvre de Cyrano, on retient surtout le roman utopique *L'Autre Monde ou les Estats et Empires de la Lune* (1649, date probable de l'achèvement avancée par Grente), suivi des *Estats ou Empires du Soleil* (1650) (*ibid.*). Ces textes, tous de grande indépendance intellectuelle, s'inscrivent en faux contre les autorités reçues, tant celle d'Aristote que celle de l'Eglise ; à côté de théories scientifiques (mouvement de la terre, atomisme, intelligence des bêtes), on y note des audaces métaphysiques au sujet de la Création, de la Providence, de l'immortalité de l'âme, des miracles, et, en somme, une profession de foi panthéiste.

On signalera aussi des essais dramatiques (une comédie, *Le Pédant joué*, une tragédie, *La Mort d'Agrippine*), ainsi que des *Lettres*, fictives pour la plupart, et abordant toutes sortes de sujets.

Sources

Alcover, M., *Œuvres complètes*, I, (Biographie), Paris, Champion, 2000, pp. XV-LXXXIV et Bibliographie de la Biographie, pp. 559-562. ; *Dictionnaire des Lettres françaises publié sous la direction du cardinal Georges Grente, XVIIe siècle*, Paris, Fayard, 1966, pp. 353-355.

Cioranescu, *XVIIe Siècle*, t. 2, pp. 663-666.

BNF, t. 34, col. 1098-1102.

Daillé Jean

Diverses lettres, in *Lettres de consolation faites par Messieurs Du Moulin, Mestrezat, Drelincourt, Daillé & plusieurs autres Pasteurs des Eglises Reformees de France, & autres lieux, op. cit.*

Lettre de Monsieur Daillé, Pasteur de l'Eglise de Paris, escritte à Monsieur de la Tabariere, 20 Aoust, 1629. [147 ; 207]

Lettre de Monsieur Daillé, Pasteur de l'Eglise de Paris, escritte à Madame de la Tabariere, 20 Aoust 1629. [204]

Lettre de Monsieur Daillé, Pasteur en l'Eglise de Paris, escritte à Monsieur de la Tabarière, 7 octobre 1629. [176]

Lettre de Monsieur Daillé, Pasteur en l'Eglise de Paris, escritte à Madame de la Tabariere, 8 d'Octobre 1629. [211] *Lettre de Monsieur Daillé, Pasteur en l'Eglise de Paris, escritte à Monsieur de la Tabariere*, 17 Novembre 1629. [211 ; 214]

Lettre de Monsieur Daillé, Pasteur en l'Eglise de Paris, escritte à Madame de la Tabariere, 17 Novembre 1629. [213 ; 216 ; 226]

Lettre de Monsieur Daillé, Pasteur en l'Eglise de Paris, escritte à Madame de la Tabariere, 16 Decembre 1629. [178 ; 194 ; 197 ; 209 ; 216]

Jean Daillé est né à Châtellerault le 6 janvier 1594 dans la famille d'un receveur des consignations. Jeune orphelin, il obtient de son tuteur de faire ses études de philosophie à Poitiers où il a comme maître, entre autres, le célèbre Ange Politien, adversaire de Bellarmin, puis de théologie réformée, à la sortie desquelles il est accueilli dans la famille du grand Duplessis-Mornay – le « pape » des huguenots et l'ami de Henri IV – qui lui confie l'éducation de ses petits-fils. En 1621, après une période de voyages, où il peut faire l'expérience de l'intolérance – un de ses élèves étant mort en Italie, il est obligé de rapatrier la dépouille sous forme d'un ballot pour échapper aux inquisiteurs – il complète ses études de théologie pour être reçu ministre deux ans plus tard. Du Plessis, qui le fait alors nommer pasteur dans son château de La Forêt-sur-Sèvre, meurt peu de temps après. Reconnaissant, Daillé relate les *Dernières heures* de son protecteur et met en ordre ses *Mémoires*, avant de se marier à Saumur et d'y exercer ses fonctions pastorales. En 1626, il est nommé à Paris et anime l'église de Charenton pendant quarante-quatre ans par sa parole et ses écrits. Nommé député au synode de Loudun, le dernier à être autorisé par le gouvernement de Louis XIV, il défend habilement la cause de l'Eglise réformée, en particulier au niveau des questions dogmatiques. Caractère d'une grande noblesse, modéré jusque dans la polémique, Jean Daillé s'attire beaucoup d'amitiés, celle, p. ex., de Conrart, son coreligionnaire –, mais aussi celle de Balzac, qui regrette qu'il ne soit pas catholique – *cum talis sis, utinam noster sis* – ou encore celle du célèbre Godeau, évêque de Vence, traducteur de psaumes, qui le consulte pour ses propres écrits (Dreux, p. 447). Il est vrai que ce tableau n'est pas sans quelques ombrages, parmi les siens, en particulier, et on le couvre de « grossières injures » (FP) au sujet de l'universalisme – rédemption de tous les hommes, et non seulement des élus – refusé par les calvinistes rigides. Aussi certains lui attribuent-ils un portrait satirique – *A lively picture of Lewis Du Moulin*, Londres, 1650 – attribution cependant douteuse. (FP, *ibid.*)

La vie de Jean Daillé, toute d'étude et de prédication, ne présente guère d'autres particularités. Après la mort de sa femme en 1634, il donne sa tendresse à son fils Adrien (ou Jean), né en 1628 à l'hôtel de l'ambassadeur de Hollande, où Madame Daillé s'était retirée par crainte d'une émeute anti-huguenote après la prise de La Rochelle par l'armée royale. On notera d'ailleurs que ce fils, pasteur à son tour, et auteur d'une Vie de Jean Daillé *(Abrégé de la vie de Mr Daillé, avec le catalogue de ses œuvres*, Paris, 1671), s'est retiré en Suisse au moment de la Révocation. Jean Daillé est mort en 1670 à l'âge de soixante-seize ans.

L'œuvre de Jean Daillé est trop importante pour être articulée dans le détail. Nicéron lui réserve trente-quatre entrées, le catalogue BNF, cinquante-deux, Cioranescu, soixante-cinq. Aussi faut-il se contenter de donner quelques rubriques permettant au lecteur de se faire une idée des grandes orientations de ce vaste champ d'activité intellectuelle. Ainsi on note un effort d'exégèse, d'analyse critique des textes dans des écrits comme *L'Emploi des Saints Pères*, Genève, 1631 (avec la date de 1632, FP), le *De Pseudoepigraphicis Apostolicis*, Hardevic (C : Nordvich), 1653, ou encore le *De scriptis quæ sub Dionisii Areopagitæ et Sancti Ignatii Antiocheni nominibus circumferuntur*, Genève, 1666, des ouvrages apologétiques comme *L'Apologie des églises réformées*, Charenton, 1633 (BNF confirmé par FP ; C donne 1631), et, bien sûr, un lot important nourri par la controverse : les fondements de la Foi (*La Foy fondée sur les Saintes Escritures*, Charenton, 1634) (1[ière] éd. : FP), la question des sacrements (*De sacramentali sive auriculari latinorum Confessione*, Genève, 1661, *De Confirmatione et Extremæ Unctione Disputatio*, Genève, 1659), celle du culte (*De cultibus religiosis latinorum, Lib. IX*, Genève, 1671 ; *De la Créance des Pères sur les Images*, Genève, 1641), où il est aussi question de l'Eucharistie à laquelle Jean Daillé avait consacré dès 1629 un traité qu'il avait hésité à publier, vu la parution de deux autres livres sur le même sujet qui saturaient la demande. On note aussi des textes qui alimentent le débat intra-huguenot entre arminiens et gomaristes* (*Apologia pro duabus ecclesiarum in Gallica protestantium Synodis nationalibus*, Amsterdam, 1655 (FP). *Arminiens : disciples d'Arminius – Jacques Harmensen – théologien réformé hollandais (1560-1609) qui interprète la doctrine de la prédestination dans un sens libéral et fait un sort à la liberté de l'homme. En 1618/1619, son enseignement est condamné au synode de Dordrecht. Gomaristes : disciples de François Gomar, théologien réformé hollandais (1553-1641), adversaire d'Arminius et représentant d'un calvinisme sévère.

Par ailleurs, on a cité le travail biographique sur Philippe Duplessis-Mornay ; il faut ajouter la correspondance.

Sources

BUAM, t. 10, pp. 20-21 ; FP, t. 4, pp. 180-186 ; NBG, t. 12, col. 788-790 ; Bluche, F., *Dictionnaire du Grand Siècle*, Paris, Fayard, 1990 ; Dreux-Duradier, *Histoire littéraire du Poitou. Précédée d'une Introduction et continuée jusqu'en 1849 par une Société d'hommes de lettres*, Genève, Slatkine Reprints, 1969, pp. 434-448.

Cioranescu, *XVIIe Siècle*, t. 2, pp. 670-673.

BNF, t. 35, col. 179-186.

Drelincourt Charles

Lettre de Monsieur Drelincourt, Pasteur de l'Eglise de Paris, escritte à Madame de la Tabariere (Paris, 2 février 1630), in *Lettres de consolation faites par Messieurs Du Moulin, Mestrezat, Drelincourt..., op. cit.* [178 ; 182 ; 189 ; 202 ; 206 ; 208 ; 209 ; 210 ; 212 ; 213 ; 215 ; 227 ; 233 ; 239]

Lettre Consolatoire sur la Mort de Mr Le Blanc, l'un des Pasteurs de La Rochelle, s. l. n. n., 1623. [194 ; 210 ; 215 ; 216 ; 232 ; 234]

Charles Drelincourt naît le 10 juillet 1595 à Sedan, où son père s'est réfugié pour échapper aux persécutions dont les huguenots font alors l'objet. Sa mère appartient elle aussi à une famille martyre : un de ses frères est mort, victime des massacres de la Saint-Barthélemy. Charles, fils unique du couple, se signale dans les études ; après ses humanités à Sedan, il s'initie à Saumur à la philosophie sous l'égide du célèbre Marc Duncan, auteur alors connu pour son *Apologie contre le Traité de la Mélancolie* de La Mesnardière. Reçu ministre en 1618, il se voit proposer pour l'église projetée de Langres. L'hostilité des autorités qui empêche cette réalisation, affecte profondément le jeune théologien qui en tombe gravement malade. En 1620, cependant, il a la chance exceptionnelle d'être appelé, tout jeune, à desservir l'église de Charenton. Il s'y fait cette réputation de prédicateur et de controversiste qui l'inscrit parmi les noms les plus connus du siècle.

Charles Drelincourt épouse en 1625 Marguerite Bolduc, fille d'un riche commerçant parisien ; de cette union naissent trois filles et treize garçons dont les deux les plus connus se sont illustrés, l'un dans le ministère réformé (Laurent), l'autre dans la Faculté (Charles, médecin de Turenne et professeur de médecine à Leyde).

Drelincourt meurt à Paris le 3 novembre 1669.

L'œuvre de Drelincourt appelle la même remarque que celle de Daillé. Trop volumineuse pour être détaillée, elle se prête à une subdivision en rubriques, presque toutes de spiritualité. Au niveau des œuvres d'édification, on retiendra plus particulièrement les *Consolations de l'âme fidèle contre les frayeurs de la mort*, parues à Charenton en 1651, réimprimées plus de quarante fois – et jusqu'au XIXe siècle – traduites aussi en anglais par d'Assigny (Londres, 1675). D'autres titres pourraient être relevés : *Prières et méditations pour se préparer à la communion*, Charenton, 1621 (C), *De la persévérance des saints ou de la fermeté de l'amour de Dieu*, Charenton, 1625 (C).

On note de même des travaux d'orientation pastorale, tel le *Catéchisme, ou instruction familière sur les principaux points de la religion chrétienne, fait par M. D. en faveur de sa famille*, Saumur, 1656 (C), mais surtout, volet principal, de très nombreux écrits de controverse. Ici, devant l'embarras du choix, il convient de mentionner plus spécialement *l'Abrégé des controverses ou sommaire des erreurs de l'Eglise romaine avec leur réfutation*, Genève, 1630 (FP ; BNF et C citent un titre légèrement modifié, pour la date de 1624). Cet ouvrage aux multiples rééditions est saisi chez le bonnetier de Vitry, Paul Mogin, et brûlé sur la place publique par le bourreau. Il a suscité, en effet, la colère plus particulière des « missionnaires » catholiques, contre qui Drelincourt soutient de nombreuses campagnes (voir, p. ex., parmi d'autres, *Le Dialogue sur la descente de Jésus-Christ aux Enfers, contre les missionnaires*, Genève, 1654). Dans le contexte des œuvres de controverse, on mentionnera aussi la *Défense de Calvin contre l'outrage fait à sa mémoire*, Genève, 1667 ; Drelincourt, ici, croise le fer avec personne de moindre que Richelieu qui avait attaqué le réformateur de Genève dans sa Méthode (*Traité qui contient la méthode la plus facile et la plus asseurée pour convertir ceux qui se sont séparez de l'Eglise,* Paris, 1651). Enfin, dans le même ordre d'idées, cet écrit (C, 1618, FP, 1678, ne figure pas dans BNF), à l'intitulé inattendu : *Véron ou le hibou des jésuites opposé à la corneille de Charenton, avec la messe trouvée en l'Escriture, mise au 13e chapitre des Actes, par ledit hibou nommé François Véron*, Villefranche. Par ailleurs, une partie importante de la controverse porte sur le culte de la Vierge (10 titres alignés par Cioranescu) et le débat entretenu à ce sujet avec Jean-Pierre Camus, évêque de Belley.

Il faut ajouter des œuvres d'inspiration politique (p. ex., *Le bonheur de la paix ou sermon sur Rom. X, 15*, Charenton, 1660, au sujet de la paix entre les couronnes de France et d'Espagne), les Sermons et les Lettres souvent, aussi, sur des sujets spirituels.

Sources

BUAM, t. 11, p. 300 ; FP, t. 4, pp. 310-318, NBG, t. 4, p. 746.

Cioranescu, *XVIIe Siècle*, t. 2, pp. 759-762.

BNF, t. 41, col. 1043-1052.

Du Bosc Jacques

Consolation A Monseigneur l'Eminentissime Cardinal Mazarin Sur la Mort de Madame sa Mere Par le P. Du Bosc, Religieux Cordelier, Paris, Antoine de Sommaville et Augustin Courbé, 1644. [85 ; 195 ; 196]

Jacques Du Bosc, dont on ignore les dates de naissance et de mort exactes, est un Cordelier natif de Normandie. Il quitte son couvent vers 1630, alors qu'il est déjà prêtre et bachelier de Sorbonne, mais le réintègre vers 1640. D'après un titre qui, à partir de 1644, apparaît sur ses ouvrages, il a accédé aux fonctions de Conseiller et de prédicateur ordinaire du Roi. On sait de lui qu'il s'est signalé dans la lutte contre le jansénisme, ce qui explique un certain nombre de ses ouvrages.

Ainsi il présente son *Philosophe indifférent*, Paris, 1643, dans lequel il fait le procès des « sectes des novateurs », comme inspirant l'*Eucharistie paisible*, Paris, 1647, traité écrit contre la *Fréquente Communion* d'Arnaud. En 1651, son *Jésus-Christ mort pour tous* établit, contre Jansen, le caractère universel de la Rédemption, en 1653, *Le Triomphe de S. Augustin* prétend opposer la vraie pensée du Père à la version déformée produite par l'évêque d'Ypres. Plusieurs autres titres relèvent de la même veine (*De la vraye retractation des sectaires et de leurs sectateurs*, Paris, 1655 ; *L'Eglise outragée*, Paris, 1657 ; *La descouverte d'une nouvelle heresie*, Paris, 1662 ; *Le Pacificateur Apostolique*, Paris, 1663...). Par ailleurs, Jacques Du Bosc réfléchit, de façon critique, sur la femme dans son *Honneste Femme*, parue à Paris, sans nom d'auteur, à partir de 1632 et dont les différentes parties ont connu plusieurs éditions, puis, dans *La Femme heroïque, ou les heroïnes comparées avec les heros en toutes sortes de vertus* (...), Paris, 1645.

On compte en outre quelques titres d'édification (*Le martyre du R. P. François Bel, religieux cordelier*, Paris, 1644), politiques (*Lettre à Mgr. le cardinal Mazarin, sur la paix générale avec le panégyrique du cardinal de Richelieu*, Paris, 1662) des recueils de prédications et de sermons.

Sources

BUAM, t. 5, p. 106 ; NBG, t. 6, col. 760 ; *La France Franciscaine. Mélanges d'Archéologie, d'Histoire et de Littérature relatifs aux Ordres de St François en France du XIIIe au XIXe Siècle,* vol. 1, Lille, René Giard, 1912, pp. 219-231.

Cioranescu, *XVIIe siècle*, t. 2 pp. 767-768.

BNF, t. 42, col. 736-739.

Du Moulin Pierre

Lettre de Monsieur Du Moulin, Pasteur & Professeur en l'Académie de Sedan, escritte à Madame de la Tabarière (20 Aoust 1629), in *Lettres de Consolation faites par Messieurs Du Moulin, Mestrezat, Drelincourt, (...), op. cit.* [148 ; 214 ; 238]

Pierre Du Moulin (Molinæus) naît le 18 octobre 1568 au château de Buhy (actuel Département du Val d'Oise, non loin de La Roche-Guyon) ; tout jeune, il échappe aux massacres de la Saint-Barthélemy grâce au dévouement d'une servante. Après des études de lettres à Paris, Cambridge et Leyde, il est nommé, en 1592, à la chaire de philosophie de cette ville ; il y compte parmi ses auditeurs Grotius. En 1597 il devient pasteur de Charenton et gagne l'estime de Catherine de Bourbon, sœur de Henri IV, qu'il accompagne en Lorraine alors qu'elle est devenue l'épouse du duc de Bar, et qu'il soutient dans la foi réformée contre toute tentative de conversion. Après la mort de Catherine, il revient à Charenton, où l'atteint, en 1615, l'invitation de Jacques Ier : le souverain anglais l'appelle à rédiger une « Confession », apte à réunir toutes les obédiences protestantes. Si Du Moulin s'exécute dans le sens souhaité par le roi, il persiste cependant dans ses vues rigoristes et charge, trois années plus tard, les arminiens, dont il refuse l'universalisme (voir ci-dessus Notice Daillé). De retour à Paris, il doit quitter la capitale à la suite d'une lettre pro-anglaise dans laquelle il avait assuré au roi d'Angleterre la sympathie trop prononcée des églises ré-formées de France. Il se retire alors à Sedan, où il enseigne la philosophie. Après un nouveau voyage anglais et l'exercice, à Londres, des fonctions de pasteur de l'église française de cette ville, il revient encore à Sedan, puis à Paris qu'il quitte au moment de la guerre de 1628 (prise de La Rochelle par les troupes royales). Il meurt à Sedan le 10 mars 1658, âgé de quatre-vingt-dix ans.

Pierre Du Moulin avait épousé en 1599, Marie de Colignon dont il eut plusieurs enfants. Veuf, il se remaria avec Sara de Geslay qui lui donna une fille.

L'œuvre de Pierre Du Moulin, comme celles de Daillé ou de Drelincourt, est trop volumineuse (129 entrées dans Cioranescu), pour être présentée in extenso. Ici encore, on se contentera de plusieurs rubriques présentant l'essentiel.

Ainsi on distinguera, dans un premier temps, les titres de philosophie générale telle la *Philosophie mise en françois et divisée en trois parties, sçavoir : Eléments de la logique ; la physique ou science naturelle ; l'éthique ou science morale*, Paris, 1644, ainsi que des ouvrages consacrés plus spécialement à telle discipline, la logique, par exemple : *Petri Molinœi Elementa logica ab authore recognita*, Anvers, 1603. Ou encore *Petri Molinœi de indole et virtute*, Leyde, 1597 (C) ; *Héraclite, ou de la vanité et de la misère de la vie humaine*, s. l., 1609 (C) ; *Les éléments de la philosophie morale, traduits du latin de P. Du Moulin*, Sedan, 1624 ; *Ethique ou science morale*, Paris, 1644 (C).

Une autre rubrique doit être pour les œuvres de spiritualité :

Théophile ou de l'amour divin, La Rochelle, 1609 ; *De la toute-puissance de Dieu*, La Rochelle, 1617 ; *De la cognoissance de Dieu*, Charenton/Paris, 1625 (BNF) ; *Traité de la paix de l'âme, et du contentement de l'esprit*, Sedan, 1660 (C).

D'autres s'inscrivent davantage dans le cadre de la pratique pastorale :

Du combat chrestien ou des afflictions, Sedan, 1622 ; *Familière instruction pour consoler les malades*, Genève, 1625 (C).

Mais il est évident que la partie majeure de l'œuvre relève, comme chez tous les ministres, de la controverse, soit au niveau de la dogmatique, soit à celui de l'institution. Dans le premier cas, on signalera plus particulièrement le débat sur le Purgatoire : *Eaux de Siloé pour esteindre le feu du purgatoire. Contre les raisons et allégations d'un cordelier portugois [F. Suarès] qui a presché le caresme à Saint-Jacques* s. l., 1603 (C), et celui sur l'Eucharistie : *Apologie pour la saincte Cène du Seigneur, contre la présence corporelle et transsubstantiation*, La Rochelle, 1607 (C) ; *Anatomie de la messe, où est monstré par l'Escriture Sainte que la messe est contraire à la parole de Dieu et esloignée du chemin du salut*, Genève, 1636.

Dans le second, quelques-uns des nombreux écrits anti-romains : *Nouvelles briques pour le bastiment de Babel, c'est-à-dire erreurs de l'église romaine nouvellement forgez pour establir la grandeur de l'évesque de Rome*, La Rochelle, 1604 ; *Petri Molinæi de monarchia temporali pontificis Romani liber, quo imperatoris, regum et principum jura adversus usurpationes papæ defenduntur*, Genève, 1614 ; *Nouveauté du papisme opposée à l'antiquité du vray christianisme (...)* Sedan, 1627 ; *Tirannie que les papes ont exercée depuis quelques siècles sur les roys d'Angleterre (...)* s. l. n. d.

D'une manière plus générale, il n'est pas sans intérêt d'attirer l'attention sur les joutes soutenues contre quelques autres auteurs de lettres cités dans le présent ouvrage :

Arnoux : *De la juste Providence de Dieu, traicté auquel est examiné un escrit du sieur Arnoux par lequel il prétend prouver que Calvin fait Dieu autheur du péché*, La Rochelle, 1617 ; *Fuites et évasions du sieur Arnoux, jésuite. Traicté auquel sont examinés les causes pour lesquelles il refuse de répondre aux dix-sept demandes des pasteurs de l'Eglise de Paris*, Charenton, 1618.

Abra de Raconis : *Les actes de la conférence du sieur de Raconis et du sieur Du Moulin*, Paris, 1618 ; *Véritable narré de la conférence entre les sieurs Du Moulin et Raconis, professeurs en théologie et de la forme de la rupture*, La Rochelle, 1618. Enfin, on notera la participation au débat intérieur au niveau de la question de l'arminianisme (voir Notice Daillé) : *Anatome Arminianismi, seu enucleatio controversiarum quæ in Belgio agitantur super doctrina de providentia, de prædestinatione, de morte Christi, de natura et gratia*, Leyde, 1619.

Pour le reste, des sermons, des textes d'inspiration politique (*Ode dédiée à la mémoire de feu Mgr. De Bouillon, prince souverain de Sedan*, Sedan, 1623), de la correspondance.

Sources

BUAM, t. 5, pp. 539-541 ; FEJAG, t. 4, col. 1929-1930 ; FP, t. 4, pp. 420-433 ; NBG, t. 36, col. 769-772.

Cioranescu, *XVIIe Siècle*, t. 2, pp. 794-801.

BNF, t. 44, col. 604-633.

Du Peschier Nicolas

Lettre de Consolation envoyée à Messeigneurs de Guise, Sur la mort & trespas de Monsieur le Chevalier, Paris, Jean Brunet, 1614. [160; 191; 192; 208] *Consolations à Monseigneur le Duc de Nevers Sur la mort & trespas de Madame la Duchesse son Epouse. Par Me N. Du Peschier, Advocat en Parlement*, Paris, Nicolas Alexandre, 1618. [25 ; 190 ; 216 ; 236]

On ne trouve que de rares renseignements sur la vie de Nicolas Du Peschier. Au t. 8, chapitre 13 de la *Bibliothèque françoise* (pp. 137-138), Goujet le cite comme auteur de la Comédie des Comédies, « satyre contre Balzac, où Nicolas Du Peschier, Avocat, sous le nom de Barry qui étoit un vendeur d'orviétan, employe les propres termes de Balzac presque partout... ». Par ailleurs, L'Estoile (*Mémoires-Journaux*, t. 9 p. 122), mentionne en date du 6 juin 1611, des *Regrets sur l'annuel de Henry le Grand* « de Du Pescher (sic) qui n'est que fadèze ».

D'une façon générale, l'œuvre de Nicolas Du Peschier, à côté de quelques titres funèbres (*Discours funebre sur la mort et trespas de Henry le Grand, avec un épitaphe*, Paris, 1610 ; *Le tombeau de feu Mgr. le chevalier de Guise*, Paris, 1614 ; *Le tombeau de la sérénissime reyne Marguerite, duchesse de Valois*, Paris, 1615), compte avant tout des ouvrages d'inspiration politique (*Discours de ce qui s'est passé aux nopces des infantes de Savoye*, Paris, 1608 ; *L'amphithéâtre pastoral, ou le sacré trophée de la fleur de lys triomphante de l'ambition espagnole, (...)*, Paris, 1609 ; *Consolation à la France sur le sacre et couronnement du Ro*y, Paris, 1610 ; *La harangue parisienne au Roy, touchant la tenue de ses Estats (...)*, Paris, 1614 ; *Le tableau de tous les traitez de paix (...)*, Paris, 1614) et des pièces de théâtre dont *Le Theatre Renversé ou la Comedie des Comedies Abatue*, Paris, 1629 ; *La Charité ou l'amour sanguinaire*, tragédie, d'attribution douteuse.

Sources

BF, t. 8, pp. 137-138 [Slatkine, t. 2, p. 150] ; Pierre de L'Estoile, *Journal de Louis XIII, Recueils Divers*, 1610-1611, in *Mémoires-Journaux* 1574-1611, t. 11, Reproduction intégrale de l'édition Jouaust et Lemerre, Paris, Tallandier, 1992, t. 11, p. 122..

Cioranescu, *XVIIᵉ siècle*, t. 2, p. 805.

BNF, t. 44, col. 928-930.

Durant Samuel

Lettre consolatoire de Monsieur Durant, Ministre de l'Eglise Reformee de Paris, Envoyee à un sien amy, Antien de ladite Eglise, en suitte de ses Meditations, Sedan, s. n., 1622. [211 ; 216]

Samuel Durant (ou Durand) est né probablement vers 1580 ; sa mère, en effet, s'est remariée avec Jean Durant après avoir perdu son premier mari, Edmond de Saint-Rémy, dans les massacres de la Saint-Barthélemy. Le jeune homme qui, selon Tallemant des Réaux (*Historiette* consacrée à Haute-Fontaine, frère de Samuel Durant) se destine d'abord aux armes, finit par embrasser la carrière des lettres et de la théologie réformée, où il atteint les sommets : il devient ministre du landgrave de Hesse et de Catherine de Bourbon, sœur de Henri IV, avant d'exercer à Charenton, où il précède Jean Daillé. L'Eglise réformée lui confie de nombreuses députations aux différents synodes et assemblées. Plus particulièrement, il est élu modérateur du synode de Charenton (1623) dont les débats portent sur l'arminianisme (voir Notice Daillé). Durant condamne les adversaires du synode de Dordrecht (1618-1619), où les arminiens furent censurés. Il meurt en 1626.

L'œuvre de Durant est surtout celle d'un prédicateur, et on possède plusieurs recueils de sermons. On note aussi des titres apologétiques (*Deffense de la confession de foy des églises réformées de France, contre les accusations du père Arnould, jésuite*, Charenton, 1617, en collaboration avec Montigny, Du Moulin et Mestrezat), ainsi que des ouvrages de spiritualité (*Méditations pour les églises réformées de France sur les afflictions de ce temps*, Sedan, 1622 ; *Anatomie du chrestien*, Genève, 1629 (C) ; *Espreuve d'un fidèle pour se préparer à la sainte Cène* (...), s. l. n. d. (C) ; *Le voyage de Beth-el, où sont representez les devoirs de l'ame fidèle en allant au temple et en en retournant*, Charenton, 1665 (ouvrage collectif).

Sources

FP, t. 4, pp. 494-496 ; Tallemant des Réaux, *Historiettes*, Paris, Gallimard, Bib. de la Pléiade, 1960, t. 1, pp. 1223-1224, n. 2 ad p. 618 ; *Dictionnaire du Grand Siècle, op. cit.*, p. 490.

Cioranescu, *XVIIe siècle*, t. 2, p. 815.

BNF, t. 45, col. 723-725.

Expilly (d'*) Claude (* on trouve le nom avec ou sans particule)

Response dudict sieur d'Expilly A Monsieur, Monsieur le Reverend Pere Arnoux, de la Compagnie de Jesus, 30 janvier 1613, in *Tombeau de Laurens de Chaponay*, Lyon, Amy Du Polier, 1616. [25 ; 34 ; 38 ; 87 ; 114 ; 122 ; 151 ; 157 ; 188 ; 214]

Claude (d') Expilly naît à Voiron dans le Dauphiné en décembre 1561. Après des études à Tournon et à Paris, il complète sa formation à Turin et à Padoue pour la terminer à Bourges, où il prend ses grades en Droit sous Cujas. Il exerce d'abord comme avocat au Parlement de Dauphiné pour accepter ensuite une charge dans la magistrature. Il est à Grenoble, quand éclatent les troubles de la Ligue et suit, mais sans empressement, le parti dominant de la ville qui fronde le roi. Il finit par compter parmi les « politiques » qui, soit par modération soit par opportunisme, tâchaient de naviguer entre les deux camps. Aussi Henri IV ne s'oppose-t-il pas à son accession aux fonctions de procureur général à la Chambre des Comptes de Grenoble ; plus tard, il fait – comme le fera dans la suite Louis XIII – appel à ses talents de diplomate pour les négociations en Savoie et en Piémont. Après l'occupation de Chambéry par la France (1603), il est nommé procureur général, puis président du conseil souverain de la cité savoyarde. Opéré de la pierre à Paris en 1608, il se rétablit grâce aux eaux de Vals et vit jusqu'en 1636, année de sa mort à Grenoble. Claude (d') Expilly était l'époux d'Isabeau de Bonneton.

L'œuvre de Claude (d') Expilly a assez mauvaise presse : on la dit de mauvais goût, froide, sans inspiration (NBG) ou, au mieux, très médiocre (BUAM). On distingue :

la poésie lyrique (*Les poèmes à Madame la marquise de Monceaux*, Paris, 1596 ; *Les poèmes de messire Claude Expilly* (...), Grenoble, 1624 ; *Les Amours de Chloride*, (NBG) dédiées à Mérande de Baro, veuve de l'avocat Chevalet (selon certains critiques, volume de « rimes boursouflées »)

les plaidoyers (*Plaidoyez*, plusieurs éditions ; leur style ampoulé les a fait qualifier de « monument du goût détestable » du siècle (BUAM)

l'Histoire (*Histoire du chevalier Bayard et de plusieurs choses mémorables advenues sous le règne de Charles VIII, Louis XII et François I, avec son supplément par messire Claude Expilly* (...), Grenoble, 1650 ; *Lesdiguières et le marquisat de Saluces. Rapport inédit au roi Henri IV, écrit par Expilly sous l'inspiration de Lesdiguières, Grenoble*, 1621 (C) ; *La Bataille de Pont-Charra et journée de Salbertrand, gaignées par Mgr. le duc de Lesdiguières, décrites par messire Claude Expilly*, Grenoble, 1621 (C)

la philologie (*L'orthographe françoise selon la prononciation de notre langue*, Lyon, 1618 (C). Dans cet ouvrage curieux, l'auteur s'emploie à prouver qu'un écrivain doit s'attacher à la prononciation plutôt qu'à l'étymologie).

Sources

BF, t. 1, p. 93 [Slatkine, t. 1, p. 48] ; BUAM, t. 13, p. 232 ; NBG, t. 16, col. 856-858 ; Antoine Boniel de Catilhon, *La Vie de Messire Claude Expilly, Chevalier, Conseiller du Roy en son Conseil d'Estat, & President au Parlement de Grenoble* (...), Grenoble, Philippe Chappuys, 1660 ; Pertile, Lino, « Claude Expilly et il 'Plutus' di Ronsard », in *Studi Francesi*, XVI, 1972, pp. 232-243.

Cioranescu, *XVIIe Siècle*, t. 2, pp. 838-839.

BNF, t. 48, col. 1072-1073.

Faure Antoine

Lettre de Messire Anthoine Faure, Conseiller de mon-seigneur le Duc de Savoye, en son Conseil d'Estat, & premier President au Souverain Senat de Chambery (3 mars 1613), in *Tombeau de Laurens de Chaponay, op. cit.* [157]

Antoine Faure est né en 1557 à Bourg-en-Bresse d'une ancienne famille de magistrats et d'officiers au service des ducs de Savoie. A l'issue de ses études de droit, il accède aux fonctions d'avocat au sénat de Chambéry, puis de juge mage de Bresse, enfin à celles de sénateur au souverain Sénat de Savoie. Charles-Emmanuel Ier le charge dès lors de nombreuses missions diplomatiques et l'autorise aussi d'accepter la présidence du Conseil de Genevois que lui offre, en 1597, le duc de Nemours. Quand la duchesse douairière de Nemours, Anne d'Este, veut faire valoir ses droits dans la succession du duché de Ferrare, elle en confie le soin à Antoine Faure, preuve de l'estime générale dont jouit alors le personnage. Il s'en exécute par plusieurs déplacements en Italie et se charge du suivi d'une affaire aux multiples péripéties. En 1610, Charles-Emmanuel couronne sa carrière par la nomination à la présidence du sénat de Savoie ; il s'y signale en particulier par sa politique religieuse, parrainant, entre autres, l'établissement, par les jésuites, de la Congrégation de Notre-Dame de l'Assomption et favorisant l'action pastorale de François de Sales, depuis 1602 évêque de Genève, qui peut venir prêcher le carême de 1612 à Chambéry. En 1618 lui échoit la mission importante de négocier, avec d'autres, dont François de Sales, le mariage de Chrétienne de France, fille de Henri IV, avec Victor-Amédée, fils aîné du duc de Savoie.

Les relations d'Antoine Faure avec François de Sales remontent à la fin du XVIe siècle ; dès 1597, il soutient les activités missionnaires du futur saint dans le Chablais. A partir de 1602, il anime avec François la vie culturelle d'Annecy, et en 1606 ils fondent ensemble la célèbre Académie Florimontane qui siégea d'abord dans la demeure même du président Faure. Antoine Faure était aussi lié d'amitié avec Honoré d'Urfé dont il imprima, en 1603, les *Epistres morales*.

Souffrant dès 1620, Antoine Faure s'éteint à Chambéry le 28 février 1624.

Marié deux fois, il avait épousé en premières noces Benoîte de Vaugelas qui lui donna douze enfants, dont Claude de Vaugelas de Péroges, auteur des fameuses *Remarques sur la Langue française*.

L'œuvre d'Antoine Faure est essentiellement celle d'un spécialiste du Droit. A côté du *Codex Fabrianus definitionum forensium et rerum in sacro Sabaudiœ senatu tractatorum*, Lyon, 1606, (*Dict. de Biographie franç.*), son texte le plus connu, on conserve des volumes tels les *Conjecturarum juris civilis libri XX*, Lyon, 1581-1605 (6 volumes), le *De erroribus pragmaticorum et interpretum juris*, Lyon, 1598 (*Dict. de Biographie franç.*), le *Tractatus de variis nummariorum debitorum solutionibus*, s. l., 1598, les *Rationalia in Pandectas*, Genève, 1604, etc.

Au niveau des belles lettres, on peut signaler une tragédie, *Les Gordians et Maximins ou l'Ambition*, Chambéry, 1589, ainsi que des recueils de méditations poétiques, *Les entretiens spirituels d'Antoine Faure, divisés en trois centuries de sonets* (réédition Turin, 1601) (*Dict. de Biographie franç.*)

Pour des renseignements plus détaillés, on pourra consulter Denis Guillot, *Le premier président A. Faure*, 1956 (voir ci-dessous).

Sources

Dictionnaire de biographie française publié sous la direction de M. Prévost, Roman d'Amat, Tribout de Morembert, Paris, Letouzey et Ané, 1975, t. 15, col. 857-861 ; Guillot Denis, *Le premier président Faure [1557-1624], jurisconsulte, écrivain, homme d'Etat, père de Vaugelas*, Chambéry, la Cour d'appel, Imprimeries réunies, 1956. *Le Grand Dictionnaire historique ou le Mélange curieux de l'Histoire sacrée et profane par Louys Moréri*, Lyon, Jean Baptiste de Ville, 1688, t. 1 ; Navidi-Verduyn, Vida, *Antoine Faure, le Président poète*, thèse Stanford University, 1971.

Cioranescu, *XVIe Siècle*, tome unique, pp. 313-314.

BNF, t. 50, col. 205-209.

Galles François de

Lettre de Messire François de Galles, Seigneur du Belier, Conseiller du Roy en son Conseil d'Estat, & Colonel des bandes Italienes, Paris, 19. Fevrier 1613, in Expilly, *Tombeau de Laurent de Chaponay, op. cit.*, pp. 33-35. [25 ; 34 ; 179 ; 185 ; 188 ; 232]

Né le 10 novembre 1567, François de Galles, seigneur du Bellier et de Voiron, suit la carrière des armes et s'attache au duc de Lesdiguières, connétable de France. En 1591, il se distingue à la bataille de Pontcharra (Isère). Dans la suite il accède aux fonctions de conseiller du Roi « en ses conseils », de maréchal de camp dans les armées du roi, de colonel général de l'infanterie italienne et des légionnaires du Dauphiné. En 1623, Louis XIII érige pour lui en baronnie les terres de Miribel, du Bellier et du Vivier. François de Galles meurt le 25 avril 1627, alors qu'il s'apprêtait à rejoindre la Cour où le roi l'admettait volontiers dans son entourage.

Sources

Dictionnaire de Biographie française, op. cit.

–

–

Guerrier Jean

Consolation à Madame la Duchesse de Guise sur la mort de Madame, Paris, Jean Mestais, s.d. [87]

Il n'a pas été possible de retrouver des traces de ce personnage dont on sait seulement qu'il a composé un *Recueil de diverses poésies et harangues faictes en latin et en italien sur le couronnement du sérénissime Alexandre Justinian, duc de Gênes en l'an 1611,* Paris, 1630.

Sources

–

Cioranescu, *XVIIe Siècle*, t. 2, p. 1009

BNF, t. 65, col. 993

La Coste Sieur de

Coppie (sic) de la Lettre de Consolation envoyée à Monsieur le Viscomte de Canilhac sur le Trespas de Monseigneur le Viscomte de Canilhac son pere, vivant Conseiller du Roy en ses Conseils Privé & d'Estat, & Lieutenant general pour sa Majesté au bas pays d'Auvergne. Avec des Stances sur la mort dudict Seigneur, Paris, Fleury Bourriquant, 1614. [160]

Il a été impossible de retracer le profil de ce personnage. On dira seulement qu'il descend de la famille des Seigneurs d'Esteaux, De La Coste, d'Argères, de Védrine, de Laveix, de La Roche et autres lieux qui prend son origine avec Pierre de Douhet, nommé gouverneur de Clermont (29 mars 1555) par Catherine de Médicis, Comtesse d'Auvergne. Son fils Antoine de Douhet épouse le 6 août 1578 Anne de Belvezer, qui lui donne plusieurs enfants mâles dont deux firent souche, les autres étant admis à Malte et à Brioude. L'auteur de la lettre, écrite en 1614, pourrait être un de ces enfants, mais on n'a pu trouver d'autres détails, le texte même refusant toute indication biographique et jusqu'au prénom de son auteur.

Sources

Bouillet, Jean-Baptiste, *Nobiliaire d'Auvergne*, Clermont-Ferrand, Impr. de Pérol, 1843-56, 7 vol.

Cioranescu, *XVIIe Siècle*, t. 2, p. 1124

BNF, t. 85, col. 150

I.* de La Fontan (* Cioranescu : Jean)

Pour Madame la Mareschale de Fervagnes, sur la mort de Monsieur le Comte de Laval son fils, tué en Hongrie, in *Les Iours et les Nuicts du Sr de la Fontan. Où sont traictez   plusieurs beaux discours & epistres consolatoires dont le subiect se peut voir au contenu de la table,* Paris, Charles Sevestre, 1606. [55 ; 143 ; 151 ; 176 ; 193 ; 201 ; 231 ; 239]

A Madame de Courtenay, sur la mort de Monsieur le Baron de Courtenay son fils, ibid. [154 ; 180 ; 196 ; 212]

A Madame de Salesie, sur la mort de Monsieur de Salesie son mary, tué en duel, ibid. [96]

On n'a pu trop savoir de ce personnage, auteur, cependant, du volume des *Iours et [des] Nuicts* cité ci-dessus et fort de 163 pages ainsi que d'un second volume, *Le Triomphe de l'Ame sur la Sensualité,* Paris, Charles Sevestre, 1606.

Ces deux textes ne fournissent aucun détail biographique outre ceux, rares, relevés dans les épîtres dédicatoires qui les précèdent. Les noms des dédicataires, d'abord, ne sont pas sans intérêt. Ainsi le volume des *Iours* s'ouvre par un hommage à la *Royne Marguerite,* Marguerite de Valois, la Reine Margot, première épouse de Henri IV. Aussi La Fontan a-t-il dû faire partie de la Cour de cette Princesse et fréquenter sa table, puisqu'il annonce que c'est là qu'il a trouvé l'inspiration de son livre :

« (...) les effets admirables de la bonté de vostre maiesté, m'asseurent qu'elle ne reiettera point ces foibles & legeres conceptions de mon esprit, ou plustost qu'elle ne me punira pas pour avoir ozé les luy offrir, *veu que leur subiect a tiré son origine des ordinaires devis que vostre Maiesté met en avant à sa table...* »

(non souligné dans le texte)

Si on songe à la date de publication – 1606 – on aimerait situer ce commerce de l'écrivain et de la Reine dans une des résidences parisiennes que le Roi autorisa son ancienne épouse à occuper à partir de 1605, château de Madrid, à Neuilly, hôtel de Sens, hôtel de la rue de Seine (*Dict. du Grand Siècle,* p. 970).

C'est en vain toutefois qu'on a cherché des traces de l'auteur dans plusieurs ouvrages consacrés à la Reine et dans les *Mémoires* qu'elle a laissés. On notera par ailleurs que deux poèmes dédicatoires suivent l'épître, le premier signé *Le Mayne,* le second *I. de Senilly.* Un patronyme rappelant le premier de ces noms est signalé par Goujet (Slatkine, t. 3, p. 282) parmi ceux des auteurs de poèmes sur la mort de Henri IV composés dans les années 1610 et 1611 : « Louis du Meyne, sieur de Chabans ».

A son tour, le *Triomphe de l'Ame* est dédié à une dame de haut rang, *Madame Charlote* (sic) *Catherine de la Trimouille, Princesse de Condé*. On sait qu'il s'agit de l'épouse de Henri Ier de Bourbon, Prince de Condé, née en 1568, morte en 1629. Elle est la mère de Henri II de Condé, époux de Charlotte-Marguerite de Montmorency, le dernier et célèbre amour du Roi. Cette princesse au renom sulfureux – on la disait insatiable en matière de chair (voir, p. ex., L'Estoile, *Mémoires-Journaux*, t. 3, p. 97) et on l'accusait d'avoir empoisonné son mari (Tallemant, *Historiettes*, t. 2, p. 985, n. 6 ad p. 77), était une des figures hautes en couleurs du parti huguenot. Son frère, le « second duc de La Trémoille », écrit Saint-Simon, « (...) se fit huguenot, dont bien lui valut pour ce monde : cela lui fit épouser une fille du fameux Guillaume, prince d'Orange, fondateur de la république des Provinces-Unies, et marier sa sœur au prince de Condé, chef des huguenots après son père, tué à la bataille de Jarnac. » (*Mémoires*, t. 3, p. 50). Ces détails sont d'importance, puisque permettant de situer La Fontan dans le parti de la Réforme. En effet, dans cette seconde lettre dédicatoire, il apprend au lecteur, dans le style soumis qui est celui du temps, qu'il ne sollicite personne de moindre que la Princesse de Condé pour présider comme marraine à son baptême dans la foi réformée : « Grande Princesse (...) fermeriez-vous les bras à cest avorton, quoy qu'indigne d'une telle marraine ? Le regret de voir son ame privee de l'eternelle felicité (...) fera-il pas que vostre debonnaireté luy accordera le mystere du Baptesme sous vostre nom ? »

Par ailleurs, il informe de ses états de service dans la maison du fils de la dédicataire : « ma main qui de tout temps par devoir de subiet a esté vouee au service de Monseigneur le Prince, vostre cher & genereux fils ». Il s'agit en l'occurrence de Henri II de Bourbon, Prince de Condé, mentionné plus haut. Enfin cette épître donne un renseignement sur l'âge de l'épistolier au moment de sa rédaction : en 1606, il était « jeune Icare » qui redoutait d'approcher la Princesse, « unique Soleil de la Prudence ».

Sources

Lettres de la Fontan données ci-dessus.

Cioranescu, *XVIIe Siècle*, t. 2, p. 1155

BNF, t. 86, col. 1

Lefèvre d'Ormesson Nicolas

Consolation à Madame la maréchale de Vitry sur la mort de Mademoiselle sa fille, Paris, Edme Martin, 1645. [144 ; 147 ; 159 ; 178 ; 179 ; 180 ; 1830 ; 187 ; 191 ; 195 ; 203 ; 216 ; 219 ; 229 ; 234 ; 238]

Le Parisien Nicolas Lefèvre d'Ormesson, issu d'une maison célèbre, postule dès l'âge de dix-neuf ans chez les Minimes de Paris, dont le fondateur, saint François de Paule, compte parmi ses ancêtres. Il prononce ses vœux solennels le 12 décembre 1631. Dès avant le début de sa vie religieuse, il avait fait de solides études humanistes qu'il complète désormais par celles de la philosophie et de la théologie. Il acquiert bientôt une renommée de prédicateur, et ses qualités sont telles que Harlay de Champvallon, archevêque de Paris, lui confie la direction spirituelle de plusieurs maisons religieuses de la capitale. De santé fragile, il est emporté par la fièvre dans son couvent parisien le 6 décembre 1679, âgé de soixante-sept ans.

Nicolas Lefèvre d'Ormesson est l'auteur de plusieurs ouvrages de spiritualité (*Conduite à l'éternité pour apprendre à bien mourir, Paris, 1649 ; Le mystère de la pureté accomply en la Mère de Dieu, présenté au chrestien pour modèle de sa vie*, Paris, 1652), d'un panégyrique de Saint Louis, s. l. n. d., d'un discours (concio) consacré à Isabelle de France, sœur du roi et fondatrice, en 1258, du monastère de Longchamp (Thuillier), d'une oraison funèbre d'Anne d'Autriche (Thuillier), enfin de plusieurs ouvrages de caractère politique, consacrés, pour l'essentiel, à la *Paix (La France ressuscitée par la nouvelle de la paix*, Paris, 1659 / traité des Pyrénées / ; *Les victoires du Roy couronnées par l'ouvrage glorieux de la paix*, s. l., 1678/traité de Nimègue/ ; *Panégyrique de la victoire*, s. l., 1678.

Sources

Thuillier, René, *Diarium Patrum, Fratrum et Sororum Ordinis Minorum Provinciæ Franciæ*, Genève, Slatkine Reprints, t. II, 1972, pp. 271-272.

Cioranescu, *XVIIe Siècle*, t. 2, p. 1239.

BNF, t. 127, col. 808-809.

Le Maistre Raoul

Consolation funebre sur le trespas de haut, puissant et vertueux Seigneur Messire Charles de Clere, Chevalier de l'Ordre du Roy, Baron de Clere, &

Seigneur de Pannilleuse, Mesieres &c. Avec l'autre partie de sa Genealogie faite par Fr. Raoul Le Maistre Docteur en Theologie, Religieux de l'Ordre des Freres Prescheurs de la ville de Roüen, Rouen, s. n., 1626. [17; 20; 21; 24; 34 ; 38 ; 40 ; 103 ; 105 ; 116 ; 189 ; 239]

Raoul Le Maistre est originaire de Rouen ; en 1570, il prononce ses vœux dans le couvent dominicain de cette ville. Il y reste jusqu'à la fin de sa vie – qui se place après 1632 – et le dirige comme prieur de 1600 à 1603.

Raoul Le Maistre s'est distingué plus spécialement dans l'historiographie de deux familles célèbres, celle des de Clere, à laquelle il consacre des *Mémoires* inédits et, outre la *Consolation*, une *Oraison funebre sur le trespas de haut, puissant et illustre seigneur Jacques de Clere, chevalier de l'ordre du roy, gentilhomme ordinaire de la chambre, baron de Clere (...) avec une partie de sa genealogie*, Rouen, 1619, celle, aussi, des Luxembourg, avec son *Original des troubles de ce tems, discourant brievement des princes plus illustres de la famille de Luxembourg et de leurs alliances genealogiques et principalement de Charles et Sebastien, freres germains, (...) recueilly de plusieurs livres et particulierement de Hugues Gassion, chevalier, qui a servy les roys Charles IX et Henri III (...)*, Nantes, 1592 (C).

Enfin, toujours dans le domaine de l'historiographie, on signale un *Siège de Rouen* – celui de 1591-1592 – dont l'identification, cependant, pose problème (Féret).

Sources

Féret, Pierre, *La Faculté de Théologie de Paris et ses docteurs les plus célèbres. Le XVIIe siècle, op. cit.*, t. 5, p. 225-228.

Cioranescu, *XVIIe Siècle*, t. 2, p. 1254.

BNF, t. 94, col. 24.

Le Moleur Jacques

Consolation à Messire Pierre Erneste de Mercy (...) sous le nom de Philandre sur la mort de (...) François de Mercy son frère (...) sous le nom de Timandre, Bruxelles, Jean Mommart, 1649. [18 ; 68 ; 172 ; 194 ; 206]

Jacques Le Moleur (Le Molleur, Le Mosleur), chevalier, abbé d'Autrey, est le troisième fils de Barthelemy Le Moleur et de Claude Bourget. Le 3 juillet

1601, il reçoit, après la démission de son père, l'office de receveur de la prévôté des Montignons au baillage de Clermont. Chanoine de la primatiale de Nancy en 1628, il accède aux fonctions de chancelier du duc Charles IV en 1635. C'est comme tel qu'il intervient dans la querelle qui oppose Charles à son épouse, la duchesse Nicole. Sur ordre du duc, il rédige alors deux écrits, le premier tendant à débouter Nicole qui accuse son mari de concubinage avec Madame de Chantecroix, le second démontrant la nullité du mariage ducal. Pendant l'empêchement de Charles, retenu prisonnier à Tolède, il s'emploie à contrecarrer les prétentions à la régence de Nicole, indisposant finalement tout le monde. Charles, toutefois, le garde à son service et le députe en 1663 à la Diète de Ratisbonne. Jacques le Moleur avait épousé N. de Rizaucourt qui lui avait donné trois enfants Michel, Nicolas et Elisabeth. Il mourut « en Lorraine dans un âge fort avancé » (Chevrier).

Outre les écrits polémiques mentionnés ci-dessus, on note les *Epithalames sur les heureux mariages de Mgr. le Prince et Mme la Princesse de Waudemont. Par Jacques Le Moleur, docteur ès droicts, Clermontois*, Saint-Mihiel, 1621. Digot lui attribue aussi des mémoires sur l'histoire de Lorraine par renvoi à une notice de Chevrier (*Histoire de Lorraine*, t. 9, pp. 153-154). Cette notice, il est vrai, donne lieu à confusion sur le prénom (François au lieu de Jacques) et sur la date de naissance (1600, peu compatible avec la nomination, en 1601, au poste de receveur de la prévôté des Montignons signalée ci-dessus).

Sources

Calmet (Dom), *Histoire de Lorraine, Tome IV. Contenant la Bibliothèque Lorraine*, Nancy, A. Leseure, 1751, col. 665.

Chevrier, François-Antoine, *Histoire civile, militaire, ecclésiastique, politique et littéraire de Lorraine et de Bar (...)*, s. n., Bruxelles, 1758, t. 9, pp. 153-154.

Digot, A., *Histoire de la Lorraine*, Nancy, G. Crépin-Leblond, 1880, t. 5, pp. 47 et 419.

Pelletier (dom Ambroise), *Nobiliaire de la Lorraine et du Barrois*, Paris, Editions du Palais Royal, s. d., t. 1, p. 471.

Cioranescu, *XVIIᵉ Siècle*, t. 2, p. 1260.

BNF, t. 94, col. 565.

Le Rebours Guillaume

Consolation funebre A Madame la Mareschalle de Farvagues, sur la mort de Monseigneur de Laval son fils, Rouen, Raphael du Petit Val, 1606. [66 ; 67 ; 81 ; 90 ; 91 ; 99 ; 108 ; 110 ; 116 ; 117 ; 124 ; 125 ; 126 ; 130 ; 133 ; 143 ; 145 ; 146 ; 152 ; 153 ; 155 ; 168 ; 179 ; 181 ; 184 ; 185 ; 186 ; 187 ; 189 ; 186 ; 196 ; 203 ; 224 ; 230 ; 231 ; 233 ; 235 ; 236 ; 238 ; 240]

A Madame la Duchesse de Mompensier, sur le trespas de Monseigneur le Duc de Mompensier son mary, Paris, David Le Clerc, 1608. [101 ; 136 ; 169 ; 195 ; 212 ; 224 ; 233 ; 236]

Guillaume Le Rebours, seigneur de Bertrand-Fosse, Châtillon, Prunelé... naît vers 1545 dans une famille noble installée à Vire (Calvados) depuis le milieu du XIVe siècle. En 1548, il accède aux fonctions de Président de la Cour des Aides, puis, au mois de mai de la même année, à celle de maître des requêtes de Catherine de Médicis. Pendant le blocus de Paris – aux mains de la Ligue – par Henri IV (1590), il demeure dans la ville et œuvre pour en obtenir la soumission au roi qui le rétablit dans ses offices et biens que la rébellion lui avait fait perdre. En 1597, il est nommé conseiller d'Etat. Il meurt le 2 août 1619.

Outre les deux textes cités, on possède de Guillaume Le Rebours un *Discours fait aux obsèques de Mgr. de Médavy, l'un des lieutenants généraux pour le roy en Normandie*, s. n., Rouen, 1618.

Sources

BUAM, t. 35, p. 292 ; FEJAG, t. 6, col. 1502.

Cioranescu, *XVIIe Siècle*, t. 2, p. 1275.

BNF, t. 95, col. 610.

Malherbe de François

Lettre de consolation A Madame la princesse de Conty. Sur la Mort de Monseigneur le Chevalier son frère, Paris, Toussainct Du Bray, 1614. [19]

Malherbe (1555-1628) est sans doute un des très rares auteurs sollicités dans ce livre qui ne rangent pas parmi les minores. On pourra consulter n'importe quel Dictionnaire biographique pour y trouver les plus amples renseignements. Des aperçus étoffés sont fournis par Grente (*XVIIe Siècle*, pp. 801-805), par le *Dictionnaire du Grand Siècle* (pp. 950-951). La *Vie de Malherbe* par René Fromilhague demeure l'ouvrage de référence.

Sources

Dictionnaires des Lettres Françaises, XVII Siècle*. Publié sous la direction du Cardinal Georges Grente, *op. cit.*; *Le Dictionnaire du Grand Siècle*, *op. cit.* ; Fromilhague, René, *La Vie de Malherbe. Apprentissage et luttes (1555-1610)*, Paris, A. Colin, 1954 ; Baustert, Raymond, *L'Univers Moral de Malherbe. Etude de la pensée dans l'œuvre poétique*, « Publications Universitaires Européennes », Peter Lang, Bern, 1992, 2 vol.

Cioranescu, *XVII* Siècle*, t. 2, pp. 1344-1350.

BNF, t. 104, col. 520-531.

Mestrezat Jean

Lettre de Monsieur Mestrezat, Pasteur en l'Eglise de Paris, escritte à Madame de la Tabariere, 15 Decembre 1629, in *Lettres de Consolation faites par Messieurs Du Moulin, Mestrezat, Drelincourt, Daillé (...),op. cit.* [197]

Jean Mestrezat est né à Genève en 1592. Après ses études à Saumur, il accède au ministère à la suite d'un examen si brillant qu'il se voit immédiatement appelé à Charenton, où il exerce depuis 1615 jusqu'à sa mort. Jean Mestrezat est avant tout un puissant controversiste qui soutient des débats contre les spécialistes jésuites de la polémique, le P. Véron, le P. Regourd, ce dernier joutant avec lui devant Anne d'Autriche et faisant alors si mauvaise figure que la Reine – selon les huguenots – empêche la publication des Actes de la Dispute. Un autre adversaire confondu par la puissante dialectique de Mestrezat est l'abbé – et futur cardinal – de Retz qu'il entreprend sur la question de l'autorité du Pape, mais qu'il refuse de forcer dans ses derniers retranchements pour ne pas « empêcher l'abbé de Retz d'être cardinal ». Il impressionne jusqu'à Richelieu qui, ayant suggéré à Louis XIII de lui soumettre quelques questions épineuses, admire la hardiesse de ses réponses : « Voilà bien le plus hardi ministre de France. » Dans le débat interne, Mestrezat penche vers l'universalisme hypothétique (rédemption offerte à tous).

Mestrezat qui est père d'une fille, meurt le 2 mai 1657.

L'œuvre de Jean Mestrezat se compose principalement d'écrits de controverse, parmi lesquels on citera des textes comme *Véron ou le hibou des Jésuites*, s. l., 1624, longtemps attribué à Drelincourt, mais qui semble de la plume de Mestrezat ; *De la communion de Jésus-Christ au sacrement de l'Eucharistie, contre les cardinaux Bellarmin et Du Perron*, Sedan, 1624 ; *Le Traitté de l'Escriture saincte contre le jésuite Regourd et le cardinal Du Perron*, Genève/Charenton, 1633 ; *Discours de la grâce contre les prétendus mérites et la justification par les œuvres adressé à M. de La Milletière*, Charenton, 1638 ; *Dispute touchant le schisme et la séparation que Luther et Calvin ont faite de l'Eglise romaine*, Paris, 1655 (BNF).

Au niveau de la controverse interne, il faut signaler la *Déclaration des ministres de Charenton Daillé et Mestrezat contre les livres de Faucheur et Aubertin, aussi ministres de Charenton, de la Cène du Seigneur*, s. l. n. d.

A ce choix s'ajoutent des traités de spiritualité et de très nombreux sermons comme ceux sur l'épître aux Hébreux qui ont été réunis en 1655, à Genève, en cinq volumes [FP].

Sources

BUAM, t. 28, pp. 110-111 ; FEJAG, t. 4, col. 1546 ; FP, t. 7 , pp. 397-401 ; NBG, t. 35, pp. 184-185 ; Archinard, A., « Jean Mestrezat », in *Mémoires et documents publiés par la Société d'Histoire et d'Archéologie de Genève*, Genève, 1865, t. 15, pp. 29-31.

Cioranescu, *XVIIᵉ Siècle*, t. 2, pp. 1412-1414.

BNF, t. 113, col. 402-407.

Milon P.

Consolation à Madame de Guise sur la Mort de Madame. Par P. Milon, Predicateur du Roy, Paris, Jean Guillemot, 1627. [148 ; 192 ; 195 ; 211 ; 216 ; 217 ; 219 ; 228 ; 232]

Il n'a guère été possible de retracer le profil de ce personnage exception faite d'une donnée fournie par la lettre même : son père avait soigné la destinataire, Madame de Guise, « autrefois dans sa maison de Champigny », puis il avait accédé aux fonctions de médecin du roi, « il avait ensuite été Premier médecin de Henri IV » (pp. 4-5). Une trace du personnage se retrouve dans les *Mémoires-Journaux* de L'Estoile qui note pour le mois d'août 1609, au sujet d'un médecin de Gien qui se nommait Petit que « M.

de la Rivière (…) l'avoit nommé au Roy pour succéder en sa place, avec du Laurens et Milon, car c'estoient les trois médecins qu'il avoit jugés les plus dignes et les plus propres pour bien gouverner et panser sa Majesté…» (*Mémoires-Journaux*, éd. cit., t. 9, p. 335). Le *Supplément de la Biographie universelle ancienne et moderne* (Paris, 1843, t. 74, p. 92) précise que le personnage, né en 1553 dans le Poitou, et portant le prénom de Pierre, comptait parmi les sommités médicales de l'époque. Doyen de la Faculté de Poitiers avant d'accéder au service de Henri IV puis de Louis XIII, il se signale par des études sur les vertus médicinales des sources ferrugineuses de la Rocheposay en Touraine. Il meurt le 9 février 1616. Dans une ode *Ad Medicos Academiae Pictaviensis*, Scévole de Sainte-Marthe l'a apostrophé *Milo doctissime* (détail fourni par M. Jean Brunel). Quant au fils, prédicateur du roi, on n'a rien pu en apprendre ; il n'est pas mentionné dans l'*Histoire de la chapelle des rois de France* (par Louis Archon), Paris, N. Le Clerc-Le Mercier, 1711 (t. 2 : *Histoire ecclésiastique de la chapelle*).

Sources

BUAM, t. 74, p. 92 ; L'Estoile, *Mémoires-Journaux, op. cit.*, t. 9, p. 335.

Cioranescu, *XVIIe Siècle*, t. 2, p. 1425.

BNF, t. 115, col. 501.

Montereul de Jean

Consolation à la très-illustre et très-vertueuse Princesse Madame la Duchesse de Montpensier sur le Trespas de Monseigneur son Pere, Paris, Rolin Thierry, 1608. [148]

Jean de Montereul, ou Montreuil, avocat au Parlement de Paris, né dans la deuxième partie du XVIe siècle, mort entre 1618 et 1623, et père de quatre enfants, est l'auteur de plusieurs plaidoyers imprimés, dont le *Plaidoyer pour la Fierté de Rouen*, Paris, 1608, d'une *Harangue faite au Parlement, à la présentation des lettres de provision de Mgr. le garde des sceaux de France*, Paris, 1605, d'un *Tombeau de messire Philippe Desportes* (…), Paris, 1606, d'une *Oraison funèbre de Mgr. le Cardinal de Joyeuse* (...), Paris, 1616, d'un texte consacré au chancelier de Sillery (*N. Brulartus Sillerius, Franciœ cancellarius*, s. l. n. d..). Lachèvre, t. 4, pp. 156-157, donne quelques renseignements sur sa descendance.

Sources

BF, t. 16, pp. 137-138 [Slatkine, t. 3, p. 402] ; Lachèvre, Frédéric, *Bibliographie des Recueils collectifs de Poésies*, Genève, Slatkine Reprints, 1967, t. 1, pp. 263-264 et 4, pp. 156-157.

Cioranescu, *XVIIe Siècle*, t. 2, p. 1484.

BNF, t. 118, col. 210-211.

Montigny Maurice de Laubéran de

Lettre de Monsieur de Montigny, Pasteur en l'Eglise du Plessis-Marly, escritte à Madame de la Tabariere, 10 septembre 1629, in *Lettres de Consolation faites par Messieurs Du Moulin, Mestrezat, Drelincourt, Daillé (...), op. cit.* [178 ; 202 ; 206 ; 215]

Fils de François de Laubéran, célèbre pasteur de l'Eglise Réformée de Paris, professeur à l'Académie de Sedan, et figure de proue de la théologie réformée et de Judith de la Rougeraye, né en 1597. Après ses études à Genève, il accède d'abord au ministère de l'église de Baignolet, puis, en 1626, de celle du Plessis-Marly, ainsi que de celle de Norville. En 1655, il est ministre de Senlis et préside, en cette qualité au synode de Clermont en Beauvoisis (1667). Epoux de Marie de Goris, il est père de plusieurs enfants dont, probablement Gabriel de Laubéran, titulaire présumé d'un certificat de noblesse établi par Turenne en personne, et auteur, en 1667, d'un ouvrage sur la Grandeur de la maison de France.

Sources

FP, t. 6, pp. 421-423.

–

–

Morisot Claude-Barthélemy

Epistre de Nestor à Laodamie sur la mort de Protésilas. Consolation à M. de Bellegarde sur la mort de M. de Termes, Dijon, 1621. [63 ; 64 ; 81 ; 93 ; 128 ; 130 ; 133 ; 135 ; 137]

Claude-Barthélemy Morisot, sieur de Chaudenay et de Vernat, naît à Dijon le 12 avril 1592 de Jeanne Brocard et de Barthélemy Morisot, conseiller héréditaire en la Chambre des Comptes de Dôle. Après ses humanités, il étudie la philosophie avec Cospéan (Cospéan ou Cosnéau, prédicateur français né à Mons, mort à Lisieux (1571-1646) ; évêque de Lisieux, bien vu de Henri IV et de Richelieu, prédicateur élégant) pour faire ensuite des études de droit à Toulouse chez Cardan, qui le fait recevoir avocat par complaisance pour le père. Claude-Barthélemy, qui n'a aucun goût pour le droit, cesse bientôt ses activités au barreau et se consacre aux lettres. Il meurt le 22 octobre 1661.

L'œuvre de Claude-Barthélemy Morisot se signale par une grande diversité. L'auteur s'essaie au genre encomiastique et historique (panégyriques de Henri IV – *Henricus Magnus*, Leyde, Dijon, 1624 – et de Louis XIII – *Panegyricus Ludovico Justo scriptus*, Dijon, 1621 ; histoire de Charles Ier – *Carolus I, Brotannorum Rex a securi & calamo Miltoni vindicatus*, Dublin, 1652 (C) ; *Peruviana*, Dijon, 1644 (BN + C ; Papillon, 1645) / démêlés de Richelieu avec Marie de Médicis et Gaston d'Orléans/, à la géographie (*Relations véritables & curieuses de l'Isle de Madagascar & du Bresil* (...), Paris, 1651, à la géographie et à l'art maritimes (*Orbis maritimus* (...) Dijon, 1643, à la polémique (*Alitophili veritatis lacrymæ*, Genève, 1624 (C), /satire contre les Jésuites/ à la spiritualité (*Paraphrase du Cantique des Cantiques*, s. l. n. d.). On ajoutera des œuvres inspirées de l'antiquité (Fastes d'Ovide, *Publii Ovidi Nasonis Fastorum Libri XII quorum sex posteriores a Cl. Barth. Morisoti, Divion. Substituti sunt*, Dijon, 1649 ; *Commentaria in VI. Libros priores Fastorum Ovidii, & VI. Posteriores & ab illo (Morisoto) substitutos*, s. d. ; *Les Epistres d'Aristenète en François avec des Notes*, s. d. (Papillon), des œuvres diverses (*Querela Apollinis Romani de cardinali Richelæo, quod poeta Gallicos prætulit Romanis*, s. l. n. d.), des lettres (*Epistolarum Centuriæ II*, Dijon, 1656 (C)), produits littéraires plutôt que véritables messages.

Sources

Papillon, Philibert, *Bibliothèque des auteurs de Bourgogne*, 1742, II, Dijon, F. Desventes, pp. 97-99 ; Secret, François, « Claude Barthélemy Morisot, chantre de Rubens et romancier chymique », in *Studi Francesi*, 14, 1970, pp. 77-85.

Cioranescu, *XVIIᵉ Siècle*, t. 2, p. 1503.

BNF, t. 119, col. 940-942.

Nervèze, Antoine de

Consolation envoyée à Madame la Duchesse de Mercœur sur le Trespas de Monseigneur le Duc de Mercœur, Paris, Anthoine du Brueil, 1602. [143 ; 148 ; 188]

Consolation envoyée à Monsieur de Sainct Luc, Paris, Toussaincts Du Bray, 1609. [154 ; 169 ; 193 ; 197 ; 218]

Discours consolatoire à la France. Sur le le trespas de très-haut, puissant, sage & vertueux seigneur Alfonse Dornano, Mareschal de France, & Lieutenant general pour le Roy en Guyenne, Paris, Toussaincts Du Bray, 1610. [51 ; 63 ; 148 ; 149 ; 194]

Consolation à Monseigneur le President Jeanin, Conseiller du Roy en ses Conseils d'Estat, & Controolleur general de ses finances, Paris, Anthoine du Brueil, 1612. [92 ; 93]

Lettre de Consolation envoyée à Monseigneur de Pisieux, Conseiller du Roy en son Conseil, & Secretaire d'Estat Sur le Trespas de Madame de Pisieux, sa femme, fille de Monseigneur d'Alincourt, Lyon, Barthelemy Ancelin, 1613. [158 ; 159 ; 195 ; 197]

Lettre de Consolation à Monseigneur le Duc de Montmorency, sur le trespas de Monseigneur le Connestable son Pere, Lyon, Barthelemy Ancelin, 1614. [18 ; 158 ; 172 ; 186 ; 197 ; 201 ; 210 ; 236]

Lettre de Consolation à Monseigneur le Duc de Nevers. Sur le trespas de Madame la Duchesse de Nevers, Paris, Pierre Des-Hayes, 1618. [92 ; 149 ; 150 ; 170 ; 194 ; 197]

Lettre Consolatoire à Monseigneur le Mareschal de Themines, sur le trespas de Messieurs les Marquis de Themines, & de Lozières ses Enfans, l'un mort devant Montauban, & l'autre devant Monhurt, Jean Oudot, Tours, 1622. [148 ; 154 ; 170]

Antoine de Nervèze né vers 1570 est originaire d'Angers ou de Poitiers, ville où il passe quelques années de sa jeunesse et où il se lie d'amitié avec Scévole de Sainte-Marthe. Il s'associe très tôt au futur Henri IV alors que celui-ci est encore roi de Navarre. Aussi ce prince, installé sur le trône de France, le fait-il secrétaire de sa chambre. Après la mort du roi, Antoine de Nervèze s'attache à la personne du prince de Condé à qui il conseille en vain de se tenir à l'écart des troubles qui éclatent sous la régence de Marie de Médicis. Si on ignore la date exacte de la mort de Nervèze, Richelet croit cependant savoir qu'il vit encore en 1622. Goujet, en revanche – et qui le présente sous le nom de Guillaume Bernard de Nervèze (voir Notice suivante) – situe sa mort « dès les premières années du règne de Louis XIV », en « 1614 ou l'année suivante » (*Bib. franç.* t. 14, p. 223 ; Slatkine, t. 3, p. 181). Toutefois, les lettres de consolation – ouvrages d'actualité – postérieures à cette date, rendent l'hypothèse caduque.

L'œuvre de Nervèze est d'abord celle du romancier s'inspirant parfois des Italiens (*Les Amours d'Olimpe et de Birène, faits à l'imitation de l'Arioste*, Paris, 1599 (C) ; *Hiérusalem assiégée, où est descrite la délivrance de Sophonie et d'Olinde, ensemble avec les amours d'Hermine, de Clorinde et de Tancrède, à l'imitation de Torquato Tasso*, Paris, 1599 (C)), et décrivant toujours la relation amoureuse, « véritable centre de [son] intérêt » (Y. Giraud). Ainsi on citera *Les Amours de Philandre et de Marizée*, Marseille, 1598 (C) ; *Les chastes et infortunées amours du baron de L'Espine et de Lucrèce de La Prade*, Langres, 1598 (C); *Les hasards amoureux de Palmélie et de Lisirée*, Paris, 1600 (C) ; *Les religieuses amours de Florigène et de Méléagre*, Paris, 1602 (C ; Giraud : 1600) ; *Le triomphe de la constance où sont descriptes les amours de Cloridon et de Melliflore*, Paris, 1602 2ᵉ éd (C ; Giraud : donne 1600 avec ?), *Les advantures guerrières et amoureuses de Léandre*, Paris, 1608 (C) ; *Les victoires* (Giraud : La Victoire) *de l'amour divin, sous les amours de Polydore et de Virgine* (Giraud : Polidore et Virginie), Lyon, 1608 (C ; Giraud : 1605 avec ?).

A un second niveau, on relève d'assez nombreux écrits de spiritualité tels *Les Méditations très dévotes en forme de prières*, Paris, 1599, *L'exercice dévot de la courtisane repentie, à l'imitation de la Magdeleine*, Paris, 1601 (2ᵉ éd.) (C ; BNF : figure comme 3ⁱᵉᵐᵉ traité dans *Recueil des traictez spirituels de l'éloquent Nervèze*, Arras, 1605), *Les Larmes et le martyre de S. Pierre*, Paris, 1601 (2ᵉ éd.), *Les Méditations sur le mystère de la sepmaine saincte*, Paris, 1601 (C ; BNF, Recueil cit., 6ⁱᵉᵐᵉ traité), *Le Jardin sacré de l'âme solitaire*, Paris, 1602 (C), les *Dix traductions du Super flumina Babylonis* (...) (œuvre collective), Paris, 1606 (C), les *Œuvres chrestiennes*, Paris, 1606 (C), *Les poèmes spirituels*, Paris, 1606 (C), l'*Entretien évangélique de l'âme dévote...*, Paris, 1612 (C)... On compte en outre un traité pédagogique (*La guide des courtisans*, Lyon, 1613/C/ ; BNF, in *Les Œuvres morales du sieur de Nervèze*, Paris, 1610), des œuvres d'inspiration politique (*Le flambeau royal par lequel le prince est esclairé de Dieu pour esclairer ses peuples*, Paris, 1615 (C); *Le remerciement de la France au Roy sur le subjet de la paix*, Paris, 1616), une biographie (*Histoire de la vie et trespas de Charles de Lorraine, duc de Mayenne*, Paris, 1613 (C)), de très nombreux écrits de circonstance, commandés par des faits divers (naissance du Dauphin, 1601, accident des souverains en passant l'eau au pont de Neuilly, 1606, exécution d'une jeune femme à Padoue, 1609, actions de grâces à diverses occasions etc.), des œuvres poétiques (les *Essais poétiques*, Paris-Rouen, 1610), des œuvres « morales », enfin, dans le genre funèbre, des oraisons, des discours, des tombeaux de la même veine que les lettres consolatoires données plus haut.

Sources

BF, XIV, pp. 221-228 [Slatkine, t. 3, pp. 181-183] ; BUAM, t. 30, col. 326-327 ; NBG, t. 37, col. 767-768 ; Giraud, Yves, « Parlez-nous d'amour : roman et sentiment chez Nervèze », in *Travaux de Littérature publiés par l'ADIREL*, Paris, Klincksieck, 1993, t. 5, pp. 103-124 ; Id., « L'insertion épistolaire dans le roman sentimental de Nervèze », in *Les genres insérés dans le roman*, Lyon, CEDIC, 1994, pp. 113-126 ; Id., « La Poésie amoureuse d'Antoine de Nervèze », in *Mélanges L. Terreau*, Paris, Champion, 1994, pp. 371-394 ; Id., *Antoine de Nervèze, Les Essais Poétiques*. Texte établi, présenté et annoté par Yves Giraud, Paris, Société des Textes Français Modernes, 1999 (bibliographie, pp. XXXV-XXXVI : on trouve les titres cités ci-dessus, ainsi que les articles et thèses suivants : Bridonneau, Nicole, *L'œuvre Poétique de Nervèze*, thèse 3ᵉ Cycle, Nantes, 1983 ; Bungs, Dzintra, *Les œuvres romanesques d'Antoine de Nervèze*, thèse Fordham, 1972 ; Oddo, N., « Antoine de Nervèze, pieux Protée ou caméléon mondain ? », in *Littératures classiques*, 31, 1997, pp. 39-62 ; Traverso, G. C., *Stoicism in the 'Epîtres morales' of Nervèze*, thèse Fordham, 1978 ; Verdier, Gabrielle, « Lire Nervèze ? Rhetoric and readibility in early XVIIth Century Narrative », in *Papers on French Seventeenth Century Literature*, XII, 1985, pp. 431-449 ; Zuber, Roger, « Grandeur et misère du style Nervèze », in *L'Automne de la Renaissance*, Paris, Vrin, 1981, pp. 53-64.

Cioranescu, *XVIIᵉ Siècle*, t. 3, pp. 1516-1517.

BNF, t. 123, col. 611-616.

Nervèze (de) Guillaume-Bernard

C'est sous ce nom (sans particule) que Cioranescu donne les œuvres suivantes, tout en signalant le caractère douteux de l'information :

Consolations funebres sur la mort de très-hault Seigneur Messire Albert de Gondy Duc de Rais, Pair & Mareschal de France, par G. B. N., Paris, Estienne Colin, 1602.

A Monseigneur l'illustrissime Cardinal de Gondy. [23 ; 24 ; 26 ; 33 ; 35 ; 38 ; 39 ; 40 ; 49 ; 56 ; 57 ; 58 ; 60 ; 63 ; 67 ; 107 ; 111 ; 124 ; 145 ; 176 ; 178 ; 193 ; 197 ; 225 ; 229 ; 231]

A Monseigneur le Reverendissime Evesque de Paris. [23 ; 24 ; 33 ; 38 ; 47 ; 49 ; 52 ; 58 ; 61 ; 74 ; 76 ; 91 ; 105 ; 108 ; 114 ; 115 ; 126 ; 130 ; 146 ; 188 ; 193 ; 196 ; 197]

A Madame la Duchesse de Rais. [35 ; 146 ; 148 ; 183 ; 187 ; 190 ; 193 ; 197 ; 209 ; 216]

(Le *Dictionnaire des Ouvrages Anonymes* d'Antoine-Alexandre Barbier signale de même la *Consolation funèbre sur la mort d'Albert de Gondy, duc de Raïs*, par G. B. N. (Guillaume-Bernard Nervèze). Paris, 1602 in-8°).

Le nom Guillaume-Bernard de Nervèze provient sans doute de Goujet qui l'avance dans l'Index du tome 15 de la *Bibliothèque françoise* (Slatkine, t. 3, p. 262) pour les pages 65 et 69 avec la graphie suivante : Nervéze (Guillaume-Bernard de), où il en parle sommairement. D'abord, p. 65, pour l'énumérer parmi les auteurs de recueils de poésie en français sur la mort de Henri IV écrits entre 1610 et 1611 : « Nicolas le Digne ; Nerveze ; Billard de Courgeney » etc., ensuite, p. 69, au sujet d'un poète du nom de Louis de Chabans, sieur du Maine : « Ce Poëte, loué par Meinard, Nerveze, & ce qui lui est beaucoup plus glorieux, par Malherbe... ». Mais c'est surtout au tome 14 qu'il consacre à Guillaume-Bernard de Nervèze une notice de non moins de neuf pages (221-229). Or il en appert qu'il identifie Guillaume-Bernard avec Antoine de Nervèze. Peut-on donc conclure à l'identité entre l'auteur des trois lettres et Antoine de Nervèze ? Plusieurs considérations infirment l'hypothèse :

γ aucun critique consulté n'attribue les trois lettres ci-dessus à Antoine de Nervèze

γ aucune des trois lettres n'est signée, alors que toutes les lettres d'Antoine de Nervèze le sont (Nervèze ou de Nervèze)

γ le style des lettres d'Antoine de Nervèze est très différent de celui des trois lettres de G. B. N : celles-ci, extrêmement pathétiques, regorgent d'allusions à l'antiquité gréco-latine (mythologie, histoire etc.), alors que les lettres d'Antoine de Nervèze sont sobres sur ce point.

Il paraît donc imprudent de postuler l'identité entre Antoine de Nervèze et G. B. N, et ce en dépit du fait que plusieurs dictionnaires biographiques, suivant

Goujet, l'établissent. Ainsi la *Nouvelle biographie* de Hœfer, donne l'entrée suivante : « Nervèze (A. De) Goujet lui donne les prénoms Guillaume-Bernard. D'autres biographes pensent que l'initiale A. dont il fait précéder son nom, doit être celle d'Antoine », la *Biographie Universelle de Michaud*, la suivante : « Nervèze (Antoine, sieur de). L'abbé Goujet lui donne les prénoms de Guillaume-Bernard, et il a été suivi par les auteurs de la *Nouvelle Bibliothèque de France*, et par Philipon, *Dictionnaire des poètes français*. Mais Nervèze n'a jamais fait précéder son nom que de l'initiale A. que d'autres biographes croient être celle d'Antoine ».

Quant à l'identité de celui-ci, elle demeure incertaine. On peut au mieux déduire de la première des lettres (pp. 7-8) que l'auteur, déjà âgé, est un obligé du cardinal de Gondy qui a soulagé son indigence (« Non que j'entende mal augurer de l'heureuse & desirée santé de celuy duquel ie tiens tous les biensfaicts que ie possede au monde, encore que ie ne sois pas de cinq cens le dernier qu'ayez obligé & rendu les iours incertains d'une calamiteuse vieillesse plus supportables & doux par les charitables faveurs de vos graces liberales »), et de la troisième (p. 65) qu'il a mangé à la table du défunt (« Je n'en parle point en flatteur, par (sic) j'ay apprins, ou j'ay ouy dire, mais comme tesmoin oculaire porteur de pure verité, qui ay long temps eu cest honneur de manger le pain de sa table »). Dans son édition des *Essais poétiques* d'Antoine de Nervèze (voir *Sources* de la Notice précédente), Y. Giraud avance l'hypothèse que Guillaume-Bernard est « probablement [le] frère » d'Antoine de Nervèze (*op. cit.*, p. VI, n. 3).

S'agit-il du frère mentionné dans le poème d'Antoine *A la Memoire de Monsieur de Nerveze mon Pere,* (*Œuvres poétiques*, op. cit., pp. 271-275) qui écrivit un « Tombeau » latin à l'occasion du décès de son père comme l'attestent les vers 23 et 24 : « Mon aisné vostre fils d'une Muse latine / A vostre tumbe offrit une offrande divine », vers dont l'éditeur n'a pu trouver trace (*op. cit.*, p. 275, a) ?

On notera enfin que dans ses *Supercheries Littéraires dévoilées* (t. 2, col. 1242), J.-M. Quérard présente le nom de Nervèze en tant que pseudonyme de Guillaume Bernard ; Bernard, ici, de prénom, devient patronyme. Et il ajoute comme œuvre « Le Songe de Lucidor, où sont représentés les regrets sur la mort de Théophile », Paris, Dubreuil, 1611, texte qui figure dans le catalogue BNF dans l'entrée *Antoine de Nervèze* (t. 123, col. 612-13). En fait, il existe bien un poète du nom de Guillaume Bernard : Lachèvre le répertorie d'abord au t. 1 de son *Recueil* (p. 197), puis au t. 4 (p. 59). Le personnage signe GBS, la dernière lettre tenant pour « Secrétaire ». Lui sont dus plusieurs textes poétiques insérés dans des recueils publiés entre 1597 et

1635 (Lachèvre, *op. cit.*, t. 4, p. 59 ; ceux cités par Lachèvre se situent dans une fourchette entre 1601 et 1603 : voir *op. cit.*, t. 1, p. 197 et t. 4, p. 59). D'un point de vue chronologique, il a donc été le contemporain de GBN, mais on n'a rien pu trouver au-delà. De même pour Goujet qui mentionne le personnage (*Bibliothèque françoise*, t. XIV, pp. 55-56, Slatkine, t. 3, pp. 139-40) avec un jugement dirimant pour sa poésie amoureuse, sans plus.

Sources

BF, t. 14, pp. 221-229 [Slatkine, t. 3, pp. 181-183] ; t. 15, p. 65 et p. 69 [Slatkine, t. 3, p. 262] ; Barbier, Antoine-Alexandre, *Dictionnaire des Ouvrages Anonymes*, Troisième édition, revue et augmentée par MM. Olivier Barbier, René et Paul Billard, Paris, Féchoz et Letouzey, 1882, t. 1, col. 727. Frédéric Lachèvre, *Bibliographie des Recueils collectifs de poésies publiés de 1597 à 1700, op. cit.*, t. 1, p. 268 et t. 4, p. 161. Voir aussi Notice précédente : Antoine de Nervèze. Quérard, J.-M., *Les Supercheries littéraires dévoilées* (…), Paris, G.-P. Maisonneuve et Larose, 1869-70, 3 vol.

Cioranescu, *XVIIᵉ Siècle*, t. 3, p. 1517.

BNF, t. 123, col. 616.

Nervèze de Suzanne

Lettre de Consolation à Monseigneur le duc de Vantadour (...) sur la mort de Monseigneur le Duc de Vantadour, son Frere, Chevalier des ordres du Roy, & Lieutenant pour le Roy au païs de Limosin, Paris, Guillaume Sassier, MCDXXXXIX, 8 p. [18 ; 156 ; 216]

Lettre de Consolation à la Reine d'Angleterre sur la mort du Roy, son Mary. Et ses dernières paroles, Paris, Guillaume Sassier, 1649, 8 p. [213; 214; 235]

De la vie de Suzanne de Nervèze, on ne sait guère que les liens de famille que certains lui prêtent avec Antoine de Nervèze dont elle serait la nièce ou la sœur. Lachèvre, qui cite un recueil de poésies de 1658 – *Les Œuvres diverses tant en vers qu'en prose ; dédiées à Madame de Mattignon. Par Octavie* – mentionne l'hypothèse du Catalogue Sazerac de Forges (1881) d'après laquelle Octavie serait « une fille de Nervèze » (*Bibliographie*, t. 2, p. 101). Dans l'Index (*ibid.* p. 764), il l'enregistre sous le nom de Suzanne de Nervèze. Le *Dictionnaire des Précieuses* qui la cite sous le nom de *Nérésie*, la place parmi les précieuses les plus connues : « Quand Neresie ne seroit

pas dans ce Dictionnaire, chacun sçayt assez qu'elle est veritable pretieuse. »
(t. 1, p. 174). La *Clef du Dictionnaire* par Livet, cite le *Cercle des Femmes
savantes* de Jean de La Forge (1661) qui s'exprime dans le même sens :
« Mlle de Nerveze s'est fait remarquer par tant de beaux écrits qu'il seroit
inutile de vouloir ajouter quelque chose à sa louange » (*Dictionnaire, op.
cit.*, p. 309).

Son œuvre – nombreuse mais non volumineuse : la plupart de ses écrits ne
dépassent pas la douzaine de pages – est essentiellement d'inspiration
politique. A part les deux lettres de consolation, et deux textes relevant de la
littérature et de la morale (*Les Grandeurs de l'Astrée, avec des charmes et
des grâces. A Mgr. de Séguier* (...), s. l., 1636 [Pièce] (C); *Pensées
chrestiennes et morales, dédiées à Monsieur, frère du Roy*, Paris, 1662 (C)),
les autres reflètent le souci du rétablissement de la paix publique (*Lettre
d'une religieuse présentée au Roi et à la Reine le 1er février 1649 pour
obtenir la paix*, Paris, 1649 [Pièce] ; *Lettre d'une bourgeoise de la paroisse
Saint-Eustache, présentée à Mademoiselle suppliant son Altesse de vouloir
agir pour la paix du royaume*, ibid., 1649, 12 p. ; *La Monarchie affligée avec
ses consolations politiques et religieuses, A Mgr le Prince de Conty*, Paris,
1649, 7 p. ; *Le plus heureux jour de l'année par le retour de Leurs Majestés
dans leur bonne ville de Paris. A Mgr. L'Eminme Cardinal Mazarin*, Paris,
1649, 8 p. ; *Le Te Deum des dames de la cour et de la ville en action des
(sic) grâces de la paix, et l'heureuse arrivée de Leurs Majestés dans leur
bonne ville de Paris, présentés (sic) à la Reine*, Paris, 1649 34 p. ; *Discours
héroïque présenté à la Reine Régente pour la paix*, Paris, 1649, 8 p.), ou
encore sont de nature panégyrique (*Le Resonnement chrestien*, (...), Paris,
1643 (C), portrait flatteur de Mazarin ; *Mars et Minerve agissant en
l'honneur du diadème royal par les très-hauts exploits de son Eminence
(Mazarin)*, s. l., 1652 (C) ; *Discours panégyrique du duc d'Orléans*, 1649 ;
Le Panégyrique royal, (présenté au couple royal), 1649, quelques autres encore. On ajoutera des textes relatifs à des événements politiques, telle
l'arrivée du roi d'Angleterre à Saint-Germain-en-Laye (1649), l'entrée du roi
et de la reine à Paris (1660), enfin un ouvrage polémique, *Le Rieur de la
Cour*, Paris, 1659 ; Yves Giraud (*Essais Poétiques d'Antoine de Nervèze, op.
cit.*, p. VI, n.3) mentionne, pour l'année 1645, un petit roman inspiré du
Tasse, *La Nouvelle Armide*.

Sources

De la Bouralière, A., *Biographie Poitevine ou Dictionnaire des Auteurs
Poitevins et des Ouvrages publiés sur le Poitou jusqu'à la fin du XVIIIe
siècle*, Poitiers, Société des Antiquaires de l'Ouest, Mémoires, 3e série, t. I,

1907, (publié en 1908), p. 412. Lachèvre, F., *Bibliographie, op. cit.*, t. 2, p. 101 et p. 764. Somaize, Baudeau de, *Le Dictionnaire des Precieuses par le sieur de Somaize. Nouvelle édition augmentée de divers opuscules du même auteur relatifs aux Precieuses et d'une Clef historique et anecdotique par M. Ch.-L. Livet*, Paris, 1856, Kraus Reprint, Nendeln/Liechtenstein, 1970, t. 1, p. 174.

Cioranescu, *XVIIe Siècle*, t. 3, pp. 1517-1518.

BNF, t. 123, col. 616-619.

Pelletier Thomas

Lettre de Consolation à la Royne Mere du Roy, sur la mort de feu Monseigneur le Duc d'Orléans, Paris, François Huby, 1611. [150 ; 181 ; 190 ; 195 ; 197 ; 207 ; 211 ; 219]

Lettre de Consolation à (...) Catherine de Clèves, (...), Paris, François Huby, 1614. [34 ; 39 ; 95 ; 150 ; 197 ; 230 ; 239]

Lettre de Consolation sur la mort de feu Monseigneur l'illustrissime Cardinal de Retz, Paris, Antoine Estienne, 1622. [23 ; 25 ; 39 ; 40 ; 144 ; 186 ; 207 ; 230]

Lettre de Consolation sur la mort de feu Monseigneur de Sillery, Chancelier de France, Paris, Adrian Bacot, 1624. [25 ; 26 ; 34 ; 39 ; 144 ; 152 ; 159 ; 182 ; 197 ; 235]

Lettre de Consolation sur la mort de feu Monsieur l'Evesque Daire, Paris, Adrian Bacot, 1625. [194]

Thomas Pelletier, appartenant probablement à une famille de médecins loudunois qui persiste dans la foi réformée après la Révocation de l'Edit de Nantes, fit un grand éclat en passant au catholicisme et en manifestant sa nouvelle croyance par de multiples écrits dont certains ne furent pas sans conséquences pour son éditeur J. Jannon demeuré fidèle, lui, à la Réforme. Ayant imprimé, en effet, le manifeste de la conversion de Thomas Pelletier – *La Conversion du Sr Pelletier à la foy catholique, en laquelle il représente au naïf les vrayes et infaillibles marques de l'Eglise contre les opinions des calvinistes*, Paris, 1609 – ainsi que que sa *Response à l'Apologie du Roy d'Angleterre*, les pasteurs de Charenton qui estiment ces livres « directement contraires à la profession et doctrine de leurs Eglises » (L'Estoile, *Mémoires-Journaux*, janvier 1610), l'excluent pour un temps de la Cène et interdisent la vente des ouvrages. Pelletier lui-même ne rallie pas tous les suffrages catholiques, et la Sorbonne, l'ayant d'abord approuvé, trouve cependant « qu'il avoit en sondit livre (probablement la *Conversion*) au *Discours de l'Eucharistie* tout plain de choses qui ressentoient encore l'Hérésie et le Huguenotisme, dont il avoit fait profession » (*ibid.*).

L'œuvre de Thomas Pelletier est consacrée en partie à la polémique religieuse, où il s'emploie avant tout à combattre les Réformés et à défendre les Jésuites (*La religion catholique soutenue en tous les poincts de sa doctrine, contre le livre adressé aux rois, potentats et republiques de la chrestienté par Jacques I, roy d'Angleterre*, Paris, 1610 ; *Réfutation des erreurs et impertinences du sieur Du Plessis*, Paris, 1611 ; *Le Pacifique aux calomniateurs des P. jésuites, salut et augmentation de cervelle*, Paris, 1610 ; *Remonstrance (...) à Messieurs de la Cour, en recommandation du bon droict que poursuivent les Pères jésuites sur leur rétablissement en l'Université de Paris (...)*, Paris, 1610 ; *Apologie ou défense pour les PP. Jésuites contre les calomnies de leurs ennemis (...)*, Paris, 1626.

Par ailleurs on note des ouvrages historiques (*Histoire des Ottomans, grands seigneurs de la Turquie*, Paris, 1600) et des textes inspirés par de très nombreux faits de l'actualité politique (Mort de Henri IV : *De l'inviolable et sacrée personne des rois, contre tous assassins et parricides qui osent attenter sur leurs Majestez*, Paris, 1610 ; *Discours lamentable sur l'attentat commis en la personne de Henri IV*, Paris, 1610 ; Mariages royaux : *L'esjouissance des François, sur la solennité et publication des nouvelles alliances de France et d'Espagne*, Lyon, 1612 ; La question anglaise : *Discours politique à Jacques Ier sur son heureux advènement ès couronnes d'Angleterre et d'Irlande (...)*, Paris, 1603.)

D'autres commémorent des décès (outre les lettres du corpus, voir les discours funèbres sur la mort du comte d'Anguis (1611), de Charles de Lorraine (1611), du sieur Carrier (1614), de M. de Villery (1617), de Philippe III d'Espagne (1621), de François de Bonne, duc de Lesdiguières (1626), de M. de Souvré (1626), du P. Coton (1626).

Enfin on signalera des ouvrages d'orientation pédagogique ou morale (*La nourriture de la noblesse, où sont représentées toutes les belles vertus qui peuvent accomplir un jeune gentilhomme*, Paris, 1604 ; *Un dialogue de Lucian (...) où l'autheur représente (...) quel est le salaire de la vertu et quelle la punition du vice*, Paris, 1612).

Sources

FEJAG, t. 5, col. 1825 (très sommaire) ; FP, t. 8, p. 180 ; L'Estoile, *Mémoires-Journaux, op. cit.*, t. 9, p. 141.

Moréri, *Supplément aux anciennes éditions du Dictionnaire historique*, Paris, Jean-Baptiste Coignard, 1714, col. 740.

Cioranescu, *XVIIe Siècle*, t. 3, pp. 1599-1600.

BNF, t. 132, col. 619-626.

Raconis de Charles-François d'Abra

Lettre de Consolation Addressée à Monsieur d'Herbaut Secretaire d'Estat sur le Trespas de feuë Madame d'Herbaut, sa femme, Paris, s. n., 1628. [61 ; 98 ; 176 ; 179 ; 185 ; 196 ; 229 ; 232 ; 235 ; 236 ; 237 ; 239]

Charles-François d'Abra de Raconis est né au château de Raconis, près de Chartres, en 1580 [Pannier, p. 409 : au château de Havelu, près de Dreux ; Vidal, p. 328 : au château de Raconis, près de Montfort-l'Amaury], dans une famille protestante, liée, d'ailleurs à Ninon de Lenclos qui appelle Charles « mon Oncle » (Pannier, p. 409). « Nourri dans l'erreur jusqu'à l'âge de treize ans » par le ministre Biolet (*Lettre de Madame la baronne de Courville escrite à Madame de Montigny sa mère*, Paris, Pierre de Forge, 1617, cit. par Pannier, p. 410, n. 1), il se convertit dans la suite et s'engage pour la cause catholique. Distingué théologien, il professe la théologie dans plusieurs collèges parisiens avant d'être appelé à la chaire de théologie du Collège de Navarre et en même temps aux fonctions d'aumônier de Louis XIII. En 1637, il est nommé au siège épiscopal de Lavaur qu'il gère, aussi dans le temporel, avec un engagement qui ne rallie pas toujours tous les suffrages. (Voir ci-dessous *Sources*, Vidal, *Un évêque de Lavaur au XVIIe siècle*). Il meurt dans sa soixante-sixième année.

L'œuvre d'Abra de Raconis est essentiellement de controverse théologique, et il croise le fer tant avec les Réformés (*Responce à l'épître de quatre ministres de Charenton*, Paris, 1617 ; *Traité pour se trouver en conférence avec les hérétiques*, Paris, 1618) qu'avec les jansénistes (*Traité contre le livre de la fréquente communion*, Paris, 1644/1645, objet d'un débat particulièrement animé ; *Continuation des examens de la doctrine de feu l'abbé de Saint-Cyran et de sa cabale*, Paris, 1645). Mais elle comporte aussi des traités philosophiques (*Totius philosophiæ, hoc est logicæ, moralis, physicæ et metaphysicæ brevis tractatio*, Paris, 1622), et de spiritualité

(*Riches et excellents parallèles entre Dieu et l'âme, le prototype et son image*, Paris, 1625). On notera enfin quelques apports biographiques (*La Vie et la mort de Madame de Luxembourg, duchesse de Mercœur*, Paris, 1625 ; *Lettre sur la mort du maréchal de Schomberg*, Paris, 1633/d'Artigny/). Dans son étude sur Abra de Raconis, Vidal, sur la foi de la *Gallia Christiana*, cite quelques autres titres, tous de spiritualité.

Sources

FEJAG, t. 6, col. 1208-1209 ; FP, t. 8, pp. 361-362 ; NBG, t. 1, col. 142-143 ; Artigny, Antoine Gachet d', *Nouveaux mémoires d'histoire, de critique et de littérature*, Paris, Debure l'aîné, 1756, t. 7, pp. 256-279 ; Pannier, Jacques, *L'Eglise Réformée de Paris sous Louis XIII, op. cit.*, pp. 409-414 ; Vidal, Auguste, « Un évêque de Lavaur au XVIIe siècle », in *Revue historique, scientifique et littéraire du Département du Tarn*, Cinquième Volume, Albi, Noguiès, 1885, pp. 328-364.

Cioranescu, *XVIIe Siècle*, t. 1, pp. 185-186.

BNF, t. 1, col. 95-97.

Richeôme Louis

Consolation envoyee à la Royne Mere du Roy, et Regente en France, Sur la mort deplorable du feu Roy très-chrestien de France & de Navarre HENRY IV, son très-honoré Seigneur Mary. Par Louys Richeôme, Provençal de la Compagnie de JESUS, Lyon, Pierre Rigaud, 1610. [22 ; 23 ; 26 ; 34 ; 35 ; 39 ; 40 ; 52 ; 62 ; 65 ; 66 ; 67 ; 69 ; 77 ; 80 ; 84 ; 116 ; 121 ; 147 ; 156 ; 189 ; 191 ; 194 ; 197 ; 209 ; 213 ; 214 ; 215]

Louis Richeôme naît à Dijon en 1544. Elève, en 1564 au Collège de Clermont, du P. Jean Maldonat (1533-1583), Jésuite espagnol de grande renommée, mal vu par la Sorbonne, mais à qui Grégoire XIII confia l'édition de la bible grecque des Septante, il entre, une année plus tard, chez les Jésuites, où il profite encore de la direction spirituelle de Maldonat. Ses études achevées, on l'envoie à l'Université de Pont-à-Mousson, alors foyer de la renaissance catholique, puis à Dijon, où il fonde le collège fréquenté plus tard par Bossuet. Dans la suite on le retrouve à Lyon, à Bordeaux, à Rome, occupant tous les postes à responsabilité de la Compagnie, et dans cette dernière ville celui d'« assistant de France » qu'il revêt de 1607 à 1616. En 1605, il est à la Cour, convoqué par le P. Coton qui l'associe à ses affaires. Il familiarise Henri IV avec les Jésuites et écrit à l'intention du dauphin un catéchisme royal. Il meurt à Bordeaux en 1625.

Une édition complète des œuvres de Louis Richeôme paraît, à titre posthume, en 1628. A côté d'une part importante faite à la spiritualité et à la pédagogie religieuse (*L'adieu de l'âme dévote laissant le corps, avec les moyens de combattre la mort par la mort et l'appareil pour partir heureusement de ceste vie mortelle*, Tournon, 1590 (C) ; *Le Catéchisme royal dédié à Mgr. le Dauphin en la cérémonie de son baptesme*, Lyon, 1607 (C) ; *La peinture spirituelle ou l'art d'admirer, aimer et louer Dieu en toutes ses œuvres (...)*, Lyon, 1611 (C) ; *La guerre spirituelle entre l'âme raisonnable et les trois ennemis d'icelle, le diable, le monde et la chair (...)*, Troyes, 1627 (C)) et tant d'ouvrages sur les sacrements, surtout celui de l'Eucharistie, la Vierge, les reliques, les pèlerinages, l'immortalité de l'âme, le Jugement..., l'œuvre de Richeôme est consacrée à la défense de la Compagnie et à la polémique contre les Jansénistes et contre les Réformés (Défense des Jésuites : *Très-humble remonstrance et requeste des religieux de la C. J. au très-chrestien roy de France et de Navarre, Henri IIII*, Bordeaux, 1598 ; *La chasse du renard pasquin descouvert et pris en sa tanière du libelle diffamatoire faux-marqué le Catéchisme des Jésuites*, Villefranche, 1602 ; *Plainte apologétique au roy très-chrestien (...) pour la CJ contre le libelle (...) « Le franc et véritable discours »*, Bordeaux, 1603 ; *Examen catégorique du libelle « Anti-Coton »*, Pont-à-Mousson, 1613. Polémique contre les jansénistes : *La vérité défendue pour la religion catholique en la cause des jésuites, contre le plaidoyer d'Antoine Arnaud*, Toulouse, 1595. Polémique contre les Réformés : *La saincte messe déclarée et défendue contre les erreurs sacramentaires de nostre temps ramassez au livre de l'institution de l'eucharistie de du Plessis*, Bordeaux, 1600 ; *Victoire de la vérité catholique contre la fausse vérification du sieur Du Plessis sur les lieux impugnez de faux au livre de la S. Messe*, Bordeaux, 1601 ; *L'idolâtrie huguenote figurée au patron de la vieille payenne (...)*, Lyon, 1608 ; *Le Panthéon huguenot descouvert et ruiné, contre l'auteur de l'Idolatrie papistique, ministre de Vauvert (...)*, Cambrai, 1610).

On note enfin une autre lettre de consolation : *Lettre consolatoire écrite à Rome à Madame de Molac, sur le trépas inopiné de feu René de Rieux, marquis d'Assérac, son fils*, Paris, 1609.

Sources

FEJAG, t. 6, col. 2039-2040 ; Bremond, *Histoire littéraire du sentiment religieux en France depuis la fin des guerres de religion jusqu'à nos jours*, Paris, A. Colin, 1967, t. 1, pp. 17-67 ; Sommervogel, t. 6, col. 1815-1831.

Cioranescu, *XVIIe Siècle*, t. 3, pp. 1734-1735.

BNF, t. 151, col. 432-441.

Rivet André

Lettre de Monsieur Rivet, Ministre du S. Evangile, Docteur & Professeur en Theologie en l'Université de Leyden, escritte à Monsieur de la Tabariere (3 octobre 1629), in *Lettres de consolation faites par Messieurs Du Moulin, Mestrezat, Drelincourt (...), op. cit.* [178 ; 194 ; 214 ; 216]

A Madame de la Tabariere (3 octobre 1629). [212]

André Rivet naît à Saint-Maixent au début des années 70 du XVIe siècle – ses biographes indiquent des dates divergentes – dans une famille acquise à la Réforme. Il fait ses rudiments à Niort pour passer ensuite au collège de La Rochelle et à l'académie d'Orthez. Maître-ès-arts en 1592, il commence sa théologie et accède au pastorat en 1595. Son premier poste est à Thouars, comme chapelain du duc de La Trémoïlle, puis de la princesse douairière, originaire de la maison d'Orange. Dès le début de son ministère, son excellente réputation lui fait obtenir toutes sortes d'honneurs, députations aux synodes, missions. Ainsi en 1610, après l'assassinat de Henri IV, le églises du Poitou le chargent d'assurer Marie de Médicis de leur fidélité. En 1620, il est appelé à la chaire de théologie de Leyde sur recommandation de Pierre Du Moulin qui n'avait pas voulu accepter cette charge. Son rayonnement, qui attire dans l'université hollandaise un nombre croissant d'étudiants français, lui vaut le préceptorat de Guillaume, fils unique du stadhouder Frédéric-Henri. Il meurt le 7 janvier 1651.

André Rivet avait épousé en première noces Susanne Oiseau qui lui donna sept enfants et mourut en 1620. Il demande alors la main de Marie Du Moulin, sœur de Pierre Du Moulin, retirée à Londres depuis la mort de son premier mari, tombé au champ d'honneur. A cette occasion, André Rivet fait le déplacement d'Angleterre pendant lequel il est agrégé à l'Université d'Oxford.

L'œuvre d'André Rivet, pour l'essentiel, est de controverse, d'exégèse, pédagogique et événementielle. Pour la controverse, avec les catholiques, on pourra retenir des titres comme la *Response aux demandes de J. Cristi, docteur en Sorbonne (...) en un livret intitulé : Le Resveille-matin des ministres*, s. l., 1600 (C) ; l'*Eschantillon des principaux paradoxes de la papauté (...)*, La Rochelle, 1603 ; le *Sommaire et abrégé des controverses de nostre temps,* La Rochelle, 1608 ; le *Triomphe de la vérité,* Saumur (C), 1610 ; le *Critici sacri specimen,* s. l., 1612 ; le *Jesuita vapulans* (...), Leyde, 1635 (C) ; la *Response à trois lettres du sieur La Milletière, sur les moyens de réunion en la religion* (…), Quévilly, 1642 etc.

A cela s'ajoutent quelques ouvrages de controverse interne tel le *Synopsis doctrinæ de natura gratiæ, excerpta ex Mosis Amyraldi tractatu de prædestinatione,* Amsterdam, 1649. Pour l'exégèse, on pourra noter *l'Isagoge seu Introductio generalis ad Scripturam sacram (...),* Dordrecht, 1616 ; le *Commentarius in Hoseam prophetam, (...)* Leyde, 1625 ; les *Commentarii in librum secundum Mosis (...),* Leyde, 1634 ; la *Via vitæ, meditationes in Ps. CXIX,* Leyde, 1635.

Œuvres de nature pédagogique : *Instruction chrestienne touchant les spectacles publics, où est décidé la question si les comédies et les tragédies doivent estre permises (...)* La Haye, 1639 ; *Instruction du prince chrestien,* Leyde, 1642 ; ...

Œuvres inspirées par des événements : *Histoire du siège de Bois-le Duc,* Leyde, 1631 ; *Exhortations à la repentance (...) faites au sujet du siége de Maëstricht,* Leyde, 1632 (C) ; ...

On trouvera une liste plus complète dans *La France Protestante,* t. 8, pp. 444 et s.

Sources

FP, t. 8, pp. 444-449 ; La Bouralière, A. de, *Bibliographie Poitevine ou Dictionnaire des auteurs poitevins et des ouvrages publiés sur le Poitou, op. cit.,* pp. 494-501 ; Dibon, Paul, *Inventaire de la correspondance de Rivet,* La Haye, 1971 ; Dubu, Jean, « A propos de l'Apologie du Théâtre de Scarron. L'influence de l'Instruction chrestienne touchant les spectacles publics de Comoedies et Tragoedies du Pasteur André Rivet », *in Les Trois Scudéry.* Actes du Colloque du Havre, 1-5 octobre 1991, Paris, Klincksieck, 1993 ; Floris, Ubaldo, « 'La verge au dos des Fols' uno scritto sconosciuto di André Rivet contro il teatro (in riposta alla 'Lettre apologétique (…) touchant la Comédie di Antoine de la Barre' », in *Studi Francesi,* XXXII, 1988, pp. 45-71 ; Gambier, P., « Un autre ennemi de Descartes. Le Pasteur André Rivet », in *Revue du Bas-Poitou,* 75, 1964, pp. 184-194 ; Pannier, J., *L'Eglise Réformée (...), op. cit.,* (nombreuses références) ; Zuber, Roger, « De Scaliger à Saumaise. Leyde et les grands 'Critiques' français [Joseph Scaliger, André Rivet, Claude Saumaise], in *Bulletin de la Société du Protestantisme Français,* 1980, pp. 461-488. Hans Bots et Pierre Leroy ont publié la correspondance d'André Rivet et de Claude Sarrau (3 t., Amsterdam, 1979-1982).

Cioranescu, *XVIIᵉ Siècle*, t. 3, pp. 1760-1762.

BNF, t. 152, col. 840-848.

Rouillard Denis

Consolation sur le Trespas de feu Monsieur le Comte de Saux A Madame la Comtesse sa Mere, Paris, François Jacquin, 1609. [64 ; 97]

On sait peu de chose de Denis Rouillard dont le grand-père et surtout le père étaient les vraies gloires de cette illustre famille melunaise.

Le grand-père, Sébastien I Rouillard, a laissé plusieurs traces dont celle de cette dotation qu'il fit en février 1545 en faveur de son fils Denis I Rouillard, alors étudiant à l'Université de Paris, et qui est reçue par le frère aîné du bénéficiaire, René, vu l'état de curatelle dans lequel se trouvait ce jeune homme âgé de moins de vingt-cinq ans au moment de l'acte.

Denis I Rouillard devient dans la suite officier et praticien au bailliage et siège présidial de Melun. Vers 1650, il épouse en secondes noces Marye (Marie) Granjan (Grandjean) qui sort d'une famille étrangère à Melun et lui donne sept enfants. Denis I Rouillard meurt le 6 septembre 1589, sa veuve, le 29 janvier 1599.

Le plus célèbre des sept enfants était Sébastien II Rouillard, avocat au Parlement de Paris et premier historien de Melun avec son *Histoire de Melun, contenant plusieurs raretez notables et non descouvertes en l'histoire générale de France, ensemble la vie de Messire Jacques Amyot*, Paris, 1628. Par ailleurs, il se signale par ses plaidoiries ingénieuses et ses ouvrages bizarres (à titre d'exemple *Capitulaire auquel est traité qu'un homme nay sans testicules apparens et qui ha néantmoins toutes les autres marques de virilité, est capable des œuvres du mariage*, Paris, 1600 ou encore *Les gymnopodes ou de la nudité des pieds, disputés de part et d'autre*, Paris, 1624 ; pour le détail, voir l'ouvrage de G. Leroy cité ci-dessous).

Le quatrième enfant, Denis II Rouillard, est certainement l'auteur de la lettre à la comtesse de Saux. On sait seulement de lui qu'il était avocat à Paris et ami d'un Melunais célèbre, Etienne Bachot, médecin et homme de lettres (voir ci-dessus Notice, Bachot).

On possède une lettre adressée de Paris par Bachot à Denis Rouillard en date du mois d'octobre 1637.

Outre la lettre de consolation adressée au comte de Saux, on connaît de Denis Rouillard une *Explication de tout ce qui est contenu aux plaques et inscriptions mises au piédestal de la statue de bronze de Henry le Grand, suivie non seulement de ce qui a esté fait de l'invention de traducteur sur le mesme sujet, mais aussi d'autres pièces latines et françoises*, Paris, 1636.

Sources

Leroy, G., *Essai biographique sur Sébastien Rouillard, Avocat au parlement de Paris, Historien de Melun*, Melun, H. Michelin, 1860 ; Lecomte, Maurice, « Sébastien Rouillard. Sa Famille, ses Portraits, ses Ecrits d'Histoire Briarde », in *Bulletin de la Société d'Archéologie, Sciences, Lettres et Arts du Département de Seine-et-Marne,* 14e volume, mars 1910-novembre 1911, Melun, Michelin et Raphard succ., 1912, pp. 147-165. Stein H., « Un document sur la famille de Sébastien Rouillard », in *Annales Société Gâtinais*, 1903, XXI, pp. 299-300.

Cioranescu, *XVIIe Siècle*, t. 3, p. 1782.

BNF, t. 157, col. 65.

Savignac Louis de

Lettre de Consolation pour Madame la Duchesse de Nemours, s. l., 1652. [159 ; 173 ; 209]

On n'a rien pu savoir de ce personnage appartenant à une famille de Niort acquise à la Réforme, mais dont certains membres se convertirent et étaient admis auprès de Madame de Maintenon (pour le détail, voir ci-dessous *Sources* : Gelin qui, cependant, ne mentionne pas Louis de Savignac). La lettre fournit quelques détails biographiques. Ainsi Louis de Savignac était au service du duc de Nemours (pp. 1-2 : « vous ne trouverez pas mauvais qu'estant du nombre de ceux qui estoient devoüez au / service de Monsieur de Nemours, j'employe les raisonnements qui se sont presentez à moy dans les intervalles de ma douleur ») ; depuis quelques années, il est lui-même accablé de douleurs (p. 9 : « les malheurs qui m'accablent sans cesse, par je ne sçay quelle fatalité » ; « Je ne sçay où ie serois presentement reduit, après tant de rudes secousses & effroyables traverses qu'il m'a fallu essuyer, n'ayant fondé tout mon espoir que sur la bonté de Dieu »).

Sources

Gelin, H., « Descendants poitevins d'Agrippa d'Aubigné et notes sur les familles Avice, Dufay, Savignac », in *Bulletin historique et littéraire de la Société de l'Histoire du Protestantisme français*, Paris, Agence centrale de la Société, t. 49, 4ième série, 9ième année, 1900, pp. 296-314 : n'apporte aucun éclaircissement sur l'auteur de la lettre.

Cioranescu, *XVIIe Siècle*, t. 3, p. 1825.

BNF, t. 164, col. 17.

Sirmond Jean

Consolation à la Reyne Regente sur la mort du feu Roy, Paris, Jean Brunet, 1643. [156 ; 158]

Jean Sirmond, né vers 1589 à Riom, est un proche de Richelieu qu'il défend contre les pamphlets de Mathieu de Morgues, abbé de Saint-Germain, ancien admirateur du cardinal devenu son adversaire depuis qu'il prit, contre lui, le parti de Marie de Médicis. Satisfait de l'opération, Richelieu fait nommer Jean Sirmond bibliothécaire du Roi, et dès 1637, il siège à l'Académie française. Il y est un des commissaires chargés de revoir le travail de l'Académie sur le *Cid*, fonction qu'il doit céder ensuite à Chapelain. Après la mort du cardinal, il retourne en Auvergne, où il s'éteint en 1649, âgé d'environ soixante ans.

L'œuvre de Jean Sirmond est avant tout de circonstance d'où son évanouissement rapide, d'où aussi les nombreux textes mettant en scène des noms connus (le président Janin, Nicolas Brulart de Sillery, Estienne d'Haligre, le cardinal Barberini, Pierre Séguier, Maynard, ...), des événements (le mariage de Louis XIII et d'Anne d'Autriche, celui de Louise Marie de Gonzague avec le roi de Pologne, l'expédition contre La Rochelle, le siège de Gravelines, la prise de Quérasque, ...). On retiendra plus particulièrement quelques ouvrages de propagande pour Richelieu : *La Lettre déchiffrée*, Paris, 1627, *La Vie du Cardinal d'Amboise (...) par le sieur des Montagnes*, Paris, 1631, quelques panégyriques de Louis XIII : *Discours au Roy sur l'excellence de ses vertus* (...), Paris, 1624, *Le coup d'estat de Louys XIII*, Paris, 1631, plusieurs textes relatifs à la politique intérieure et au maintien de la paix civile : *Advertissement aux provinces sur les nouveaux mouvemens du royaume, par le sieur de Cléonville*, s. l., 1631, *La chimere deffaicte, ou réfutation d'un libelle seditieux tendant à troubler l'Estat sous pretexte d'y prévenir un schisme*, Paris, 1640. Dans le genre consolatoire, on ajoutera le *Julii Mazarini luctus maternus*, Paris, 1644.

Sources

BUAM, t. 39, pp. 416-417 ; NBG, t. 44, col. 43-44 ; *Allgemeines Gelehrten-Lexiko* (...) von Christian Gottlieb Jöcher, Georg Olms Verlagsbuchhandlung, 1961, t. 4, col. 625.

Cioranescu, *XVIIe Siècle*, t. 3, pp. 1865-1866.

BNF, t. 173, col. 852-857.

Théroude Jean

Lettre de Consolation sur l'heureuse mort de tres-illustre & tres-vertueux Seigneur Messire Charles Duret, Chevalier, Sieur de Chevry, et de la Grange du Milieu, Conseiller du Roy en ses Conseils, Controolleur general de ses Finances, Secretaire de ses Ordres, & President en sa Chambre des Comptes à Paris, A Monsieur de Chevry son fils, Par Me Jean Theroude son Aumosnier, Paris, s. n., 1636. [19 ; 171 ; 194 ; 195 ; 196 ; 208 ; 213 ; 214 ; 223 ; 227]

Jean Théroude appartient à une vieille famille de la bourgeoisie de Vernon (Eure) qui apparaît dès le XIIIe siècle dans les chartes de l'abbaye de Cernai. Prêtre, bachelier de l'Université, chapelain de Notre-Dame de Paris, il est, en 1638, curé de Vernon. Selon certains, il accède aussi à la cure de Sainte-Madeleine, à Beauvais.

L'œuvre de Jean Théroude se réduit à quelques titres hagiographiques, pour l'essentiel, et dont le plus important est la vie de saint Adjutor : *Vie de saint Adjuteur ou Adjutor, confesseur, natif de la ville de Vernon-sur-Seine, en Normandie, patron de la noblesse et protecteur de son pays*, Paris, 1638.

Selon les critiques, l'intérêt de cette œuvre, appuyée sur les légendes de la région, et complétée par un *Sommaire des choses (...) apprises touchant l'histoire sainte du territoire de Vernon-sur-Seine*, est purement local. On ajoutera, dans la même veine, et avec la même appréciation, l'*Abrégé de la vie de saint Maxime ou Maxe, evesque de Riez en Provence, apostre du Teroüennois et patron de la ville de Vernon-sur Seine, au diocèse d'Evreux. Ensemble quelques miracles faits au lieu dit de Vernon par l'intercession de ce saint*, Paris, 1635 (C). Enfin, le *Mémorial de la ville et du comté d'Evreux de Jacques Le Batelier d'Aviron, juriste et historiographe normand mort en*

1661, mentionne quelques lettres de Jean Théroude, écrites en partie lors d'un déplacement à Rome : *Ex epist. D. Joannis Theroulde scripta Paris. an. Dom. 1634 et 2 post redit. ex Italia* (Meyer)

Sources

Meyer, Ad., *Histoire de la ville de Vernon*, Les Andelys, 1876, vol. 2, pp. 403-404 ; Oursel, N. N., *Nouvelle biographie normande*, Paris, Picard, 1888, vol. 2, p. 502.

Cioranescu, *XVIIᵉ Siècle*, t. 3, p. 1903.

BNF, t. 185, col. 958-959.

Turretin (Turretini) Bénédict

Lettre de Monsieur Turretin, Ministre du S. Evangile, & Professeur en Theologie à Geneve, escritte à Madame de la Tabariere (20 janvier 1630), in *Lettres de consolation..., op. cit.* [178 ; 202 ; 209]

Bénédict Turretin est né à Zurich en 1588. Ses mérites lui valent, en 1607, la citoyenneté de Genève. En 1612, il est reçu pasteur et professeur en théologie. Il se signale à la fois sur le plan théologique et au niveau politique. Ainsi on le trouve député au Synode d'Alais pour débattre des décisions du Synode de Dordrecht (voir ci-dessus Notice Daillé), mais aussi chargé de mission de la république aux Etats-Généraux et auprès des villes hanséatiques pour quêter des fonds nécessaires à la Défense. Il meurt en 1631 regretté de tous au point que le Conseil des Deux-Cents accorde à son frère des avantages en souvenir des mérites du défunt.

L'œuvre de Bénédict Turretin se situe principalement au niveau de la théologie et de la polémique théologique. On retiendra, entre autres, plusieurs écrits concernant la vénération et l'invocation des saints (*Disputatio de sanctorum defunctorum invocatione*, 1615/Senebier*/ ; *Disputatio theologica de ecclesiæ romanæ idolatriâ*, 1619/*ibid.*/ ; *Disputatio theologica de imaginibus earumque veneratione*, 1624/*ibid.*/), de nombreuses réflexions sur la nature du Christ (*Disputatio de Christo Mediatore*, 1614/*ibid.*/ ; *Disputatio theologica de exinanitione Christi*, 1621/*ibid.*/ ; *Disputatio theologica de Christo théantropo*, 1625/*ibid.*/ ; *De Descensu Christi ad Inferos*, 1626 ; *de ascensione in Coelos*, 1627 ; *de unione hypostaticâ naturarum in Christo*, 1624/*ibid.*/ ; *de incarnatione Filii Dei*, 1630/*ibid.*/), sur celle de Dieu (*Disputatio de essentia Dei*, 1630/*ibid.*/) ; sur celle de l'Eglise (*Disputatio theologica de capite Ecclesiæ*, 1628/*ibid.*/, *de Ecclesiæ natura*, Genève, 1628/BNF/, *Recueil concernant la doctrine & pratique de l'église romaine sur la déposition des Rois...*, 1627/*ibid.*+C/), des considérations sur la question du libre arbitre (*Disputatio theologica de libero hominis arbitrio*, 1619/*ibid.*/), d'autres sur les sacrements (*de baptismo*, 1621/*ibid.*/), sur la foi (*de fide agente*, 1620/*ibid.*/ ; *de fide salvifica*, 1620/*ibid.*/ ; *de fide in genere*, 1625/*ibid.*/), sur l'Antéchrist etc.

* On notera que Senebier ne donne que très exceptionnellement le lieu d'édition.

Sources

Senebier, Jean, *Histoire littéraire de Genève*, Genève, Barde, Manget et Cie, vol. 2, 1786, pp. 135-139.

Cioranescu, *XVIIᵉ Siècle*, t. 3, pp. 1926-1927.

BNF, t. 196, col. 362-363.

Velhieux, Charles de

Lettre de Monsieur de Velhieux, Ministre du Sainct Evangile, escritte à Madame de la Tabariere, in *Lettres de consolation faites par Messieurs Du Moulin, Mestrezat, Drelincourt, Daillé & plusieurs autres Pasteurs des Eglises Reformées de France & autres lieux (...)* (23 août 1629), *op. cit.*, pp. 28-36. [144 ; 206 ; 208 ; 219]

Lettre de Monsieur de Velhieux, Ministre du Sainct Evangile, escritte à Madame de la Tabariere (20 décembre, année non précisée), *ibid.*, pp. 142-147. [209 ; 218]

Charles de Veilheux [orthographe de Haag qui donne comme seconde graphie Vellieu] qui fait d'abord carrière dans la magistrature comme conseiller au Parlement de Grenoble, quitte ensuite le siècle pour entrer chez les Célestins de Paris. Cependant il renonce bientôt à cette vocation et se laisse convaincre, par La Milletière probablement, d'embrasser la religion réformée. En 1620, on le trouve à Genève occupé à écrire un traité *De la Communion*, destiné à « faire choquer deux cardinaux, Bellarmin et Du Perron en matière de l'eucharistie ». Il entreprend ensuite à Bâle l'étude des langues orientales et finit par rentrer en France pour devenir pasteur à l'église de Nîmes. Dans le désaccord qui oppose le consistoire à Rohan (voir

FP, t. 8, pp. 481 et s.), il prend le parti du duc et quitte sa charge pour rentrer à Paris.

Sources

FP, t. 8, pp. 481 et s. ; t. 9, p. 456.

—

—

Vincent Philippe

Lettre de Monsieur Vincent, Pasteur en l'Eglise de La Rochelle, escritte à Madame de la Tabariere (A Maran, le 9 septembre 1629), in *Lettres de Consolation faites par Messieurs Du Moulin, Mestrezat, Drelincourt, Daillé (...), op. cit.* [216]

Philippe* Vincent né vers 1600 à Saumur fait partie de l'élite des pasteurs de l'Eglise Réformée. Après des études à Genève, il dessert à l'Ile-Bouchard, puis passe, en 1626, à La Rochelle. Lorsque, en 1627, la ville se révolte contre Louis XIII, Vincent est chargé de négocier l'aide de l'Angleterre qui envoie, en effet, une flotte au secours de la cité. On relira partout les différents épisodes du siège de la ville par l'armée royale, et la clémence de Louis XIII, la capitulation une fois obtenue. Philippe Vincent, en particulier, avait été délégué auprès du roi pour obtenir le pardon des Français présents sur les navires de l'ennemi. On notera dans ce contexte que Philippe Vincent soutint une controverse avec Moïse Amyrault, pasteur à Saumur, au sujet de l'obéissance due aux rois et dans laquelle sa position fut plus libérale que celle de son confrère, adversaire absolu de toute idée d'insoumission.

La paix conclue, Vincent retrouve ses fonctions pastorales et se fait un nom dans la controverse théologique comme en témoigne la liste de ses publications. En 1646, toutefois, il eut de nouveaux démêlés avec l'autorité qui lui reprochait des services indus rendus à la république de Venise. Il meurt le 20 mars 1651 à La Rochelle.

L'œuvre de Philippe Vincent comporte des titres de polémique contre les Jésuites (*Lettre du sieur Vincent sur la conférence entre lui et le sieur Beaufès, l'un des jésuites de ladite ville (...)*, Saumur, 1640 ; *Le Procès des dances débattu entre Philippe Vincent (...) et aucuns des sieurs jésuites de la mesme ville (...)*, La Rochelle, 1646), ou contre des représentants d'autres ordres religieux (*Récit de ce qui s'est passé au changement de religion fait par M. le marquis de Villeneuve. Item de l'abouchement qu'ont eu à ce sujet le sieur Tranquille, supérieur des capucins de La Rochelle, et Philippe Vincent, l'un des pasteurs de l'église réformée de ladite ville*, Niort, 1631 (C) ; *Lettre du sieur Vincent responsive à une du sieur Tranquille sur le sujet du livre de M. de Champvallon « Défense des droits de Dieu »*, Saumur, 1634 (C) ; *Extrait de quelques sermons touchant la cognoissance et l'interprétation de l'Ecriture Sainte, avec la response à l'écrit d'un récollet de La Rochelle*, Saumur, 1635 (C)) ou encore contre l'Eglise romaine en général (*L'imposture confondue, ou réfutation de la litanie blasphématoire publiée depuis peu par l'un des docteurs romains, sous le nom de ceux de la religion réformée*, La Rochelle, 1635 (C)).

On note par ailleurs une *Paraphrase sur les lamentations du prophète Jérémie*, La Rochelle, 1646, un *Traité des théâtres*, La Rochelle, 1647 (C), des ouvrages sur l'histoire de l'église réformée de La Rochelle, le siège de La Rochelle, ainsi que d'autres écrits signalés, entre autres, par P.-D. Rainguet qui estime qu'« [a]ujourd'hui tous ces ouvrages sont oubliés et méritent de l'être ». Les biographes consultés s'accordent par ailleurs pour trouver à Ph. Vincent un talent de chaire médiocre.

* la lettre, datée de Maran le 9 septembre 1629, est signée H. Vincent, mais il s'agira d'une coquille d'imprimeur. Le titre identifie bien l'auteur comme pasteur à La Rochelle, et on a cherché en vain un autre ministre du culte réformé dont le prénom commencerait par un H.

Sources

FP, t. 9, pp. 510-511 ; Delayant, Léopold, *Historiens de La Rochelle*, La Rochelle, Imprimerie de G. Maréchal, 1863, pp. 181-201 ; Rainguet, Pierre-Damien, *Biographie saintangeoise*, Niox, Saintes, 1851, (Slatkine, 1971, pp. 613-614).

Cioranescu, *XVIIe Siècle*, t. 3, p. 1981.

BNF, t. 211, col. 308-311.

Corpus des lettres données dans l'ordre chronologique de leur édition et suivies de brèves notices sur les destinataires et les défunts

[Les textes datés de la même année se suivent dans l'ordre alphabétique des noms d'auteurs ; les sources sont signalées par les noms d'auteurs, puis localisées dans l'œuvre en question. Pour les coordonnées complètes, on se reportera aux pages bibliographiques]

Antoine de Nervèze, Lettre consolatoire envoyée à Madame la Duchesse de Mercœur. Sur le Trespas de Monseigneur le Duc de Mercœur, Paris, Anthoine Du Brueil, 1602.

Destinataire : Marie de Luxembourg-Martigues (1562-1623), duchesse d'Etampes et de Penthièvre (Mellinghoff, p. 419), par mariage, en 1575, avec Philippe-Emmanuel de Lorraine, duc de Mercœur, duchesse de Mercœur. Célèbre pour son acharnement contre les Réformés (Voir Agrippa d'Aubigné, Histoire Universelle, XIV, 22, [1597].

Défunt : Philippe-Emmanuel de Lorraine, duc de Mercœur et de Penthièvre (1558-1602), (Saint-Simon, t. 8, p. 1527), frère de Louise de Lorraine, épouse de Henri III (Mellinghoff 419), gouverneur de Bretagne sous Henri III, un des derniers chefs de la Ligue à se soumettre à Henri IV. Mort à Nuremberg le 9 février 1602 au retour d'une expédition en Hongrie contre les Turcs (Mellinghoff, p. 419)

G. B. (de) Nervèze, A Monseigneur l'Illustrissime Cardinal de Gondy, in Consolations funebres sur la Mort de très-hault et très-puissant Seigneur Messire Albert de Gondy, Duc de Rais, Pair & Mareschal de France, Paris, Estienne Colin, 1602

Destinataire : Pierre de Gondi, (1533-1616), duc de Retz, évêque de Langres (1565), puis de Paris (désigné par Henri III le 9 mai 1568), enfin cardinal (15 janvier 1587), chevalier du Saint-Esprit, membre du Conseil du Roi (Tallemant, t. 2, p. 1168, n. 5 ad p. 309), grand-oncle du mémorialiste (Retz, p. 1245, n. 1 ad p. 128). Il se démet de son siège le 2 novembre 1596 en faveur de son neveu Henri de Gondi (Tallemant, t. 2, p. 1165, n. 7 ad p. 307).

Défunt : Albert de Gondi, (1522-1602), premier duc de Retz en 1581, distingué par les rois Henri II, François II, Charles IX, Henri III (Tallemant, t. 2, p. 1167, n. 1 ad p. 309), maréchal de France en 1574, gouverneur de Provence, de 1579 à 1598, général des galères. Il fit fonction de connétable au sacre de Henri III (Retz, p. 1245, n. 1 ad p. 128). Grand-père du mémorialiste (Tallemant, t. 2, p. 1165, n. 7 ad p. 307), Albert de Gondi était le fils d'Antoine de Gondi, le premier de cette famille de basse extraction – Antoine, d'après certains, dont Brantôme, avait été meunier dans les environs de Florence – à s'être établi en France où un riche mariage lui avait permis de parvenir (Tallemant, t. 2, p. 1167, n. 2 ad p. 309).

***Id.**, A Monseigneur le Reverendissime Evesque de Paris, in Consolations funebres...* voir ci-dessus.

Destinataire : Henri de Gondi (1572-1622), évêque de Paris en 1598, cardinal – le 2ième cardinal de Retz – le 26 mars 1618, proviseur de Sorbonne de 1619-1622 (Tallemant, t. 2, p. 1165, n. 7 ad p. 307), chef du Conseil royal (Saint-Simon, t. 8, p. 1363).

Défunt : voir ci-dessus Lettre au Cardinal de Gondy

***Id.**, A Madame la Duchesse de Rais, in Consolations funebres...*, voir ci-dessus.

Destinataire : Claude-Catherine de Clermont, veuve de Jean d'Annebault, baron de Retz, qui lui donne la baronnie en douaire. Elle épouse en 1565 Albert de Gondi, et fait passer la baronnie de Retz dans la famille de Gondi. En 1581, cette baronnie est érigée en duché en faveur d'Albert de Gondi (Tallemant, t. 1, p. 696, n. 3 ad p. 29 et t. 2, p. 1167, n. 9 ad p. 308). La maréchale de Retz mourut le 25 février 1603 à l'âge de cinquante-huit ans, des suites d'une pleurésie. L'Estoile, qui rapporte le détail, la dit « douée de beaucoup de grâces et d'un bel esprit ». Il précise qu'en dépit de son attachement à la foi ancienne et de sa dévotion qui semblaient en faire une adversaire déclarée des Réformés, elle protesta, quinze jours avant sa mort, ne s'en remettre qu'au seul Jésus-Christ et n'avoir recours « à aucune intercession de la Vierge, Saint ou Sainte quelconque » (Mémoires-Journaux, t. 8, p. 63-64) (Il ressort du texte de la lettre, p. 51, que la destinataire, duchesse de Rais, est l'épouse du défunt, donc d'Albert de Gondi, duc de Retz, maréchal de France. Il s'agit bien de la susmentionnée Claude-Catherine de Clermont).

Défunt : voir Lettre précédente.

***Jean de La Fontan**, A Madame de Courtenay, sur la mort de Monsieur le Baron de Courtenay son fils, in Les Iours et les Nuicts du Sr de la Fontan,* Paris, Charles Sevestre, 1606.

Destinataire et Défunt : Ces personnages font partie de la très ancienne famille de Courtenay : au XIIe siècle, Pierre de France, dernier fils de Louis VI le Gros (1081-1137), épouse Elisabeth, héritière de Courtenay. Vers 1237, Courtenay passe, par vente, à Saint Louis. L'ancienne alliance des Courtenay à la famille royale est évoquée dans la lettre, puisque le défunt y est célébré comme « ieune plante esclose du mesme sang d'où notre monarchie a prins vie (f 1, col. 1). La jeunesse du défunt est encore soulignée plus loin selon les canons à la mode : « c'estoit un bouton qui commençoit à espanouir sa fleur qui s'est esvanouye, pouvoit il durer plus que le fruict mesme qui a sa saison limitee » (f. 102, col. 2). On apprend enfin de lui qu'il avait « la valeur du pere, & les graces de la mere (f. 101, col. 2), sans que ces détails dépassent les fleurs habituelles de l'encomiastique.

Id., *Pour Madame la Mareschale de Fervagnes, sur la mort de Monsieur le Comte de Laval son fils, tué en Hongrie,* in *Les Iours et les Nuicts du Sr de la Fontan, op. cit.* (1606).

Destinataire : Anne d'Alègre, épouse en premières noces de Paul, dit Guy XVIII de Coligny, comte de Laval (†1586), en secondes, de Guillaume de Hautemer, comte de Grancey, seigneur de Fervaques, maréchal de France en 1596. Protestante fervente qui résiste aux tentatives de conversion de François de Sales, elle est la dédicataire du *Théophile ou de l'amour divin* de Pierre Du Moulin (Saint-Simon, t. 8, p. 1429 ; Tallemant, t. 1, p. 846, n. 10 ad p. 159 ; Mellinghoff, p. 108.)

Défunt : Guy XIX de Coligny, comte de Laval (1585-1605), fils du premier mariage de la précédente, tombé en Hongrie dans le combat contre les Turcs (ressort de la lettre de Le Rebours : voir ci-dessous).

Id., *A Madame de Salesie, sur la mort de Monsieur de Salesie son mary, tué en duel,* in *Les Iours et les Nuicts, op. cit.* (1606).

Destinataire et défunt : On a seulement pu savoir que Madame de Salésie a dû être une jeune mère, puisqu'elle a deux enfants « deux ieunes boutons, que ie vis, ces jours, pendus & collez à vos levres » (texte de la lettre f. 106, col. 1-2) et lui demandant de surmonter sa douleur afin de survivre à son mari pour ne pas les priver, après le père, de la mère. Plus loin l'épistolier insiste sur la tendresse de l'âge de ces enfants, encore incapables d'exprimer leur détresse par des paroles : « Voyez comme ils parlent à vous des yeux, des mains, & de la bouche, puis que leur langue n'a pas encore reçeu de la nature la grace d'exprimer leur conceptions » (f. 106, col. 2). Quant au défunt, on connaît seulement la cause de sa mort, évoquée dans le titre de la lettre.

Guillaume Le Rebours, *Consolation Funebre A Madame la Mareschalle de Farvagues, sur la mort de Monseigneur de Laval son fils,* Rouen, Raphael du Petit Val, 1606.

Destinataire et Défunt : voir ci-dessus, 2ᵉ lettre de J. de La Fontan.

Id., A Madame la Duchesse de Montpensier sur le Trespas de Monseigneur le Duc de Montpensier, son Mary, *Paris, David Le Clerc, 1608*

Destinataire : Henriette-Catherine de Joyeuse, duchesse de Montpensier, née le 8 janvier 1585, morte le 25 février 1656.Fille de Henri de Joyeuse, frère du célèbre Anne de Joyeuse, favori de Henri III et du cardinal de Joyeuse. En 1599 elle épouse en premières noces Henri de Bourbon, duc de Montpensier, en secondes noces, le 5 janvier 1611, le duc de Guise.De son premier mariage elle eut une fille qui épousa Gaston d'Orléans, frère de Louis XIII (Tallemant, t. 1, p. 833).

Défunt : Henri de Bourbon, duc de Montpensier, duc de Joyeuse, comte du Bouchage, époux de Henriette-Catherine de Joyeuse (1563-1608). Capucin en 1587 sous le nom de Père (ou de Frère) Ange, à la suite de la mort de sa femme, il rentre dans le siècle après celle de son frère qui entraîne la vacance du titre ducal ; il continue son activité au service de la Ligue, déjà entamée à l'époque où il portait la bure : il est un des derniers à se rallier à Henri IV moyennant le bâton de maréchal. En 1599, il rentre au couvent et termine sa vie de façon édifiante (Saint-Simon, t. 8, p. 1556 ; Tallemant, t. 1, p. 833, n. 5 ad p. 148 ; Dict. Du Grand Siècle, p. 797)

Jean de Montereul, *Consolation à tres-illustre et tres-vertueuse Princesse, Madame la Duchesse de Montpensier. Sur le Trespas de Monseigneur son Pere,* Paris, s. n., 1608

Destinataire : Marie de Bourbon-Montpensier, fille de Henri de Montpensier et de Catherine de Joyeuse, le 6 août 1626, épouse de Gaston d'Orléans, frère de Louis XIII, nièce du cardinal de Joyeuse (Saint-Simon, t. 8, p. 1483). Richelieu avait beaucoup insisté sur ce mariage vu que le roi, à cette époque, était sans descendance. La duchesse d'Orléans mourut en couches le 4 juin 1627 (Tallemant, t. 1, p. 1025, n. 1 ad p. 355).Gaston se remaria en 1632 à Marguerite de Lorraine.

Défunt : voir ci-dessus

Antoine de Nervèze, *Consolation Envoyee A Monsieur de Sainct Luc, Sur la mort de Madame de S. Luc sa femme*, Paris, Toussaincts Du Bray, 1609.

Destinataire : Timoléon d'Espinay, sieur de Saint-Luc (1580-1644).Gouverneur du Brouage (port de Charente-Maritime aujourd'hui ensablé), vice-amiral de France, maréchal de France (1628), gouverneur au gouvernement général de Guyenne. Mort à Bordeaux, le 12 septembre 1644.Après son premier mariage avec Henriette de Bassompierre (voir ci-dessous), Saint-Luc épouse le 12 juin 1627 Marie-Gabrielle de La Guiche, veuve de Gilbert, baron de Chazeron, fille aînée du maréchal de Saint-Géran. Elle meurt à Paris après une maladie de sept ans, le 19 janvier 1632 (Tallemant, t. 2, p. 1011, n. 6 ad p. 113 et p. 1012, n. 2 ad p. 115).

Défunte : Henriette de Bassompierre, sœur du maréchal de Bassompierre, morte à Paris en novembre 1609. Elle avait épousé Saint-Luc en 1602 à qui elle avait donné deux fils, Louis, comte d'Estelan, auteur de vers satiriques et François, sieur de Saint-Luc (Tallemant, t. 2, p. 1011 n. 2 ad p. 114 et p. 1209, n. 1 ad p. 603).

Denis Rouillard, *Consolation sur le Trespas de Feu Monsieur le Comte de Saux.A Madame la Comtesse sa Mere*, Paris, François Jacquin, 1609.

Destinataire : La comtesse de Saux (†1611) contracte deux mariages, le premier avec Anne de Blanchefort-Créquy, le second, avec François d'Agoult, comte de Saux (Sault).Du premier mariage, elle a un fils, Charles de Créquy, duc de Lesdiguières, maréchal de France en 1622, du second, un deuxième fils, Louis d'Agoult, comte de Sault (Tallemant, t. 1, p. 973, n. 4 ad p. 300).

Défunt : Louis d'Agoult, fils de la précédente. Il meurt le 1^{ier} janvier 1609 après avoir consommé une drogue devant le servir auprès de sa maîtresse (Tallemant, t. 1, p. 972, n. 2 ad p. 300).

Antoine de Nervèze, *Discours Consolatoire à la France, Sur le trespas de très-haut, puissant, sage, & vertueux seigneur Alfonse Dornano, Mareschal de France, & Lieutenant general pour le Roy en Guyenne*, Paris, Toussaincts Du-Bray, 1610.

Destinataire : la France

Défunt : Alphonse d'Ornano, descendant d'une grande famille de Corse, est le fils du célèbre Sampiero, héros farouche de l'opposition aux Génois, maîtres de l'île. Engagé lui-même dans la lutte contre Gênes, Alphonse d'Ornano finit par quitter son pays pour se mettre au service des rois de

France. Attaché à Charles IX puis à Henri III, il est impliqué dans l'assassinat du duc de Guise à Blois. Après la mort de Henri III, il est un des premiers à rejoindre Henri IV qui le fait maréchal de France (1597). Il meurt le 21 janvier 1610 « après avoir esté taillé d'une pierre de prodigieuse grosseur, grosse comme un petit pain mouton, couverte de picquans ; laquelle, en la lui tirant, on rompist » (L'Estoile, Mémoires-Journaux, t. 10, p. 116 ; BUAM, t. 31, p. 406 ; Tallemant, t. 1, p. 903, n. 7 ad p. 235)

Louis Richeôme, *Consolation Envoyee à la Royne Mere du Roy, et Regente en France, Sur La mort deplorable du feu Roy très-Chrestien de France & de Navarre Henry IV.Par Louys Richeôme, Provençal de la Compagnie de JESUS*, Lyon, Pierre Rigaud, 1610.

Destinataire : Marie de Médicis

Défunt : Henri IV

Thomas Pelletier, *Lettre de Consolation, A la Royne Mere du Roy, sur la mort de feu Monseigneur le Duc d'Orleans*, Paris, François Huby, 1611.

Destinataire : Marie de Médicis

Défunt : Nicolas d'Orléans, né en 1607, mort en 1611. (Voir table généalogique de Henri IV, in Duc de Lévis Mirepoix, Henri IV, Roi de France et de Navarre, Paris, Librairie Académique, Perrin, 1971, p. 638).

Isaac Arnauld, *Consolation en Dieu* (...), 1612, voir Notices-Bio-bibliographiques

Antoine de Nervèze, *Consolation à Monseigneur le President Jeanin, Conseiller du Roy en ses Conseils d'estat, & Controolleur general de ses finances.Sur la Mort de Monseigneur le Baron de Montjeu, son fils.Par le Sieur de Nerveze, Secretaire de la Chambre du Roy*, Paris, Anthoine du Brueil & Toussaincts du Bray, 1612.

Destinataire : Pierre Janin (ou Jeannin) (1540-1633), fait président au mortier à Dijon et contrôleur général des Finances (Retz, p. 1443, n. 1 ad p. 491) par Henri IV qui lui pardonnait ses sympathies pour la Ligue et les services qu'il avait alors rendus au duc de Mayenne, en particulier au niveau des négociations avec la cour d'Espagne (ibid., p. 1607, n. 1 ad p. 840 et L'Estoile, Supplément de 1736 au Journal de Henri IV, Mémoires-Journaux, t. 5, p. 303).Chargé de nombreuses missions par le roi, celle, en particulier, de raisonner le maréchal de Biron (L'Estoile, t. 8, p. 27), de négocier aux Pays-Bas ou encore au sujet du marquisat de Saluces (nombreuses références dans les Mémoires-Journaux), il fit partie des « barbons », ces ministres expérimentés que le règne de Henri IV avait légués à celui de Louis XIII. Marié à la fille d'un médecin de Saumur, il a une fille et un fils dont la mort fait l'objet de la lettre de consolation. (Tallemant, t. 1, p. 1163, n. 4 ad p. 537).

Défunt : Fils du précédent, « fripon »selon Tallemant des Réaux (Historiettes, éd. cit., t. 1, p. 538), se bat, en 1612 en duel avec un certain Fayolle pour une « nommée la Marzelay, dont ils estoient amoureux » et y trouve la mort.

Jean Arnoux, *A Monsieur, Monsieur d'Expilly, Conseiller & Advocat general du Roy en la Cour de Parlement de Dauphiné, 24 janvier 1613, in Tombeau de Laurens de Chaponay,* Lyon, Amy Du Polier, 1616

Id., *Autre Lettre dudict Père Arnoux audict sieur d'Expilly,* (même date), in *Tombeau, op. cit.*

Id., *Autre lettre dudict Reverend Pere Arnoux,* 5 février 1613, in *Tombeau, op. cit.*

Destinataire : Claude (d') Expilly (voir Notices bio-bibliographiques).

Défunt : Laurent de Chaponay, sieur de Bresson. Malade de la pierre et croyant ses jours menacés, Claude (d') Expilly se hâta de marier sa fille Gasparde à Laurent de Chaponay, rejeton d'une illustre famille, «jeune Gentil-homme de très-grande esperance »et à qui son beau-père céda son office d'avocat général « avec la dispense des quarante jours, & sans payer, pour raison de ce, aucune Finance ».

Une fille naquit bientôt de l'union lorsque subitement, en pleine possession de ses forces, le jeune père fut saisi d'une fièvre qui l'emporta au bout de neuf jours, le 15 janvier 1613 (données tirées de La Vie de Messire Claude Expilly, Grenoble, 1660, par Antoine Boniel de Catilhon)

Claude (d') Expilly, *Response dudict sieur D'Expilly A Monsieur, Monsieur le Reverend Pere Arnoux, de la Compagnie de Jesus,* 30 janvier 1613, in *Tombeau, op. cit.*

Destinataire : J. Arnoux (voir Notices bio-bibliographiques).

Défunt : voir ci-dessus.

(Lettres **Faure** et **Galles** : idem).

Antoine de Nervèze, *Lettre de Consolation Envoyee à Monseigneur de Pisieux, Conseiller du Roy en son Conseil Privé, & Secretaire d'Estat. Sur le Trespas de Madame de Pisieux sa femme, fille de Monseigneur d'Alincourt. Par le Sieur de Nerveze*, Lyon, Barthelemy Ancelin, 1613.

Destinataire : Pierre IV Brûlart, vicomte de Puysieulx (Puisieux/Pisieux), né en 1583, mort le 22 avril 1640 (Tallemant, t. 1, p. 879, n. 6 ad p. 201), fils de Nicolas, marquis de Sillery et de Claude Prud'homme, secrétaire d'Etat en 1606, disgracié en 1624 (Saint-Simon, t. 8, pp. 1650-51) ; Pierre Brûlart avait épousé en 1606 Madeleine de Neufville-Villeroi, fille du gouverneur de Lyons. Veuf en 1613, il se remarie en 1615 avec Charlotte d'Estampes-Valençay (Tallemant, loc. cit.).

Défunte : Magdelène de Neufville-Villeroi, morte en 1613, vicomtesse de Puysieulx, fille de Charles de Neufville, marquis d'Alincourt, gouverneur de Lyon, et de Marguerite de Mandelot (Saint-Simon, t. 8, p. 1651 et Tallemant, t. 1 p. 879, n. 6 ad p. 201).

Claude Biet, *Lettre Consolatoire à Madame la Princesse de Conti. Par C. Biet*, Paris, Guillaume Marette, 1614.

Destinataire : Louise-Marguerite de Lorraine, princesse de Guise (1577-1631), épouse, en 1605, de François de Bourbon, prince de Conti (Tallemant, t. 1, p. 706 n. 1 ad p. 36).

Défunt : François de Bourbon-Conti (1558-1614), époux en premières noces de Jeanne Coème (Couesme) (†1601), en secondes, de Louise-Marguerite de Lorraine, princesse de Guise. Le prince, sourd-muet, passait pour impotent et peu intelligent, la princesse avait mauvaise réputation dès avant son mariage (ibid.).

Nicolas Du Peschier, *Lettre de Consolation Envoyee à Messeigneurs de Guise. Sur la mort & trespas de feu Monsieur le Chevalier*, Paris, Jean Brunet, 1614.

Destinataires : « Messeigneurs de Guise » ; on appelait « M. M. de Guise » les fils de François de Lorraine, second duc de Guise et père du Balafré (Henri de Lorraine, troisième duc de Guise).Ce seraient donc les oncles du défunt (L'Estoile, Mémoires-Journaux, t. 12, p. 147-148).

Défunt : François-Alexandre-Paris, chevalier de Guise, appelé le « Dauphin », baptisé le 7 février 1589, fils posthume du Balafré et de Catherine de Clèves, chevalier de Malte, lieutenant général du roi en Provence, mort le 1er juin 1614 à la suite de l'explosion d'un canon pendant une inspection du château de Baux. (L'Estoile, t. 3, p. 246 ; Tallemant, t. 1, p. 145 et s. (Historiette consacrée à M. de Guise, Filz du Balaffré et le Chevalier son frère ; p. 834, n. 1 ad p. 151 et p. 836, n. 6 ad p. 152)

Malherbe, *Lettre de Consolation A Madame La princesse de Conty. Sur La Mort De Monseigneur le Chevalier de Guise son frere*, Paris, Toussainct Du Bray, 1614.

Destinataire : voir ci-dessus Lettre de Claude Biet

Défunt : voir ci-dessus Lettre de Nicolas Du Peschier

Antoine de Nervèze, *Lettre de Consolation A Monseigneur le Duc de Montmorency sur le trepas de Monseigneur le Connestable son Pere*, Lyon, Barthelemy Ancelin, 1614.

Destinataire : Henri II de Montmorency, décapité à Toulouse le 30 octobre 1632 pour avoir conjuré avec Gaston d'Orléans contre Richelieu (Saint-Simon, t. 8, p. 1555)

Défunt : Henri Ier, Duc de Montmorency, second fils d'Anne de Montmorency, né en 1534, fait Connétable de France par Henri IV en 1593, mort à Agde le 1er avril 1614, (Tallemant, t. 1, p. 749, n. 10 ad p. 65)

Thomas Pelletier, *Lettre de Consolation à tres-illustre et très-vertueuse Princesse Catherine de Cleves, Duchesse & dame douairiere de Guyse, Contesse (sic) d'Eu, &tc.. Sur la mort de feu Monseigneur le Chevalier de Guyse son fils, Lieutenant general de sa Majesté en ses pays de Provence*, Paris, François Huby, 1614

Destinataire : Catherine de Clèves, duchesse de Guise, comtesse d'Eu, fille de François de Clèves, duc de Nevers, comte d'Eu et de Marguerite de Bourbon-Vendôme, épouse en premières noces Antoine de Croy, prince de Porcien (Saint-Simon, t. 8, p. 1379) puis, en secondes, Henri de Lorraine, duc de Guise (le Balafré).

Elle passait pour rendre de grands services aux anciens Ligueurs qui s'étaient rendus coupables de quelque méfait pendant les troubles. Elle meurt le 11 mai 1633 à l'âge de quatre-vingt-cinq ans (Tallemant, t. 1, p. 834, n. 5 ad p. 149 et p. 703, n. 1 ad p. 33 et t. 2, p. 840).

Défunt : Voir ci-dessus, Lettres de Du Peschier et de Malherbe.

La Coste (?), Coppie (sic) de la Lettre de Consolation envoyee a Monsieur le Viscomte de Canilhac, sur le Trespas de Monseigneur le Viscomte de Canilhac son pere, vivant Conseiller du Roy en ses Conseils Privé & d'Estat, & Lieutenant general pour sa Majesté au bas pays d'Auvergne. Avec des Stances sur la mort dudict Seigneur. Par le Sieur de La Coste, Paris, Fleury Bourriquant, 1614.

Destinataire : fils du défunt et héritier du titre de vicomte de Canilhac, le destinataire avait dépassé l'âge de l'enfance au moment de perdre son père, fait sur lequel la lettre insiste à deux reprises : « estant d'ailleurs parvenu à un âge accompagné de la Prudence qui faict ceder ceste lascheté enfantine [de pleurer] à la raison (p. 4) ; plus loin (pp. 6-7), l'épistolier lui rappelle le cas d'Origène « qui, petit enfant » écrivit à son père retenu prisonnier d'accepter sans faillir la mort pour la cause de Dieu ; à plus forte raison le destinataire qui « le surpass[e] en adolescence » doit mettre fin à sa douleur. Enfin on apprend de lui qu'il a succédé au défunt dans sa charge de « lieutenant » general du bas pays d'Auvergne » (pp. 8-9).

Défunt : La lettre elle-même ainsi que les Stances sur la Mort dudict seigneur de Canilhac, par le mesme qui lui sont jointes, fournissent quelques détails biographiques sur le défunt dont le plus remarquable est la jambe de bois que lui avait valu sa valeur guerrière. On lit dans la lettre (p. 4) qu'« il suffit à tout le monde de sçavoir comme il estoit aymé & chery de HENRI LE GRAND, qui faisoit plus d'estime de sa iambe de bois, que de toutes les pompes de sa Cour (...) Et ayant reconnu long temps il y a, son merite, il luy donna la charge de Lieutenant general du bas pays d'Auvergne, en laquelle il est decedé. »

Cette prothèse est encore évoquée au troisième sizain des Stances :

> « La mort ne fut jamais si proche de sa fin,
> Par le bras foudroyant de ce second Iuppin,
> Qui la tenoit en peur, en crainte & en alarme
> Dedans le champ de Mars, bravée tant de fois,
> En cueillant le laurier de sa <u>jambe de bois</u>*,
> Qui le rend immortel aussi bien que son ame. »

Par ailleurs, le premier sizain, déjà, avait rappelé cette glorieuse mutilation en précisant que le personnage, presque blessé à mort, a pourtant survécu pendant vingt ans :

> « Je n'avois jamais vu de telles funerailles,
> De durer si longtemps en sortant des batailles :
> Car <u>vingt ans</u>* sont passez qu'il fust au rang des morts,
> Ses <u>membres retranchez</u>* au milieu des alarmes ;
> Mais son cœur genereux, assisté de ses armes
> Fist tant qu'il en tira le reste de son corps. »

Le quatrième, enfin, traite de la longue vie du guerrier, postérieure à ses blessures :

> « Passant, regarde un peu l'astuce de la mort,
> Voyant son ennemy qui estoit le plus fort
> Luy a laissé couller le meilleur de son aage,
> Et n'a sceu inventer que ceste seule amorce
> Attendre que le temps diminuast sa force,
> Autrement ne pouvoit surmonter son courage. » (* non souligné dans le texte)

Au niveau des renseignements biographiques, on retiendra aussi que le sixième sizain traite de l'enseignement des armes que le défunt prodigua aux jeunes nobles.

Peut-on identifier le personnage avec celui mis en scène par L'Estoile, en date du 28 avril 1589, où les Mémoires-Journaux rapportent la défaite du comte de Brienne, fidèle à Henri IV, obtenue par le duc de Mayenne, acquis à la Ligue ?

> « En ceste rencontre, le marquis de Canillac, gentilhomme signalé d'Auvergne, qui estoit du parti de la Ligue et favori du duc de Maienne, fust, après le conflit, blessé à mort ; » (Mémoires-Journaux, t. 3, p. 285)

D'après l'Index des Mémoires-Journaux, (t.12, p. 61), il s'agit de Jean de Beaufort, marquis de Cannilac. Est-ce le défunt de la lettre ? Deux objections se présentent. D'abord, le défunt, on l'a vu, était « aymé & chery » du roi, alors que le personnage de l'Estoile se rangeait parmi les opposants ; mais Henri IV pardonnait facilement aux braves repentants. Ensuite, l'expression « blessé à mort » pose problème : on sait que le défunt de la lettre survécut longtemps à ses blessures ; celles-ci, cependant, auraient dû être fatales. La formule de L'Estoile pourrait donc parfaitement signaler l'extrême gravité des blessures sans pour autant annoncer le décès effectif. Il demeure une question de chronologie. Le texte de l'Estoile relate un événement de 1589. Si on ajoute les vingt années que survécut, d'après les Stances, le héros, on arrive à 1609. La lettre – encore qu'il ne s'agisse que d'une « coppie » – est datée de 1614. Mais peut-être « vingt » signifie-t-il une vingtaine, et le compte serait recevable. Encore L'Estoile parle-t-il du « marquis », la lettre du « vicomte » de Canilhac.

On notera pour clore les données que Mme Claude Grimmer a eu l'amabilité de fournir :

« Jean-Claude de Beaufort-Monboissier-Canilhac, vicomte de la Motte, sieur de Dienne, de la Roche (...), gentilhomme ordinaire de la chambre, capitaine de cinquante homme d'armes, conseiller, lieutenant général de la Basse Auvergne, fils de Jean, seigneur de Pont du Château, d'Aubusson, d'Aurouse, de Martres, de Monton, de Veyre et de Jeanne de Chaumont. C'est le premier des sept enfants du couple. Il perd une jambe à la guerre. En septembre 1594, il soumet avec le marquis de Canilhac, Riom à Henri IV.

Il a épousé Gabrielle de Dienne (Cantal) qui lui donne sept enfants. Son petit-fils est condamné aux Grands Jours.

Antoine de Nervèze, Lettre de Consolation à Monseigneur le Duc de Nevers. Sur le Trespas de Madame la Duchesse de Nevers, Paris, Pierre des-Hayes, 1618.

Destinataire : Charles 1er de Gonzague de Clèves, en 1627 duc de Nevers, en 1628, duc de Mantoue, après la mort de son cousin Vincent de Gonzague (1580-1637) se marie en 1599 à Catherine de Lorraine, fille du duc de Mayenne. Il meurt en octobre 1637 (Saint-Simon, t. 8, p. 1504, Tallemant, t. 1, p. 1191, n. 5 et t. 2, p. 1259, n. 6 ad p. 409).

Défunte : Catherine de Lorraine, duchesse de Nevers, fille du duc de Mayenne, morte à trente-trois ans, le 8 mars 1618.Elle eut cinq enfants dont Marie de Gonzague, reine de Pologne sous le nom de Louise-Marie-en Pologne la seule reine pouvant porter le nom de Marie étant la Sainte Vierge-épouse successive des rois Ladislas IV et Jean II Casimir (Tallemant, t. 1, p. 1191 n. 4, 5 et 6 ad p. 584).

Nicolas Du Peschier, Consolations à Monseigneur le Duc de Nevers. Sur la mort & trespas de Madame la Duchesse son Espouse. Par Me N. Du Peschier, Advocat en Parlement, Paris, Nicolas Alexandre, 1618.

Destinataire et Défunte : voir ci-dessus Lettre d'Antoine de Nervèze.

Claude Morisot, Epistre de Nestor à Laodamie sur la mort de Protésilas. Consolation à M. de Bellegarde sur la mort de M. de Termes (....), s. n., Dijon, 1621

Destinataire : Roger de Saint-Lary, duc de Bellegarde (éditeur de Tallemant 1586-1646, éd. de Saint-Simon, t. 8, p. 1160 1563-1646. Cette 2ième date est confirmée par Mellinghoff p. 290). Sous Henri III, maître de la garde-robe, premier gentilhomme de la chambre, grand écuyer.Il protège le roi lors de la journée des Barricades et organise l'assassinat, à Blois, du duc de Guise (Mellinghoff p. 290) Sous Henri IV, gouverneur de Bourgogne, sous Louis XIII, duc de Bellegarde. Premier gentilhomme de Gaston d'Orléans, il se compromet en participant à la résistance contre Richelieu. Disgracié, il est réhabilité après la mort du Cardinal. Il meurt le 13 juillet 1646 (Tallemant, t. 1, p. 692 n. 2 ad p. 24).

Défunt : César-Auguste de Saint-Lary, baron de Termes, frère cadet du duc de Bellegarde. Chevalier de Malte, grand prieur d'Auvergne, il quitte l'état ecclésiastique pour épouser, en 1615, Catherine Chabot, fille de Jacques, marquis de Mirabeau. Il est tué en 1621 au siège de Clairac, pris par l'armée royale dans le cadre de la campagne de l'Ouest (Tallemant, t. 2, p. 1479, n. 3 ad p. 721).

S. Durant, *Lettre à un sien Amy, 1622.*

Destinataire : non identifié.

Défunte : sa fille

Antoine de Nervèze, *Lettre Consolatoire à Monseigneur le Mareschal de Themines, Sur le Trespas de Messieurs le Marquis de Themines, & de Lozieres ses Enfans, l'un mort devant Montauban, & l'autre devant Monhurt*, Tours, Jean Oudot, 1622.

Destinataire : Pons de Lauzières-Thémines-Cardaillac, marquis de Thémines. Maréchal de France en 1616 pour avoir arrêté Henri II de Bourbon, prince de Condé, révolté contre Marie de Médicis (Tallemant, t. 2, p. 997 n. 5 ad p. 93).De sa première femme, Catherine Ebrard de Saint-Sulpice qu'il épouse le 26 janvier 1587, il a quatre enfants, dont deux fils Antoine et Charles (ibid.). Après la mort de sa femme, le maréchal de Thémines convole en secondes noces avec Marie de La Noue, veuve dans un premier mariage de Louis de Pierre-Buffières de Chambret, dans un second, de Joachim de Bellengreville (ibid.).

Défunts : Antoine de Lauzières, marquis de Thémines, fils du précédent, tué au siège de Montauban le 4 septembre 1621, dans le cadre de la campagne de l'armée du roi contre les Réformés du Sud-Ouest. Epoux, en 1606 de Suzanne de Monluc, fille de l'auteur des Commentaires. Il a été amoureux de la veuve Bellengreville, la deuxième épouse de son père (Tallemant, t. 2, p. 997 n. 6 ad p. 93).

Charles de Lauzières, frère cadet du précédent. Attaché, comme son frère, à Marie de Médicis, il se distancie, avec lui, du coup d'Etat contre Concini et s'oppose dans la suite à Luynes. Premier écuyer de Gaston d'Orléans, il trouve la mort à Monhurt, comme le signale le titre de la lettre. (La bataille de Monhurt ou Monheur a lieu le 12 décembre 1621.Il s'agit de la prise d'une petite place voulue par Luynes pour faire oublier au roi l'obligation malheureuse de lever le siège de Montauban) (Chevallier, pp. 230-231)

Thomas Pelletier, *Lettre de consolation sur la mort de feu Monseigneur l'Illustrissime Cardinal de Retz A Monseigneur le Reverendissime Evesque de Paris son Frere*, Paris, Antoine Estienne, *1622*.

Destinataire : Jean-François de Gondi (1584-1654), premier Archevêque de Paris, oncle de Retz. Ses moeurs licencieuses sont consignées par Tallemant dans l'historiette qu'il lui consacre (*Feu Monsieur de Paris*, Tallemant, t. 2, pp. 37-38).

Défunt : Henri de Gondi, premier cardinal de Retz (1572-1622). Evêque de Paris en 1598, cardinal en 1618. (Retz, p. 1247 n. 7 ad p. 129). Il s'engagea à fond dans la lutte contre les huguenots (*ibid.*, p. 1289 n. 5 ad p. 176).

Charles Challine, *Lettre de Consolation à Madame des Essars, Sur la mort de Monsieur le Conseiller Des-Essars, son mary*, Chartres, Claude Cottereau, 1623.

Destinataire et défunt : Il existe plusieurs familles Des Essars, mais le lieu d'édition – Chartres – oriente vers celle signalée dans *l'Armorial Chartrain* sous le n° 1795. La maison est originaire de Touraine, et on trouve mention d'un Jacques Des Essars, seigneur de Javercy et de Guéneville, conseiller du Roi. Le défunt, était lui aussi « Conseiller », mais l'absence de données précises, surtout de dates, ne permet en rien d'identifier les deux personnages, de même qu'on n'apprend rien sur la destinataire. (Voir *Armorial Chartrain*, Chartres, Ch. Métais, 2ième vol., pp. 19-20, Le *Grand Armorial de France* ne donne rien de plus).

Charles Drelincourt, *Lettre Consolatoire sur la Mort de Mr Le Blanc l'un des Pasteurs de La Rochelle*, s.1n.n., 1623.

Destinataire : Mademoiselle Le Blanc. Il s'agit de l'épouse du défunt, comme l'épiscolier le signale dès la première page : « Monsieur vostre mary ». On sait qu'on appelait mademoiselle une femme mariée qui occupait un rang mitoyen entre la Madame de Cour et la simple Madame Bourgeoise. (*Dict. du Gr.S.*).

Défunt : Comme l'indique l'intitulé de la lettre, il était Pasteur à la Rochelle. Par ailleurs on a pu seulement pu savoir qu'il est mort d'une maladie récidivante dont on le croyait déjà guéri

Jacques de Bellefleur, *Lettre de Consolation à Monsieur Vigner Baron de S. Liebaut. Sur la Mort de Madame sa Mere*, Paris, Jean Petit-Pas, 1624.

Destinataire : pourrait être Claude Vignier, seigneur de Saint-Liebault, conseiller au parlement de Bourgogne, reçu président au parlement de Metz le 2 septembre 1633 (Tallemant, t. 1, p. 702, n. 7 ad p. 31).

Défunt : Ce serait la mère du précédent. Selon la lettre, le destinataire avait vingt-trois ans au moment de la mort de sa mère : « ...estes vous pas obligé de croire que celuy, qui vous a laissé iouïr de sa compagnie durant vingt trois ans » (p. 5).

Id., Thomas Pelletier, *Lettre de Consolation. Sur la Mort de feu Monseigneur de SILLERY, Chancelier de France*, Paris, Adrian Bacot, 1624.
Destinataire : Voir ci-dessus, Lettre d'Antoine de Nervèze à Monseigneur de Pisieux.
Défunt : Nicolas Bruslart (Brûlart) (1544-1624) [Dict. *Du Grand Siècle*], seigneur de Sillery, de Puisieux et de Berny, conseiller au Parlement de Paris en 1573, titulaire de plusieurs ambassades, garde des sceaux en 1604, chancelier de France en 1607 à la mort de Pomponne de Bellièvre. Il conserve les sceaux jusqu'au mois de mai 1616, quand l'influence grandissante des Concini l'oblige à s'en dessaisir (Chevallier, p. 69). Réinstallé dans ses fonctions le 23 janvier 1623, date de sa retraite définitive amenée par La Vieuville. Il se retire alors à Sillery, où il meurt le 1^{ier} octobre 1624 (Tallemant, t. 1 p. 878-879, n. 3 ad p. 201).

Id., *Lettre de Consolation Sur la Mort de feu Monsieur l'Evesque Daire* (sic), Paris, Adrian Bacot, 1625.
Destinataire : Claude Le Bouthillier, seigneur de Pont-sur-Seine et de Fossigny, collaborateur de la première heure de Richelieu, conseiller au Parlement de Paris en 1613, secrétaire des commandements de Marie de Médicis, secrétaire d'Etat aux Affaires étrangères de 1628-1632 (destinataire probable, puisqu'il est désigné au début de la lettre comme secrétaire aux commandements de la Reine-Mère et qu'il n'est devenu secrétaire d'Etat qu'en 1628 ; en 1625, il aura donc été secrétaire aux commandements ; il est vrai qu'un de ses frères, Denis Le Bouthillier, était aussi secrétaire aux commandements de Marie, mais probablement plus tard) (Tallemant, t. 1, p. 1026, n. 4 ad p. 355 ; Retz, p. 1290, n. 9 ad p. 176). Surintendant des Finances, Claude Le Bouthillier est disgracié en juin 1643 après la mort de Louis XIII. Il se retire alors de la vie publique et meurt en 1652. Il avait épousé en 1606 Marie de Bragelogne qui lui avait donné un fils, Léon Le Bouthillier, comte de Chavigny, à son tour fidèle de Richelieu pour lequel il manifestait un attachement si filial que certains spéculaient sur la paternité du Cardinal (Retz, p. 1264, n. 9 ad p. 143).

Défunt *: Sébastien Le Bouthillier, évêque d'Aire (Landes*), frère du destinataire, mort le 17 janvier 1625* (ibid.*). * Il existe un autre Aire, dans le Nord, mais ce n'était pas le siège d'un évêché.

Jean de Chaumont, *Lettre de Consolation sur le Decez du RP Pierre Coton de la Compagnie de Jesus, cy devant Confesseur & Predicateur ordinaire de sa Majesté. Envoyée à Madame la Marquise de Guercheville, Dame* *d'honneur de la Royne Mere du Roy. Par le sieur de Chaumont, Conseiller du Roy en son Conseil d'Estat, & Garde des Livres du Cabinet de sa Majesté*, Paris, François Julliot, 1626.

Destinataire : Antoinette de Pons, marquise de Liancourt, dite la marquise de Guercheville († 1632), dame d'honneur de Marie de Médicis, épouse en premières noces de Henri de Silly, comte de La Rocheguyon, en secondes, de Charles du Plessis, seigneur de Liancourt (Saint-Simon, t. 8, p. 1375). Célèbre pour la résistance qu'elle opposa aux avances de Henri IV « à qui elle répondit qu'elle n'était pas d'assez bonne maison pour être sa femme, mais qu'elle était de trop bonne maison aussi pour être sa maîtresse » (Saint-Simon, t. 1, p. 1328, n. 2 ad p. 321). C'est elle qui présenta l'évêque de Luçon à la Reine-Mère, se situant ainsi au début de la prodigieuse carrière de Richelieu (Saint-Simon, loc. cit.).

Défunt : Pierre Coton (ou Cotton), né à Néronde (Forez) en 1564, mort à Paris en 1626, jésuite, confesseur de Henri IV et de Louis XIII (Saint-Simon, t. 8, p. 1274 et P. Triaire, Lettres de Gui Patin, Paris, Champion, 1907, t. 1, p. 482, n. 2). Il obtient de Henri IV le retour des jésuites à Paris ; controversiste redoutable, il écrit contre Calvin l'Institution catholique mais use, par ailleurs, de modération. On relira à ce sujet le commentaire de l'Estoile sur le sermon consacré au Saint-Sacrement prononcé devant le roi le 1[ier] juin 1603 (Mémoires-Journaux, t. 8, pp. 82-83). Par ailleurs, refusant d'attiser le feu, il déchargea formellement les Réformés de toute responsabilité dans l'attentat commis sur sa personne le 13 janvier 1604 (ibid., pp. 111-112). Toutefois, cette douceur ne convainquit pas tout le monde, puisque, dans une autre circonstance, L'Estoile la qualifie de «vraiement jésuitique, id est papelarde » (ibid., t. 10, p. 105). Voir aussi même tome, p. 322 une lettre du Père Coton qualifiée d'« artificieuse, douce et succrée pardessus, mais platte et molle comme Coton » (Bremond, t. 2, pp. 75-135 ; Sommervogel, II, 1539-60).

Raoul Le Maistre, *Consolation Funebre sur le Trespas dehaut puissant, et vertueux Seigneur Messire Charles de Clere, Chevalier de l'Ordre du Roy, Baron de Clere, & Seigneur de Pannilleuse, Mesieres, etc. Avec l'autre partie de sa genealogie faite par Fr. Raoul le Maistre, Docteur en Theologie, Religieux de l'Ordre des Freres Prescheurs de la ville de Roüen*, Rouen, N. Hamillon, 1626

Destinataire : -

Défunt : Charles de Clere, seigneur normand baptisé le 7 août 1575, épouse Claude de Combault qui lui donne quatre enfants ; il meurt des suites d'une maladie à l'âge d'à peu près cinquante ans (données fournies par la lettre).

Pierre Milon, *Consolation à Madame de Guise Sur la Mort de Madame. Par Pierre Milon, Predicateur du Roy*, Paris, Jean Guillemot, 1627

Destinataire : Madame de Guise : Henriette Catherine de Joyeuse, épouse en premières noces (1599) de Henri de Bourbon, duc de Montpensier († 1608), puis, en secondes, le 5 janvier 1611, de Charles, duc de Guise, fils du Balafré (Tallemant, t. 1, n. 5 ad p. 833 et t. 1 p. 1513). Son père, selon la lettre, « de nos jours, une belle & eclattante image de JESUS en la Croix, à l'exemple du glorieux S. François, duquel il avoit voulu particulierement suivre les traces » était le célèbre Henri de Joyeuse, comte du Bouchage (1567-1608), capucin sous le nom de Frère (ou Père) Ange après la mort de sa femme Catherine de Nogaret de la Valette en 1587, puis, en 1592, après celle de son frère Antoine-Scipion, duc de Joyeuse. Ce ligueur impénitent se rallie à Henri IV moyennant l'obtention du bâton de maréchal de France (1596). Il finit par retourner au couvent et y mena une vie édifiante (Dict. Du Grand Siècle).

Défunte : Madame : Marie de Bourbon-Montpensier, fille héritière de Henri de Montpensier et de Henriette-Catherine, duchesse de Joyeuse (voir ci-dessus) ; la défunte est en 1626 la première épouse de Monsieur, Gaston d'Orléans, frère de Louis XIII, qui épousera dans la suite Marguerite de Lorraine (1632) (Saint-Simon, t. 8, p. 1483 et 1542), et la mère de la Grande Mademoiselle. (Saint-Simon, t. 6, n. 3 ad p. 645).Elle meurt en couches le 4 juin 1627 (Tallemant, t. 1, p. 971, n. 6 ad p. 198).

Abra de Raconis, *Lettre de Consolation addressee (sic) à Monsieur d'Herbaut, Secretaire d'Estat sur le Trespas de feuë Madame d'Herbaut sa femme. Par Mre Charles François d'Abra de Raconis, Docteur en Theologie, Conseiller & Predicateur ordinaire du Roy*, Paris, s. n., 1628

Destinataire : Raymond Phélypeaux d'Herbaut (1560-1629), trésorier de l'Epargne, Secrétaire d'Etat (Saint-Simon, t. 8, p. 1393).

Défunte : Claude Gobelin, de la célèbre famille des teinturiers, épouse du précédent. Le mariage date de 1599 (ibid.).

Du Moulin, Mestrezat, Drelincourt, Daillé, *..., Lettres de consolation faites par Messieurs Du Moulin, Mestrezat, Drelincourt, Daillé & plusieurs autres*

Pasteurs des Eglises Reformees de France, & autres lieux, Charenton, Jean Martin, 1632 (les lettres datent toutes de 1629 et de 1630).

Destinataires : Monsieur de la Tabarière, Jacques des Noues, seigneur de la Tabarière, baron de Sainte-Hermine et de la Lande, gouverneur de Fontenay, mort en 1632 (Tallemant, t. 1, p. 793, n. 1 ad p. 101).

Madame de la Tabarière, Anne de Mornay, fille de Du Plessis-Mornay, née en 1583, épouse du précédent à qui elle donne deux enfants, le premier, objet de la lettre, le second tué en 1636, mais accidentellement, par un Français, à l'occasion de la prise de Corbie (près d'Amiens, dans la Somme) par les Espagnols. Après la mort de son mari, Madame de la Tabarière, n'ayant plus ses fils, se décida à se remarier. En 1640, elle convola en secondes noces avec le maréchal de La Force, alors âgé de quatre-vingts ans, et qui lui était tout dévoué. En dépit de sa laideur et de son austérité, il l'appelait « la toute mienne » et, pour lui plaire, ne lut plus que les livres de Du Plessis-Mornay. On trouve dans les Historiettes (Le Mareschal de La Force, éd. cit., t. 1, p. 101) une série de détails grossiers ou ridicules qui la concernent.

Défunt : Philippe des Noues, baron de Sainte-Hermine, fils aîné du couple la Tabarière, tué au siège de Bois-le-Duc (Brabant septentrional) le 4 août 1629 (d'après le Tombeau qui précède les lettres de consolation, en septembre 1629, d'après l'éditeur des Historiettes, t. 1, p. 793, n. 2 ad p. 101). On a vu dans la Notice consacrée à André Rivet (voir ci-dessus notice Rivet) que le pasteur a produit une traduction d'un texte de Heinsius relatif à cet épisode militaire, (Histoire du siège de Bolduc et de ce qui s'est passé ès Pais-Bas depuis l'an 1629.Faicte françoise du latin de D. Heinsius, Leyde, 1631).Le Tombeau insiste sur la noblesse de sa lignée, son érudition, sa sagesse, sa dévotion, son courage. Anne de Rohan, dont un sonnet consacré à la mémoire du défunt précède le recueil des lettres de consolation, relève les mêmes qualités et rappelle que Du Plessis-Mornay était son grand-père :

> Sçaches que ce cher fils en piété insigne,
> Estoit du grand Mornay un reietton très-digne,
> C'est en sçavoir assez pour lamenter beaucoup.

Jean Théroude, *Lettre de Consolation sur l'heureuse mort de très-illustre & très-vertueux Seigneur Messire Charles Duret, Chevalier, Sieur de Chevry, & de la Grange du Milieu, Conseiller du Roy en ses Conseils, Controlleur general de ses Finances, Sercretaire de ses Ordres, & President en sa Chambre des Comptes à Paris. A Monsieur de Chevry son fils*, Paris, s. n., 1636

Destinataire : Charles Duret, 2ᵉ du nom, sieur de Chevry et de la Grange (1614-1700). Fils de Jean Duret, frère du défunt de la lettre. Epoux de Madeleine Gobelin dont il a cinq enfants. Successivement conseiller aux parlements de Metz et de Paris, président de la Chambre des Comptes en 1637 (Tallemant t. 1, p. 860 n. 6 ad p. 173).

Défunt : Charles Duret, 1ᵉʳ du nom, seigneur de Chevry et de la Grange, fils de Louis Duret, un des médecins les plus renommés du XVIᵉ siècle. Contrôleur général des Finances, greffier des Ordres du Roi, président de la Chambre des Comptes, commandeur de l'Ordre du Saint-Esprit. Envoyé par le cardinal de Bourbon pour engager Henri IV à se convertir, il est généralement détesté pour le rôle qu'il a joué dans l'établissement des impôts. Deux fois marié, il meurt le 18 septembre 1636 à la suite d'une opération de la pierre (Tallemant, t. 1, p. 857, n. 1 ad p. 170).

Etienne Bachot, *Lettre de Consolation à tres-noble et tres-vertueuse Dame Madame de Vineuil sur la Mort de Monsieur le Chevalier de Saincte Geneviefve son Frere,* Paris, Jacques Dugast, 1639.

Destinataire : n'a pu être identifiée.

Défunt : le chevalier de Sainte-Geneviève a servi à Malte de sa 18ᵉ à sa 24ᵉ année et donné sur mer la chasse aux infidèles ; il a servi le Roi en Italie sous M. de Créquy et le Prince de Parme (données fournies par la lettre).

François Berthet, *Discours Funebre sur le Trespas de Tres-Noble et Tres-Religieuse Dame Madame Marie de l'Aubespine de Chasteau-Neuf, Abbesse de la Royale Abbaye de Sainct Laurent de Bourges Composé par Frere François Berthet, Carme, Docteur en Théologie de la Faculté de Paris,* Paris, Pierre Chaudière, 1641.

Destinataire : Charles de l'Aubespine, marquis de Chasteauneuf, comte de Sagonte (1580-1653), (Saint-Simon, t. 8, p. 1240), frère de la défunte, grand-oncle de Saint-Simon, Garde des Sceaux en 1630 à la suite de la journée des Dupes. Au service de Richelieu, il présida les commissions de justice qui condamnèrent à mort Marillac et Montmorency (1632), mais s'éloigna du Cardinal pour plaire à Madame de Chevreuse dont il était tombé amoureux. Il se rendit coupable de haute trahison en révélant à Charles IV, duc de Lorraine, les projets du roi sur la place forte de Moyenvic. Il dut alors remettre les sceaux à Séguier et se vit interner à Angoulême jusqu'en 1643. A la mort du roi, il put rentrer à Paris et même récupérer provisoirement les sceaux (1650) quand Mazarin essaya de se rapprocher de l'ancienne Fronde. Après la majorité de Louis XIV, on le retrouve encore au Conseil, mais discrédité par ses agissements passés, il finit par quitter définitivement les affaires (Retz, p. 1354 n. 6).

Défunte : (données fournies par la lettre) : Marie de L'Aubespine de Chasteauneuf est née en 1582 (p. 16) de Guillaume de L'Aubespine, marquis de Chasteauneuf, conseiller d'Etat, ambassadeur au service des rois Charles IX, Henri III, Henri IV et Louis XIII (p. 12) et de Marie de la Chastre (p. 12). Elle appartient à une ancienne famille qui a depuis toujours servi dans les grandes fonctions : sous Charles VII, Charles de l'Aubespine, ancêtre de la défunte a été gouverneur de la haute et de la basse Beauce (p. 79). Dès ses jeunes années, elle s'est signalée par un sérieux d'adulte peu conforme à son âge. En 1618, Louis XIII la fait abbesse de Notre-Dame de Buxière (Ordre de Cîteaux) dans le Bourbonnais, mais vu le caractère impraticable du site, elle décide de transporter sa Maison à Bourges (p. 43). En 1631, on la trouve abbesse de Saint-Laurent de Bourges. Souffrante à partir de l'âge de cinquante-deux ans, elle s'éteint vers la soixantaine après avoir assuré sa succession dans la personne de la Dame De Rufay Rochechouart (p. 60).

Jean Sirmond, *Consolation à la Reyne Regente, sur la Mort du feu Roy*, Paris, Jean Brunet, 1643.

Destinataire : Anne d'Autriche

Défunt : Louis XIII

Jacques Du Bosc, *Consolation à Monseigneur l'Eminentissime Cardinal Mazarin sur la Mort de Madame sa Mere. Par le P. Du Bosc, Religieux Cordelier*, Paris, Antoine de Sommaville & Augustin Courbé, 1644.

Destinataire : Mazarin

Défunte : Hortensia Bufalini, de noblesse ombrienne, épouse en 1576, à Palerme, Pierre Mazzarini, protégé de Colonna. Elle meurt en 1644.

Nicolas Lefèvre d'Ormesson, *Consolation à Madame la Mareschale de Vitry, sur la Mort de Mademoiselle sa Fille*, Paris, Edme Martin, 1645.

Destinataire : Lucrèce Marie Bouhier, épouse, en 1632 (Saint-Simon, t. 8 p. 1822) de Nicolas de l'Hospital, maréchal de France, duc de Vitry (Tallemant, t. 2, p. 72).

Identification confirmée par le fait que, selon la lettre (p. 13), la maréchale avait eu, tout récemment, à pleurer son mari ; or, le maréchal de Vitry est

mort le 28 septembre 1644 dans sa maison de Nandy, près de Melun, des
suites d'une fièvre continue (Guy Patin, Lettres CXV et CXVI).

Défunte: Lucrèce de L'Hôpital, Demoiselle de Vitry ; d'après la lettre (pp.
60-63), la défunte s'est signalée, parmi d'autres qualités, par une insigne
piété qui lui a valu la grâce de l'incorruption *post mortem* : « Ce corps
estendu, qui ne causoit ny horreur aux yeux, ny peine à l'odorat, ny espouvante aux sens, ordinaires ennemis de la mort, a fait naistre l'admiration, &
porté l'estonnnement dans les esprits les plus sçavans & les plus entendus
en ces rencontres, ignorans la cause de ces effets rares & extraordinaires, &
ne sçachans s'ils devoient attribuer cette heureuse metamorphose, ou à des
causes occultes de la Nature, ou aux dispositions miraculeuses de la Grace,
ils se sont sentis pressez de remonter à l'autheur de la nature & de la grace,
& d'adorer avec respect le secret de sa providence, & l'oeconomie de ses
creatures... » (pp. 62-63). D'après Le Fèvre, le fait, devenu notoire, a
suscité un grand concours de peuple : « la nouveauté de ce spectacle [avait]
sollicité la curiosité des indifferens, & porté mesme le respect dans le cœur
des incredules » (p. 62). Si, malgré tout, la plupart des sources consultées
ne font mention de ce fait exceptionnel, on en a trouvé cependant la
relation, très circonstanciée, et strictement identique, à la virgule près, à
celle de la lettre, dans *Les Belles Morts de Plusieurs Séculiers*, du P.
Hanart. L'édition de 1667, parue à Douai, chez Balthazar Bellère, donne,
sous l'entrée *Lucresse de L'Hospital Damoiselle de Vitry*, le texte de la
lettre ainsi que sa suite : « La pureté à (sic) cét avantage de rendre les corps
incorruptibles ; celui de ceste très-chaste Damoiselle a paru ennobly de
cette grace, & avoit anticipé dés l'instant de sa mort les qualitez excellentes
qui éclateront à la resurrection generale des corps qui auront été purs &
innocens ; & bien que l'air échauffé de la saison, & la chaleur excessive
causée par une foule de personnes de toutes conditions qui se transporterent
l'espace de deux jours dans la salle de l'Hostel de Vitry, dans l'Eglise de
saint Paul, & de celles de Minimes ; bien que tous ces accidens fussent
autant de causes qui disposoient un corps mort à la corruption ; sa cons-
titution neanmoins n'en parut aucunement altérée ; mais plutôt un nouvel
éclat, qu'elle n'avoit pas eu durant sa vie, aiant rehaussé la couleur de son
visage, & l'incarnat de ses levres, fit voir en sa personne un changement si
extra-ordinairement beau, que tous les yeux en furent surpris ; ... » (*op.
cit.*, p. 322). La lettre, on l'a vu, s'est prononcée pour l'hypothèse du
miracle, mais en termes d'une sage prudence. Ce texte se lit, encore identique, dans la relation du P. Hanart (pp. 322-323). Ce dernier, cependant,
indique une source : *Hilarion de Coste en son Eloge*. L'édition la plus
ancienne des *Eloges et vies des reynes, princesses, dames et damoiselles
illustres en piété, courage et doctrine qui ont fleury de nostre temps et du*

temps de nos pères, avec l'explication de leurs devises, cataloguée à la Bibliothèque Nationale, a paru chez Sébastien Cramoisy et date de 1647 ; elle est donc de deux années postérieure à la lettre de Lefèvre d'Ormesson ; celle du P. Hanart l'est de vingt-deux ans (l'édition de 1667 est encore la seule à être citée par le P. Louis Battereul dans *ses Mémoires domestiques pour servir à l'Histoire de l'Oratoire*, Paris, Picard, 1904, t. 3, p. 101) : la lettre n'a pu être que la source des deux textes postérieurs, à moins qu'elle ne copie un autre texte, antérieur, et qu'on n'a pu récupérer. On notera d'ailleurs que le Père reproduit aussi le même texte que Lefèvre d'Ormesson pour les autres détails de sa relation, en particulier le volet encomiastique.

François Berthet, *Discours Funebre, Prononcé au Service solemnel celebré dans l'Eglise des Peres Carmes, de la ville de Bourges (...) pour le repos de l'Ame de Très-haute, très-genereux, très-victorieux Prince Henry de Bourbon, premier Prince du Sang, Duc & Pair de France.Par le R. Pere François Berthet, Docteur en Theologie, & Prieur des Peres Carmes de Bourges*, Bourges, Jean Cristo, 1647.

Destinataire : -

Défunt : Henri II de Bourbon, prince de Condé (1588-1646), fils posthume de Henri 1er, marquis de Conti et de Charlotte-Catherine de la Trémouille, époux de Charlotte de Montmorency, célèbre pour la résistance qu'il opposa à Henri IV, amoureux de sa femme qu'il conduisit à Bruxelles pour la soustraire aux entreprises galantes du roi. On relira dans L'Estoile, *Mémoires-Journaux*, t. 9, pp. 279-281, un témoignage éloquent du différend qui opposa, à ce sujet, le roi et le prince, et t. 10, pp. 85-87, le récit de la fuite. Au début de la régence de Marie de Médicis, il concerta l'opposition à la Reine-Mère d'où son emprisonnement par Concini. Sorti de prison grâce à Luynes, il se montra très fidèle à Richelieu sans parvenir à jouer un rôle important.A la mort de Louis XIII, il devint cependant président du Conseil de Régence (Tallemant, t. 1, pp. 67 et s. : *Madame la Princesse* et *op. cit.* 417 et s. : *Feu Monsieur le Prince Henry de Bourbon ;* Retz, p. 1286, n. 3 ad p. 174).

Nicolas Caussin, *Lettre de Consolation du Reverend Pere Nicolas Caussin, à Madame Dargouge, sur la mort de Mademoiselle sa fille*, Paris, François Saradin, 1649.
Destinataire et défunte : On apprend dans la lettre que la fille de Madame d'Argouge est morte subitement d'une fièvre aiguë et ardente accompagnée d'une inflammation du poumon (p.3). On y trouve aussi la précision que

Mlle d'Argouge était veillée, pendant sa maladie, par Madame d'Ablège (p.4). Or Tallemant des Réaux (t. 2, p. 734-737) consacre une historiette à Madame d'Ablège, enlevée par son propre père qui voulait qu'elle demeurât avec lui et qui se plaignit de ce procédé dans une lettre écrite à la reine : « on disoit qu'une de ses parentes, nommée Mlle d'Argouges, l'avoit faitte ». Cette lettre date de 1648. Cette Mlle D'Argouges pourrait être la femme d'un conseiller au Parlement, D'Argouges, et la défunte pourrait être leur fille.

Cyrano de Bergerac, *Lettre de Consolation Envoyee A Madame De Chastillon, Sur La Mort de Monsieur De Chastillon*, Paris, Jean Brunet, 1649. (texte attribué).

Destinataire : Elisabeth-Angélique de Montmorency-Bouteville, duchesse de Châtillon (1627-1695). Fille de François, comte de Montmorency, seigneur de Bouteville et d'Elisabeth de Vienne, sœur du maréchal de Luxembourg, elle se fait enlever par le jeune Châtillon qui, malgré les goûts qu'on lui prête, l'épouse en 1645. Elle épousera en secondes noces Christian-Louis, duc de Mecklembourg (Tallemant, t. 2, p. 1005, n. 7 ad p. 106

Défunt : Gaspard IV de Coligny, arrière-petit-fils de l'amiral de Coligny. Il porte d'abord le titre de marquis d'Andelot, puis le nom de M. de Coligny, enfin celui de duc de Châtillon. Il est tué au combat de Charenton pendant le siège de Paris, le 9 février 1649. Ce descendant du grand chef huguenot avait, en effet, abjuré le protestantisme et combattait dans l'armée du roi la Fronde parisienne (Tallemant, t. 2, p. 1003, n. 3 ad p. 103).

Cyrano de Bergerac, *Lettre De Consolation Envoyee A Madame la Duchesse De Rohan.Sur La Mort De Feu Monsieur Le Duc De Rohan, Son Fils, Surnomme Tancrede*, Paris, Claude Huot, 1649. (texte attribué).

Destinataire : Marguerite de Béthune, fille de Sully, duchesse de Rohan (1595-1660). Epouse de Henri, duc de Rohan (1579-1638), mère de Tancrède de Rohan (Saint-Simon, t. 8, p. 1675).

Défunt : Tancrède (1630-1649), fils putatif du duc de Candalle et de la duchesse de Rohan (Saint-Simon, t. 2, p. 1564 n. 2 ad p. 809 et Retz, p. 1362, n. 4 ad p. 298). Son titre lui est contesté par la fille légitime de Rohan, Marguerite de Rohan-Chabot, et sa mère essaie en vain d'empêcher un arrêt du Parlement allant en ce sens. Tancrède participe à la Fronde du côté du Parlement et est blessé dans une embuscade du bois de Vincennes, le 31 janvier 1649. Il meurt le lendemain. Le destin de Tancrède fit l'objet de deux romans : *Florigène ou l'illustre Victorieuse* de La Motte de Broquart (1647) et *Alcidamie* de Madame de Villedieu (1661) (Retz, loc. cit.). On lira aussi dans Tallemant les historiettes consacrées à Mesdames de Rohan (t. 1, pp. 620 et s.)

Jacques Le Moleur, *Consolation à Messire Pierre Erneste de Mercy (...) sous le nom de Philandre Philadelphe sur la mort de (...) François de Mercy son frère (...) sous le nom de Timandre*, Bruxelles, Jean Mommart, 1649.

Destinataire : Pierre-Erneste de Mercy, abbé d'Acey, auteur, en 1641, d'une relation de la mort du comte de Soissons à la bataille de La Marfée (6 juillet 1641) ; frère du défunt.

Défunt : François, baron de Mercy, né vers 1595 (Dict. *du Grand Siècle*), grièvement blessé à Allerheim (bataille de Nördlingen) le 3 août 1645, décédé le lendemain. D'après la lettre il a atteint l'âge de quarante-cinq ans : « dans le cours de quarante cinc (sic) ans, est ce avoir peu vescu, d'en passer trente dans une suite continuelle de perils & de gloire ? » (p. 10). Sa naissance, dès lors, se situerait en 1599-1600. Ce prince lorrain qui s'était mis au service de l'Electeur de Bavière, compte parmi les plus grands chefs militaires du siècle. De ses nombreux engagements armés, on ne reteindra ici que les campagnes qui l'opposaient au Maréchal de Guébriant qui reçut le bâton après l'avoir fait prisonnier, avec Lamboy, à Kempen (janvier 1642), puis celles contre le duc d'Enghien qui l'attaque, en 1644, à Fribourg-en-Brisgau sans pouvoir aboutir, enfin celles qui le confrontent avec Turenne. Quand celui-ci s'apprête à marcher sur Vienne, Mercy essaie de lui barrer la route dans la plaine de Nördlingen. C'est en lançant ses réserves contre l'infanterie française qu'il croyait défaite, qu'il reçut la blessure qui devait lui être fatale. On sait que Turenne réussit à prendre l'affaire en main et à remporter, avec Condé une de ses plus belles victoires. Dans le *Tombeau de Timandre*, vaste Ode sui suit la Lettre, Jacques Le Moleur mentionne la plupart des engagements de Mercy.

Suzanne de Nervèze, *Lettre De Consolation A La Reine D'Angleterre, Sur La Mort Du Roy Son Mary*, Paris, Guillaume Sassier, 1649.

Destinataire : Henriette-Marie de France (1600-1669), fille de Henri IV et de Marie de Médicis, reine d'Angleterre par son mariage avec Charles 1[ier], le 11 mai 1625. Catholique fervente, elle s'attire l'hostilité des puritains et, à la suite de la guerre civile entre le roi et le Parlement, doit se réfugier en France (1644). Après l'exécution du roi, elle entre à la Visitation de Chaillot dont elle est la fondatrice (Retz, p. 1296, n. 5 ad p. 183).

Défunt : Charles 1[ier] Stuart, époux de la précédente, roi d'Angleterre en 1625 après la mort de son père Jacques 1[ier]. Vaincu par ses ennemis du Parlement, il est condamné à mort et décapité le 30 janvier 1649 devant Whitehall. (Dict. *Du Grand Siècle*).

Suzanne de Nervèze, Lettre De Consolation à Monseigneur le Duc de Vantadour (...) Sur la mort de Monseigneur le Duc de Vantadour, son Frere (...), Paris, Guillaume Sassier, 1649, 6 pp.

Destinataire : Henri de Lévis, duc de Vantadour (ou Ventadour), Chevalier des Ordres du Roi, Lieutenant du Roi en Languedoc, renonce à ses charges pour se faire d'Eglise : en 1631, il est ordonné prêtre et devient chanoine de Notre-Dame (Tallemant, t. 2, p. 1123, n. 1 ad p. 258). Retz n'avait pas à se louer de lui dans l'affaire qui l'opposait à Mazarin au sujet du siège archiépiscopal de Paris : « (…) le bonhomme Ventadour s'y fit remarquer par sa faiblesse. » (Retz, p. 1049). On notera que le duc de Vantadour avait été marié et que sa femme, Marie Liesse de Luxembourg (Saint-Simon, t. 1, p. 1226, n. 7 ad p. 126), de son côté, entra au Carmel (Retz, loc. cit.). La Lettre insiste longuement sur cette trajectoire peu commune, célébrant plus particulièrement la vertu de la chasteté de son destinataire : « Vous imitez la Vierge dans l'observation d'une exemplaire Chasteté, & quelques charmes qu'une belle Princesse ait eu pour attaquer votre resolution, l'amour de Dieu a prévalu sur les volontés humaines qui vous avoient engagé dans un Mariage très parfaitement assorti, si bien que de vos divines & miraculeuses unions est sorti ce Vœu inviolable de vous donner à Dieu irrevocablement & à jamais : « (p. 5). Henri de Lévis-Vantadour meurt le 14 octobre 1680 (Tallemant, t. 2, n. 1 ad p. 258).

Défunt : frère du précédent, duc de Vantadour, Chevalier des Ordres du Roi, Lieutenant pour le roi au Pays de Limousin.

Louis de Savignac, Lettre de Consolation Pour Madame la Duchesse de Nemours, s.l.n.n., 1652.

Destinataire : Elisabeth de Vendôme, fille de César, duc de Vendôme et de Françoise de Lorraine, petite-fille de Henri IV, duchesse de Nemours (1614-1664), épouse, en 1643, de Charles-Amédée de Savoie, duc de Nemours (Saint-Simon, t. 8, p. 1568 ; Retz, p. 1277, n. 5 ad p. 160).

Défunt : Charles-Amédée de Savoie, duc de Nemours (1624-1652), époux de la précédente.Fils de Henri Ier de Nemours, il appartient à la branche française de la maison de Savoie.Colonel général de la cavalerie légère. Il commande l'armée des Princes pendant la Fronde ensemble avec son beau-frère François de Vendôme, duc de Beaufort (le « roi des Halles »). Mais les deux hommes finissent par se brouiller, et Nemours est tué en duel par Beaufort le 30 juillet 1652 (Saint-Simon, t. 8, p. 1153 ; Retz, p. 1292, n. 2 ad p. 179).

François Berthet, Discours funèbre fait aux obsèques de Me Charles de Laubespine, marquis de Chasteauneuf, garde des sceaux de France, prononcé par F.B., religieux carme, Bourges, s. n., 1653.

Destinataire : -

Défunt : Charles de l'Aubespine, marquis de Châteauneuf (1580-1653). Garde des Sceaux en 1633. Grand-oncle de Saint-Simon et très lié à la duchesse de Chevreuse, animatrice de la Fronde (Saint-Simon, t. 8, p. 1240).

Jean Guerrier, Consolation à Madame La Duchesse de Guise sur la mort de Madame, Paris, Jean Mestais s.d.

Destinataire et défunt : voir ci-dessus Lettre de Pierre Milon.

Bibliographie *

I Sources

a) sources antiques

b) sources scripturaires

c) sources patrologiques et théologiques

d) sources modernes

I Sources

a) sources antiques

Ammien Marcellin, *Histoire*. Texte établi et traduit par Edouard Galletier, Jacques Fontane, Guy Sabbah, Fontane E. Frézouls, J.-D. Berger, Marie-Anne Marié, Paris, Belles Lettres, 1968-1996, 5 vol.

Apollonios de Rhodes, *Argonautiques*. Texte établi et commenté par Francis Vian, traduit par Emile Delage et Francis Vian, Paris, Belles Lettres, 1976-1981, 3 vol.

Aristote, *Ethique à Nicomaque*. Nouvelle traduction avec notes et index par J. Tricot, Paris, Vrin, 1983

Id., *Histoire des animaux*. Texte établi et traduit par Pierre Louis, Paris, Belles Lettres, 1964-1969, 3vol.

Id., *De Anima*. Texte établi par A. Jannone, traduction et notes de E. Barbotin, Paris, Belles Lettres, 1980

---

* Cette Bibliographie, limitée à l'essentiel, ne reprend pas systématiquement tous les titres signalés dans les notes ; en particulier les textes donnés à titre d'orientation de lecture dans les *Sources* des Notices bio-bibliographiques ne sont pas repris à cet endroit.

Arrien, *Histoire d'Alexandre le Grand* (...). Texte traduit du grec par Pierre Savinel (...), Paris, éd. de Minuit, Coll. « Arguments », 1984

Athénée, *Athenaei Naucraticae Dipnosophistarum, Libri XV*. Recensuit Georgius Kaibel, Lipsiae, Teubner, 1887-1890

Aulu-Gelle, *Noctes Atticae*, in *Pétrone, Apulée, Aulu-Gelle, Oeuvres complètes*. Avec la traduction en français publiées sous la direction de M. Nisard, Paris, Dubochet et Cie, Collection des Auteurs Latins, 1842

Boèce, *La consolation de la Philosophie*. Traduction nouvelle par A. Bocognano, Paris, Classiques Garnier, 1980

Cicéron, *De Officiis*. Texte établi et traduit par Maurice Testard, Paris, Belles Lettres, 1970

Id., *Pro Archia de Cicéron et Correspondance*. Présenté par Pierre Tabart Paris, Hachette, 1955,

Id., *Caton l'Ancien, ou de la Vieillesse*. Traduction nouvelle par M. A. Lorquet in, *Œuvres complètes* publiées sous la direction de M. Nisard, Paris, Dubochet et Cie, 1841, t.4

Caton l'Ancien. De la Vieillesse. Texte établi et traduit par Pierre Wuilleumier, Paris, Belles Lettres, 1969

Id., *De Oratore*, in *Oeuvres*, t.1, Paris, Dubochet, Coll des Auteurs Latins, 1840

Id., *Des termes extrêmes des biens et des maux*. Texte traduit et établi par Jules Martha, Paris, Belles Lettres, 1928-30, 2 vol.

Id., *Premières Académiques*, in *Œuvres*, t.3, Paris, Dubochet, Coll. des Auteurs Latins, éd. cit., 1840.

Id., *Tusculanes*. Texte établi par Georges Fohlen et traduit par Jules Humbert Paris, Belles Lettres, 1968-1970, 2 vol.

Id., *Consolatio*, in *Opera ad optimas editiones collata,* Biponti, Studiis Societatis Bipontinae ex typographia Societatis, 81, vol. IX, 1780

Id., *Pro Q. Roscio Comoedo*, in *Pour P. Quinctius, pour Sextus Roscius d'Amérie, pour Quintus Roscius le Comédien*. Texte établi et traduit par H. de La Ville de Mirmont/Discours, t.1, Paris, Belles Lettres, 1921,

Cornelius Nepos, *Vies des grands Capitaines*, Paris, Dubochet, Coll. des Auteurs Latins, 1841

Darès Phrygien, *De Bello Troiano Libri Sex(...)*, Anvers, Ioach. Trognaesium, 1568

Diodore Sicilien, *Bibliothèque Historique*. Texte établi et traduit par Paul Goukowsky, Paris, Belles Lettres, 1972 et s.

Dion Cassius, *Histoire Romaine (Livre 66)*. Texte traduit et annoté par Marie-Laure Freyburger et Jean-Michel Rodaz, Paris, Belles Lettres, 1991 et s.

Id., *Histoire Romaine*, London/Cambridge-Massachussets, Loeb Classical Library, 1970, t.VII

Epictète, *Entretiens*, in *Les Stoïciens*. Textes traduits par Emile Bréhier, édités sous la direction de Pierre-Max Schuhl, Paris, Gallimard, Bibliothèque de la Pléiade, 1962

Eschyle, *Œuvres*. Traduction par Jean Grosjean. Fragments traduits par R. Dreyfus, Introduction et Notes par R. Dreyfus, Paris, Gallimard, Bibliothèque de la Pléiade, 1967

Euclide, *Géométrie plane*, in *Les Eléments*. Texte grec et traduction française par Georges J. Kayas, Paris, CNRS, s.d. t.1

Euripide, *Alceste*, in *Œuvres*. Texte présenté, traduit et annoté par Marie Delcourt-Curvers, Paris, Gallimard, Bibliothèque de la Pléiade, 1962

Id., *Médée*, ibid.

Eustathe, *Eustathii (...) Commentarii in Homeri Iliadem(...)*, Florence, Bernardinus Papirinius, 1730

Homère, *Iliade. Odyssée* [*Iliade*, Traduction, Introduction et Notes par Robert Flacelière ; *Odyssée*, Traduction par Victor Bérard, Introduction et Notes par Jean Bérard, Index par René Langumier], Paris, Gallimard, Bibliothèque de la Pléiade, 1955

Id., *Iliade*, Texte établi et traduit par Paul Mazon avec la collaboration de Pierre Chantraine, de Paul Collart et de René Langumier, Paris, Belles Lettres, 1974-1994, 4 vol.

Id., *Odyssée*, t. 2. Texte traduit et établi par Victor Bérard, Paris, Belles Lettres, 1992

Hérodote, *L'Enquête*, in *Oeuvres complètes (Hérodote / Thucydide)*. Introduction par Jacqueline de Romilly, Texte d'Hérodote présenté, traduit et annoté par A. Barguet, Paris, Gallimard, Bib.de la Pléiade, 1982

Hésiode, *Les Travaux et les Jours. Le Bouclier*. Texte établi et traduit par Paul Mazon, Paris, Belles Lettres, 1928

Horace, *L'Art Poétique*, in *Epîtres*, Belles Lettres, Paris, 1995

Id., *Odes et Epodes*. Texte établi et traduit par Francis Vian, Paris, Belles Lettres 1970, 2 vol., Paris, Belles Lettres, 1970

Isocrate, *Discours à Démonicos*, in *Discours*. Texte établi et traduit par Georges Mathieu et Emile Brémond, Paris, Belles Lettres, 1928-62, 4 vol.

Justin, *Histoires Philippiques extraites de Trogue-Pompée*, Paris, Dubochet, Collection des Auteurs Latins, t.5, 1841

Juvénal, *Satires*. Texte établi et traduit par Pierre de Labriolle et François Villeneuve, Paris, Belles Lettres, 1957

Lucain, *La Guerre Civile (La Pharsale)*, t.1 (L. 1-5). Texte établi et traduit part Abel Bourgery ; t.2 (L. 6-10). Texte établi et traduit par Abel Bourgery et Max Ponchont, Paris, Belles Lettres, 1967-74

Lucrèce, *De Natura Rerum*. Commentaire exégétique et critique (...) par Alfred Ernout et Léon Robin, Paris, Belles Lettres, 1925-28, 3 vol.

Marc Aurèle, *Pensées*, in *Les Stoïciens, op. cit.*

Macrobe, *Saturnales*, in *Oeuvres complètes*, Paris, Dubochet, Collection des Auteurs Latins, t.11, 1845

Ovide, *Métamorphoses*. Texte traduit et établi par Georges Lafaye, Paris, Belles Lettres, 1966-72, 3 vol.

Id., *Les Tristes. (...)*, Traduction nouvelle, introduction, notes et texte établis par Emile Ripert, Paris, Classiques Garnier, 1957

Pindare, *Isthmiques et Fragments*. Texte traduit et établi par Aimé Puech, in *Oeuvres*, t.4, Paris, Belles Lettres, 1961

Id., *Pythiques*. Texte traduit et établi par Aimé Puech éd. cit., in *Oeuvres, éd. cit.*, t.2, 1977

Platon, *Phédon*, in *Oeuvres complètes*. Traduction nouvelle et notes établies par Léon Robin avec la collaboration de M.-J. Moreau, Paris, Gallimard, Bibliothèque de la Pléiade, 1950, t.1

Id., *Timée, ibid.*, t.2

Pline l'Ancien, *Histoire Naturelle, [...]*, Paris, Belles Lettres, 1947 et s.

Plutarque, *Les oeuvres Morales de Plutarque, translatees de Grec en Françoys(...)*, s.l., Samuel Crespin, 1613

Id., *Compendium Libri cui Argumentum fuit, Stoicos quam Poetas Absurdiora dicere*, in *Plutarchi Scripta Moralia*, Paris, Firmin-Didot, 1877

Id., *Consolatio ad Apollonium*, in *Plutarchi Chaeronensis Moralia*, Guilelmo Xilandro et Adriano Turnebo interpretibus, Paris, apud Gabrielem Buon, 1572

Id., *Consolation à Apollonios*, in *Oeuvres Morales*, t.2. Texte traduit et établi par Jean Defradas, Jean Hani, Robert Klaerr, Paris, Belles Lettres, 1988

Id., *Apophtegmes de rois et de généraux, Apophtegmes laconiens.* Texte établi et traduit par François Fuhrmann, in *Oeuvres Morales*, Belles Lettres, 1988 t.2 et 3

Id., *Dialogues Pythiques. Sur la Disparition des Oracles*, in *Oeuvres Morales*, t.6. Texte traduit et établi par Robert Flacelière, Paris, Belles Lettres, 1974

Id., *Sur l'E de Delphes*, ibid.

Id., *De la Tranquillité de l'âme*, in *Oeuvres morales*, t.7/1. Texte établi et traduit par Robert Klaerr et Yvonne Vernière, Paris, Belles Lettres, 1974

Id., *Consolation à sa femme*, in *Oeuvres morales*. Texte établi et traduit par Jean Hani, Paris, Belles Lettres, 1980, t. 8.

Id., *Préceptes Politiques.* Texte établi et traduit par Jean-Claude Carrière, in *Oeuvres Morales*, Belles Lettres, 1984, t. 11/2

Id., *Les Vies des Hommes illustres.* Edition établie et annotée par Gérard Walter, traduction par Jacques Amyot, Paris, Gallimard, Bibliothèque de la Pléiade, 1951, 2 vol.

Polybe, *Histoire.* Texte traduit, présenté et annoté par Denis Roussel, Paris, Gallimard, Bibliothèque de la Pléiade, 1970

Publilius Syrus, *Publilii Syri Mimi Sententiae*, in *Fables de Phèdre, Fables d'Avianus, Sentences de Publilius Syrus, Distiques Moraux de Denys Caton.* Traduction nouvelle de Pierre Constant, Paris, Garnier Frères, s.d.

Quinte-Curce, *Histoire.* Texte établi et traduit par H. Bardon, Paris, Belles Lettres, 1965-76, 2 vol.

Quintilien, *Institution Oratoire.* Texte établi et traduit par Jean Cousin, Paris, Belles Lettres, 1975- 80, 7 vol.

Quintus de Smyrne, *La Suite d'Homère.* Texte traduit et établi par Francis Vian, Paris, Belles Lettres, 1963-1969, 3 vol.

Sénèque, *Consolation à Helvia, Consolation à Marcia, Consolation à Polybius*, in *Dialogues*, t.3. Texte établi et traduit par René Waltz, Paris, Belles Lettres, 1967

Id, *De la Colère*, in *Dialogues*, t.1. Texte établi et traduit par A. Bourgery, Paris, Belles Lettres, 1961.

Id., *Les Phéniciennes*, in *Tragédies* t.1. Texte établi et traduit par Léon Herrmann, Paris, Belles Lettres, 1968

Id., *Traité de la Constance*, in *Dialogues* t.4. Texte traduit et établi par René Waltz,, éd. cit., t, 4, 1970

Id., *Lettres à Lucilius,* Texte établi par François Préchac et traduit par Henri Noblot, Paris, Belles Lettres, 1962-69, 3 volumes.

Solin, *Commentaria in C. Julii Solini Polyhistora*, Basileae, per Henrichum Petri, s.d.

Stace, *Achilléide*. Texte établi et traduit par Jean Méheust, Paris, Belles Lettres, 1971

Suétone, *La Vie des Douze Césars*, t.I, Paris, Belles Lettres, 1989

Tacite, *Annales*. Texte établi et traduit par Henri Goelzer, Paris, Belles Lettres, 1963 -66, 3 vol.

Tite-Live, *Histoire Romaine*, in *Oeuvres*, Collection des Auteurs Latins, éd. cit., 1839 / 82, 2 vol.

Valère Maxime, *Les Neuf Livres des Faits et Dits mémorables*, Collection des Auteurs Latins, éd. cit., 1841, t.5

Id., *Facta et Dicta Memorabilia*, t.2, trad. Peuchot-Allais, Paris, Delalain, 1882

Velleius Paterculus, *Histoire romaine*. Texte établi et traduit par Joseph Hellegouarch, Paris, Belles Lettres, 1982, 2 vol.

Virgile, *Enéide*, L.I-VI. Texte établi par Henri Goelzer et traduit par André Bellessort, L. VII-XII. Texte établi par Henri Durand et traduit par André Bellessort, Paris, Belles Lettres, 1964-70, 2 vol.

Xénophon, *Mémorables*, in *Oeuvres*, Paris, Garnier-Flammarion, 1967, 3 vol.

b) sources scripturaires

La Bible de Jérusalem, Paris, Cerf, 1988

Vulgate, Libreria ed. Vaticana, 1979

Textes scripturaires sollicités (ordre biblique de la Bible de Jérusalem)

Ancien Testament

Pentateuque : Genèse ; Exode ; Lévitique ; Nombres .

Livres poétiques et sapientiaux : Job ; Psaumes ; Proverbes, Sagesse ; Cantique des Cantiques ; Ecclésiastique (Sirac).

Livres historiques : Josué ; Juges ; 1 Samuel ; 2 Samuel ; 1 Rois ; 2 Chroniques ; Néhémie ; 2 Maccabées.

Livres prophétiques : Isaïe ; Jérémie ; Lamentations ; Ezéchiel ; Osée ; Michée ; Zacharie ; Malachie.

Nouveau Testament

Evangiles :Matthieu ; Marc ; Luc ; Jean .

Paul : Epître aux Romains ; 1^{ière} Epître aux Corinthiens ; 2ième Epître aux Corinthiens ; 1^{ière} Epître aux Thessaloniciens ; Epître aux Galates ; Epître aux Ephésiens ; Epître aux Philippiens ; Epître à Tite ; Epître aux Hébreux.

Pierre : 1^{ière} Epître

Jean : Apocalypse

c) sources patrologiques et théologiques

PG : *Patrologiae Graecae Cursus Completus,* Paris, Migne, 1856-66, 166 vol.

PL : *Patrologiae Latinae Cursus Completus,* Paris, Migne, 1844-1864, 221 vol.

André de Césarée, *Commentarius in Apocalypsin,* PG 106, col. 207-458

Anselme(saint), *Cur Deus homo,* PL 158, col. 339-432

Id., *Meditationes, ibid* .col. 709-820

Augustin(saint), Sermo 93, De verbis Evangelii Matthaei cap. XXV, 1-13 Simile erit regnum coelorum decem virginibus etc., PL 38, col. 572-580

Id, *Epistola 40,* PL 33, col. 154-158

Id., *Epistola 148,* PL 33, col. 622-630

Id., Enchiridion ad Laurentium sive De Fide, Spe et Charitate Liber Unus, PL 40, col. 231-290

Id, *De Civitate Dei,* PL 41, col. 13-804

Id., *Confessionum Libri Tredecim,* PL 32, col. 659-868

Id., *Enarratio in Psalmum XLIII,* PL 36, col. 482-493

Id., *Retractationum Libri Duo,* PL 32, col. 583-656

Bernard de Clairvaux (saint), *De Diligendo Deo,* PL 182, col. 973-1000

Id., Sermo IV In festo omnium sanctorum, PL 183, col. 453-482

Cassien, *Collationes,* PL 49, col.477-1328

Cassiodore, *De Anima,* PL 70, col.1279-1308

Cyprien de Carthage(saint), *Epistula LIII ad Fortunatum,* PL 4, col. 346-348

Id., *Epistula VI,* Corpus Scriptorum Ecclesiasticorum, Vindobonae, 1871

Denys l'Aréopagite, *De coelesti Hierarchia*, PG 3, col.119-370

Grégoire de Nazianze (saint), *Oratio VII in laudem suae sororis Gorgoniae*, PG 35, col.789-818

Grégoire de Nysse (saint), *De Vita S. Patris Ephraem Syri*, PG 46, col.819-850

Grégoire le Grand (saint), Id., *Dialogorum libri IV*, PL 77, col. Col.149-430

Id., *Moralium Libri*, PL 75, col.509-1162 ; t.76, col. 9-782

Hilaire de Poitiers (saint), *In Matthaeum*, PL 9, col. 917-1078

Innocent III, *De Contemptu mundi sive de miseria conditionis humanae*, PL 217, col. 701-746

Jérôme (saint), *Epistola XXIII Ad Marcellam De exitu Leae*, PL 22, col. 425-427

Id., *Epistola XXXIX Ad Paulam super obitu Blaesillae filiae*, PL 22, col.465-473

Id., *Epistola LX Ad Heliodorum. Epitaphium Nepotiani*, PL 22, col. 589-602

Id., *In Isaiam*, PL 24, col. 17-678

Julien de Tolède(saint), *Prognosticon*, PL 96, col. 453-524

Lactance, *De Divinis Institutionibus.Liber* VII :*De Vita Beata*, PL 6, col.733-822

Origène, *Traité des Principes*, Paris, Sources Chrétiennes, 1978

Patrice (saint), *De tribus habitaculis liber,* PL 53, col. 831-838

Pierre Chrysologue (saint), *Sermo 26, De fideli Dispensatore*, PL 52, col. 272-275

Tertullien, *Liber de Resurrectione Carnis,* PL 2, col. 701-886

Thomas d'Aquin (saint), *Somme*, Q.94, *De Lege Naturali*

Id., *Supplément*, Q, 94

d) sources modernes

Abelly Louis, *Considérations sur l ' Eternité*, Paris, Michel Le Petit et Estienne Michallet, 1671

Amyraut Moyse, *Discours de l'Estat des Fidesles après la Mort*, Saumur, Jean Lesnier, 1646

Argenson René Voyer d', *Traicté de la Sagesse Chrestienne*, Paris, Sébastien Hure, 1651

Arnoux, François, *Les Merveilles de l'Autre Monde*, Rouen, Jean-Baptiste Besongne, 1679

Aubigné, Agrippa d', *Histoire Universelle*, éd. avec une introduction et des notes par André Thierry, Paris- Genève/Droz, Champion, 1981-1999, 10 vol.

Auvray, *Hélas ! Qu'est-ce que l'homme*, in *Jean Rousset, Anthologie de la poésie baroque française*, Paris, Colin, Collection U, 1961

Banduri Anselmo, *Imperium Orientale, sive Antiquitates Constantinopolitanae, in quattuor partes distributae (...), opera et studio Domini Anselmi Banduri*, Paris, J.-B. Coignard, 1711

Bardin Pierre, *Le Lycée,* Paris, Jean Camusat, 1632-1634, 2 vol.

Bassompierre François de, *Journal de ma Vie. Mémoires du Maréchal de Bassompierre*, Paris, Vve Jules Renouard, 1870-1877, 4 vol.

Benserade, *Pour l'exaltation de NSP le pape Clément IX et sur ce qu'il est grand poète, sonnet*, s.l.n.d.

Bourges Geofroy Tory de, *Summaire des Chroniques, contenans les Vies, Gestes & Cas Fortuitz, de tous les Empereurs d'Europe Depuis Jules Cesar, Iusque a Maximilian dernier decede.Avec maintes belles Histoires & Mensions de plusieurs Roys(...) Faict Premierement en Langue Latine par Venerable & Discrete personne Jehan Baptiste Egnace, Venicien Et Translate(...) en Langaige Françoys, par Maistre Geofroy Tory de Bourges*, Paris, s.n.n.d.

Camus Albert, *L' Homme Révolté*, Paris, Gallimard, 1963

Castiglione, Balthazar, *Le Parfait Courtisan du Comte Baltasar Castillonois, ès deux langues (...)*, trad. de G. Chappuys, Paris, N. Bonfons, 1585

Id., *Opere. A Cura di Carlo Cordié*, Milano-Napoli, Riccardo Ricciardi, Coll. La Letteratura Italiana, Storia e Testi, vol. 27, 1960

Charron Pierre, *De la Sagesse, Nouvelle édition conforme à celle de Bourdeaus*, Paris, Chaigneau aîné, 1797

Chassignet Jean-Baptiste, *Le Mespris de la Vie et Consolation contre la mort*. Ed. critique d'après l'original de 1594 par Hans-Joachim Lope, Paris-Genève, Droz-Minard, « Textes littéraires français », 1967

Chateaubriand François-René de, *Le Génie du Christianisme*. Texte établi et présenté par Maurice Regard, Paris, Gallimard, Bib. de la Pléiade, 1978

Chrétien de Troyes, *Perceval ou le Roman du Graal*, Paris, Gallimard, « Folio », 1974

Coëffeteau Nicolas, *Le Tableau des Passions humaines, de leurs Causes, de leurs Effets*, Paris, Martin Collet, 1631

Desportes Philippe, *Oeuvres de Philippe Desportes*. Avec une introduction et des notes par Alfred Michiels, Paris, Alphonse Delahays, 1858

Drelincourt Charles, *Les Consolations de l'Ame Fidele contre les Frayeurs de la mort Avec les Dispositions & Preparations necessaires pour bien mourir*, Paris, Louis Vendosme, 1651

Du Bosc Jacques, *L'Honneste Femme*, Rouen, Veuve du Bosq, 1643

Duplessis-Mornay Philippe, *Sonnet, Barque qui va flottant*, in Rousset, *op. cit.*, t.1

Du Souhait Guillaume, *Le Parfaict Gentilhomme*, Paris, Gilles Robinot, 1600

Du Vair Guillaume, *Oeuvres*, Paris, S. Cramoisy, 1625

Id., *Traité de la Constance et Consolation ès Calamitez publiques(...)*, éd. par Jacques Flach et F. Funck-Brentano, Paris, L. Tenin, 1915

Erasme, *Des. Erasmi Roterodami Liber cum primis pius. De Praeparatione ad mortem*, Paris, Christianus Wechelus, 1533

Estoile, Pierre de L', *Mémoires - Journaux* voir ce-dessus Ouvrages Bio-bibliographiques

Faret Nicolas, *L'Honneste Homme ou l'Art de plaire à la Cour*, éd. Magendie, Paris, PUF, 1925

Faure Antoine, *Sonnet, Puisque ce n'est qu'un point*, in Rousset, *op. cit.*, t.1

Gombauld Oger, Sonnet, *Je vogue sur cette mer*, in Rousset, *op. cit.*, t.1

Grenaille François de, *L'Honneste Garçon*, Paris, Toussainct Quinet, 1642

Grignion de Monfort Louis (saint), *Traité de la vraie dévotion de la Sainte Vierge*, Tourcoing, Les Traditions françaises, 1947

Guyon Marie-Jeanne Bouvier de La Mothe (Madame), *Vie*, Paris, Dervy –Livres 1983

La consolation érudite

Hanart, Jean, *Les Belles Morts de plusieurs Seculiers Par le R.P. Jean Hanart Prestre de l'Oratoire*, Douai, Baltazar Bellère, 1667

Hélinand de Froidmont, *Les Vers de la Mort*, in *The Vision of Death : a study of the « Memento Mori » expressions in some Latin, German and French didactic texts of the 11th and 12th centuries by Gerhild Scholz Williams*, Göppingen, A Kümmele, 1976

Juste Lipse, *De la Constance*, in *Les Politiques ou Doctrine sociale de Justus Lipsius(...) Avec le Traicté de la Constance, pour se resoudre à supporter les afflictions publiques*, Paris, Claude de Monstr'œil et Jean Richer, 1597

Id., *Manuductio ad Stoicam Philosophiam*, in *Opera Omnia*, Anvers, ex officina Platiniana Balthasaris Moreti, 1637

La Broue Blaise, *Le Directeur Charitable qui enseigne la maniere de Consoler les affligés, & de secourir les mourans Selon l'Ecriture Sainte & les Peres de l'Eglise, par le P. Blaise la Broue, Religieux Augustin*, Lyon, Jean Certe, 1683

La Bruyère Jean de, *Discours sur Théophraste*, in *Oeuvres complètes*. Edition établie et annotée par Julien Benda, Paris, Gallimard, Bibliothèque de la Pléiade, 1951

Lallemant Pierre (le RP), *Les Saints Desirs de la Mort, ou Recueil de quelques Pensées des Pères de l'Eglise, pour montrer comment les Chrétiens doivent mépriser la vie, & souhaiter la mort*, Lille, Vancostenoble, 1673

Malherbe François de, *Oeuvres poétiques*. Texte établi et présenté par René Fromilhague et Raymond Lebègue, Paris, Belles Lettres, « Les textes Français », 1968, 2 vol.

Méré Antoine Gombaud (le Chevalier de), *Oeuvres complètes*. Texte établi et présenté par Charles-R. Boudhors, Paris, Fernand Roches, 1930, 3 vol.

Montaigne Michel Eyquem de, *Essais*. Textes établis et annotés par Albert Thibaudet et Maurice Rat, introduction et notes par Maurice Rat, Paris, Gallimard, Bibliothèque de la Pléiade, 1962

Nervèze Antoine de, *La Guide des Courtisans,* Lyon, Barthelemy Ancelin, 1613

Nieremberg Jean Eusèbe, *Chemin royal pour arriver bien tost à la Perfection, par la Conformité à la volonté de Dieu (...) traduit en François par le R.P. Pierre d'Outreman. Tous Deux de la Mesme Compagnie,* Douai, Serrurier, 1642

Pascal Blaise, *Pensées,* éd. par F. Kaplan, Paris, éd. du Cerf, 1982

Id, *Les Provinciales,* in *Oeuvres complètes.* Texte établi, présenté et annoté par Jacques Chevalier, Paris, Gallimard, Bib. de la Pléiade, 1954

Pasquier Nicolas, *Le Gentilhomme,* Paris, Jean Petit-Pas, 1611

Patin, Gui, *Lettres de Gui Patin (1630-1672).*Nouvelle édition collationnée sur les manuscrits autographes(...) [par le Docteur Paul Triaire], Paris, Librairie Honoré Champion, 1907, t.1

Pelletier Thomas, *La Conversion du Sieur Pelletier à la foy catholique en laquelle il représente au naïf les vrayes marques de l'Eglise,* Paris, s.n., 1609

Petriny Jean, *Oraison funebre sur le trepas du grand Henry IIII (...),* in G. *Du Peyrat, Les Oraisons et discours funebres sur le trespas de Henry le Grand, Roy de France et de Navarre,* Dediees au Roy, Robert Estienne, 1611

Pinel Louis, *Traité de l' Autre Vie (...) Tiré de plus hauts mystères de la sacrée Théologie, par le R.P. Pinel de la compagnie de Jesus, Traduit de l'Italien en François par S.D.V., sieur de Chevigny (...),* Paris, Toussaincts Du Bray, 1607

Puget de La Serre Jean, *Les Pensées de l'Eternité Enrichies de plusieurs figures,* Lyon, Jean Huguethan, 1633

Puységur Jacques de Chastenet, seigneur de, *Mémoires,* Paris, Jacques Morel, 1690

Ravisius, *Joh. Ravisii Textoris Officina sive Theatrum Historicum et Poeticum (...)* Basileae, Sumptibus Johannis Regis, 1663

Refuge Eustache de, *Le Nouveau Traicté de la Cour ou Instruction des Courtisans Enseignant aux Gentils-Hommes l'Art de vivre à la cour & de s'y maintenir*, Paris, Claude Barbin, 1664

Retz, Jean-François-Paul de Gondy, cardinal de, *Œuvres*. Edition établie et annotée par Marie-Thérèse Hipp et Michel Pernot, Paris, Gallimard, Bib. de la Pléiade, 1984

Rhodiginus, *Ludovici Caelii Rhodigini Lectionum Antiquarum Libri Triginta*, Francoforti et Lipsiae, Typis Danieli Fieveti, 1666

Rousset Jean, *Anthologie de la Poésie Baroque Française*, Paris, A. Colin, 2 vol.

Saint-Simon, Louis de Rouvroy, duc de, *Mémoires (1691-1723)*. Edition établie par Yves Coirault, Paris, Gallimard, Bib. de la Pléiade, 1983-1988, 8 vol.

Sales François de, *Traité de l'Amour de Dieu*, in *Oeuvres complètes*. Préface et chronologie par André Ravier, textes présentés et annotés par André Ravier avec la collaboration de Roger Devos, Paris, Gallimard, Bibliothèque de la Pléiade, 1969

Scudéry Madeleine de, *Clélie*, Genève, Slatkine Reprints, 1973, 5 vol.

Sponde Jean de, Sonnet, *Mais si faut-il mourir*, in Rousset, *op. cit.*, t.1

Tallemant des Réaux Gédéon, *Historiettes*. Voir ci-dessus Ouvrages bio-Bibliographiques.

II Ouvrages critiques

Angers Julien-Eymard d', « Le stoïcisme chez les Jésuites du XVIIe siècle », in *Mélanges de science religieuse,* 1953, t.X

Baby Charles, « François de Sales, maître d'honnêteté », in *XVIIe Siècle,* 1968, vol. 78 pp. 3-19

Batterel, Louis (le P.) *Mémoires domestiques pour servir à l'Histoire de l'Oratoire,* Paris, Picard et fils, 1904 (t.3)

Baustert Raymond, « Action et Contemplation dans les traités de l'Honnêteté au XVIIe siècle », in *Etudes Romanes,* I, Publications du Centre Universitaire de Luxembourg, 1989, pp. 1-31

Id., « Un aspect de l'honnêteté en France et à l'étranger :le thème de la passion », in *Horizons européens de la littérature française au XVIIe siècle.* Textes réunis et édités par Wolfgang Leiner, Tübingen, Günter Narr Verlag, 1988

Id., *L'Univers moral de Malherbe Etude de la pensée dans l'œuvre poétique,* Berne, Peter Lang, 1997, 2 vol.

Benay Jacques G., « L'honnête homme devant la nature ou la philosophie du Chevalier de Méré », in *Publications of the Modern Language Association of America,* . 1964, vol. 79, pp. 22-32

Cagnat C., *La Mort classique,* Paris, Champion, 1995

Caramaschi Enzo, « Un honnête homme libertin, Saint-Evremond », in *Voltaire, Balzac, Madame de Staël,* Paris, Diff. Nizet, 1977, pp. 1-13

Chevallier Pierre, *Louis XIII,* Paris, Fayard, 1979

Daniélou Jean, *Les anges et leur mission,* Paris, Desclée, Collection Essais, 1990

Delfour L. Cl., *La Bible dans Racine,* Paris, Leroux, 1981

Delumeau Jean, *Que reste-t-il du Paradis ?,* Paris, Fayard, 2000

Demorest J.-J., « L'honnête homme et le croyant selon Pascal », in *Modern Philology* vol. 53, pp. 217-220, s.d.

Fumaroli Marc, *L' Age de l' Eloquence*, Genève-Paris, Droz, 1980

Galliot Marcel, « Portrait d'un honnête homme », in *Nouvelles littéraires*, décembre 1967, p. 7

Haight Jeanne, *The Concept of Reason in French Classical Literature, 1635-1690*, Toronto/Buffalo/London, University of Toronto Press, 1982

Hennequin Jacques, *Les Oraisons funèbres d'Henri IV : les thèmes et la réthorique*, Service de Reproduction des Thèses, Université de Lille III, 1978, 2 vol.

Hepp Noémi, *Homère en France au XVIIe siècle*, Paris, Klincksieck, 1968

Id., « Quelques aspects de l'antiquité grecque dans la poésie française du XVIIe siècle », in *XVIIe Siècle*, N° 131, 1981

Kassel Rudolf, « Untersuchungen zur griechischen und römischen Konsolations literatur », in *Zetemata.Monographien zur klassischen Altertumswissenschaft*, 18, München, 1963

Kern Edith, « L'Honnête Homme :Postscript to the battle of Scholars », in *Romanic Review*, 1963, vol. 54, pp. 113-120

Klesczewski R., *Die französischen Übersetzungen des Cortegiano*, Heidelberg, Carl Winter, 1966

Kunz E, *Protestantische Eschatologie*, in Schmaus, *Dogmengeschichte*, Freiburg/Basel/Wien, Herder, 1980

Lafond Jean, « La Beauté et la Grâce. L'esthétique platonicienne dans les 'Amours de Psyché' », in *Revue d'Histoire littéraire de la France*, 69e année, N°3-4, mai-août 1969

Lathuillière René, *La Préciosité. Etude historique et linguistique*, Publications Romanes et Françaises, LXXXVII, Genève, Droz, 1969

Levêque André, « L'honnête homme et l'homme de bien au XVIIe siècle », in *Publications of the Modern Language Association of America*, Baltimore, 1957, vol. 72, pp. 620-632

Loos E., *Baldassare Castiogliones Libro del Cortegiano. Studien zur Tugendauffassung des Cinquecento*, Analecta Romanica, 2, Frankfurt/Main, V, Klostermann, 1955

Magendie Maurice, *La politesse mondaine et les théories de l'honnêteté*, Paris, PUF, 1925

Marmier Jean, *Horace en France, au dix-septième siècle*, Paris, PUF, 1962

Martineau-Genieyes Christine, *Le thème de la mort dans la poésie française de 1450 à 1550*, Paris, Nouvelle Bibliothèque du Moyen Age, 1978

Mellinghoff-Bourgerie, Viviane, *François de Sales. Un homme de lettres spirituelles*, Genève, Droz, 1999

Michéa R., « Les variations de la raison au XVIIe siècle. Essai sur la valeur du langage employé en histoire littéraire », in *Revue philosophique*, LXIII, 1938, pp.183-201

Mirepoix, duc Lévis de, *François Ier*, Paris, Editions de France, 1931

Ott L., *Eschatologie in der Scholastik*, in Schmaus, *Handbuch der Dogmengeschichte*, Freiburg, Herder, 1990

Papin Claude, « Le sens idéal de l'honnête homme au XVIIe siècle », in *La Pensée*, juillet-août 1962, p. 52-83

Recueil de sept articles sur la lettre sur l'épistolaire publiés dans la *Revue d'Histoire Littéraire de la France*, 78e année, N°6, novembre-décembre 1978

[Avant-propos : R. Lebègue .Auteurs : J. Basso, B. Beugnot, M. Cuénin, Duchêne, M. Fumaroli, M. Gérard, F. Nies]

Rosso Corrado, *Les tambours de Santerre*, Pise/Paris, Goliardica/Nizet, 1986

Saisselin Rémy G., *L'évolution du concept de l'honnêteté de 1660-1789*, thèse Université de Wisconsin, 1957

Siciliano Italo, « L'honnête homme », in *Saggi di letteratura francese.Il teatro, il classicismo, dal romantismo al surrealismo*, Biblioteca dall'Archivum Romanicum, I, 138, Firenze, 1977, pp. 185-193

Van der Cruysse Dirk, *La Mort dans les 'Mémoires' de Saint-Simon*, Paris, Nizet, 1981

Vaunois Louis, *Vie de Louis XIII*, Paris, Editions Mondiales, 1961

Willamowitz-Moellendorff, *Sappho und Simonides*, Berlin, Weidmannsche Buchhandlung, 1913

Zanta Léontine, *La renaissance du stoïcisme au XVIe siècle*, Paris, Champion, 1914

Anonyme, *Das Marmor Parium*, Berlin, Weidmannsche Buchhandlung, 1904

Index des noms propres

Ne figurent pas dans l'Index
- les noms des épistoliers, destinataires et défunts dans la mesure où ils relèvent des intitulés des lettres du corpus ; pour ces occurrences, on se reportera à l'Index des Lettres intégré aux Notices bio - bibliographiques
- les noms propres faisant partie d'un titre de livre ou d'article le nom de Cioranescu figurant sub Sources 3) dans les Notices bio - bibliographiques
- les noms scripturaires sont mis en italiques
- pour les noms fictifs, voir Index des noms fictifs

Abbadie, Jacques 225 ; 228 n. 24 ; 230 n. 38
Abelly, Louis 222
Ablège, Françoise Chounaye, Madame d' 333
Abra de Raconis voir Raconis
Abraham 136 ; 206 ; 220 ; 227
Absalon 20 n. 22 ; 150
Adjutor saint 306
Agamède 99
Agoult voir Saux
Alcover, Madeleine 261 ; 262
Alègre, Anne d' 313
Alexandre le Grand 47 et n. 3 ; 48 et n. 7 et n. 8 ; 50 ; 51 ; 52 ; 53 et n. 28 et n. 30 ; 54 et n. 34 ; 60 ; 61 et n. 70 ; 62 et n. 78 ; 65 et n. 88 ; 67 et n. 96 ; 71 n. 108 ; 81 et n. 36 ; 133
Ammien Marcellin 60 et n. 63 ; 70
Amyraut, Moïse 222 ; 309
Anacharsis 175 ; 176 ; 177 et n. 7
Anaxagore 189 n. 55
Anaxarque 54
Andelot voir Coligny
André de Césarée 225
Androcides 47 n. 3
Ange Père ou Frère 314 ; 327
Anguis, comte d' 297
Anne 212
Annebault, Jean d' 312
Anselme de Cantorbéry saint 222 n. 50 ; 237

Apollonios de Rhodes 113 n. 46
Appelle 20
Archinard, A. 285
Archon, Louis 286
Argée 69 n. 105
Argenson, René Voyer d' 217
Argères, seigneurs d' 277
Argouge, Madame ou Mademoiselle d' 197 ; 219 n.107 ; 328; 329
Argouge, Mademoiselle d' 333
Argouge, M.d' 333
Aristée 58
Aristote 86 et n. 58 et n.60 ;163 ; 164 ; 181 n. 20 ; 184 et n. 28 ; 229 ; 259
Arminius (Jacques Harmensen) 264
Arnauld, Antoine 154 n.34 ; 257 ; 267
Arnauld, Isaac 144 n.11 ; 181 ; 216 n. 85 ; 248 ; 316
Arnoux, François 222 ; 224 n. 10 ; 228 n. 26 ; 232 n. 48 ; 233 n. 54 ; 234
n. 59 ; 235 n. 65 ; 238 n. 81
Arnoux, Jean, le P., 24 ; 118 ; 120 n. 71 ; 122 ; 123 ; 150 ; 153 ; 156 ; 157 ;
184 ; 188 ; 191 ; 201 ; 219 n. 104 ; 230 et n. 36 ; 249 ; 270 ; 317
Arrien 61 ; 68 n. 99
Artigny, Antoine Gachet d' 299
Assigny d' 266
Athénée, 76 n. 10
Atys 91 ; 92 n. 80
Aubespine, Charles de L' 154 n. 35 ; 329 ; 336
Aubespine, Guillaume de L' 330
Aubespine, Marie de L' 65 ; 102 ; 106 ; 191 ; 330
Aubigné, Agrippa d' 311
Auguste 65 ; 67 et n. 94 ; 81 ; 82 et n. 39 ; 83 et n. 45 et n. 47 ; 84 et n. 48 ;
95
Augustin saint 134 ; 165 n. 64 ; 185 n. 35 ; 225 n. 11 ; 233 n. 53 ; 236 ; 238
et n. 82 ; 240
Aulu – Gelle 48 ; 49 n. 10 ; 61 et n. 68 ; 84 ; 85 ; 86 et n. 54 et n. 57 ; 92
Autriche, Anne d' 16 ; 254 ; 280 ; 284 ; 305 ; 330
Auvray 109 n. 31 ; 182 n. 25

Baby, Charles 15 n.3
Bachot, Etienne 84 ; 86 et n.57; 112; 113 n. 46 ; 120 n. 71 ; 134 ; 147 ; 171
et n. 77 ; 176 ; 210 ; 218 ; 230 ; 238 ; 250 ; 251 ; 303, 329 ; 394
Balzac, Jean – Louis Guez de 263 ; 271
Banduri, Anselmo 75 n.8

Bar, Henri de Lorraine, duc de 268
Barberini, le Cardinal 305
Barbier, Antoine – Alexandre 294
Barbier, Olivier 294
Bardin, Pierre 17 ; 21 ; 26 n. 55 ; 27 ; 29 ; 30 ; 31 ; 32 ; 36 ; 42 ; 162 n. 55 ; 178 n. 13
Baro, Mérande de 273
Barrin, Jean abbé 253
Barry, pseudonyme de Du Peschier voir Du Peschier
Bassompierre, François de 138 ; 315
Bassompierre, Henriette de 315
Battereul, Louis le P. 332
Baudelaire 137
Baustert, Raymond 57 n. 45 ; 164 n. 58 ; 182 n. 25 ; 224 n. 8 ; 284
Bavière, Electeur de 334
Beaufort, Jean de, marquis de Canilhac 321
Beaufort Monboissier – Canilhac, Jean – Claude 321
Beaulieu – Leblanc, Louis de (fils) 252
Beaulieu – Leblanc, Louis de (père) 202 ; 205 ; 215 n. 83 ; 219 n. 104 et n. 108 ; 227 ; 228 n. 24 ; 237 ; 251 ; 252
Bélisaire 74 ; 75 et n. 8
Bellarmin, Robert saint 263 ; 308
Bellefleur, Jacques de, 159 n. 45 ; 189 ; 252 ; 253 ; 324
Bellegarde, Roger de Saint – Lary, duc de 81 ; 93 ; 128 ; 132 ; 134 ; 135 ; 322 ; 323
Bellengreville, Joachim de 323
Bellengreville, la veuve 323
Bellère, Balthazar de 331
Belvezer, Anne de 277
Benay, Jacques G., 15 n.4
Benserade, Isaac, 120 n. 71 ; 250
Bernard, Guillaume 290
Bernard saint 237 n. 76 ; 238 ; 239 n. 83
Berthet, François 69 ; 102 ; 107 ; 120 n. 71 ; 144 n. 11 ; 191 ; 214 ; 219 n.104 ; 226 et n. 17 ; 253 ; 254 ; 329 ; 332 ; 336
Biet, Claude, sieur de Maubranche 254 ; 318 ; 319
Billard, Paul 294
Billard, René 294
Billard de Courgeney 292
Biolet, ministre réformé 298
Biron, Charles de Gontaut, duc de 316

Biton 99
Blaesilla, fille de Paula 224 n. 8
Blanchefort Créquy, Anne de voir Saux, comtesse de
Bluche, François 265
Blumenthal, P. 9 n. 3
Bocognano, A. 177 n. 8
Boèce 177 et n. 8
Bolduc, Marguerite de 265
Bonaventure saint 235 n. 65
Boniel de Catilhon, Antoine 274 ; 317
Bonneton, Isabeau de 273
Bossuet 154 n. 34 ; 299
Bots, Hans 9 n. 2 ; 302
Bouchereau, Samuel 206 ; 219 n. 104 ; 255
Boudhors, Charles – R. 17 n. 11
Bouhier, Lucrèce Marie, Maréchale de Vitry 144 ; 203 ; 219 n. 107 ; 234 ;
230
Bouillet, Jean – Baptiste 277
Bouillon Henri de La Tour d'Auvergne, duc de 252
Bourbon voir aussi Montpensier
Bourbon , le Cardinal de 329
Bourbon, Catherine de 268 ; 272
Bourbon, François de, Prince de Conti 318
Bourbon, Henri Ier de, Prince de Condé 279
Bourbon, Henri II de, Prince de Condé 69 ; 116 n. 60 ; 279 ; 289 ; 323
Bourbon, Louis II de, Prince de Condé (le Grand Condé) 332 ; 334
Bourbons, les 68
Bourbon – Vendôme, Marguerite de 319
Bourges, Geoffroy Tory de 77 n. 18
Bourget, Claude 281
Boyer, E. 10 n. 4
Bragelogne, Marie de 325
Brantôme 312
Bray, Bernard, 9 n. 3
Bréhier, Emile 161 n. 49
Bremond, Henri 300 ; 326
Brévot Drozée, Claude 9 n. 3
Bridonneau, Nicole 291
Brienne – Luxembourg, comte de 321
Brocard, Jeanne 288

Brûlart voir Sillery et Pisieux
Brun, P. – A. 261
Brunel, Jean 286
Bufalini, Hortensia 330
Bungs, Dzintra 291

Caelius Rhodiginus, Ludovicus 46 n. 1 ; 59 n. 61; 66 n. 90 ; 123
Cagnat, Constance 10 n. 5 ; 17 n. 10 ; 130 n. 109
Calanus
Callisthène, 48 n. 8
Calmet, Augustin Dom 282
Calvin 230 n. 38 ; 261 ; 326
Camille (Camillus) 87 ; 88 ; 89 et n. 70 ; 151
Campbell , Stephen F. 258
Camus, Albert 236 n. 71
Camus, Jean – Pierre 266
Candalle, duc de 333
Canilhac voir aussi Beaufort
Canilhac, marquis de 160 ; 321 ; 322
Canilhac, vicomte de 320 ; 321
Cappel, Ange, sieur du Luat 252
Cappel, Charlotte 252
Caramaschi, Enzo 15 n. 5
Cardan 288
Carrier, sieur 297
Cassien 230 n. 34
Cassiodore 225 ; 240 n. 90
Castiglione, Balthazar 18 n. 14 ; 21; 26 et n. 55; 28 ; 29 n. 75 ; 30 et n. 78 ;
31 ; 33 ; 35 ; 36 ; 37 ; 40 ; 41
Caton l'Ancien (le Censeur) 49 ; 50 ; 57 ; 58 n. 52 et n. 55 ; 93 et n. 86
Caussin, Nicolas (le P.) 178 ; 197 ; 219 n. 104 et n. 107 ; 226 ; 230 n. 36 ;
256 ;257 ; 332
Cériziers, René 165 n. 63
César 75 ; 76 ; 77
César, Gaius (père de Jules) 75 ; 76
César, Jules 22 n. 28 ; 47 ; 48 ; 49 ; 51 ; 52 ; 53 et n. 28 ; 62 et n. 78 ; 67 ;
68 n. 96 ; 69 ; 71 n. 108 ; 77 ; 78 et n. 21 ; 79 ; 80 et n. 32 ; 87 et n. 61 ;
115 n. 53
Chabans, Louis de voir Mayne
Chabot, Catherine, Madame de Termes 128 ; 130 n. 111 ; 137 et n. 138 ;
323

Challine, Charles Monsieur de Messalain 158 n. 43 ; 194 ; 195 ; 196 n. 88 ; 197 ; 208 ; 258 ; 259 ; 324

Chantecroix, Madame de 282

Chapelain, Jean 305

Chaponay, Laurent 19 n. 16 ; 23 ; 24 ; 34 ; 118 ; 122 ; 150 ; 153 ; 201 ; 232 ; 317

Chappuys, G. 18 n. 14

Charles Ier, roi d'Angleterre 19 n. 16 ; 213 ; 235 ; 288 ; 334 ; 335

Charles IV, duc de Lorraine 282 ; 329

Charles VII 330

Charles IX 311 ; 316 ; 330

Charles – Emmanuel Ier, duc de Savoie 274

Charpentier, Marc – Antoine 250

Charron, Pierre 162 ; 171 n. 83

Chassignet, Jean – Baptiste 142 n. 2 ; 180 n. 18 ; 182 n. 25

Chateaubriand 170 n. 75 ; 234 n. 58

Châtillon voir aussi Coligny

Châtillon, Elisabeth – Angélique de Montmorency – Bouteville, duchesse de 132 ; 133 ; 330

Chaumont, Jean de 201 ; 230 et n. 36 ; 233 n. 73 ; 259 ; 260 ; 325

Chaumont, Jeanne de 322

Chazeron, Gilbert de 315

Chevalet 273

Chevallier, Pierre 179 n. 14 ; 258 ; 325

Chevigny voir Villers – Lafaye

Chevreuse, Marie de Rohan, duchesse de 329 ; 336

Chevrier, François – Antoine 282

Chevry, sieur de voir Duret, Charles

Chilon de Lacédémone 84 ; 85 ; 86

Chounaye, Florent 259

Chrétien de Troyes 33

Christ, le voir Jésus – Christ

Cicéron 20 n. 21 ; 46 ; 52 : 53 n. 27 ; 57 ; 59 n. 61 ; 60 n. 64 et n. 66 ; 61 n. 67 ; 70 ; 81 et n. 36 ; 86 n. 57 ; 89 ; 99 ; 102 ; 108 et n. 27 ; 111 et n. 39 ; 121 et n. 79 ; 122 ; 177 n. 7 ; 181 n. 20 ; 184 n. 27 et n. 28 ; 185 n. 35 ; 189 n. 55 ; 203 n. 12

Cincinnatus 65 et n. 87

Cioranescu, Alexandre, 11 ; 239 ; 264 ; 266 ; 269 ; 291

Claranus 103 et n. 8

Claudius Nero (premier époux de Livie, père de Tibère) 84

Cléarque 76 n. 10

Clément IX, Pape 120 n. 71
Cléobis 99
Clere (la famille de) 281
Clere, Charles de 19 et n. 16 ; 23 ; 34 ; 38 ; 40 ; 102 ; 105 ; 106 ; 327
Clere, Claude de 105
Clermont, Catherine de voir Retz
Clèves, Catherine de voir Guise
Clèves, François de voir Nevers
Clitus 48
Coème, Jeanne 318
Colignon, Marie de 269
Coligny, Gaspard de (l'Amiral) 329
Coligny, Gaspard IV, duc de Châtillon 132 n. 119 ; 333
Coligny, Guy XIX, comte de Laval 132 n. 119 ; 143 ; 151 ; 239 et n. 85 ;
313
Coligny, Paul dit Guy XVIII de 313
Colonna 330
Combault, Claude de 327
Concini 323 ; 325 ; 332
Condé, voir Bourbon, Montmorency, Montpensier, Trémouille
Conrart, Valentin 263
Constant, Pierre 111 n. 36
Conti voir aussi Bourbon
Conti, Henri Ier, marquis de 332
Conti, Louise – Marguerite de Lorraine, Princesse de Guise voir Guise
Cordié, C. 31 n. 85
Cornelia (gens) 90 n. 73
Cornélie (mère des Gracques) 63 et n. 83 ; 64 n. 86
Cornelissen, Jean 10 n. 4
Cornelius Nepos 46 ; 50 ; 58 ; 63
Cospéan 288
Coste, Hilarion de 331
Coton, Pierre le P. 201 ; 249 ; 297 ; 299 ; 326
Couprie, Alain 258
Courtenay,(famille de) 313
Courtenay, Elisabeth de 153 ; 180 ; 313
Cramoisy, Sébastien 332
Crassus 74 et n. 6 ; 75
Créquy, Charles de Blanchefort, marquis de, ensuite duc de Lesdiguières
270 ; 273 ; 293 ; 315 ; 329

Crésus 76 ; 92
Croy, Antoine de 319
Cujas, Jacques 273
Curius 49 ; 51
Cyprien de Carthage 226 n. 18 ; 238 n. 79
Cyrano de Bergerac, Savinien 94 ; 133 ; 159 n. 45 ; 172 ; 195 n. 86 ; 261 ;
262 ; 333 ; 330
Cyrus 91 ; 92

Daillé, Adrien (ou Jean) 263
Daillé, Jean 197 ; 214 ; 219 n. 104 ; 226 ; 260 ; 262 ;263 ; 264, 266 ; 268 ;
269 ; 270 ; 272 ; 307 ;327
Daillé, Jean voir Daillé, Adrien
Daillé, Madame 264
Dalla Valle, Daniela 9 n. 3
Daniel 235
Daniélou, Jean 231 n. 40
Darès Phrygien 134 n. 128
Darius 66 n. 88
David 20 n.22 ; 150 ; 207 ; 209 n.44
Delacroix, Marie 259
Delayant, Léopold 310
Delfour , L. Cl. 197 n. 1
Démarate 76 et n. 13 et n. 15
Démonique 105
Demorest, J.-J. 15 n. 3
Denys Aréopagite 171 n. 77 ; 230 n. 37 ; 235 n. 65
Descartes 154 n. 34
Deschamps, Eustache 178 n. 9
Des Noues, Philippe, 328
Desportes, Philippe, 164
Desventes, F. 284
Diagore de Rhodes 84 ; 85 ; 86 et n. 54 et n. 57
Dibon, Paul 302
Dienne, Gabrielle de 322
Digot, A. 282
Diodore de Sicile 61 ; 82
Diogène Laërce 177 n. 7
Diognetus 86 n. 58
Dion Cassius 62 n. 78 ; 63 n. 78 ; 64 n. 86 ; 65 n. 87 ; 74 et n. 6 ; 77 n. 18 ;
80 ; 82 et n. 38 ; 83 ; 84 n. 49 ; 89 n. 70 ; 94 n. 92 ;96

Dörrie, Heinrich, 9 n. 3
Douhet, Antoine de 277
Douhet, Pierre de 277
Drelincourt, Charles 73 n. 1 ; 182 ; 189 ; 202 ; 206 ; 208 ; 209 ; 212 ; 213 ; 215 et n. 83 ; 219 n. 104 ; 227 ; 228 n. 24 ; 232 ; 233 ; 234 n. 60 ; 236 n. 73 ; 260 ; 265 ; 266 ; 269 ; 285 ; 324 ; 327
Drelincourt, Charles (fils) 265
Drelincourt, Laurent 265
Dreux – Duradier 263 ; 265
Drusus Julius Caesar dit le Jeune, fils de Tibère 94 n. 92 ; 95
Drusus Nero Claudius dit le Vieux, frère de Tibère 81 ; 82 et n. 38 ; 84 n. 48 et n. 49
Du Bosc, Jacques 85 ; 86 ; 196 n. 88 ; 198 n. 96 ; 267 ; 330
Dubu, Jean 302
Duchêne, Roger 9 n. 2 et n. 3
Dumonceaux, P. 9 n. 3
Du Moulin, Marie 301
Du Moulin, Pierre 219 n. 104 ; 237 ; 252 ; 268 ;269 ; 272 ; 301 ; 313 ; 327
Duncan, Marc 265
Du Perron, David , le Cardinal 308
Du Peschier, Nicolas 25 ; 160 ; 189 ; 191 ; 208 ; 271 ; 318 ; 319 ; 322
Du Peyrat, Guillaume 144 n. 11
Du Plessis, Charles de 326
Du Plessis – Mornay, Philippe 180 n. 18 ; 255 ; 263 ; 264 ; 328
Durand, Roger 259
Durant, Jean 272
Durant, Samuel, 219 n. 104 ; 272 ; 323
Duret, Charles, père, seigneur de Chevry 19 ; 329
Duret, Charles, fils, sieur de Chevry 19 ; 223 ; 227 ; 329
Duret, Jean 329
Duret, Louis 329
Du Souhait, Guillaume 16 ; 31 et n. 87 ; 37
Du Vair, Guillaume 39 ; 173 n. 81 ; 198 n. 96

Elcana 212
Enghien, duc d' 334
Ennius 101 ; 102 et n. 2
Epictète 161 n. 49
Epicure 160 ; 236
Erasme 73 n. 1

Erope 69 n. 105
Erostrate 52 ; 54 ; 55 n. 36
Eschyle 117 n. 61 ; 184 et n. 28
Essars Des ,les familles 324
Essars Des, Jacques 324
Essars, Madame Des 158 n. 43 ; 194 ; 196 n. 88 ; 197 ; 208
Estampes – Valençay, Charlotte de 318
Estaux, seigneurs d' 277
Este, Anne d' 274
Estelan, Louis comte d' 315
Estoile, Pierre de L' 248 ; 271 ; 279 ; 285 ; 296 ; 298 ; 312 ; 316 ; 318 ;
319 ; 321 ; 326 ; 332
Euclide 181 et n. 21 ; 182 n. 25
Euripide 52 ; 53 n. 27 ; 106 ; 179 n. 15
Expilly, Claude d' 24 ; 38 ; 88 ; 90; 113 ; 118 ; 120 n. 71; 122; 150 ; 156 ;
157 ; 188 ; 232 ; 273 ; 317
Expilly, Gasparde d' 317
Eymard, Angers Julien d' 165 n. 63
Ezéchiel 211 n. 54

Fabia gens 90 n. 73
Fabius Cunctator 66 ; 67 et n. 96 ;
Fabius Pictor, Quintus 55 n. 39
Fabius Quintus Maximus Aemilianus, fils de Paul Emile 51 n. 23
Fabius, sénateur 77 et n. 18
Fabrice 49
Faret, Nicolas 18 n. 14 ; 21 n. 27 ; 27 ; 29 ; 30 ; 31 ; 33 ; 35 ; 36 ; 37 n.
124 ; 40 ; 42 ; 162 n. 55
Faure, Antoine de 157 ; 182 n. 25 ; 274 ; 317
Favez, Charles 10 n. 4 ; 219 n. 108
Fayolle 317
Fénelon 154 n. 34
Féret, Pierre 254 ; 281
Fervaques, Anne d'Alègre, Maréchale de 55 ; 81 ; 90 ; 99 ; 108 ; 110 ;
117 ; 125 ; 126 ; 132 ; 143 ; 151 ; 152 ;153 ; 155 ; 168 ; 178 ; 181 ; 183 ;
193 ; 201 ; 224 n. 9 ; 231 ; 238
Fervaques, Maréchal de voir Hautemer
Firmin – Didot 120 n. 71
Flandres, Philippe de 33
Floris, Ubaldo 302
Fouqueray, H. 250

France, Chrétienne de 275
France, Henriette – Marie de 213 ; 334
France, Pierre de 313
François Ier 144 n. 11
François II 311
François d'Assise saint 235 n. 65 ; 327
François de Paule saint 280
Frédéric – Guillaume ,stadhouder 31
Freinshemius 54 n. 34
Fromilhague, René 142 n. 1 ; 284
Frontenac, Madame de 249
Fuller, M. 9 n. 3
Fumaroli, Marc 35 n. 113

Gaius Gracchus 64 n. 86
Galles, François de 25 ; 185 ; 188 ; 230 ; 332 ; 276 ; 317
Galliot, Marcel 15 n. 3
Gambier, P. 302
Garnier Claude(?) 107 ; 108 n. 26
Gassendi, Pierre 154 n. 34 ; 261
Gelin, H. 304; 305
Germanicus 62 ; 63 n. 82; 64 n. 86
Geslay, Sara de 269
Giraud, Yves 290 ; 291 ; 293 ; 295
Gnaius Baebius Tamphilus 79
Gobelin, Claude 323
Gobelin Madeleine, Madame d'Herbaut 98 ; 235 n.65; 327; 329
Godeau, Antoine 263
Gomar, François 264
Gombauld, Jean Roger 180 n. 18
Gomberville, Marin Le Roy de 250
Gondi, famille de 312
Gondi, Albert de, duc de Retz 19 n. 16 ; 23 ; 24 ; 26 ; 28 ; 39 ; 51 ; 58 ; 61 ;
91 ; 107 ; 114 ; 124 ;126 n. 96 ; 130 ; 311 ; 312
Gondi, Antoine de 308
Gondi, Henri de, évêque de Paris, deuxième cardinal de Gondi 126 n. 96 ;
130 ; 311 ; 312 ; 324
Gondi, Jean – François de, premier archevêque de Paris 23 ; 25 ; 324
Gondi, Pierre de, premier cardinal de Gondi 19 n. 16 ; 23 ; 25 ; 35 ; 37 ;
111 ; 124 ; 143 ; 146 ; 193 ; 197 n. 91 ; 293 ; 311 ; 312
Gonzague voir aussi Nevers

Gonzague, Louise Marie de 305 ; 322
Gonzague, Vincent de 32
Gordon le P. 253
Goris, Marie de 287
Goujet, Claude Pierre 127 n. 98 ; 253 ; 271 ; 278 ; 290 ; 292 ; 293, 294
Grandjean, Marie 303
Grégoire XIII 299
Grégoire de Nazianze saint 23 ; 24 n. 39 ; 216 n. 91 ; 232
Grégoire de Nysse saint 231 n. 40 ; 232
Grégoire le Grand saint 181 et n. 22 ; 228 et n. 23 et n. 26 ; 235
Grenaille, François de 18 n. 14 ; 21 et n. 28 ; 26 n. 55 ; 28 ; 29 n. 77 ; 30 ;
32 ; 36 et n. 118 ; 42 ; 162 n. 55 ; 178 n. 13
Grente, Georges , le Cardinal 262 ; 283 ; 284
Grignion de Montfort 204 et n. 21
Grimmer, Claude 321
Griselle, Eugène, abbé 250 ; 254 ; 255
Grotius 268
Guébriant, Jean – Baptiste Budes comte de 334
Guellouz, Suzanne, 16 n. 7
Guercheville, Antoinette de Pons, marquise de 326
Guerrier, Jean 276 ; 336
Guillaume, fils du stadhouder Frédéric – Guillaume 301
Guillot, Denis 275
Guises , les 208
Guise, Catherine de Clèves, duchesse de 95 ; 149 ; 197 ; 318 ; 319
Guise, Charles de Lorraine, duc de , fils du Balafré 314 ; 327
Guise, François – Alexandre – Paris de Lorraine, Chevalier de 19 et n. 16 ;
34 ; 39 ; 239 ; 318
Guise, François de Lorraine, second duc de 318
Guise, Henri de Lorraine, duc de (le Balafré) 316 ; 318 ; 319 ; 322 ; 327
Guise, Henriette – Catherine de Joyeuse, duchesse de voir Montpensier
Guise, Louise – Marguerite de Lorraine, Princesse de 19 ; 254 ; 318
Guise, Messieurs de 192 ; 318
Guyon, Louis 21
Guyon, Madame 215 n. 78; 217

Haag, Emile 297 ; 308
Haigth, Jeanne 154 n. 34
Haligre, Etienne d' 305
Hanart, Jean le P. 331 ; 332
Hannibal 47 ; 48 et n. 9 ; 66 ; 67 et n. 96 ; 166

Harlay de Champvallon, François de 280
Harmensen, Jacques voir Arminius
Harmon, A.M. 177 n. 7
Haute – Fontaine, Daniel Durand, sieur de 272
Hautemer, Guillaume de, seigneur de Fervaques 235 ; 240 ; 313
Heinsius 328
Hélinand 116 n. 57
Helvia 161 et n. 52
Hennequin, Jacques 16
Henri II 311
Henri III 311 ; 312 ; 314 ; 316 ; 322 ; 330
Henri IV 19 n. 16; 22 ; 23 ; 26 ; 34 ; 35 ; 40 ; 52 ; 62 ; 64 ; 65 n. 88 ; 66 ;
67 n. 96 ; 144 n. 11 ; 150 n. 26 ; 191 ; 196 ; 248 ; 249 ; 259 ; 263 ; 268 ;
272 ; 273 ;275 ; 278 ; 283 ; 285 ; 286 ; 288 ; 289 ; 292 ; 297 ; 300 ; 301 ;
311 ; 314 ; 316 ; 317 ; 319 ; 320 ; 321 ; 322 ; 326 ; 327 ; 329 ; 330 ; 332 ;
334 ; 335
Héphestion 61 et n. 70
Hepp, Noémie 45 ; 120 n. 74 ; 229 n. 31 ; 232 n. 47
Herbaut, Madame d' voir Gobelin
Herbaut, Raymond Phélypeaux de 185 ; 327
Hérodote 46 ; 74 ; 76 et n. 15 ; 92 et n. 80 ; 99 ; 177 n. 7
Herrera Maldonado, Francisco de 253
Hésiode 59 ; 107
Hesse, landgrave de 272
Heyndels, Ralph 16 n. 7
Hilaire de Poitiers (saint) 233 n. 53
Hoefer Dr 293
Hodgson, Richard 16 n. 7
Homère 20 n. 21 ; 52 ; 54 et n. 34 ; 74 et n. 5 ; 79 ; 101 ; 103 ; 104 ; 120 ;
121 ; 122 ; 123 ; 124 ; 125 ; 126 ; 128 ;129 ; 130 ; 131 ; 133 ; 135 ; 138
Hôpital, Lucrèce de L' 331
Hôpital, Nicolas de L' 330
Horace 37 ; 67 ; 114 et n. 51 ; 115 ; 116 n. 60 ; 118 n. 67 ; 119 n. 67 et n.
69 ; 132 ; 133 n. 124 ; 188 ; 189 n. 50 ; 198

Innocent III 175 ; 177 et n. 6 et n. 8 ; 185
Isaac 206 et n. 26 ; 219 ; 220
Isabelle sainte, sœur de Saint Louis 257 ; 280
Isaïe 205 n. 24 ;208 et n. 38 ;211 n. 54 ; 227 ; 234 n. 57 ; 235 n. 65
Isocrate 105

Jacob 151
Jacob de Saint – Charles, dit Louis le P. 259
Jacques Ier ,roi d'Angleterre 268 ; 335
Janin, Pierre , le Président 93 ; 248 ; 305 ; 316
Jannon, J. 296
Jansen, Cornélius, 267
Jean saint 163 ; 204 n. 14 ; 210 n. 50 ; 233 ; 234
Jean II Casimir, roi de Pologne 322
Jean Chrysostome saint 231 n. 40
Jeannin voir Janin
Jérémie 205 n. 24 ; 207 n. 36 ; 211 n. 54
Jérôme saint 89 ; 164 et n. 60 ; 165 n. 63 ; 192 n. 65 ; 219 et n. 108 ; 220 n. 110 ; 224 n. 8 ; 226 n. 18 ; 232 ; 233 n. 53
Jésus - Christ 59 n. 61; 147;151; 164; 165; 170 n. 75 ; 176 ; 191 ; 202 ; 203 n. 13 ; 204 n. 21 ; 214 ;215 ; 218 ; 232 ; 238 ; 239 et n. 84 ; 307 ; 312 ; 327
Jésus Sirach 153 n. 32 ; 215 n. 83
Job 176 n. 4;182 ; 208 n. 39 ; 213 et n. 64 ; 215 n. 83; 228
Jöcher, Christian Gottlieb 306
Joseph Patriarche 20 n. 22 ; 151 ; 197
Josué 197 ; 205 n. 24
Joyeuse voir aussi Montpensier
Joyeuse, Anne de 314
Joyeuse, Antoine – Scipion de 327
Joyeuse, Catherine de 314
Joyeuse, François , le Cardinal de 314
Joyeuse, Henri de 314 ; 327
Jugurtha 75 n.9
Julia, fille d'Auguste 82 ; 83
Julien de Tolède saint 226 n. 18 ; 228 n. 23 ; 230 n. 34
Juste Lipse 161 ; 173 n. 81
Justin 46 ; 48 et n. 8 ; 54 n. 30 ; 66 n. 88 ; 69 n. 105 ; 70
Juvénal 102 ; 119 n. 69

Kaplan, F. 42 n. 157
Kapp, Volker 258
Kassel, Rudolf 10 n. 4; 180 n. 17; 185 n. 32
Kayas, Georges J. 1811 n. 21
Kehrli, Paul 258
Kern, Edith 15 n.2
Klesczewski, R. 21 n. 26
Kunz, E. 225 n. 13

Laberius 114 ; 115 n. 53
La Bouralière, A. 295 ; 302
La Broue, Blaise 73 n. 1
La Bruyère 111 et n. 39
La Chastre, Marie de 330
Lachèvre, Frédéric 261 ; 286 ; 287 ; 293 ; 294, 296
La Coste, seigneurs de 277
La Coste, sieur de 160 ; 162 ; 277 ; 320
Lactance 164 ; 225 ; 228 n. 26
Ladislas IV, roi de Pologne 322
La Fayette, Louise – Angélique Motier de 256
Lafond, Jean 22 n. 28
La Fontaine, Jean de 22 n. 28
La Fontan I. de 55 ; 96 ; 143 ; 151 ; 154 ; 176 ; 180 ; 193 ; 201 ; 231 ; 239 ;
277 ; 278 ; 279 ; 312 ; 314
La Force, Jacques Nompar de Caumont, duc de 328
La Forge, Jean de 295
La Guiche, Marie – Gabrielle de 315
Lallemant, Pierre 73 n. 1
Lamboy, Guillaume de 334
La Mesnardière, Hippolyte – Jules Pilet de 265
La Milletière, Brachet, Ch., sieur de 308
La Mothe de Broquart 334
La Mothe Le Vayer 154 n. 34
La Noue, Marie de 323
La Rivière de 285
La Roche, seigneurs de 277
La Rougeraye, Judith de 287
La Serre, Puget de 77 n. 18 ; 222 ; 235 n. 65
La Tabarière ,les 202 ; 212 ; 328
La Tabarière, Anne de Mornay, Madame de 144 ; 197 ; 205 ; 208 ; 210 ;
214 ; 215 et n. 83 ; 218 ; 226 ; 227 ; 233 ; 237 ; 328
La Tabarière, Jacques des Noues, seigneur de 215 n. 83 ;328
Lathuillère, Roger 36 n. 119 ; 27 n. 124
Laure de Noves 144 n. 11
Laurens ,médecin de Henri IV 285
Lauzières, Charles de 323
Laval voir Coligny
La Valette, Catherine de Nogaret de 327
Laveix, seigneurs de 277
La Vieuville, Charles Ier Coskaër, duc de 325

Lazare 151 ; 164 ; 231

Lebègue, Raymond 9 n. 3 ; 142 n. 1

Le Blanc, Etienne 234 n. 60 ; 252 ; 320

Le Blanc, Mademoiselle 324

Le Bouthillier, Claude 325

Le Bouthillier, Denis 325

Le Bouthillier, Léon 325

Le Bouthillier, Sébastien 325

Lecomte, Maurice 304

Le Digne, Nicolas 292

Lefèvre d'Ormesson, Nicolas 147 ; 159 n. 45 ; 178 ; 179 n. 15 ; 180 ; 191 ; 203 ; 219 n. 104 et n. 107 ; 238 ; 280 ; 330 ; 331 ; 332

Leiner, Wolfgang 9 n. 3; 164 n. 58

Le Maistre, Raoul 17 ; 20 n. 21 ; 23 ; 40 ; 102 ; 104 ; 105 ; 120 n. 71 ; 189 ; 280 ; 281 ; 326

Le Mayne 278

Le Moleur, Barthélemy 281

Le Moleur, Elisabeth 282

Le Moleur, Jacques 18 n. 15 ; 68 ; 172 ; 206 ; 281 ; 282 ; 334

Le Moleur, Michel 282

Le Moleur, Nicolas 282

Le Rebours, Guillaume 81 ; 90 ; 98 ; 99 ; 101 ; 102 ; 108 ; 110 ; 117 ; 120 n. 71 ; 125 ; 127 n. 99 ; 130 ; 133 ; 136 ; 143 ; 146 ; 151 et n. 29 ; 152 ; 153 ; 155 ; 168 ; 179 n. 15 ; 180 ; 183 ; 186 ; 187 ; 189 ; 219 n. 104 ; 224 n. 8 et n. 9 ; 230 et n. 36 ; 231 n. 39 ; 233 ; 235 ; 236 n. 73 ; 238 ; 239 ; 240 ; 283 ; 304 ; 313 ; 314

Leroy, G. 303

Leroy, Pierre 9 n. 2 ; 302

Lesdiguières voir Créquy

Lesdiguières, François de Bonne, duc de 276 ; 297

Levêque, André 15 n. 2

Lévis – Mirepoix, duc de 316

Livet, Ch. – L. 295; 296

Livie ,épouse d'Auguste 82 ; 84 et n. 48 ; 95

Loos, E. 30 n. 78

Lope, Hans – Joachim 142 n. 2

Lorraine voir Mayenne , Guise, Charles IV de, Nicole de

Lorraine, Catherine de, duchesse de Nevers 19 n. 16 ; 236 n. 73 ; 318

Lorraine, Françoise de 335

Lorraine, Louise de 311

Lorraine, Marguerite de 314 ; 327

Loth 136

Louis VI 313

Louis IX (Saint Louis) 193 ; 257 ; 280 ; 313

Louis XII 252

Louis XIII 197 ; 219 n. 104 ; 249 ; 250 ; 256 ; 273 ; 276 ; 284 ; 286 ; 288 ; 298 ; 305 ; 309 ; 314 ; 317 ; 322 ; 325 ; 326 ; 327 ; 330 ; 332

Louis XIV 154 n. 34 ; 263 ; 290 ; 329

Luc saint 213 n. 67 ; 215 n. 84 ; 216 n. 85 ; 226 n. 18 ; 232

Lucain 97 et n. 101 ; 118 et n. 66

Lucien 177 n. 7

Lucilius, destinataire de Sénèque 20 n. 21 ; 96 n. 99 ; 103 ; 185

Lucrèce 115 ; 196 n. 88

Luculle 58 ; 59 ; 60 ; 61

Luther 225 n. 13 ; 230 n. 38

Luxembourg ,la famille de 281

Luxembourg, le maréchal de 333

Luxembourg, Marie de, duchesse de Mercoeur voir Mercoeur

Luxembourg, Marie Liesse de 335

Luynes, Charles d'Albert, duc de 323 ; 324 ; 332

Lycurgue 49 n. 13

Macrobe 114 ; 119 n. 69

Magendie, Maurice 15 ; 18 n. 14 ; 21 n. 26 et n. 27 ; 22 n. 29 ; 27 n. 59 ; 29 n. 75 ;38 n. 132 ; 42 n. 158

Maintenon, Madame de 304

Malachie 211 n. 54

Maldonat, Jean le P. 299

Malherbe 19 ; 112 n. 41 ; 114 ; 115 ; 142 et n. 1; 188 ; 189 ; 283 ; 292 ; 319

Mandelot, Marguerite de 318

Marc saint 216 n. 85

Marc Aurèle 161 n. 49 ; 185 n. 32

Marcellus ,fils d'Octavie, sœur d'Auguste 80 ; 82 et n. 38 ; 83 et n. 42 ; 84 n. 49

Marcia 185

Marcus Claudius Marcellus (premier mari d'Octavie, sœur d'Auguste) 83 et n. 44

Marie (la Sainte Vierge) 215 n. 84 ; 219 ; 322

Marillac, Louis de 329

Marius Gaius 75 et n. 9

Marmier, Jean 45 ; 116 n. 60

Martin saint 151 n. 28

Martineau – Geneieys, Christine 178 n. 9
Marzelay 317
Matthieu saint 210 n. 50 ;213 n. 67 ; 215 n. 82 ; 216 n. 84 et n. 85 et n. 86 ; 235 ; 236
Mayenne, Charles de Lorraine, duc de 297 ; 316 ; 321 ; 322
Maynard, François 292 ; 305
Mayne (Meyne), Louis de, sieur de Chabans 292
Mazarin 85 ; 196 n. 88 ; 261 ; 268 ; 295 ; 329 ; 330 ; 335
Mazzarini, Pierre 330
Mecklembourg, Christian – Louis de 333
Médicis, Catherine de 277 ; 283
Médicis, Marie de 52 ; 122 ; 150 ; 156 ; 194 ; 197 ; 207, 248 ; 255 ; 288 ; 289 ; 301 ; 305 ; 316 ; 323 ; 325 ; 326 ; 332 ; 334
Mellinghoff – Bourgerie, Viviane 9 n. 3 ; 311 ; 313 ; 322
Ménage, Gilles 250
Menyllus 50
Mercoeur, Marie de Luxembourg, duchesse de 143 ; 148 n. 22 ; 311
Mercoeur, Philippe – Emmanuel de Lorraine, duc de 311
Mercy, François de 68 ; 334
Mercy, Pierre – Erneste de 206 ; 334
Méré 16 ; 17 ; 18 n. 14 ; 21 n. 28 ; 28 n. 69 ; 29 n. 76 ; 32 ; 33 n. 100 ; 36 n. 118 ; 37 et n. 124 ; 37 ; 40 et n. 150 ; 154 n. 34
Merlet, Lucien 259
Messalain, Monsieur de voir Challine
Messie, Pierre de 46 n. 1 ; 54 n. 34 ; 57 ; 58 n. 55 ; 59 et n. 61 ; 60 et n. 66 ; 61 et n. 73 ; 67 n. 96 ; 70 ; 82 ; 86 ; 92
Mestrezat, Jean 197 ; 260 ; 272 ; 284 ; 285 ; 327
Metellus 56 et n. 42
Meyer, Ad., 307
Michaud, J. Fr. 120 n. 71 ; 293
Michéa, R. 154 n. 34
Michée 215 n. 83
Michiels, Alfred 164 n. 62
Migne, J.-P. 11 ; 177 n. 6
Milon, Pierre 195 ; 211 ; 212 ; 217 ; 219 n. 104 et n. 107 ; 228 ; 230 ; 232 n. 50 ; 285 ; 327 ; 336
Milon, Pierre, père du précédent 285 ; 286
Miltiade 55 et n. 39
Mimus 111
Mirabeau, Jacques, marquis de 323
Mithridate 48 n. 9 ; 59; 60 ; 61 ; 97 ; 98

Mogin, Paul 266
Moïse 197
Molière 250
Monluc, Suzanne de 323
Montaigne 115 ; 157 n. 45 ; 322
Montandon, Alain 16 n. 6
Montereul, Jean de 286 ; 314
Montigny, Laubéran de, François 252 ; 287
Montigny, Laubéran de, Gabriel 287
Montigny, Laubéran de, Maurice 202 ; 215 n. 83 ; 219 n. 104 ; 272 ; 287
Montmorency voir aussi Châtillon
Montmorency, Anne de 319
Montmorency, Charlotte – Marguerite de, Princesse de Condé 279 ; 332
Montmorency , François de 333
Montmorency, Henri Ier de 19 n. 16 ; 319
Montmorency – Bouteville, Elisabeth – Angélique de 333
Montmorency – Damville, Henri II de 186 ; 197 ; 201 ; 319 ; 329
Montpensier, Henri de Bourbon, duc de 101 ; 136 ; 212 ; 236 ; 314 ; 327
Montpensier, Henriette – Catherine de Joyeuse, duchesse de, puis duchesse
de Guise 87 ; 136 ; 169 ; 192 ; 195 ; 211 ; 217 ; 219 n. 107 ; 224 n. 8 ; 228 ;
232 n. 49 ; 285 ;314 ; 327
Montpensier, Marie de Bourbon, duchesse de 314 ; 327
Moréri, Louis 120 n. 71 ;276 ; 297
Morgues, Mathieu de, abbé de Saint – Germain 305
Morisot, Barthélemy 288
Morisot, Claude -Barthélemy 81 ; 83 ; 128 ; 129 ; 130 n. 111; 133; 134;
135 ; 137 ; 138 ; 287 ; 288; 322
Mothu, Alain 261
Mystès 113

Naudé, Gabriel 259
Navidi – Verduyn, Vida 276
Néhémie 206 et n. 26
Nemours, duc de 274 ; 304
Nemours, Charles – Amédée de Savoie, duc de 335 ; 336
Nemours, Elisabeth de Vendôme, duchesse de 335
Nemours, Henri Ier, duc de 335
Nervèze, Antoine de 18 n. 15 ; 21 ; 27 ; 29 ; 30 ; 31 ; 33 ; 35 ; 36 ; 37 ; 40 ;
41 ; 70 n. 107 ; 92 ; 100 n. 18 ; 143 ; 149 ; 150 ; 154 ; 158 ; 162 n. 55 ;
169 ; 170 n. 75 ; 172 n. 80 ; 186 ; 193 ; 197 ; 201 ;218 ; 289 ; 292 ; 293 ;
294 ; 311 ; 315 ; 316 ; 318 ; 319 ; 323 ; 325

Nervèze (frère d'Antoine) 289
Nervèze, Guillaume – Bernard 23 ; 26 ; 32 ; 33 ; 35 ;38 ; 39 ; 47 ; 51 ; 55 ;
57 ; 70 et n. 107 ; 74 ; 75 n. 9 ; 100 n. 118 ; 104 ; 107 ; 111 ; 120 n. 71 ;
124 ; 126 n. 96 ; 127 n. 99 ; 130 ; 132 ; 145 ; 147 ; 175 ; 178 n. 10 ; 186 ;
187 ; 188 ; 193 ; 195 ; 196 n. 88 ; 197 ; 221 n. 11 ; 290 ; 291 ; 292 ; 293 ;
311
Nervèze, Suzanne de 18 n. 15 ; 156 n. 39 ; 213 ; 214 ; 230 ; 294 ; 295 ;
334 ; 335
Neufville, Charles de 318
Neufville- Villeroi, Magdelène de 318
Nevers voir Lorraine
Nevers, Charles Ier de Gonzague, duc de 25 ; 149 ; 150 ; 191 ; 197 ; 322
Nevers, François de Clèves, duc de 319
Nicéron, Jean – Pierre 264
Nicolas Damascène 80 n. 32
Nicole, duchesse de Lorraine 282
Nicole, Pierre 154 n. 34
Nieremberg, Jean Eusèbe 215
Ninon de Lenclos 298

Octave voir Auguste
Octavie, sœur d'Auguste 83 ; 95
Octavie voir Index des noms fictifs (Suzanne de Nervèze)
Oddo, N. 291
Oiseau, Suzanne 301
Orange, Guillaume, Prince d' 279
Origène 222 n. 3 ; 231 n. 40 ; 320
Oriotès 76 n. 10
Orléans, duchesse de voir Montpensier, Marie de Bourbon, duchesse de
Orléans, Gaston d' , frère de Louis XIII 116 n. 60 ; 259 ; 288 ; 314 ;319 ;
322 ; 323 ; 327
Orléans, Nicolas, duc d' 150 n. 26 ; 207 ; 316
Ornano, Alphonse d' 149 ; 315
Osée 205 n. 24 ; 206 ; 211 n. 56
Ott, L. 230 n. 38
Oursel, N. 307
Outreman, Pierre d' 217 n. 93
Ovide 57 ; 113 et n. 46 et n. 48 ; 119 et n. 69 ; 126 ; 127 et n. 98 ; 131 ;
253 ; 288

Pannier, Jacques 248 ; 252 ; 298 ; 299 ; 302

Papillon, Philibert 288

Papin, Claude 15 n. 2

Paralus/Paralos ,fils de Périclès 88

Parme, Prince de 329

Parrhasius 128

Pascal, Blaise 42 ; 154 n. 34 ; 217 n. 99

Pasquier, Nicolas 16 ; 18 n. 14 ; 21 et n. 28 ; 22 ; 26 n. 55 ; 27 ; 29 ; 31 ; 33 ; 35 ; 36 ; 37 ; 40 ; 41 ;162 n. 55

Patin, Guy 331

Patrice saint 240 n. 90

Paul saint 38; 151 n. 28 ; 182 ; 203 n. 13 ; 209 n. 45 ; 210 ; 225 et n. 11 ; 226 n. 16 ; 229 n. 27 ;233 ; 237 n. 74 ; 240 et n. 88

Paul – Emile 51 n. 23 ; 87 ; 88 ; 89 et n. 71 ; 90 et n. 73 ; 151

Paula ,mère de Blaesilla 219 ; 224 n. 8

Pauline ,épouse de Sénèque 95 ; 96 n. 98 et n. 99

Pearl, J.L. 9 n. 3

Pelletier, Ambroise Dom 282

Pelletier, Thomas 23 ; 25 ; 26 ; 39 ; 95 ; 143 ; 149 ; 150 ; 159 n. 45 ; 181 ; 186 ; 191 ; 197 ; 219 n. 107 ; 230 et n. 36 ; 236 n. 73 ; 239 ; 296 ; 297 ; 316 ; 324 ; 325

Périclès 87 ; 88 ; 89 ; 151

Perrin, Marie 248

Persée 90 n. 73

Pertile, Lino 274

Peteau, Denys 257

Petit, médecin de Henri IV 285

Pétriny, Jean 144 n. 11

Philipon 293

Philippe III, roi d'Espagne 297

Philippe – Auguste 116 n. 57

Philippe de Macédoine 48 ; 50 ; 54 ; 62 ; 63 et n. 80 ; 65 ; 66 et n. 90 ; 69 n. 105

Philodème 185 n. 32

Phocion 49 ; 50

Pierre saint 205 ; 206 ; 218 ; 233 ; 236 n. 73

Pierre-Buffières de Chambret, Louis de 323

Pierre Chrysologue saint 225 n. 11

Pindare 110 ; 111 et n. 37 ; 112 ; 113 et n. 45 et n. 46 ; 119 n. 69 ; 171 ; 181 et n. 22

Pinel, Louis 223

378

Pisieux (Puysieulx), Pierre Brûlart, vicomte de 25 ; 39 ; 158 ; 159 et n. 45 ; 195 ; 197 ; 318 ; 325

Platon 20 n. 21 ; 21 n. 24; 28 et n. 67 ; 54 n. 31 ; 102 ; 175 ; 176 ; 177 et n. 7 et n. 8

Pline l'Ancien 56 n. 42 ; 57 et n. 52 ; 58 ; 59 n. 61 ; 61 et n. 68 ; 62 n. 78 ; 70 ; 77 ;78 et n. 21 ; 79 et n. 25 ; 80 ; 84 ; 86 n. 54 ; 92 n. 80 ; 121 et n. 79 ; 122 ; 123 ; 124 n. 87 ; 126 n. 96 ; 127 ; 128

Plutarque 30 n. 82 ; 46 ; 49 n. 12 et n. 13 ; 50 ;51 n. 23 ; 54 et n. 31 et n. 34 et n. 35 ; 55 et n. 36 ; 56 n. 41 ; 57 ; 58 n. 52 ; 59 n. 61 ; 61 ; 63 et n. 80 ; 64 n. 86 ; 65 ; 66 ; 67 n. 96 ; 68 ; 70 ; 71 ; 74 et n. 6 ; 75 et n. 9 ; 76 ; 80 et n. 32 ; 81 et n. 36 ; 86 ; 84 et n. 58 et n. 60 ; 87 ; 88 ; 89 ; 90 et n. 73 ; 97 et n. 102 ; 98 ; 99 ; 111 n. 37 ; 113 et n. 45 et n. 46 ; 149 n. 28 ;151 n. 28 ; 152 ; 177 n. 7 ; 179 n. 15 ; 181 et n. 21 et n. 22 ; 182 n. 25 ; 189 n. 55 ; 192 n. 66 ; 194 n. 74 ; 203 n. 12 ; 212 et n. 63

Politien , Ange 263

Polybe 49 ; 51 ; 79 n. 25

Polybius 185 ; 192

Polycrate 74 ; 76 et n. 10

Polycrite 85 ; 86 et n. 58

Pompée 47 ; 48 ; 49 et n. 12 ; 96 ; 97 ; 118

Pomponne de Bellièvre 325

Pont du Château, Jean de 321

Pontano, Giovanni 59 n. 59

Ponticus 102 n. 5

Prévost, M. 275

Prévot, Jacques 261

Priscus 77 et n. 18

Properce 125 n. 93

Protagoras 88

Prud'homme, Claude 318

Ptolémée Philadelphe 58 ; 59

Publicola, Publius Valerius 63 et n. 81 et n. 84

Publilius Syrus voir Mimus

Publius ,fils de Crassus 75

Puységur, Jacques de Chastenet, seigneur de 138

Pyrrhus 66 ; 67 et n. 96

Quérard, J.-M. 293 ; 294

Quinte – Curce 46 ; 48 et n. 7 ; 53 n. 30 ; 61 ; 63 n. 78 ; 67 n. 96 ; 70 ; 82

Quintilien 59 n. 61 ; 60 et n. 64 ; 61 ; 70 ; 125 et n. 91 ; 126 n. 96 ; 127

Quintus Aemilius Lepidus 77 ; 78 ; 79
Quintus de Smyrne 125 n. 91 ; 126 ; 128 ; 131 ; 133 n. 124 ; 134 n. 127 et
n. 128 ; 135

Raconis, François Abra de 98 ; 176 ;179 n. 15 ; 185 ; 230 et n. 36 ; 248 ;
270 ; 297 ; 299 ; 327
Rainguet, Pierre – Damien 310
Ravaillac, François 80 ; 121 ; 147
Ravisius Textor, Jean 46 n. 1 ; 47 et n. 3 ; 48 ; 53 ; 56 n. 42 ; 57 ; 58 n. 55 ;
59 ; 60 et n. 66 ; 61 et n. 72 ; 62 n. 78 ; 63 n. 80 ; 67 n. 96 ; 69 ; 70 ; 78 n.
23 ; 79 n. 24 et n. 25 ; 81 ; 86 ; 89 n. 71 ; 92 ; 94 n. 92 ; 99 n. 113 ; 122 ;
125 ; 128
Refuge, Eustache de 29 n. 75
Regourd, Alexandre le P. 284
Retz (Rais) voir aussi Gondi
Retz (Rais), Claude – Catherine de Clermont, duchesse de 35 ; 146 ; 148 ;
190 ; 197 ; 312
Retz, Jean - François- Paul de Gondi , le Cardinal de 284 ; 311 ; 316 ; 324 ;
325 ; 330 ; 333 ; 334 ; 335 ; 336
Richelet 289
Richelieu 179 et n. 14 ; 256 ; 266 ; 268 ; 284 ; 288 ; 305 ; 314 ; 319 ; 322 ;
325 ;326 ; 329 ; 332
Richeôme, Louis le P. 22 ; 23 n. 36 ; 26 ;34 ; 35 ; 39 ; 52; 65 et n. 88 ; 66 ;
67 n. 96 ; 69 n. 105 ; 77, 78 ; 79 ; 80 n. 32 ; 84 ; 86 ; 120 n. 71 ; 121 ; 122 ;
147 ; 156 ; 162 ; 163 ; 164 ; 189 ; 191 ; 194 ; 196 ; 214 ; 215 n. 78 ; 219 n.
104 ; 299 ; 300 ; 316
Rivet, André 9 n. 2 ; 301 ; 302 ; 303 ; 328
Rizaucourt, N. de 282
Rohan, Anne de 328
Rohan, Henri de 255 ; 308 ; 333
Rohan, Marguerite de Béthune, duchesse de 95 ; 172 ; 333
Rohan, Tancrède de 333 ; 334
Rohan – Chabot, Marguerite de 333
Roman d'Amat 275
Roscius 107 ; 108
Rosso, Corrado 15 n. 2
Rouillard, Denis I 303
Rouillard, Denis II 64 n. 86 ; 97 ; 303 ; 304 ; 315
Rouillard, René 303
Rouillard, Sébastien I 303
Rouillard, Sébastien II 303

Rousset, Jean 109 n. 31 ; 180 n. 18 ; 182 n. 25
Royer de Prade 261
Rufay Rochechouart, Dame de 330
Rutilia 160 n. 53

Saint – Géran, Jean – François de La Guiche, seigneur de 315
Saint – Germain , abbé de voir Morgues, Mathieu
Saint – Lary voir Termes
Saint – Liébaut, Claude Vign(i)er, seigneur de 159 n. 45 ; 324
Saint – Luc, François de 315
Saint – Luc, Timoléon- Espinay, sieur de 154 ; 169 ; 197 ; 218 ; 315
Saint – Rémy, Edmond de 272
Saint – Simon 279 ; 311 ; 312 ; 313 ; 314 ; 318 ; 319 ; 322 ; 326 ; 327 ;
329 ; 330 ; 333 ; 335 ; 336
Saint – Sulpice, Catherine Ebrard de 323
Sainte – Geneviève, le Chevalier de 118 ; 134 ; 238 ; 329
Sainte – Marthe, Scévole de 286 ; 289
Saisselin, Rémy G. 16 n. 8
Sales, François de saint 15 n. 3 ; 165 n. 63 ; 171 n. 77 ; 217 n. 97 ; 275; 313
Salésie, Madame de 96 ; 313
Salluste, 75 n. 9
Salomon 38
Sampiero 315
Samson 213 n. 92
Samuel 20 n. 22 ; 149 n. 28 ; 187 n. 40 ; 205 n. 24 ; 207 n. 36 ; 212 n. 61
Sarrau, Claude 9 n. 2 ; 303
Saumaise, Claude 302
Saux, François d'Agoult, comte de 293 ; 315
Saux, Louis d'Agoult comte de 315
Saux, comtesse de 64 n. 86 ; 97 ; 303 ; 304 ; 315
Savignac, Louis de 159 n. 45 ; 172 ; 304 ; 335
Savoie voir aussi Nemours
Savoie, maison de 335
Savoie, Charles – Emmanuel de 374
Savoie, Victor – Amédée de 275
Sazerac de Forges 294
Scaliger , Joseph 302
Schmaus 225 n. 13 ; 230 n. 38
Schuhl, P.-M. 161 n. 49
Scipion Africain 47; 48 ; 49 n. 10 et n. 11 ; 49 n. 11 ; 51 et n. 23 ; 56 ; 57 ;
67 n. 96

Scipion Emilien (second Africain) 56 n. 42

Scipion Publius Scipio Aemilianus Africanus , fils de Paul Emile 51 n. 23

Scudéry, Madeleine de 16 ; 37 n. 124

Secret, François 288

Séguier, Pierre 305 ; 329

Seinsene, Baron de 35

Séjan 74 ; 76 et n. 11 et n. 12 ; 94 et n. 92

Sénebier, Jean 307 ; 308

Sénèque 20 n. 21 ; 67 ; 95 et n. 95 ; 96 et n. 98 et n. 99 ; 103 et n. 8 ; 117 ; 138 ; 160 ; 161 ; 162 n. 53 ; 163 ; 164 ; 166 ; 167 ; 168 ; 169 ; 171 ; 173 ; 174 ; 175 ; 177 ; 179 n. 15 ; 180 n. 17 ; 181 n. 21 ; 184 n. 28 ; 185 et n. 35 ; 192 ; 193 ; 197 ; 224 n. 8 ; 252

Senilly, I. de 278

Sévigné, Madame de 9 n. 2

Sextilius 75 n. 9

Shairt, M.T. 9 n. 3

Siciliano, Italo 15 n. 2

Sillery, Nicolas Brûlart de , le Chancelier 19 n. 16 ; 25 ; 26 ; 31 ; 34 ; 39 ; 144 ; 159 n. 45 ; 286 ; 305 ; 318 ; 325

Silly, Henri de 326

Simmias, 177 n. 8

Simonide 59 ; 60 ; 106 ; 107

Sirmond, Jean 305 ; 330

Socrate 56 n. 43

Soissons, Louis de Bourbon, comte de 334

Solin 57 ; 61 ; 74 et n. 14 ; 85 ; 86 ; 97 et n. 107 ; 121 n. 79 ;149 ; 175 n. 7

Solon 57 ; 76 et n. 14 ; 87 ; 88 ; 98 ; 99 n. 107 ;102 n. 2 ; 150 ; 177 n. 7

Somaize, Baudeau de 296

Sommervogel 250 ; 300 ; 326

Sorel, Charles 10 n. 6

Souvré, Gilles de 297

Sponde, Jean de 182 n. 25

Stace 125 n. 92 et n. 93

Stein, H. 304

Suarès, François 269

Suétone 52 ; 53 ; 62 et n. 78 ; 63 et n. 79 ; 68 n. 96 ; 70 ; 76 n. 11 ; 80

Sully 248 ; 248 ; 333

Sylla 75 n. 9

Tacite 46 ; 63 ; 76 ; 82 ; 83 et n. 42 et n. 45 ; 84 et n. 48 et n. 49 ; 93 ; 94 et n. 92

Tallemant des Réaux 19 ; 272 ; 279 ; 311 ; 312 ; 313 ; 314 ; 315 ; 316 ; 317 ; 318 ; 319 ; 322 ; 323 ; 324 ; 325 ; 327 ; 330 ;332 ; 333 ; 334 ; 335

Tarquin l'Ancien 77 n. 18

Tasse Le voir Torquato Tasso

Termes, César – Auguste de Saint – Lary, baron de 128 ; 132 n. 119 ; 137 ; 138 ; 323

Termes Madame de voir Chabot

Tertullien 224 n. 8 ; 231 n. 40 ; 232 n. 50

Thalès de Milet 87 ; 88 ; 186

Théidatos 79 n. 25

Thémines, Antoine de Lauzières ,marquis de 323

Thémines, Pons de Lauzières, marquis de 170 n. 75 ; 323

Thémistocle 55 et n. 39 ; 56 n. 41 ; 59 ; 60 et n. 66

Théophraste 111 et n. 39

Théroude, Jean 19 ; 171 ; 208 ; 219 n. 104 ; 227 ; 228 n. 24 ; 230 n. 38 ; 306 ; 307 ; 328

Thomas saint 59 n. 61; 224 n. 9 ; 226 n. 18 ; 227 ; 228 n. 26 ; 229; 230 n. 37 ; 236 n. 73 ; 239 et n. 84 ; 240 et n. 90

Thuillier, René 280

Tibère 64 n. 86 ; 76 ; 83 ; 84 n. 49 ; 93 ; 94 et n. 92

Tilenus 252

Timanthe 126 et n. 96 ; 127 ; 128

Timon Misanthrope 56

Tite empereur 62

Tite – Live 46; 48 et n. 8 et n. 9 ; 57 ; 63 ; 65 n. 87 ; 67 n. 96 ; 68 n. 100 ; 77 n. 18 ; 90

Tobie 151 n. 28 ; 211 et n. 58

Torquato Tasso 295

Traverso, G.C. 291

Trémouille (Trimouille) , Charlotte Catherine de, Princesse de Condé 279 ;332

Trémouille, Claude, duc de la 279 ; 301

Triaire, P. 326

Tribout de Morembert 275

Trophone 99

Turenne 265 ; 287 ; 334

Turretin, Bénédict 202 ; 219 n. 104 ; 307

Urfé, Honoré d' 275

Valère Maxime 46 et n. 9 ; 48 ; 50 ; 51 ; 53 n. 30 ; 54 et n. 34 ; 55 ; 56 n. 42 ; 57 ; 58 ; 60 et n. 64 et n. 66 ; 61 et n. 68 ; 62 n. 78 ;64 n. 86 ; 68 n. 96 ; 70 ; 75 et n. 9 ; 76 ; 80 ; 81 et n. 36 ; 89 ; 92 ; 98 ; 99 ; 107 n. 23
Valerius Rufus 113
Valois, Marguerite de 278
Van Dijk, Willibrord Christian 9 n. 3
Vantadour, Henri de Lévis, duc de 156 n. 39 ; 335
Vantadour, duc de, frère du précédent 335
Vaugelas, Benoîte de 275
Vaugelas, Claude de Péroges de 275
Védrine, seigneurs de 277
Velhieux, Charles de 144 ; 208 ; 218 ; 219 n. 104 et n. 108 ; 308
Velleius Paterculus 48 n. 9 ; 49 n. 12 ; 62 n. 78 ; 67 ; 74 et n. 6 ; 75 et n. 9 ; 80 ; 82 et n. 38 ; 83
Vendôme voir aussi Nemours
Vendôme, César, duc de 335
Vendôme, François de, duc de Beaufort (le roi des Halles) 336
Verdier, Gabrielle, 291
Véron, François le P. 284
Vidal, Auguste 298 ; 299
Vienne, Elisabeth de 333
Vign(i)er voir Saint –Liébaut
Vigouroux, Monique 9 n. 3
Villedieu, Marguerite-Catherine Desjardins, dite Madame de 334
Villers – Lafaye, Simon de, sieur de Chevigny 220 n. 6
Villery, Monsieur de 297
Vincent, Philippe 219 n. 104 ; 309 ; 310
Vineuil, Madame de 84 ; 96 ; 112 ; 113 ; 118 ; 134 ; 147 ; 171 ; 210 ; 218
Virgile 20 n. 21 ; 82 ; 83 ; 102 ; 103 ; 104 n. 12 ; 108 ; 109 n. 32 ; 110 ; 119 n. 69
Vitry voir L'Hôpital
Vitry Madame de voir Bouhier

Willamowitz – Moellendorff 107 n. 22
Woshinsky, Barbara 16 n. 7

Xanthippe, fils de Périclès 88
Xénophon 56 n. 43
Xerxès 74 et n. 13 ; 76 n. 15

Yahvé 203 n. 13 ; 204 n. 16 ; 206 et n. 26 ; 207 ; 208 ; 211 n. 54 et n. 56 ;
213 n. 67

Zacharie 208 ; 211 n. 54
Zanta, Léontine 160 n. 48
Zonaras 77 n. 18 ; 89 et n. 70
Zuber, Roger 9 n. 3 ; 291; 299

Index des noms fictifs

[N'ont pas été retenus les noms fictifs figurant dans le titre d'un ouvrage]

Achille 52 ; 54 ; 81 ; 124 ; 125 et n. 90 et n. 91 et n. 92 ; 125 et n. 92 ; 126 ; 129 ; 130 ; 131 ;132 ;133 et n. 124 ; 134 ; 135
Admète 106 n. 18 et n. 19
Agamemnon 125 ; 126 et n. 96 ; 127 ; 128 ; 135
Ajax Télamon 125 n. 91 ; 126 ; 128 ; 129 ; 130 ; 131 ; 132
Alceste 106 n. 18
Alcide 68 n. 96
Anténor 135
Antigone 117
Antilochus 114 n. 51 ; 128 ; 129
Apollon 58 ; 99
Artémis 134 n. 127
Athéna 104 n. 12 ; 133 n. 124
Atropos 146
Aventinus 103

Bellonne 57
Briséis 125

Calchas 127
Caron 114
Cénée 112 ; 113 n. 45 et n. 46 ; 171
Cerbère 145
Circé 123
Clélie 16
Créuse 106

Déidamie 135
Diane 127
Dyrcano 261

Eaque 131 ; 132
Enée 20 n. 21 ; 103 ; 104 et n. 12 ; 108 ; 109
Eryne 33
Eunée 110 n. 33

Eurypile 134 n. 128

Gorgone 146

Hébé 185
Hector 20 n. 21 ; 103 ; 125 ; 131 ; 133
Hélène 122 ; 123 ; 124 et n. 86 ; 134 et n. 126 et n. 127 et n. 128
Hercule 51 ; 53 n. 28 ; 103 ; 131

Iphigénie 126 et n. 96 ; 127 ; 128
Irus (Iros) 74 et n. 5 ; 126 et n. 96

Jason 106
Jupiter 53 n. 30 ; 132 ; 135 ; 320

Lausus 110 n. 33
Ludovic(personnage de Castiglione) 18 n. 14

Mars 57 ; 320
Médée 106 et n. 18
Memnon 128
Ménélas 122 ; 126 n. 96 ; 127 ; 134 n. 128
Mézence 109
Minerve 57
Nélée 129
Néoptolème 135
Néréide, la voir Thétis
Nérésie (Suzanne de Nervèze) 294
Nestor 128 ; 129
Niobé 91 et n. 76

Octavian (personnage de Castiglione) 29
Octavie (Suzanne de Nervèze) 294
Œdipe 117
Oreste 91

Pallas (la déesse) 20 n. 21 ; 103 et n. 9
Pallas (personnage de Virgile) 103 n. 9 ; 108
Palvoisin, Gaspar(personnage de Castiglione) 18 n. 14
Pâris 134 n. 128 ; 146
Patrocle 124 ; 125 et n. 90 et n. 91 et n. 92

Pénélope 125
Phaéton 119 n. 68
Phénix 197 ; 233
Phérès 106 n. 19
Phrygiennes (les sœurs) 113 ; 114 n. 51
Politès 109
Polydamna 123
Priam 74 ; 109 ; 135
Protésilas 137

Saturne 146 n. 18
Sulmon 110 n. 33

Tanathos 185 ; 195
Télamon (ancêtre d'Ajax) 131
Télémaque 122
Thétis 135
Thon 123
Tritogénie la voir Athéna
Troilon 113 ; 114 n. 51
Turnus 108

Ulysse 72 n. 5 ; 103 ; 104 n. 12 ; 126 ; 131 ; 136

Zeus 104 n. 12 ; 122 ; 123 ; 133 n. 124 ; 134 n. 127; 135

Biblio 17 – Suppléments aux Papers on French Seventeenth Century Literature

Richard G. Hodgson (éd.)

La femme au XVIIe siècle

Actes du colloque de Vancouver, University of British Columbia, 5-7 octobre 2000

Biblio 17, Bd. 138, 2002, 430 Seiten, geb. € 48,–/SFr 79,30
ISBN 3-8233-5550-3

Ce colloque a réuni de nombreux dix-septiémistes, qui ont abordé, dans une perspective pluridisciplinaire, la représentation de la femme dans une grande variété de textes littéraires, philosophiques et religieux, ainsi que l'œuvre de Marie de Gournay, de Madeleine de Scudéry et de Mme de La Fayette. En plus de sujets tels que la dévotion et le mariage, les trois conférences magistrales et les vingt-quatre communications qui paraissent dans les actes ont traité des sujets très divers, dont certains, tels que le suicide et l'homosexualité féminine, ont été relativement peu étudiés jusqu'ici. Les six sessions ont porté sur les thèmes suivants: "Images de la femme dans l'imaginaire masculin", "Quand les femmes s'écrivent...", "L'intériorité féminine: mélancolie, démence, dégénération", "Tabous et transgression: amazones, sexualité et corps de femme", "Dévotion, foi et mysticismes féminins", et "Pour le meilleur ou pour le pire? Mariage et sacrifice".

 Gunter Narr Verlag Tübingen

Postfach 2567 · D-72015 Tübingen · Fax (07071) 7 52 88
Internet: http://www.narr.de · E-Mail: info@narr.de

Biblio 17 – Suppléments aux *Papers on French Seventeenth Century Literature*

John F. Boitano
The Polemics of Libertine Conversion in Pascal's *Pensées*
A Dialectics of Rational and Occult Libertine Beliefs

Biblio 17, Bd. 139, 2002, 231 Seiten, € 34,–/SFr 56,30
ISBN 3-8233-5551-1

Literary and historical scholars have traditionally interpreted 17th century French Libertinism as a precursor to 18th century Enlightenment thought. Yet in Pascal's time, even the most erudite and rational libertine philosophers also held a vast and seemingly contradictory array of occult beliefs. From the mystical power of the Philosopher's stone to the numerology of the Christian Cabala, Pascal scrutinizes the entire heterogeneous spectrum of libertine thought in his Pensées. His apology for the Christian faith is a radical departure from the established apologetic tradition which ridiculed the libertine adversary. He strives to engage his libertine interlocutors on their own terms in an unprecedented, open and sincere debate over the validity of the Christian religion. Boitano's study casts new light upon the occult aspects of 17th century *libertinage* and Pascal's polemical examination of them in his *Pensées*.

 Gunter Narr Verlag Tübingen
Postf. 2567 · D-72015 Tübingen · Fax (0 70 71) 7 52 88
Internet: http://www.narr.de · E-Mail: info@narr.de

Biblio 17 – Suppléments aux *Papers on French Seventeenth Century Literature*

Charles Perrault

Les Hommes illustres qui ont paru en France pendant ce siècle

Avec leurs portraits au naturel

Texte établi, avec introduction, notes, relevé de variantes, bibliographie et index par D.J. Culpin

Biblio 17, Bd. 142, 2003, XL, 535 Seiten, geb. € 78,–/SFr 128,80
ISBN 3-8233-5554-6

Ce texte se compose de cent éloges d'illustres Français, tous morts au courant du dix-septième siècle. Publié en deux volumes en 1696 et 1700, il n'a connu depuis cette date aucune réédition comportant les gravures qui en faisaient, à l'époque, un objet de luxe. Caché depuis trois siècles dans les oubliettes de l'histoire littéraire, cet ouvrage eut en son temps un succès de scandale, résultat de l'intervention des jésuites qui voulaient faire supprimer les éloges d'Arnauld et de Pascal contenus dans le premier tome.

 Gunter Narr Verlag Tübingen

Postf. 2567 · D-72015 Tübingen · Fax (0 70 71) 7 52 88
Internet: http://www.narr.de · E-Mail: info@narr.de

Biblio 17 – Suppléments aux Papers on French Seventeenth Century Literature

David Wetsel / Frédéric Canovas (éds.)

Pascal /
New Trends in Port-Royal Studies

Tome I des Actes du 33ᵉ congrès annuel de la
*North American
Society for Seventeenth-Century French Literature*,
Arizona State University (Tempe), May 2001

Biblio 17, Bd. 143, 2002, 276 Seiten, € 39,–/SFr 64,50
ISBN 3-8233-5555-4

Du contenu:
J. Mesnard, Histoire secrète de la recherche pascalienne au
XXᵉ siècle – *A. Régent*, La figure du juge dans les *Provinciales* et dans les *Pensées*: rupture ou continuité? – *R.G. Hodgson*, Littérature morale, philosophie politique et théologie à
Port-Royal: le contrat social chez Pierre Nicole – *Th. Har-
rington*, Ambiguïté et bivalence dans les *Pensées* de Pascal
– *L.M. MacKenzie*, Evidence, regard, preuve: le poids de la
vision chez Pascal – *Th.R. Parker*, Intensionality and *non
causa pro causa* in Pascal – *F. Mariner*, Family Perspectives
in Gilberte Périer's *Vie de Monsieur Pascal* – *K. Almquist*,
Individual Will and Contract Law in Pascal's *Lettres provinciales* – *E.R. Koch*, Individuum: the Specular Self in Nicole's
De la Connoissance de soi-même – *N. Hammond*, Mémoire
et éducation chez Pascal.

 Gunter Narr Verlag Tübingen
Postfach 2567 · D-72015 Tübingen · Fax (07071) 7 52 88
Internet: http://www.narr.de · E-Mail: info@narr.de